Stephan Rietmann · Gregor Hensen (Hrsg.)

Tagesbetreuung im Wandel

Jugend-, Ehe- und Familienberatung
Bezirk Lenzburg
Gleis 1
5600 Lenzburg
Tel. 062 892 44 30

Stephan Rietmann
Gregor Hensen (Hrsg.)

Tagesbetreuung im Wandel

Das Familienzentrum
als Zukunftsmodell

2., durchgesehene Auflage

VS VERLAG FÜR SOZIALWISSENSCHAFTEN

Bibliografische Information der Deutschen Nationalbibliothek
Die Deutsche Nationalbibliothek verzeichnet diese Publikation in der
Deutschen Nationalbibliografie; detaillierte bibliografische Daten sind im Internet über
<http://dnb.d-nb.de> abrufbar.

1. Auflage 2008
2., durchgesehene Auflage 2008

Alle Rechte vorbehalten
© VS Verlag für Sozialwissenschaften | GWV Fachverlage GmbH, Wiesbaden 2008

Lektorat: Monika Mülhausen

VS Verlag für Sozialwissenschaften ist Teil der Fachverlagsgruppe
Springer Science+Business Media.
www.vs-verlag.de

Das Werk einschließlich aller seiner Teile ist urheberrechtlich geschützt. Jede Verwertung außerhalb der engen Grenzen des Urheberrechtsgesetzes ist ohne Zustimmung des Verlags unzulässig und strafbar. Das gilt insbesondere für Vervielfältigungen, Übersetzungen, Mikroverfilmungen und die Einspeicherung und Verarbeitung in elektronischen Systemen.

Die Wiedergabe von Gebrauchsnamen, Handelsnamen, Warenbezeichnungen usw. in diesem Werk berechtigt auch ohne besondere Kennzeichnung nicht zu der Annahme, dass solche Namen im Sinne der Warenzeichen- und Markenschutz-Gesetzgebung als frei zu betrachten wären und daher von jedermann benutzt werden dürften.

Umschlaggestaltung: KünkelLopka Medienentwicklung, Heidelberg
Druck und buchbinderische Verarbeitung: Krips b.v., Meppel
Gedruckt auf säurefreiem und chlorfrei gebleichtem Papier
Printed in the Netherlands

ISBN 978-3-531-16378-9

Inhalt

Einleitung 9

I. Ausgangslage und Herausforderungen

Athanasios Chasiotis
Über (die Illusion der) Betreuungsalternativen und den Preis der Freiheit. Evolutionsbiologische und entwicklungspsychologische Aspekte frühkindlicher Erziehung 15

Stephan Rietmann
Das interdisziplinäre Paradigma. Fachübergreifende Zusammenarbeit als Zukunftsmodell 39

Karin Böllert
Zauberwort Vernetzung? Strukturelle Rahmenbedingungen von Familienzentren 59

Stephan Maykus
Frühe Förderung und Bildung von Kindern. Potenziale von Familienzentren aus sozialpädagogischer Sicht 69

Waltraud Lorenz
Aufwachsen in Benachteiligung: Kinder und Jugendliche in Armutslagen 89

II. Grundlagen und Bausteine für einen Wandel

Sybille Stöbe-Blossey
Qualitätsentwicklung und Qualitätssteuerung in Familienzentren 101

Martin R. Textor
Vernetzung von Kindertageseinrichtungen mit
psychosozialen Diensten 121

Gregor Hensen
Gesundheitsförderung und Prävention in der Tagesbetreuung 133

Marijan Renić, Stephan Rietmann
Interkulturelle Öffnung der Tagesbetreuung.
Die Chancen des Anfangs nutzen 153

Stefan Meinsen
Von der Betreuungseinrichtung zum Familienzentrum.
Den Wandel erfolgreich gestalten 169

Stefan Löchtefeld
Netzwerkmanagement im Familienzentrum 183

David Scheffer
Individuell Motivieren. Herausforderungen an Leitung und
Fachkräfte im Familienzentrum 203

III. Praxis, Modelle und professionelle Entwicklung

Martin Hillenbrand, Stephan Rietmann
Entwicklungsnetzwerk. Ein Baustein auf dem Weg
zum Familienzentrum 223

Sabine Hebenstreit-Müller
Early Excellence: Modell einer Integration von
Praxis-Forschung-Ausbildung 237

Axel Heitmueller, Chris Cuthbert
Transforming early years provision in England.
The ambition of a better start for all 251

Inhalt 7

Gerda Anna Ribbert
Mensch im Zentrum. Die Niederlande als Vorbild für
Kompetenzlernen und persönliche Entwicklung von Erziehern
und Pädagogen in Deutschland?.. 263

Eva J. Lindner, Karin Sprenger, Stephan Rietmann
Familienzentren in Nordrhein-Westfalen.
Ein Überblick über die Pilotphase.. 277

Verzeichnis der Autorinnen und Autoren 293

Einleitung

Die Diskussion um den Stellenwert früher Bildung im Prozess des Aufwachsens hat seit einigen Jahren die Tagesbetreuung erreicht. Nicht zuletzt haben die Ergebnisse der PISA-Studie den besonderen Stellenwert von elementarer, vorschulischer Bildung in den Blickpunkt der Öffentlichkeit gerückt, aus denen insbesondere neue Strategien des Bildungserwerbs für kleine Kinder ableitbar werden. Dabei ging es aber nicht darum, den bisherigen Ansatz frühkindlicher Tagesbetreuung in Deutschland grundsätzlich in Frage zu stellen, denn gerade dieser Bereich institutioneller Erziehung, Betreuung und Bildung kann seit vielen Jahren eine hohe Akzeptanz im europäischen und außereuropäischen Ausland aufweisen. Die gerade in Deutschland über Jahrhunderte gewachsene erziehungswissenschaftliche Tradition spiegelt sich noch heute in pädagogischen Konzepten wider. Vielmehr geht es bei der Aufgabenkritik im Bereich der öffentlichen Erziehung um den Stellenwert der Bildung, die im Zusammenspiel unterschiedlicher pädagogischer Methoden und Ziele (wie z.B. dem spielerischen Erlernen von Handlungskompetenzen oder soziale Fähigkeiten, Vorbereitung auf Schule, Verhaltenserziehung oder gesellschaftlichen Integrationsleistungen) nicht ausreichend Berücksichtigung findet und so wertvolle Jahre im Entwicklungsprozess, in denen das Kind über enorme Lernsubstanz verfügt, nicht optimal genutzt werden.

Ein weiterer Aspekt im Zusammenhang mit explizit geäußerten Veränderungsvorstellungen hinsichtlich der Tagesbetreuung berührt die Versorgung des Kindes *und* der Familie mit Hilfen und Unterstützungsangeboten, die über das konzeptionelle Programm der etablierten Tagesbetreuung hinaus gehen. Dabei spielen auf der einen Seite die Organisation von flankierenden Maßnahmen für die Entwicklungsförderung eine wichtige Rolle, auf der anderen Seite erlangt die Einrichtung der Tagesbetreuung eine exponierte Stellung, wenn es darum geht, Störungen und evtl. Beeinträchtigung im Entwicklungsverlauf des Kindes festzustellen.

Fachkräfte in Kindertagesstätten und Kindergärten sind vor dem Hintergrund sich verschärfender gesellschaftlicher Veränderungen, die z.B. durch die Zunahme von Armut, Überforderung von Eltern bei der Erziehung oder Missachtungen von Kinderrechten sichtbar werden, mit der Herausforderung konfrontiert, Kinder im geeigneten Maße zu fördern, zu erziehen und auf die Zukunft vorzubereiten. Gleichzeitig bedeutet dies, adäquate Maßnahmen für dieses veränderte erzieherische „Passungsverhältnis", das durch neue gesellschaftliche

Integrationsanforderungen erforderlich wird, zu kennen, zu vermitteln und ggf. bereitzustellen.

All diese Anforderungen, die über den isolierten Blick auf das sensible Lebensalter von 0 bis 6 Jahren hinausgehen und stets die lebenszeitliche Entwicklung sowie die ganze Familie im Blick haben, sind mit den herkömmlichen Verfahren, institutionellen und fachlichen Grundbedingungen nur erschwert einzulösen. Ihnen folgt der Ruf nach einer Veränderung, der sich aktuell in der besonderen Fokussierung auf ein Modell zu erkennen gibt, das die Familie als Ganzes sowie frühkindliche Fähigkeiten und Bedürfnisse, die heute auf anderen wissenschaftlichen Erkenntnissen fußen als z.b. noch vor 10 oder 20 Jahren, in den Mittelpunkt stellen. Gemeint ist hier die Entwicklung so genannter *Familienzentren* oder auch *Eltern-Kind-Zentren*, die ein Zukunftsmodell für die Verschränkung der genannten Anforderungen darstellen können.

Das Familienzentrum wird in diesem Band lediglich als Modell angeführt, das symbolhaft für einen Wandel in dem Bereich der Jugendhilfe stehen kann, der für die elementarste Lebenszeit eines Menschen verantwortlich ist. Die Bedeutung dieser sensiblen Phase für die Entwicklung des Kindes ist seit langem bekannt; vor dem Hintergrund einer – vor allem in Deutschland geführten – Grundsatzdiskussion über angebliche negative Einflüsse einer frühkindlichen Betreuung außerhalb des Elternhauses wurde die institutionelle Tagesbetreuung mehr und mehr als reine Betreuungseinrichtung etikettiert, was den fachlichen Zielen und traditionellen Theorien dieses pädagogischen Settings nicht gerecht wird. Doch der alleinige Verweis auf früh vermittelte Bildung und Förderangebote greift zu kurz, wenn er den Einfluss des familialen Milieus unberücksichtigt lässt. Die Rezeption von Bildungsinhalten und ihre Verwertung im frühen Kindesalter gelingen vor allem auf der Grundlage sicherer Bindung. Die hieraus ableitbare Verantwortung der Eltern(teile) hinsichtlich der Schaffung geeigneter Lern- und Entwicklungsbedingungen kann nicht durch institutionelle Formen der Tagesbetreuung ersetzt werden. Vielmehr verweisen die empirischen Ergebnisse der Bindungsforschung auf eine unverzichtbare, konstruktive Zusammenarbeit von Eltern, Kindern und Tageseinrichtung.

Abseits von der z.T. durchaus gerechtfertigten Kritik an die ideologisch gefärbte Diskussion um die „richtige" frühpädagogische Maßnahme, die eher auf Glaubensfragen beruht als auf aktuellen wissenschaftlichen Erkenntnissen, gibt das Kinder- und Jugendhilfegesetz (SGB VIII) Hinweise auf die Funktion von Tagesbetreuungseinrichtungen. Kindertageseinrichtungen sind qua Gesetz als Teil der Jugendhilfe zu sehen. Das macht der Gesetzgeber in der Form deutlich, dass er diesen sensiblen Bereich nicht, wie es z.B. in den meisten anderen europäischen Ländern der Fall ist, dem Bildungsbereich und somit der Schulgesetzgebung zuordnet, sondern als eine vom Grunde her sozialpädagogische Leistung.

Einleitung

Durch die angestoßene Bildungsoffensive als PISA-Folge erlangt der Bildungsaspekt in diesem Bereich allerdings eine solche Überhöhung, dass Tageseinrichtungen zunehmend lediglich als „Elementarbereich das Bildungssystems" gesehen werden. Unstreitig ist, dass Bildung und die qualitative Förderung von Bildungsinhalten in der frühen Kindheit einen Modernisierungsschub benötigen; diesen allein aber als Vorbereitungsinstanz für den Eintritt in das Schulleben zu sehen, klammert gerade den sozialpädagogischen Anspruch auf Ausgleich von sozialen und regionalen Disparitäten, sozioökonomischen und kulturell bedingten Benachteiligungen oder gesundheitlicher Ungleichheit völlig aus. Es gelingt dem deutschen System Schule seit je her nicht, herkunftsspezifische Bildungsungleichheiten abzubauen, die bereits mit dem Eintritt in die Grundschule manifestiert werden und sich im späteren Schulverlauf reproduzieren. Dem sozialpädagogischen Charakter von Tageseinrichtungen, der sich lebensweltlich und sozialräumlich ihren Adressaten zeigt, liegt es didaktisch und methodisch näher, Bildung auf eine Stufe mit Erziehung, Betreuung und Versorgung zu stellen und hier Zugänge zu entwickeln, bei denen Bildung nicht nur Vorbereitung und Einpassung bedeutet, sondern spezifische Förderung beinhaltet, in denen biographische und herkunftsbedingte Elemente Berücksichtigung finden. Elementarbildung wird nicht nur als Teil des Bildungssystems (z.B. Grundschule) zur staatlichen Pflichtaufgabe. Das SGB VIII weist grundsätzlich auf die Aspekte Bildung, Betreuung und Erziehung hin und sieht diese Trias als Teil des Förderauftrags, der sich auf die soziale, emotionale, körperliche und geistige Entwicklung des Kindes bezieht (§ 22 Abs. 3 SGB VIII).

Mit der Entwicklung von Familienzentren geht eine bemerkenswerte Aufwertung von Kindertageseinrichtungen einher. Familienzentren sollen die Funktionen der Betreuung, Bildung und Beratung fachlich bündeln und zu Knotenpunkten sozialräumlicher Gestaltungsprozesse werden. Um diesen Anspruch zu erfüllen, sind Kindertageseinrichtungen und deren Partner im Familienzentrum gefordert, eine Vielzahl paralleler Gestaltungsaufgaben wahrzunehmen. Mit diesem Sammelband verfolgen wir die Zielsetzung, die verschiedenen fachlichen Aufgabenstellungen, die mit den aktuellen Veränderungen einhergehen, in den Blick zu nehmen. Der Dynamik des offenen Entwicklungsprozesses entsprechend legt dieser Sammelband keine theoretisch geschlossene Perspektive dar. Vielmehr stellen die in Wissenschaft und Praxis in unterschiedlichen Kontexten tätigen Autorinnen und Autoren in ihren Beiträgen vielfältige Aspekte vor, die beim Wandel der Tagesbetreuung aus entwicklungspsychologischer, erziehungswissenschaftlicher und organisationswissenschaftlicher Sicht relevant erscheinen. Neben den auf die Situation in der Bundesrepublik Deutschland ausgerichteten Artikeln wird auch dargestellt, wie europäische Nachbarn Tagesbetreuung organisieren.

Das Buch richtet sich an Fachleute aus Familienzentren (z.b. Erzieherinnen und Erzieher, Lehrerinnen und Lehrer), an Mitarbeiterinnen und Mitarbeiter in Bildungseinrichtungen (z.B. Familienbildungsstätten), an Fachleute der mit Familienzentren kooperierenden Sozialen Dienste (z.b. Ehe-, Erziehungs- und Familienberatungsstellen und Gesundheitseinrichtungen, Soziale Dienste der Jugendämter) sowie Fachleute, die mit Familienzentren in anderen Funktionen (z.b. Trägervertreter, Fachberatungen in den Spitzenverbänden, Politiker in Jugendhilfeausschüssen) zusammenarbeiten. Darüber hinaus sollen Multiplikatorinnen und Multiplikatoren sowie alle am Arbeitsfeld Familienzentrum Interessierte angesprochen werden.

Allen Autorinnen und Autoren möchten wir sehr herzlich für ihr Engagement und ihre Bereitschaft danken, Ihren Beitrag zur Darstellung und Reflexion der Praxis von Familienzentren vorzustellen. Den Leserinnen und Lesern unseres Sammelbandes wünschen wir eine anregende Lektüre und nützliche Impulse für ihre Arbeit im Familienzentrum. Die Herausgeber danken darüber hinaus Birgit Eickmeyer, Ilona Heuchel, Wilhelm Körner und Sabine Obach für wertvolle Anregungen und Unterstützung bei der Realisierung dieses Projekts.

Stephan Rietmann
Gregor Hensen

im Dezember 2007

I Ausgangslage und Herausforderungen

Über (die Illusion der) Betreuungsalternativen und den Preis der Freiheit

Evolutionsbiologische und entwicklungspsychologische Aspekte frühkindlicher Erziehung

Athanasios Chasiotis

1 Einleitung: Was Psychologen mit Fußballtrainern gemeinsam haben

Jeder Fußballfan meint, er verstehe etwas von Fußball. Und weil in Deutschland Fußball die beliebteste Sportart ist, scheint es bei uns jede Menge diesbezüglicher Experten zu geben. „*Ein Bundestrainer reicht, wir brauchen keine 80 Millionen davon*", so titelte dementsprechend 2006 ein meinungsbildendes Wochenmagazin angesichts des (un-) qualifizierten Durcheinanderredens der Fußballnation am Vorabend der WM im eigenen Land.

Nun lassen sich selbsternannte Fußballexperten einfach ignorieren, weil es ja letztlich – für manche um die „schönste", aber eben halt doch nur – um eine Nebensache geht. Für unser Thema relevant ist aber, dass die Rede von 80 Millionen Bundestrainern dem rhetorischen Stilmittel der Übertreibung zugeschrieben werden kann, während in der Psychologie die Zahl selbsternannter Fachleute präzise der Einwohnerzahl Deutschlands entspricht: Jeder ist Psychologe und jeder kann Psychologie, das ist ironiefrei zu konstatieren. Unser Alltag wäre gar nicht zu bewältigen, wenn wir nicht zumindest ein rudimentäres oder intuitives Verständnis für die inneren Vorgänge und Beweggründe unserer Mitmenschen aufzubringen in der Lage wären. Da sich also jede/r von uns aus eigener Erfahrung und subjektivem Erleben im Gegensatz zum Forschungsgegenstand anderer Naturwissenschaften mit dem der Psychologie auszukennen meint, kann das für akademisch ausgebildete Psychologen manchmal problematisch sein, weil sie sich viel eher mit ihnen ihren Expertenstatus streitig machenden Laien auseinandersetzen müssen.

Das Problem der Psychologie ist also, dass sie sich vom Laienverständnis abgrenzen und auf ihre Überlegenheit hinweisen muss. Überlegenheit in der empirischen Wissenschaft wird durch den Erklärungswert und die Sparsamkeit einer Theorie festgelegt: Eine Theorie ist alternativen Erklärungen überlegen, wenn sie so viel von der Welt wie möglich mit so wenig konsistenten, sprich widerspruchsfreien Annahmen wie nötig erklärt. Nun haben es alltagspsychologische Erklärungen an sich, dass sie sich nicht durch Widerspruchsfreiheit auszeichnen. Was beispielsweise bei den Charaktereigenschaften eines Jungen gestern noch - im wohlerzogenen Fall – als „*ganz der Papa*" angesehen wird oder – im missratenen Fall – auf „*dein blödes Y-Chromosom*" zurückgeführt wird, kann anderntags als anerzogen angesehen werden („*kein Wunder, bei den engagierten/unfähigen Eltern*"), ohne dass es unbedingt auffällt, dass hier augenscheinlich unterschiedliche Erklärungen herangezogen werden: Einerseits soll es sich um vererbte, von der Umwelt unbeeinflusste Eigenschaften, andererseits um ausschließlich vom sozialen Umfeld verursachte Vorgänge handeln (Chasiotis 1992). Und da uns die Widerspruchsfreiheit unserer Alltagsansichten meist nicht besonders kümmert, neigen wir genauso gern, wie wir widersprüchliche Erklärungen ignorieren oder nicht wahrhaben wollen, bei anderen Gelegenheiten auch genauso gern dazu, einfache Gegensatzpaare zu postulieren: Entweder es ist die Natur („Gene") oder die Kultur („Erziehung"), die den Menschen prägt.

Wir lieben solche symmetrischen Gegensätze, schon allein aus ästhetischen Gründen, vor allem aber, weil sie versprechen, alles erklären zu können: entweder es ist das eine oder das Gegenteil, Fall erledigt[1]. In Wirklichkeit kann es aber auch sein, dass vermeintliche Gegensätze, in unserem Beispiel also „angeboren" oder „anerzogen", gar keine sind, sondern dass vielmehr unsere unreflektierten, intuitiven Alltagstheorien für eine Integration sowohl exogener („Erziehung") als auch endogener („Reifung") Einflüsse auf unser Verhalten ungeeignet sind.

Und damit wären wir bei Fragen wie die nach den optimalen Betreuungsbedingungen in den ersten Lebensjahren. Wird im öffentlichen Diskurs diese Frage gestellt, ist die bereits angeklungene Dichotomie Natur - Kultur vorprogrammiert und die ideologischen Lager innerhalb kürzester Zeit identifizierbar. Ich will sie der Einfachheit halber nach zwei prominenten Leitfiguren benennen, die den jeweiligen Standpunkt besonders prominent vertreten: Das „Eva Herman" (EH)-Lager und das „Alice Schwarzer" (AS)-Lager.

Während das Eva Herman-Lager sich die ideale, d.h. die von der modernen Zivilisation noch nicht psychisch verkrüppelte Frau als selbstlose Mutter vorstellt, die gern auf „die Karriere" verzichtet, um nur für ihre Kinder da zu sein, und gar nicht anders kann, als sich wie ein hormonell gesteuerter Bindungsautomat an ihre Kinder zu ketten und dadurch Krippen überflüssig erscheinen lässt, sind beim Alice Schwarzer-Lager nicht nur die Geschlechter, sondern praktisch

---

[1] Gegensatzpaare haben aber trotz ihres vermeintlich hohen Erklärungswertes an sich, dass sie nicht widerlegbar und damit wissenschaftlich wertlos sind: Oder können Sie mir zum Beispiel sagen, was ich von der Annahme habe, dass der Teufel für das Böse in der Welt verantwortlich sei? Obwohl der Teufel im Weltverständnis vieler allgegenwärtig sein mag, ist er erkenntnistheoretisch überflüssig (Vollmer 1988, 1995).

alles und jeder nur gesellschaftlich bedingt („sozial konstruiert"), der Mensch immer wieder neu (sozial) definierbar, prinzipiell frei und ungebunden. Diesem Lager zufolge müssen deshalb Krippen her, um den vom Joch der Biologie und des Patriarchats gleichermaßen emanzipierten modernen Frauen ihre schwer erkämpfte Freiheit weiterhin (beziehungsweise endlich) gewährleisten zu können. Der gemeinsame Nenner beider Lager ist, dass sie ihre idealisierte Sicht auf die Weiblichkeit verabsolutieren (hier die selbstlose Mutter, dort die autonome Frau) und deren vermeintliches Gegenteil verteufeln: Das eine Lager staatliche Kinderbetreuungseinrichtungen („Rabenmütter"), das andere Hausfrauen und Mütter („Herdprämie").

Wissenschaftlich betrachtet ist offensichtlich, dass es sich hierbei um undifferenzierte, auch ideologisch motivierte Standpunkte handelt. Gegensatzpaare können nämlich auch deshalb irreführend sein, weil nicht immer das vermeintliche Gegenteil wahr ist, wenn etwas falsch ist: Es kann auch beides falsch sein. Bei einer ideologisch unvoreingenommenen Perspektive fällt zunächst auf, dass es bei dieser Debatte oft eher um die Eltern oder das moderne Geschlechterverhältnis zu gehen scheint („Erziehungsgeld") und erst in zweiter Linie um die Perspektive des Kindes („Kindeswohl"). Aus der Sicht der diesem Kapitel zugrunde liegenden evolutionären Entwicklungspsychologie ist die Berücksichtigung dieser unterschiedlichen Blickwinkel besonders wichtig: Geht es primär um das Wohl der Mutter/des Vaters/der Eltern oder um das Wohl des Kindes? Diese Frage der hier eingenommenen evolutionspsychologischen Sicht auf unseren Gefühls- und Motivationshaushalt impliziert, dass das Wohl der Familienmitglieder nicht prinzipiell deckungsgleich ist.

Im Folgenden werden nach einer Rückschau auf unsere evolutionäre Vergangenheit und der Unterscheidung der Perspektiven der einzelnen Familienmitglieder wesentliche Kriterien einer kindgerechten Perspektive der frühen Entwicklung dargestellt. Wir bewegen uns dabei von evolutionär vorgegebenen und universell gültigen Muster frühkindlicher Lebens- und Sozialisationsbedingungen zu kulturabhängigeren Varianten. Dieses Vorgehen dient dazu, deutlich zu machen, dass weltweit gültige, kindgerechte Betreuungsbedingungen identifizierbar sind, die jedoch an sozioökonomische Bedingungen geknüpfte und mit den Interessen der anderen Familienmitglieder zusammenhängende Variationen aufweisen können. Zum Abschluss erfolgt eine bewertende Einordnung dieser Varianten vor dem Hintergrund der evolutionären Entwicklungspsychologie.

2 Die kindliche Perspektive oder: Zur Gegenwart unserer Vergangenheit

Primatologisch gesehen zählt der Mensch zur Gattung der Schmalnasen (*lat. Catarrhine*, s. Sommer 1989). Zu dieser Gattung gehören auch unsere nächsten stammesgeschichtlichen Verwandten, die Bonobos und die Schimpansen, mit denen wir über 98% der Gene gemeinsam haben. Deshalb liegt es aus vergleichender Perspektive nahe, bei der Frage nach der richtigen frühkindlichen Erziehung bei unseren nächsten Verwandten im biologischen Stammbaum nachzuschauen, um der Frage nachzugehen, wie diese es mit der Aufzucht und Betreuung ihrer Sprösslinge im Allgemeinen so halten (Konner 2007): Schmalnasenweibchen zeichnen sich dadurch aus, dass sie im Gegensatz zu vielen anderen Säugetierweibchen nur sehr selten Mehrlingsgeburten aufweisen, also meist nur einzelne Nachkommen bekommen. Diese werden die ersten Wochen 24 Stunden am Tag permanent von der Mutter mit herumgetragen. Der Körperkontakt wird in den darauf folgenden Wochen und Monaten durch das Nähesuchen seitens des Kindes abgelöst und es entfernt sich höchstens ein bis zwei Meter von ihr. Das Stillen erfolgt häufig und nach Bedarf, die Stillperiode ist recht lang und beträgt etwa 30% der gesamten Primatenkindheit. Das Engagement der Männchen bei der Aufzucht des Nachwuchses ist gering bis nicht vorhanden. Schließlich fällt noch auf, dass Catarrhinenkinder sich anfällig zeigen für Störungen der Mutterbeziehung oder bei Deprivation von der Mutter. Dies kann sich in aggressiven oder dysfunktionalen Verhaltensweisen äußern, die beim Menschen psychopathologisch genannt werden würden (Suomi 1999).

Schmalnasenkinder wachsen also primär bei deren Mutter auf, die bis zu deren sexueller Ausreifung für sie da ist, Fremdbetreuung ist in der Regel nicht vorgesehen, väterliches Engagement selten. Dieses Entwicklungsmuster ist charakteristisch für etwa 25-40 Millionen Jahre unserer Primatenvergangenheit (Ambrose 2001). Und wie wuchsen die Kinder unserer menschlichen Vorfahren in den letzten 100.000 Jahren seit der Menschwerdung auf? Einige der Heuristik dienende Vereinfachungen vorausgesetzt (s. Chasiotis/Keller 1993a, b; Chasiotis 2007), lässt sich die Kindheit der Menschheit durch gewisse Regelmäßigkeiten kennzeichnen[2].

---

[2] Die stammesgeschichtliche Anpassungsumwelt hatte höchstwahrscheinlich eine wesentlich höhere Variationsbreite aufzuweisen als hier dargestellt (Tooby/Cosmides 1990; Bischof 1996; Daly/Wilson 1999). Und auch der Kulturvergleich hat in den letzten Jahrzehnten deutlich gemacht, dass es eine gewisse Variationsbreite an kulturellen Erziehungspraktiken gibt. Jedoch zeichnet sich die kulturvergleichende Forschung wiederum oft durch eine vereinfachte Dichotomisierung dieser kontextuellen Anpassungsvarianten aus, der hier nicht nachgegangen wird (Keller/Chasiotis 2006, 2007; Keller 2007). Wichtig in unserem Zusammenhang sollte nur sein, dass die unter Interdependenz versus Independenz geführte dichotome Unterscheidung oft auf zugrunde liegende universelle Mechanis-

Das Leben unserer Vorfahren war demzufolge nicht einfach: Der Alltag der nomadisch lebenden Gruppen mit selten über 40 Individuen war anstrengend und oft gefährlich, charakterisiert durch gelegentliche Hungerperioden, einer hohen (Kinder-)Sterblichkeit, einer geringen Lebenserwartung und den damit einhergehenden häufigen Erlebnis von Verlusten nahe stehender Personen. Das Sozialleben zeichnete sich neben der Arbeitsteilung der Geschlechter vor allem dadurch aus, dass eine Privatsphäre nur sehr eingeschränkt vorhanden war und alle Aktivitäten im sozialen Kontext und oft mit denselben Personen stattfanden. Konflikte wurden durch extensive Gruppendiskussionen gelöst, wenn nicht, konnten diese auch zu Übergriffen bis hin zu Morden eskalieren (Dunbar 1993, 1996; Konner 2007; Daly/Wilson 1988; Nesse/Williams 1997).

Die physischen und psychischen Anpassungen an die Erfordernisse solcher Wildbeuterkulturen sind unter der Bezeichnung des *Profils der natürlichen Sozialisation* als Referenzrahmen zu den kulturvergleichenden Befunden zur frühkindlichen Sozialisation herangezogen worden und setzen sich hauptsächlich aus folgenden Merkmalen zusammen (Konner 2002, 2007; s. auch Chasiotis/Keller 1993a, b): Die Mutter ist auch hier die primäre Bezugsperson, Säuglinge werden nach Bedarf gestillt und erst nach etwa zwei bis drei Jahren abgestillt, sie schreien im Vergleich zu Kindern moderner Industriegesellschaften selten (Keller et al. 1996), es besteht ständiger Körperkontakt zur Pflegeperson (in der Regel die Mutter), aber es sind auch immer andere, meist weibliche Erwachsene zur Unterstützung der Mutter in der Nähe und alle gehen sehr nachsichtig mit (ihren) Kindern um.

Hier liegen die stammesgeschichtlichen Wurzeln des im Kulturvergleich, aber inzwischen auch in der Krippendiskussion häufiger zitierten afrikanischen Sprichwortes, wonach es eines ganzen Dorfes bedarf, um ein Kind großzuziehen. Dieser universelle dörfliche Sozialisationskontext galt noch bis weit ins 19. Jahrhundert hinein (bzw. bis zum demographischen Übergang der modernen Industriegesellschaften, s. Chasiotis 2007) und ist somit evolutionär gesehen sozusagen erst seit gestern nicht mehr weltweit vorzufinden[3].

---

men, die zu dieser phänotypischen Varianz beitragen, zu wenig Rücksicht nimmt (s. z.B. bei Unterschieden in der theory of mind Entwicklung, s. Chasiotis et al. 2006; vgl. auch van de Vijver 2006).
[3] Gewisse Dilemmata des modernen Großstadtlebens werden hierdurch vielleicht auch verständlicher: Man mag die Anonymität und Unabhängigkeit in der Großstadt einerseits zu schätzen wissen, andererseits sehnt man sich vielleicht auch manchmal nach dörflicher Gesellschaft und fühlt sich auch eher einsam als in kleinen Dorfgemeinschaften, weil man sich in den Städten zu wenig, auf dem Land eher zu viel um die Angelegenheiten des anderen zu kümmern neigt.

3 Die elterliche Perspektive oder: Das Leben als Anpassungsstrategie

In der Biologie wird das Leben als Sequenz strategischer „Entscheidungen" angesehen, die der möglichst optimalen Anpassung an vorgefundene Umweltbedingungen und letztlich der Reproduktion der eigenen Gene dient. Diese Entscheidungen können bewusst oder unbewusst erfolgen und sowohl die körperliche als auch psychische Entwicklung betreffen, so dass körperliche Entwicklungsprozesse wie der Zeitpunkt der sexuellen Ausreifung (Chasiotis 1999) genauso dazu zählen wie etwa Fragen der Kinderbetreuung. Lebenslaufstrategische Entscheidungen gehen mit Opportunitätskosten einher („*trade-offs*"): Da das Leben endlich ist, bedeutet eine Entscheidung für etwas immer auch eine Entscheidung gegen alles andere, was man stattdessen hätte machen können, aber gelassen hat. Deshalb gibt es dieser Perspektive zufolge keine absolut richtigen oder idealen Entscheidungen im Leben, nur solche, die unter den gegebenen kontextuellen Bedingungen besser sind als alle anderen zur Verfügung stehenden Optionen (Chasiotis 1999, 2006, 2007a, b).

Ein Kriterium des sonst eher problematischen Begriffs der Höherentwicklung eines Organismus ist seine ökologische Anpassungsfähigkeit an unterschiedliche Umweltbedingungen[4]. Psychisch zeichnet sich die Anpassung an Umweltbedingungen dadurch aus, dass bestimmte Verhaltensneigungen oder Motive angelegt werden, die die vorgefundenen gegenwärtigen Umweltbedingungen so interpretieren, als würde es sich um die Bedingungen handeln, die im Laufe der menschlichen Stammesgeschichte lange genug vorhanden waren, um sich an diese anpassen zu können. Die entsprechenden physischen und psychischen Anpassungsmerkmale an solche ausreichend invariablen Umweltmerkmale wurden somit im Laufe der Evolution selektiert (Bischof 1985; Chasiotis 1998). Die evolutionspsychologische Grundidee ist also, dass unser psychischer Apparat genauso ein Indikator für immer wiederkehrende Anpassungsprobleme des *homo sapiens sapiens* im Laufe seiner stammesgeschichtlichen Entwicklung ist wie unsere Lunge ein Indikator dafür, dass wir postnatal mit einer sauerstoffhaltigen Atmosphäre rechnen. Diese sich stammesgeschichtlich bewährten Verhaltensneigungen verhelfen uns zu unseren lebenslaufstrategischen Entscheidungen. Da sie aber auf unterschiedliche Bedürfnislagen angelegt, also an unterschiedliche Kontexte angepasst sind, gibt es Entscheidungsdilemmata nicht erst beim Menschen, sondern stellen für höher entwickelte Lebewesen sozusagen eine existentielle Grundbedingung dar. Bereits wesentlich primitivere Organismen als der Mensch können also Entscheidungsschwierigkeiten ab einem gewis-

---

[4] Der Mensch ist in dieser Hinsicht wahrlich einzigartig angesichts seiner weltweiten Verbreitung von der Arktis bis nach Feuerland, von Sibirien bis in die Sahara – das einzige Tier, das einigermaßen mit uns mithält, ist übrigens die Ameise (Wilson/Hölldobler 1994).

sen Komplexitätsgrad ihres Motivhaushaltes haben. Der Evolutionsbiologe Huxley sprach in diesem Zusammenhang vom „*Kampf der Kapitäne*", um den innerpsychisch ausgetragenen Streit der psychischen Antriebe um die Realisierung ihrer Verhaltensziele metaphorisch einprägsam zu beschreiben (Bischof 1985; Chasiotis/Keller 1992).

An dieser Stelle könnte nun ein Widerspruch zur vulgärbiologistischen Sicht des EH-Lagers gesehen werden, wonach es in der Biologie um den uniformen Antrieb der Fortpflanzung zu gehen hat, wir also nur dazu motiviert sein sollten, unsere eigenen Gene zu verbreiten. Es gibt aber ebenso wenig ein Motiv zur Verbreitung der eigenen Gene wie es den Selbsterhaltungstrieb als generelle Verhaltensinstanz gibt. Das liegt daran, dass solche angenommenen Motivationskonstrukte viel zu allgemein sind, um auf der Verhaltensebene wirksam zu werden. Unsere Verhaltensneigungen beziehen sich immer auf Teilaspekte unserer Umwelt, die nur in ihrer Gesamtheit dazu dienen, (sekundär) unser Überleben und (primär) unseren Fortpflanzungserfolg zu gewährleisten. Eine psychische Repräsentation dessen ist dabei nicht vonnöten, weil wir nur dasjenige psychische Phänomen als Bedürfnis oder Motiv erleben, was in seinen Endzuständen variieren kann. Fortpflanzungserfolg jedoch ist kein innerpsychischen Schwankungen unterworfenes persönliches Ziel, sondern der letztliche Zweck allen Lebens, worauf alle psychisch erlebten Zielvorgaben und subjektiven Motive hinauslaufen (zur Klassifizierung der Motive, s. Bischof 1985).

Genau so, wie wir lebensgefährliche Situationen meiden, ohne das Gefühl zu haben, hier sei unser Selbsterhaltungstrieb am Werk, verhalten wir uns im Sinne des biologischen Primats der Fortpflanzung, auch wenn wir nicht nur an „das Eine" denken oder uns um unsere niedlichen Kinder kümmern, sondern auch, wenn wir beispielsweise unseren Hausmüll entsorgen. Nur weil wir nicht bewusst daran denken, uns so zu verhalten, dass wir unsere Fortpflanzungschancen optimieren, heißt das nicht, dass alle die diesem Zweck aller Organismen untergeordneten Motivationen und Verhaltensneigungen nicht letztlich doch darauf abzielen. Wir verbreiten unsere Gene also gar nicht dadurch, indem wir uns *bewusst* vornehmen, sie zu verbreiten, jeder lebende Organismus, also auch der ohne bewusste Reflexionsfähigkeit, ist letztendlich so entstanden. Wir wären gar nicht auf der Welt, wenn die Natur nicht so funktionieren würde: Wir sind alle Nachkommen einer Millionen von Jahren in die stammesgeschichtliche Vergangenheit hineinragenden Reihe reproduktiv erfolgreicher Individuen, denen es gelungen ist, nicht einfach nur zu überleben, sondern auch einen geeigneten Partner zu finden, Kinder in die Welt zu setzen und diese wiederum zu reproduktiv erfolgreichen Erwachsenen großzuziehen.

Aus evolutionspsychologischer Perspektive wird also davon ausgegangen, dass unsere sich evolutionär entwickelte Motivstruktur auch heute noch gilt.

Mehr als das: Höher entwickelte, an viele unterschiedliche Umweltbedingungen flexibel angepasste Lebewesen zeichnen sich gerade dadurch aus, dass deren Motivhierarchie an Differenzierung und Umfang zunimmt, kurz: Wenn der Mensch sich von den anderen Tieren unterscheidet, dann nicht darin, dass er weniger, sondern mehr solcher Verhaltensprogramme besitzt als alle anderen Lebewesen. Was bei uns allerdings dazukommt, ist unsere Fähigkeit innezuhalten und unseren Triebhaushalt in einer Art Moratorium zügeln zu können (Bischof 1985). Bedauerlicherweise ist hier allerdings nur in allzu seltenen Fällen die kognitive Fähigkeit anzusiedeln, die Idealisten als „Vernunft" und Entwicklungspsychologen des höheren Erwachsenenalters als „Weisheit" bezeichnen. Da unser kognitiver Apparat erwägen und reflektieren kann, stehen uns zwar mehr Optionen offen als die genetisch fester verdrahteten Verhaltensprogramme anderer Lebewesen, allerdings setzen unsere Präferenzen und Neigungen der potentiellen Universalität unserer Entscheidungen engere Grenzen, als wir oft wahrhaben wollen. Daher beziehen auch Redewendungen wie die vom Überwinden des sprichwörtlichen *„inneren Schweinehundes"* und der Willensstärke oder Selbstdisziplin, die für gewisse Tätigkeiten und Handlungsziele nötig sind, ihren Sinn. Jede Entscheidung hat ihren Preis, aber bestimmte Entscheidungen fallen uns wegen unserer motivationalen Neigungen leichter als andere: So ist ein zölibatäres Leben durchaus möglich, aber bei den allermeisten Menschen weitaus schwieriger zu bewerkstelligen als eine Lebensplanung, in der den eigenen sexuellen Bedürfnissen nachgegangen wird.

3.1 Von der Kinderliebe zum Kinderwunsch: Eine kulturvergleichende Untersuchung zur Fürsorgemotivation

Wir können also unterschiedliche Pläne verfolgen und zu unterschiedlichen Schlüssen kommen, je nachdem, was für Vorerfahrungen wir gemacht haben oder welche Prioritäten wir im Augenblick ansetzen. Weder unsere männliche noch unsere weibliche Natur ist demnach so angelegt, unter allen Umständen und um jeden Preis Nachkommen haben zu wollen. So fände etwa zum Kinderwunsch nicht nur das EH-, sondern auch das AS-Lager evolutionspsychologische Argumente für deren jeweilige Perspektive: Die kinderlose Frau mag eine Mutter um ihren süßen Sonnenschein, aber umgekehrt könnten Mütter auch kinderlose Frauen wegen deren offensichtlichen Freiheiten beneiden.

Auch nichtevolutionär orientierte Psychologen wissen natürlich um diese Optionen und kleiden solche Opportunitätsdilemmata in wohlausgewogene Ratschläge ein, in denen, eingeleitet mit einem wohlüberlegten *„das kommt darauf an..."*, eine Litanei unterschiedlichster Szenarien heruntergebetet wird,

Über (die Illusion der) Betreuungsalternativen und den Preis der Freiheit

unter welchen Bedingungen welche Option die beste ist. Im öffentlichen Diskurs droht es ab diesem Punkt etwas langweilig zu werden, weil bei einer differenzierteren Argumentation eine plakative oder ideologische Einordnung nicht mehr ohne weiteres möglich ist. Ein anderer Grund für die möglicherweise aufkommende Langeweile könnte aber auch sein, dass sich hier das Gefühl der Beliebigkeit der Optionen im Sinne des AS-Lagers einschleicht: Wenn alles gleich gut ist, verflüchtigt sich das Problem zu einer liberalen Wurschtigkeit der Szenarien.

Evolutionär gesehen ist das aber zuviel des Guten. So geht die Breite des menschlichen Spektrums motivationaler Befindlichkeiten nicht soweit, dass - wie etwa eine radikalfeministische Auslegung der menschlichen bzw. weiblichen Natur nahe legen würde - das wahre Glück der modernen Frau in der ihr erst wahre Autonomie und Selbstverwirklichung ermöglichende Kinderlosigkeit läge. Abgesehen davon, dass weltweit und über den Tellerrand der modernen Industrieländer hinausschauend von Gebärstreik nicht die Rede sein kann, ist es auch in modernen Gesellschaften wie der unsrigen eher so, dass von freiwilliger Kinderlosigkeit kaum die Rede sein kann. Wenn bewusst keine Kinder gewollt werden, ist das auch bei uns fast ausnahmslos eine ephemere oder zumindest konditionale Aussage, bei der neben dem Alter viele kontextuelle Faktoren wie die gegenwärtige berufliche und soziale Situation oder der Partnerschaftsstatus eine Rolle spielen (Chasiotis 1998, 2006).

Nun mag das AS-Lager hier einwenden, dass Angaben zum Kinderwunsch nicht wahrheitsgetreu sein könnten, da es gesellschaftlich verpönt sei, zuzugeben, prinzipiell keine Kinder haben zu wollen. Dass dies nur bedingt richtig ist und zu anderen Schlüssen führt, als man gemeinhin denken könnte, soll an Hand einer eigenen kulturvergleichenden Untersuchung zur entwicklungspsychologischen Genese elterlicher Fürsorgemotivation aufgezeigt werden (Chasiotis, Hofer & Campos 2006): In dieser Studie nahmen neben deutschen auch kamerunische und costaricanische Männer und Frauen unterschiedlichen Alters und Bildungsgrades teil, um ein breites kulturelles und soziobiographisches Spektrum möglicher Antworten zu erhalten. Ihnen wurde unter anderem ein Fragebogen vorgelegt, bei dem sie Angaben darüber machen sollten, wie sehr sie Kinder mögen. Das Ausmaß dieser Kinderliebe-Skala hing erwartungsgemäß mit vorhandener Elternschaft zusammen: wer Kinder mag, bekommt also auch welche. Für das EH-Lager erwartungsgemäß erschienen kulturunabhängig Frauen kinderlieber zu sein als Männer[5].

---

[5] Würde es bei diesen Teilergebnissen bleiben, begännen das EH- und das AS-Lager möglicherweise einen Streit darüber, wie valide dieser Geschlechtsunterschied ist: Während EH das Ergebnis als weiteren Hinweis für die biologische Bestimmung der unbedingten Mutterliebe auffassen könnte, würde das AS-Lager dieses Ergebnis anzweifeln und etwa auf die soziale Erwünschtheit der Geschlechtsstereotypen hinweisen, da es „in unserer Gesellschaft" sozial angebrachter und deshalb so

Das besonders Interessante an dieser Studie ist allerdings weniger das Teilergebnis zu Geschlechtsunterschieden im Ausmaß geäußerter Kinderliebe, sondern die ermittelten Befunde zu ihren Ursprüngen. Dazu müssen wir uns in Erinnerung rufen, dass bei uns Menschen zwar Erwägungsspielraum dazugekommen ist, nichtsdestotrotz entscheiden wir uns aber immer noch oft genug ohne rechtes Bewusstsein unserer Beweggründe, also ohne genau angeben zu können, warum wir uns letztlich so entschieden haben (Gigerenzer 2007). Methodisch bedeutet das nichts anderes, als dass Selbstauskünfte etwa durch Fragebögen allein nicht ausreichen, um das gesamte Spektrum unserer psychischen Beweggründe zu erfassen. Deshalb wurde in dieser Studie ein in aufwendigen Voruntersuchungen in allen drei Kulturen auf seine Anwendbarkeit hin getestetes indirektes Instrument eingesetzt, das mit nicht eindeutig erkennbaren Bildern arbeitet. Zu diesen Bildern wurden die Teilnehmer aufgefordert, Fragen zur Gefühlslage und Motivation der darauf undeutlich sichtbaren Personen zu beantworten. Deren Antworten, die sich auf die uneindeutigen Bildersituationen bezogen, wurden auf ihre Aussagen zur Fürsorgemotivation hin ausgewertet. Dieses Instrument diente also dazu, das Ausmaß der unbewussten Fürsorgemotivation zu erfassen, da nicht direkt danach gefragt wurde. Während Selbstauskünfte über das Ausmaß der Kinderliebe von sozialen Faktoren oder anderen Fehlerquellen beeinträchtigt sein können, ist dies bei diesem indirekten Maß der impliziten Fürsorgemotivation nicht der Fall, da hier die Probanden gar nicht wissen können, um was es bei den uneindeutigen Bilderszenarien eigentlich geht.

Bei diesem impliziten, nicht auf bewussten Selbstauskünften beruhenden Instrument gab es keinerlei Geschlechtsunterschiede in der Fürsorgemotivation. Die unbewusste Fürsorgemotivation hing weder vom biologischen Geschlecht noch von der Kultur, aus der man stammt ab, sondern nur davon, ob man/frau jüngere Geschwister hatte oder nicht. Das bedeutet, dass unabhängig davon, ob es sich um kamerunische, costaricanische oder deutsche Männer oder Frauen

---

erlernt sei, dass Frauen sich kinderlieber zeigen sollten als Männer, „in Wirklichkeit" beziehungsweise woanders sähe das sicher ganz anders aus. Es gehört zu den leidigen Erscheinungen des Zeitgeistes, menschliche Eigenschaften und Verhaltensweisen mit solch einem „in unserer Gesellschaft" zu relativieren. Damit wird impliziert, dass sich Personen in anderen Gesellschaften anders verhalten könnten als bei uns, ja vielleicht sogar in gewisser Hinsicht anders sind als wir. Dagegen ist im Prinzip nichts einzuwenden. Die Häufigkeit der Formulierung dieses Zusatzes steht jedoch im krassen Gegensatz zu seiner empirischen Überprüfung. So kann es in der Entwicklungspsychologie vorkommen, dass Untersuchungen an Kindern durchgeführt werden, deren Befunde dann als kulturspezifisch interpretiert werden, obwohl gar kein Kulturvergleich stattfand. Es wird also in einer Art umgekehrter Nullhypothese von vornherein davon ausgegangen, dass Kulturunterschiede in der Entwicklung die Regel und Gemeinsamkeiten die Ausnahme wären (Chasiotis 2007). Es ist völlig legitim und kann sogar recht aufschlussreich sein, sich für kulturelle Unterschiede zu interessieren, aber das ist etwas anderes, als von vornherein und ungeprüft davon auszugehen, dass es Unterschiede gibt.

handelt, der Umgang mit jüngeren Geschwistern in der Kindheit später dazu beiträgt, dass Kinder gemocht, gewollt und schließlich gezeugt werden. Diese Fürsorgemotivation scheint sich also unbewusst und unwillkürlich in der Kindheit während des Umgangs mit kleinen Kindern zu entwickeln und hat weder mit „biologisch vorgegebenen" (EH) noch „sozial erlernten" Geschlechtsrollen (AS) zu tun. Vielmehr bedarf es des Umgangs mit kleinen Kindern, um die Wahrscheinlichkeit zu erhöhen, selbst welche bekommen zu wollen.

Dieses Ergebnis hat neben seiner theoretischen Bedeutsamkeit der gemeinsamen Entwicklung der Fürsorgemotivation in unterschiedlichsten Kulturen auch praktische Implikationen für die Betreuungsdiskussion: Wird Kindern die Möglichkeit des alltäglichen Umgangs mit anderen kleinen Kindern geboten, wird dadurch auch deren späterer Kinderwunsch gefördert. Umgekehrt könnte dies auch eine nicht unwichtige Begleiterscheinung der Forderung nach gemischtaltrigen Kindergruppen sein, die aus der Perspektive des Kindeswohls in den ersten Lebensjahren von vielen als optimaler Betreuungskontext angesehen wird, weil sich Kinder dann besonders wohl fühlen (s.u.).

3.2 Von Müttern und Vätern: Zur Geschlechtlichkeit der Elternschaft

Die durch den Umgang mit Kindern geweckte Fürsorgemotivation als Bestandteil des kulturunabhängigen Entwicklungspfades zur Elternschaft ist selbstverständlich nicht der einzige psychologisch relevante Faktor für die Erklärung der Motivation zur Elternschaft. Vielmehr ist es aus evolutionspsychologischer Perspektive auch nicht gleichgültig, ob ein Mann oder eine Frau Nachwuchs bekommt, ob jemand also Mutter oder Vater wird. Ein Einwand aus der AS-Ecke ist in diesem Fall, dass man(n) sich aus der Natur bequemer Weise das, was gerade für die biologistische Untermauerung der eigenen („patriarchalen") Ideologie gebraucht wird, als Beispiel natürlicher Geschlechtsrollenverteilung heranzieht[6]. Der sich als aufgeklärt gerierende Tenor hierbei ist also: In der Natur gibt es alles Mögliche, also brauchen wir dort gar nicht hinzugucken, wenn wir etwas über die im Grunde sozial konstruierte Geschlechtlichkeit von Elternschaft erfahren wollen.

Nun ist es tatsächlich so, dass in der Biologie „männlich" und „weiblich" nicht mit festen, unveränderlichen Merkmalen ausgestattete, essentialistische Begriffe sind (Chasiotis/Voland 1998; Chasiotis 2006, 2007). Will man Elternschaft von der Biologie der Geschlechter her verstehen, ist es völlig ungeeignet,

---

[6] Hier muss oft das arme Seepferdchen als Beispiel herhalten, um traditionelle Geschlechterrollen ad absurdum zu führen, weil dort die Männchen schwanger werden und sich um den Nachwuchs kümmern.

sich den stark variierenden Verhaltensweisen der Geschlechter im Tierreich zuzuwenden. Das ordnende Grundprinzip, das inzwischen eines der am besten empirisch nachgewiesenen Stützpfeiler der modernen Evolutionsbiologie darstellt und der vermeintlichen Willkür der Rollenzuweisungen und Verhaltensweisen von Männlein und Weiblein die ihnen zugrunde liegende Regelhaftigkeit verleiht, ist vielmehr die parentale Investition (Trivers 1972). Diese elterliche Investition beschreibt das bei der Verteilung der elterlichen Ressourcen auf die Nachkommen entstehende Abgleichproblem, da jegliche Anstrengung in Bezug auf ein Nachkommen alternative Investitionsmöglichkeiten reduziert oder gar unmöglicht macht. Trivers (1972) argumentiert weiter, dass bei sich geschlechtlich fortpflanzenden Organismen das Geschlecht mit dem höheren parentalen Aufwand zur wertvolleren Ressource wird, welches vom weniger investierenden Geschlecht in einem innergeschlechtlichen Konkurrenzkampf umworben wird, während das mehr investierende, deshalb „wertvollere" Geschlecht höhere Maßstäbe an die Qualität des zur Fortpflanzung benötigten Geschlechtspartners legt und wählerischer in seinen Partnerwahlkriterien ist. Welches Geschlecht das höher investierende ist, hängt dabei von der Tierart ab. Bei Säugetieren, also der Klasse von Wirbeltieren, zu der auch der Mensch zählt, ist die Asymmetrie der vorgeburtlichen Investition durch die intrauterine Befruchtung und Schwangerschaft der Weibchen besonders ausgeprägt. Wegen ihres hohen Investments durch eine lange Schwangerschaft und der sich daran anschließenden Laktationszeit ist für Säugetierweibchen ausreichende Nahrung viel wichtiger als für männliche Säugetiere. Dies lässt sich zur ethologischen Regel generalisieren: Primatenweibchen gehen dahin, wo es Futter gibt, während Männchen dort hingehen, wo Weibchen sind (Keller/Chasiotis 2007).

Diese vorgeburtliche Investition ist bei uns also (leider) keine Verhandlungssache wie die nachgeburtliche Betreuung, bei der etwa über ein höheres männliches Engagement diskutiert werden kann: Die Zeit der Schwangerschaft lässt sich nicht paritätisch aufteilen, weil wir keine Vögel sind und unsere befruchteten Eier nicht im partnerschaftlichen Wechsel ausbrüten können[7]. Dieser stammesgeschichtlich vorgegebenen unterschiedlichen Ausgangssituation müssen sich Männer und Frauen auch heute noch stellen. Da bereits angeklungen ist, dass unsere heutige motivationale Ausstattung Ausdruck unserer in der Vergangenheit erfolgten Anpassung ist, sind Geschlechtsunterschiede daher weniger in potentiellen kognitiven Fähigkeiten, sondern eher im Verhalten zu erwarten und auch anzutreffen: Männer und Frauen unterscheiden sich eher nicht darin, was

---

[7] Dementsprechend wenig partnerschaftlich geht es bei den Säugetieren im Allgemeinen zu: So ist eine die Zeugung überdauernde Paarbindung lediglich bei etwa 10% aller Säuger zu beobachten (Kappeler/van Schaik, 2004).

sie *können*, sondern darin, was sie *wollen* und letztlich *tun* (Chasiotis/Voland 1998; Chasiotis 2006). Durch die Asymmetrie im parentalen Investment der Geschlechter ergeben sich Unterschiede in den Opportunitätskosten, die beim Abgleichproblem zwischen väterlichem Aufwand und Paarungsaufwand entstehen. Die laufen etwas verkürzt darauf hinaus, dass es für Säugetiermännchen bereits eine Investition darstellt, bei einem Weibchen zu bleiben und sich nicht um weitere Paarungspartner zu bemühen. Demnach lassen sich für die väterliche Investition charakteristische, von denen für die maternale Investition abweichende Faktoren benennen (Geary 2000; Bjorklund/Pellegrini 2002). Generell ist ein nachgeburtliches väterliches Investment bei Säugetieren sehr selten, meist wächst ein Säugetierjunges bei seiner solitären Mutter oder in kooperativer Brutpflege mit weiteren, oft mit dem Muttertier verwandten Weibchen auf (Hrdy 2005; Keller/Chasiotis 2007). Entgegen kulturrelativistischer Mythen sieht die kulturvergleichende Empirie beim Menschen dementsprechend aus: Kinderbetreuung ist weltweit eine weibliche Angelegenheit, mit der Mutter als primärer Bezugsperson und mit weiblichen Verwandten, meist Schwestern, Tanten oder Großmüttern des Kindes als weitere Betreuungspersonen (Paul/Voland 2003; Voland et al. 2005). Wegen der hohen Pflegebedürftigkeit der menschlichen Nachkommen ist das väterliche Investment für Säugetierverhältnisse zwar einzigartig hoch, trotzdem ist väterliches Investment vor allem bei Pflegetätigkeiten eine höchst fakultative Angelegenheit: Häufigen und direkten Umgang mit kleinen Kindern gibt es bei Vätern eher selten (Lamb 1987; Paul/Voland 2003).

Neben dem bereits angesprochenen, aber hier nicht weiter auszuführenden motivationalen Abgleichproblem zwischen väterlicher Investition und den im Vergleich zu den Säugetierweibchen potentiell höheren Paarungserfolgsaussichten der Säugetiermännchen (höhere Reproduktionsvarianz, s. Chasiotis/Voland 1998), ist bei den Säugetiermännchen noch das Problem der Vaterschaftsunsicherheit zu nennen. Umfangreiche kulturvergleichende Untersuchungen (Flinn/ Alexander 1982) konnten einen mustergültigen Zusammenhang zwischen der sexuellen Freizügigkeit der Frauen und dem Vorhandenseins des so genannten *Avunkulats* in einer Kultur nachweisen, also der Positionierung des Mutterbruders als primärer männlicher Betreuungs- und Bezugsperson der eigenen Kinder: Je unwahrscheinlicher die eigene Vaterschaft bei einer Partnerschaft mit einer sexuell autonomen Partnerin ist, desto wahrscheinlicher wird die Investition des Mannes in die Kinder seiner Schwester, weil diese Nichten und Neffen zumindest den mütterlichen Anteil von 12.5 % ihrer Gene sicher mit ihm gemeinsam haben, während die Kinder seiner Partnerin möglicherweise überhaupt nicht mit ihm verwandt sind (Alexander 1979; Flinn/Alexander 1982). Je sexuell freizügiger die Frauen sind, desto unwahrscheinlicher ist diesen kulturvergleichenden

Befunden zufolge also väterliches Engagement. Während das mütterliche Investment also eher von sozioökonomischen Gegebenheiten abhängt, hängt väterliches Investment eher von der sexuellen Autonomie der Frauen ab[8]. Trotz großer interkultureller Varianz in den nominellen Verwandtschaftsstrukturen ist genetische Verwandtschaft nämlich auch nicht beliebig sozial konstruierbar: So ist der mit Abstand bedeutsamste Risikofaktor für sexuelle und körperliche Misshandlung vorpubertärer Kinder kulturunabhängig die fehlende genetische Verwandtschaft eines Kindes zu seinem erwachsenen männlichen Erziehungsberechtigten (USA, Kanada, Großbritannien und Schweden: Daly/ Wilson 1988, 1994, 2001; BRD: Engfer 1996). Hier tritt ein weiterer motivationaler Unterschied von Männern als potentielle Väter auf: Da in der menschlichen Stammesgeschichte viele potentielle Partnerinnen schon Kinder hatten (Miller 2000), und somit die weibliche Konkurrenz um Sexualpartner hauptsächlich zwischen Müttern erfolgte (Power 1999), konnten sich besonders kinderliebe und fürsorgliche Männer als besonders geeignete potentielle zukünftige Väter und kinderliebe Stiefväter anbieten. Dass diese Qualitäten tatsächlich präferiert werden, wird daran deutlich, dass nicht Männer mit dominanten Verhaltensmerkmalen allein, sondern deren Kombination mit freundlichem Auftreten von Frauen am attraktivsten eingeschätzt werden (Chasiotis 2006, 2007). Frauen bevorzugen also fürsorgliche Merkmale bei der Partnerwahl und legen deshalb die Interpretation nahe, dass Männer ihre väterlichen Qualitäten für den Paarungsaufwand instrumentalisieren[9]. Dies ist für Frauen nicht der Fall, weil Männer im Allgemeinen eher Wert auf äußerliche Merkmale wie physische Attraktivität und Gesundheit ihrer Partnerin legen als auf ihre etwaigen Fürsorgequalitäten (Buss 2004). Für den Mann hat die exklusive Paarbeziehung, die mit gemeinsamer Kindaufzucht einhergeht, deshalb möglicherweise auch eine etwas andere Bedeutung als für die Frau. So führt diese höhere Paaraufwandsorientiertheit des Mannes interessanterweise auch dazu, dass die Qualität der Paarbeziehung eher prädiktiv für seine väterlichen Qualitäten zu sein scheint als für die Frau: Während für eine Mutter die Beziehung zu ihrem Partner keinerlei Einfluss auf die Beziehung zu ihren Kindern hat, kümmern sich Väter umso engagierter um ihre Kinder, je intakter die Beziehung zu deren Mutter ist (Snarey 1993). Anders ausgedrückt ist der Paarungsaufwand bei Frauen Teil ihres mütterlichen Investments, bei Männern umgekehrt väterliches Investment Teil ihres Paarungsaufwandes (Keller/Chasiotis 2007).

---

[8] Was diese Überlegungen für die Entstehung der menschlichen Kultur und für moderne Gesellschaften bedeuten könnten, kann hier nicht ausgeführt werden (s. Keller/Chasiotis 2007).
[9] „Ältere Brüder sind bessere Väter" lautete interessanterweise auch die Interpretation der Ergebnisse unserer Fürsorgemotivationsstudie in einer Frauenzeitschrift, obwohl wir diese Annahme streng genommen gar nicht empirisch überprüft hatten.

Aus diesen Gründen ist beim Menschen die väterliche Investition eine in weit höherem Maße opportunistische, vom aktuellen ökologischen und sozialpolitischen Kontext abhängige Angelegenheit als es die mütterliche ist. Auch beim Menschen gilt also: Männchen können sich im ihre Kinder kümmern, tun es aber nur, wenn es nicht anders geht oder wenn es sich – sprich: im Rahmen ihres Paarungsaufwandes – lohnt (Geary 2000; Paul/Voland, 2003).

4 Folgerungen

Nach Darstellung der kindlichen, mütterlichen und väterlichen Perspektive werden im letzten Abschnitt Folgerungen der evolutionären Entwicklungspsychologie abgeleitet. Dabei wird eine Differenzierung entsprechend der unterschiedlichen Interessen und Motivationsneigungen der einzelnen Familienmitglieder vorgenommen.

4.1 Folgerungen aus der kindlichen Perspektive

Die wichtigste Entwicklungsaufgabe der ersten 18 Monaten ist die Entwicklung einer Bindung zu einer oder mehrerer primärer Bezugspersonen. Kinder profitieren in den ersten zwei Lebensjahren noch kaum vom Umgang miteinander. Erst ab etwa 18 Monaten entwickelt sich die Selbstobjektivierung, in dem das eigene figurale „Ich" sich von dem medialen Hintergrund der Anderen abhebt. Vorher ist die phänomenologische Erlebniswelt noch von der der anderen Interaktionspartner gewissermaßen kontaminiert. Die soziale Kognitionsleistung ist bis dahin im wesentlichen nur eine Gefühlsansteckung, echte Empathie, bei der die Gefühle des Anderen als von den eigenen unterschiedlich wahrgenommen werden, ist erst mit der Selbstobjektivierung möglich (also dann, wenn sich Kinder im Spiegel erkennen können, s. Bischof-Köhler 1989, 1998).

Für die optimale kindliche Entwicklung sind in den ersten Lebensjahren allerdings soziale Erfahrungen verschiedenster Art von großer Bedeutung. Die exklusive Mutter-Kind-Beziehung ist eine sehr moderne Erscheinung und keineswegs als entwicklungsnormativ zu verstehen[10]. Vom Standpunkt eines einjährigen Kindes aus betrachtet wäre also die Betreuung mit mehreren, ihm zugeneigten Bezugspersonen ideal. In diesem Alter ist es auch verstärkt auf Personen

---

[10] Im Gegenteil ist die allzu individualisierte, auf exklusiven dyadischen Kontakt ausgerichtete Beziehung zwischen Mutter und Kind nicht ohne Grund Gegenstand freudianischer Spekulationen über die psychopathogene Ursituation der „symbiotischen" Mutter-Kind Beziehung geworden (Chasiotis/ Keller 1992).

angewiesen, die ihm vertraut sind und denen es deshalb auch vertrauen kann, weil es ohne Selbstobjektivierung und Zeitrepräsentation nicht in der Lage ist, Trennungssituationen als vorübergehend und freundlich gesinnte Personen als Bindungspersonen wahrzunehmen. Solche vertrauensvollen Umgebungen mit einer Art Erziehungspartnerschaft zwischen Eltern und Betreuern gilt es also auch bei der Krippenbetreuung zu kreieren.

Die zu betreuenden Kindergruppen sollten konvergierenden Empfehlungen zufolge im ersten Lebensjahr das Verhältnis 3 Kinder pro Betreuungsperson nicht überschreiten, im zweiten nicht mehr als 4:1 und im dritten nicht mehr als 7:1 (z.B. OECD 2004). Da auch Einzelkinder (inzwischen bereits etwa ein Drittel aller Vorschulkinder) in ihrer aktuellen Häufung eine neue Erscheinung darstellen, können altersgemischte Kindergruppen auch wichtig als Geschwisterersatz sein (Chasiotis, Hofer & Campos 2006).

Im Kleinkindalter ist zudem aus ethnologischer, entwicklungspsychologischer und kleinkindpädagogischer Perspektive inzwischen bekannt, dass Kinder nicht lange bei einer Sache bleiben und viel Bewegung brauchen, so dass eine Art Frontalunterricht, bei dem sie nur stillsitzen und zuhören, nicht als kindgerecht angesehen werden kann. Sei es körperliches Geschick, Basteln und Malen, Musik, oder das Erlernen geometrischer Grundbegriffe, alle Lernstoffe sollten in den spielerischen Kontext eingebettet werden, indem man etwa Tätigkeiten wie Singen und Kreis bilden kombiniert. Dies gilt im Übrigen für die pädagogische Umgebung aller Kinder (s. Bernhard 1988).

4.2 Folgerungen aus der elterlichen Perspektive

Nicht nur für die Kinder, auch für die Mütter sind soziale Strukturen der Unterstützung notwendig. Mütter sollten mit der Betreuung nicht alleine gelassen werden, da das eine evolutionär neuartige und damit ungewohnte Situation für sie darstellt. Allerdings sollte nicht unterschätzt werden, dass die Fürsorgemotivation nichtverwandter oder gar häufig wechselnder Tagesmütter nicht selbstverständlich ist und nur eingefordert zu werden braucht. Die Fürsorglichkeit und Sensibilität, die eine fremde, nichtverwandte Person für die Betreuung eines Kleinkindes aufbringen muss, ist deshalb auch davon abhängig, wie sie in ein Unterstützungssystem eingebunden ist.

Aktuell wird in der Öffentlichkeit häufig ein höheres männliches Engagement in der Familie eingefordert. Der soziale Kontext, in dem Kinderaufzucht eine kollektive Sache der Frauen war, ist oft nicht mehr mit den auf Mobilität und Flexibilität setzenden Lebensumständen der modernen Frau zu vereinbaren. Ein Grund der reduzierten Fruchtbarkeit der Gesellschaften nach dem demographischen Übergang von hohen zu niedrigen Sterbe- und Geburtenraten scheint demnach auch der Wegfall der in der Regel aus nahen Verwandten bestehenden sozialen Unterstützungsnetzwerke zu sein (Turke 1989; Voland et al. 2005).

Dies ist ein wichtiger Grund, warum Männer für die heutigen jungen Frauen, die gern eine Familie oder ein Kind haben möchten, zu den Hauptadressaten ihrer Betreuungsansprüche geworden sind: Verwandte sind einfach nicht da oder zumindest nicht mehr in unmittelbarer Nähe (Nosaka/Chasiotis 2005). Dieser häufige Wegfall verwandtschaftlicher Unterstützung in urbanen Gesellschaften könnte wiederum zu einer weiteren Erhöhung der weiblichen Anspruchskriterien bei der Partnerwahl beitragen: Wenn ich schon nicht auf ein soziales Unterstützungsnetzwerk von Verwandten, Freunden und Nachbarn zurückgreifen kann und ohnehin die Wahl habe, dann sollte der Mann, der dauerhaft in mein Leben treten will, zusätzlich zu den wünschenswerten Attributen wie Intelligenz und Ehrgeiz (Buss 2004) auch ein engagierter Familienvater sein. Das AS-Lager führt bei der Erörterung der Partnerwahlpräferenzen hier das Argument der strukturellen Ungleichheit an, um darauf hinzuweisen, dass die weibliche Präferenz für soziale Erfolgsmerkmale nur ein Indiz für deren soziale Benachteilung ist. Wie Untersuchungen an finanziell unabhängigen Frauen mit höherem Sozialstatus jedoch gezeigt haben, bevorzugen auch sozial erfolgreiche Frauen Männer mit Erfolgsmerkmalen (Wiedermann/Allgeier 1992): Frauen brauchen keine erfolgreichen Männer, sie wollen sie nur.

Dies wiederum bedeutet, dass die Motivation zum sozialen und beruflichen Aufstieg für Männer essentieller für deren Marktwert auf dem Partnerschaftsmarkt ist als für Frauen. So ist zu konstatieren, dass reine Hausmänner für beiderlei Geschlechter aus unterschiedlichen Gründen unattraktiv sind: Für Männer, weil das Hausmanndasein mit geringem Status und zu wenig Profilierungsmöglichkeiten einhergeht und für Frauen, weil den meisten Frauen reine Hausmänner einfach nicht gefallen (Bischof-Köhler 2006).

Angesichts unserer evolutionspsychologischen, motivationalen Ausstattung ist deshalb zu bedenken, dass es eine kulturspezifische und für den in modernen Industriegesellschaften gültigen Zeitgeist vielleicht nahe liegende, aber neue und deshalb fragile Argumentation ist, in der Betreuungsdebatte Männer über die ihren statusorientierten Neigungen entsprechenden fürsorglichen Tätigkeiten hinaus als potentielle Hausmänner in die Pflicht zu nehmen. Kinderbetreuung war stammes- und kulturgeschichtlich bisher fast ausschließlich Frauensache. Das bedeutet keineswegs, dass es so bleiben müsste oder gar sollte, es heißt aber, dass diese Anforderung an den modernen Mann nicht unproblematisch sein könnte, wenn sie nicht seinen geschlechtstypischen Motivationsneigungen Rechnung trägt. Deshalb ist es angesichts der soeben angeführten evolutionären Erblasten der Geschlechter ein wenig naiv, nur an die Einsicht der Männer zu appellieren, sich vermehrt in der Familie zu engagieren; zudem ist es bequem, weil solche Appelle nichts kosten. Ohne kostenträchtige sozialpolitische Anreize (etwa durch die Aufwertung von Hausarbeit) wird es jedoch nicht gelingen, eine für alle Familienmitglieder befriedigende Vereinbarkeit von Familie und Beruf gewährleisten zu können. Auf diesen letzten Aspekt kommen wir im Folgenden zu sprechen.

5 Fazit: Investieren statt psychologisieren

Die Ausführungen begannen mit der Distanzierung von einfachen Dichotomen entlang der ideologischen Lager in der Krippendebatte. Im Laufe dieses Beitrages sollte deutlich geworden sein, dass weder ein Erkenntnisgewinn, noch angemessene anwendungsorientierte Entscheidungen von den Vereinfachungen und Generalisierungen beider Lager zu erwarten sind. Andererseits wurde auch hin und wieder auf unfreiwillige Gemeinsamkeiten hingewiesen. Auf eine letzte wollen wir im Fazit zu sprechen kommen. Worin sich diese vermeintlich so unterschiedlichen ideologischen Lager auch ähnlich sind, ist nicht zuletzt die individualistische Psychologisierung der Problematik. Ob nun EH oder AS: Jede/r scheint es demnach unabhängig von ihrer/seiner augenblicklichen Situation selbst in der Hand zu haben, die richtige Entscheidung zu treffen. Das gilt jedoch nur für einen Teil der Betroffenen. Analog zur Argumentation, wonach sich auch nur der gesund ernähren kann, der es sich finanziell leisten kann, sollte auch hier nur dann von günstigen Entscheidungsmöglichkeiten die Rede sein, wenn die sozioökonomischen Rahmenbedingungen stimmen.

Zur Krippendiskussion werden vor allem die Ergebnisse der seit 1991 in den USA laufenden Langzeitprojektes der Study of Early Child Care des National Institute of Child Health and Human Development herangezogen. Ziel des aufwendigen Unternehmens war es bekanntlich herauszufinden, wie sich die Art der Betreuung in den ersten Lebensjahren auf die Entwicklung der Kinder und Jugendlichen auswirkt. Das meines Erachtens noch unzureichend gewürdigte Hauptergebnis dieser und ähnlicher Studien ist dabei der immer noch und weitgehend unabhängig von der Qualität der Krippenbetreuung vorhandene Einfluss der Eltern auf die Entwicklung des Kindes – also selbst wenn das Kind zehn Stunden am Tag außer Haus untergebracht wird. Daraus ergeben sich zwei Konsequenzen: Zum einen scheinen der Bildungsstand der Eltern und ihr Umgang mit dem Kind wichtiger zu sein als die Merkmale der Krippenbetreuung, zum anderen bedeutet das umgekehrt, dass eine gute Tagesbetreuung die Bildungschancen vor allem für die Kinder erhöht, die es nötig haben, weil sie zu Hause weniger gefördert werden.

Wenig Aufmerksamkeit wird also von beiden Seiten den Studienergebnissen der Krippenforschung gewidmet, die darauf hinweisen, dass besonders sozial schwache Familien von einer qualitativ hochwertigen Betreuung profitieren. Das bedeutet, dass gute Krippen denen helfen, die sie am dringendsten brauchen, diese aber teuer sind. Familienpolitische Weichenstellungen und Investitionen der Gesellschaft sind demnach wichtiger als wohlfeile Appelle, sei es an den Mutterinstinkt auf der einen oder dem männlichen Verantwortungsbewusstsein auf der anderen Seite.

Kostenträchtig ist auch die Interpretation der Befunde der Bindungsforschung: Wenn eine sichere Bindung zu primären Bezugspersonen nicht gelingt, können wir wegen der entwicklungspsychopathologischen Folgen für unsicher gebundene Kinder unverblümt ausgedrückt deren Bildung auch vergessen. Wenn in späteren Jahren Leistung eingefordert werden soll, müsste also zunächst in die frühkindliche Bindung investiert werden. Und um eine kindlich vorteilhafte Bindungsentstehung gewährleisten zu können, sollte auch das Ausbildungsniveau der frühkindlichen Pädagogen angesichts der mannigfaltigen Anforderungen und Fähigkeiten auf Universitätsniveau angehoben werden, was ebenfalls Investitionen in den Bildungshaushalt erforderlich macht. Zentrale Säulen eines Betreuungsnetzes wären somit moderne Ausbildungsprogramme, ein organisierter Erfahrungsaustausch und regelmäßige Qualitätskontrollen. Wenn eine qualitativ hochwertige Betreuung etabliert ist und funktioniert, zahlt sich diese gesellschaftliche Investition allerdings auch aus.

Als Mitglieder dieser modernen postindustriellen Gesellschaft sind wir einerseits kontextuellen Ausgangsbedingungen wie etwa dem aktuellen Prozentsatz von Kindern in öffentlicher Betreuung unterworfen[11]. Andererseits entscheiden wir mit, welcherart Entwicklungspfad wir unseren Kindern zu welchem Preis angedeihen lassen wollen. Auch hier gibt es keine bequemen Dichotomien und somit keine ideale Lösungen: Ob wir uns für oder gegen Kinder, für oder gegen Fremd- oder Krippenbetreuung, für oder gegen das Propagieren von Hausmännern entscheiden: Jede Entscheidung ist kontextabhängig und hat nicht nur einen psychohygienischen, sondern immer auch einen buchstäblich ökonomischen Preis.

---

[11] So ist das Krippenangebot für Kinder unter vier Jahren in Deutschland (6.8 %) schon allein deshalb als stark ausbaufähig anzusehen, wenn es mit anderen EU – Ländern wie Finnland (43.9%) oder gar Schweden (86%) verglichen wird (OECD 2004).

Literatur

Alexander, R. (1979): Darwinism and human affairs. Seattle: University of Washington Press.
Ambrose, S. H. (2001): Paleolithic technology and human evolution. In: Science 291, 1748-1753.
Bernhard, J. G. (1988): Primates in the classroom: An evolutionary perspective on children's education. Amherst, MA: University of Massachussets Press.
Bischof, N. (1985): Das Rätsel Ödipus. Die biologischen Wurzeln des Urkonfliktes von Intimität und Autonomie. München: Piper.
Bischof, N. (1996): Das Kraftfeld der Mythen. Signale aus der Zeit, in der wir die Welt erschaffen haben. München: Piper.
Bischof-Köhler, D. (1989): Spiegelbild und Empathie. Bern: Huber.
Bischof-Köhler, D. (1998): Zusammenhänge zwischen kognitiver, motivationaler und emotionaler Entwicklung in der frühen Kindheit und im Vorschulalter. In: H. Keller (Hrsg.): Lehrbuch Entwicklungspsychologie. Bern: Huber, S. 319-376.
Bischof-Köhler, D. (2006): Von Natur aus anders. Die Psychologie der Geschlechtsunterschiede (3. Aufl.). München: Kohlhammer.
Bjorklund, D.F./Pellegrini, A. (2002): The origins of human nature. Evolutionary developmental psychology. Washington, DC: American Psychological Association.
Buss, D. (2004): Evolutionary Psychology: The new science of the mind. Boston, MA: Pearson.
Chasiotis, A. (1992): "Was Hänschen nicht lernt..." Eine neue Sicht auf Kindheit. In: Welt des Kindes. Zeitschrift für Kleinkindpädagogik und außerschulische Erziehung 4, 6-10 (Wiederabdruck in: H. Dorlöchter/G. Maciejewski/E. Stiller, Phoenix - Der etwas andere Weg zur Pädagogik. Ein Arbeitsbuch, Band 2, Paderborn: Ferdinand Schöningh, 2000, S. 14-16).
Chasiotis, A. (1998): Natürliche Selektion und Individualentwicklung. In: H. Keller (Hrsg.): Lehrbuch Entwicklungspsychologie. Bern: Huber, S. 171-206.
Chasiotis, A. (1999): Kindheit und Lebenslauf. Untersuchungen zur evolutionären Psychologie der Lebensspanne. Bern: Huber.
Chasiotis, A. (2006): Evolutionsbiologische Ansätze in der Psychologie. In: K. Pawlik (Hrsg.): Handbuch Psychologie. Berlin: Springer, S. 521-533.
Chasiotis, A. (2007): Evolutionstheoretische Ansätze im Kulturvergleich. In: G. Trommsdorff/H.-J. Kornadt (Hrsg.): Kulturvergleichende Psychologie, Band I, Theorien und Methoden, Enzyklopädie der Psychologie. Göttingen: Hogrefe, S. 179-219.
Chasiotis, A./Keller, H. (1992): Zur Relevanz evolutionsbiologischer Überlegungen für die klinische Psychologie: Psychoanalytische und interaktionistische Ansätze im Lichte der Kleinkindforschung. In: Integrative Therapie (1-2), 18, 74-100 (Wiederabdruck in: H. Petzold (Hrsg.): Die Kraft liebevoller Blicke – Psychotherapie und Babyforschung, Band 2, Paderborn: Junfermann, 1995, S. 45-74).

Chasiotis, A./Keller, H. (1993a): Die menschliche Kindheit und die Kindheit der Menschheit: Die ersten Lebensjahre aus evolutionsbiologischer Perspektive. In: E. Voland (Hrsg.): Evolution und Anpassung - Warum die Vergangenheit die Gegenwart erklärt. Stuttgart: Hirzel Verlag, S. 190-209.

Chasiotis, A./Keller, H. (1993b): Evolution, kulturvergleichende Entwicklungspsychologie und frühkindlicher Kontext. In: Zeitschrift für Sozialisationsforschung und Erziehungssoziologie (ZSE) (2) 13, 102-115 (erweiterte Fassung in: G. Trommsdorff (1995) (Hrsg.): Kindheit und Jugend in verschiedenen Kulturen. Entwicklung und Sozialisation in kulturvergleichender Sicht, Weinheim: Juventa, S. 21-42).

Chasiotis, A./Voland, E. (1998): Geschlechtliche Selektion und Individualentwicklung. In H. Keller (Hrsg.): Lehrbuch Entwicklungspsychologie. Bern: Huber, S. 563-595.

Chasiotis, A./Hofer, J./Campos, D. (2006): When does liking children lead to parenthood? Younger siblings, implicit prosocial power motivation, and explicit love for children predict parenthood across cultures. In: Journal of Cultural and Evolutionary Psychology 4, 95-123.

Chasiotis, A./Kiessling, F./Hofer, J./Campos, D. (2006): Theory of mind and inhibitory control in three cultures: Conflict inhibition predicts false belief understanding in Germany, Costa Rica, and Cameroon. International Journal of Behavioral Development (3) 30, 192-204.

Daly, M./Wilson, M. (1988): Homicide. New York: Aldine de Gruyter.

Daly, M./Wilson, M. (1994): Some differential attributes of lethal assaults on small children by stepfathers versus genetic fathers. Ethology and Sociobiology 15 (4), 207-217.

Daly, M./Wilson, M. (1999): Human evolutionary psychology and animal behavior. Animal Behaviour 57, 509-519.

Daly, M./Wilson, M. (2001): An assessment of some proposed exceptions to the phenomenon of nepotistic discrimination against stepchildren. Annales Zoologii Fennici 38, 287-296.

Dunbar, R. (1993): Coevolution of neocortical size, group size, and language in humans. Behavioural and Brain Sciences 16, 681-735.

Dunbar, R. (1996): Grooming, gossip, and the evolution of language. London: Faber & Faber.

Engfer, S. (1996): Sexueller Mißbrauch. In R. Oerter/L. Montada (Hrsg.): Entwicklungspsychologie. Weinheim: Beltz Verlag, S. 1006-1015.

Flinn, M./Alexander, A. (1982):Culture theory: The developing Synthesis from biology. In: Human Ecology 10, 383-4000.

Geary, D. (2000): Evolution and proximate expression of human paternal investment. In: Psychological Bulletin, 126, 55-77.

Gigerenzer, G. (2007): Bauchentscheidungen. Die Intelligenz des Unbewussten und die Macht der Intuition. München: Bertelsmann.

Hrdy, S. (2005): Cooperative breeders with an ace in the hole. In: E. Voland/A. Chasiotis/ W. Schiefenhövel (Eds.): Grandmotherhood – The evolutionary significance of the second half of female life. London: Rutgers University Press, pp. 295-317.

Kappeler, P. M./van Schaik, C.P. (Hrsg.) (2004): Sexual Selection in Primates: New and comparative perspectives. Cambridge: Cambridge University Press.

Keller, H. (2007): Cultures of infancy. London: Lawrence Erlbaum.
Keller, H./Chasiotis, A. (2007): Entwicklung im Spannungsfeld zwischen Natur und Kultur. In: M. Hasselhorn/R. Silbereisen (Hrsg.): Psychologie des Säuglings- und Kindesalters, Enzyklopädie der Psychologie, Band V4. Göttingen: Hogrefe, S. 531-570.
Keller, H./Chasiotis, A. (2006): Zur natürlichen und geschlechtlichen Selektion der menschlichen Individualentwicklung. In: W. Schneider/F. Wilkening (Hrsg.): Theorien, Modelle und Methoden, Enzyklopädie der Psychologie, Band I. Göttingen: Hogrefe, S. 509-551.
Keller, H./Chasiotis, A. (2007): Maternal investment. In: C.A. Salmon/T.K. Shackelford (Eds.): Family relationships: An evolutionary perspective. NY: Oxord University Press, pp. 91-114.
Keller, H./Chasiotis, A./Risau-Peters, J., Völker, S., Zach, U. & Restemeier, R. (1996): Psychobiological aspects of infant crying. Early Infancy and parenting 5 (1), 1-13.
Konner, M. (2002): The tangled wing: Biological constraints on the human spirit. New York. Times Books.
Konner, M. (2007): Evolutionary Foundations of Cultural Psychology. In: S. Kitayama/D. Cohen (Eds.): Handbook of Cultural Psychology. New York: Guilford Press, pp. 77-105.
Lamb, M.E. (1987): The father's role: Cross-cultural perspectives. Hillsdale, NJ: Erlbaum.
Miller, G. (2000): The mating mind. How sexual choice shaped the evolution of human nature. New York: Random House.
Nesse, R./Williams, G. (1997): Warum wir krank werden. Die Antworten der Evolutionsmedizin. München: Beck.
Nosaka, A./Chasiotis, A. (2005): Exploring the variation in in intergenerational relationships among germans and turkish immigrants: An evolutionary perspective of behavior in a modern social setting. In: E. Voland/A. Chasiotis/W. Schiefenhövel (Eds.): Grandmotherhood – The evolutionary significance of the second half of female life. London: Rutgers University Press, pp. 256-276.
OECD (2004): Early childhood policy review. Deutsches Jugendinstitut, München.
Paul, A./Voland, E. (2003): Eltern-Kind Beziehungen im evolutionären Kontext aus soziobiologischer Sicht. In: H. Keller (Hrsg.): Handbuch der Kleinkindforschung. Bern: Huber, S. 149-182.
Power, C. (1999): Beauty magic: The origins of Art. In: R. Dunbar/C. Knight/C. Power (Eds.): The evolution of culture. Edinburgh: Edinburgh University Press, pp. 92-112.
Snarey, J. (1993): How fathers care for the next generation: A four-decade study. Harvard, NJ: Harvard University Press.
Sommer, V. (1989): Die Affen. Unsere wilde Verwandtschaft. Hamburg: Geo.
Suomi, S. J. (1999): Attachment in rhesus monkeys. In: J. Cassidy/P.R. Shaver (Eds.): Handbook of attachment: Theory, research, and clinical applications. New York: Guilford Press, pp. 181-197.
Tooby, J./Cosmides, L. (1990): The past explains the present: adaptations and the structure of ancestral environments. Ethology and Sociobiology, 11, 375-424.

Trivers, R.L. (1972): Parental investment and sexual selection. In: B.G. Campbell (Ed.): Sexual selection and the descent of man: 1871–1971. Chicago: Aldine de Gruyter, pp. 136-179.

Turke, P. (1989): Evolution and the demand for children. Population and Developmental Review 15, 119 – 136.

Van de Vijver, F. (2006): Culture and Psychology: A SWOT Analysis of Cross-Cultural Psychology. Unpublished manuscript of Keynote, 7th International Association of Cross Cultural Psychology (IACCP) Regional Congress, San Sebastian, Spain.

Voland, E./Chasiotis, A./W. Schiefenhövel (Eds.) (2005): Grandmotherhood – The evolutionary significance of the second half of female life. New Jersey: Rutgers University Press.

Vollmer, G. (1988). Das alte Gehirn und die neuen Probleme. In: G. Vollmer (Hrsg.): Was können wir wissen? Band 1: Die Natur der Erkenntnis. Stuttgart: Hirzel Verlag, S. 116-165.

Vollmer, G. (1995): Bin ich Atheist? Orientierungshilfen für ernsthafte Zweifler. In: G. Vollmer (Hrsg.): Auf der Suche nach der Ordnung. Beiträge zu einem naturalistischen Welt- und Menschenbild. Stuttgart: Hirzel Verlag, S. 168-184.

Wiedermann, M./Allgeier, E. (1992): Gender differences in mate selection criteria: Sociobiological or socioeconomic explanation? Ethology and Sociobiology, 13, 115-124.

Wilson, E.O./Hölldobler, B. (1994): A journey to the ants: A story of scientific exploration. New York: Belknap Press.

Das interdisziplinäre Paradigma
Fachübergreifende Zusammenarbeit als Zukunftsmodell

Stephan Rietmann

Einleitung

Mit dem konzeptionellen Ansatz eines Familienzentrums geht ein bemerkenswerter Paradigmenwechsel einher. Die bislang disziplinspezifischen Handlungsansätze der Betreuung, Bildung und Beratung sind entsprechend der jeweiligen sozialraumspezifischen Charakteristika aufgefordert, einen integrativen und interdisziplinären Dienstleistungsansatz zu entwickeln und – parallel dazu – ein neues, erweitertes professionelles Selbstverständnis auszubilden. Neben vielfältigen Chancen für Kinder und Familien, wie auch für die Leistungserbringer selbst, sind damit für die beteiligten Fachleute veränderte Anforderungen verbunden. In diesem Beitrag geht es um die Fokussierung der systemischen und interdisziplinären Anforderungen, die sich den professionellen Akteuren im Netzwerk Familienzentrum stellen. Ferner geht es darum, Entwicklungen darzustellen, die auf Seiten der Leistungserbringer stattfinden müssen, damit Kinder und Familien eine funktionierende integrative Dienstleistung erhalten.

Vernetzte Entwicklung und Entwicklung von Vernetzung

Ein Familienzentrum nimmt als Netzwerk professioneller Akteure eine systemisch-kontextuelle Sicht ein und entspricht damit den vernetzten Prozessen der Entwicklung eines Kindes und seiner Familie. Dies gilt für verschiedene Entwicklungsbereiche und soll hier einführend am Beispiel des Spracherwerbs und möglichen Störungen in dessen Verlauf dargestellt werden.

Für eine erfolgreiche Sprachentwicklung sind vielerlei Voraussetzungen erforderlich, damit Kinder vom ersten Schrei zum ersten Wort finden (z.B. Papousek, 2001). Unterschiedliche Entwicklungsbereiche interagieren in einem komplexen Prozess. Kinder sind angewiesen auf eine sichere, sensitive und responsive Bindung zu ihren Eltern. Von Bedeutung ist, dass Eltern die Bedürfnisse ihres Kindes zuverlässig einschätzen. Zudem ist eine prompte Reaktion erforderlich, damit bereits Säuglinge einen Zusammenhang zwischen eigenem Verhalten und der elterlichen Reaktion herstellen können, beispielsweise in dem sie Spannungsminderung erleben. Sprachentwicklung erfordert überdies die Reifung des Gehirns, eine funktionierende auditive Wahrnehmung, fortschreitende kognitive Entwicklung und das Vorliegen weiterer Faktoren mehr. Kindliche Sprachentwicklung verläuft als ein komplexer, vernetzter biopsychosozialer Prozess. Diese Entwicklung ist an vielen Stellen irritier- und störbar. So stellt man in der Praxis der Jugendhilfe immer wieder fest, dass kindliche Sprachentwicklungsverzögerungen Folgeprobleme nach sich ziehen - in vielen Fällen beobachten Fachleute Lese- und Rechtschreibschwächen. Eine frühe Erkennung und Behebung einer Sprachentwicklungsverzögerung und deren grundlegenden Ursachen wie zum Beispiel auditive Wahrnehmungsprobleme, können dazu beitragen, problematische Entwicklungen möglichst frühzeitig zu erkennen und diese mit geeigneten Fördermaßnahmen zu verhindern oder in ihren Auswirkungen zu mildern. Kinder, die von Lese- und Rechtschreibschwächen betroffen sind, machen wegen gravierender Schwierigkeiten im Zusammenhang mit ihren Teilleistungsstörungen vielfach belastende Erfahrungen; Familien erfahren den Druck eines Schulsystems, das auf diese Schwierigkeiten nur eingeschränkt korrigierend Einfluss bzw. Rücksicht nehmen kann und Jugendhilfe sieht sich im Zusammenhang mit dem § 35 a des Kinder- und Jugendhilfegesetzes mit kostenträchtigen Fallverläufen konfrontiert. Früherkennung und Frühintervention in vernetzt arbeitenden Strukturen haben vor diesem Hintergrund einen hohen Stellenwert.

Eine Reihe gesellschaftlicher Institutionen sind damit befasst, Störungen zu erkennen und soweit möglich zu beheben. Für geeignete Hilfen besteht ein umfangreiches Hilfs- und Unterstützungsangebot mit disziplinspezifischen Spezialkompetenzen. Aus dem Gesundheitssystem sind dies beispielsweise Kinderärzte, Logopäden und Ergotherapeuten. In der Jugendhilfe sind die Erziehungsberatungsstelle oder das Jugendamt häufige Anlaufstellen. Im koordinierten fachlichen Handeln eines Familienzentrums bietet sich nun die Chance, ein ganzheitliches Entwicklungsverständnis (siehe auch Hillenbrand und Rietmann in diesem Band) zu praktizieren.

Leitidee eines Familienzentrums ist es, die Funktionsbereiche Betreuung, Bildung und Beratung zu vernetzen und daraus idealerweise ein funktionierendes integratives Dienstleistungsangebot für Kinder und Familien zu entwickeln. Dabei folgt man in Deutschland internationalen Beispielen, bekannt sind beispielsweise die *Early Excellence Centres* in Großbritannien oder die *Judy Centres* in Maryland in den Vereinigten Staaten. Die Einführung von Familienzentren ist insofern ein Effekt der Globalisierung im Bereich Sozialer Arbeit. Relevant für diese Entwicklungen ist die Ausbildung lateraler Weltsysteme (Willke 2006: 37). Gemeint ist damit, dass große Funktionssysteme moderner nationalstaatlich organisierter Gesellschaften (z.B. Ökonomie, Wissenschaft, Erziehung, Gesundheit) aus territorialen Bindungen des Nationalstaates ausbrechen und sich in globalen Kontexten vernetzen. „Ihre jeweilige Eigendynamik und Selbstreferenz prägt ihre Operationsweise nachhaltiger als die (bisherige) Anbindung an die ‚Muttergesellschaften'." (ebd.)

Familienzentren als Gestaltungszentren sozialräumlicher Vernetzungsprozesse kommt dabei eine Bündelungsfunktion interdisziplinärer Fachkompetenz und die Handhabung damit einhergehender heterogener Interessen und Arbeitsansätze zu. In manchen Fällen handelt sich bei solchen Prozessen um Akteurskonstellationen mit 30 und mehr Akteuren, die es zu koordinieren gilt. Neben intensiven und häufigen Kooperationen mit Akteuren wie Erziehungs- und Familienberatung oder Familienbildung, gibt es Partner, mit denen sporadische Zusammenarbeit stattfindet – von der polizeilichen Verkehrserziehung bis zur zahngesundheitlichen Prävention. Zu den erstaunlichen Erfahrungen gehört dabei, dass diese Prozesse an vielen Orten funktionieren, obschon die Akteure neben gemeinsamen vor allem divergente Ziele und Aufgaben mitbringen. Interdisziplinäres Zusammenwirken in solchen Kontexten kann als komplexe Handlungssituation skizziert werden, die nach Dörner (2000) eine Reihe typischer Aspekte aufweisen: Komplexität, Intransparenz, Dynamik, Vernetztheit sowie Unvollständigkeit oder Falschheit der Kenntnisse über die jeweils anderen Systeme. Es lohnt sich daher, Netzwerke so zu gestalten, dass systematische Verbesserungen bei einigen dieser Aspekte erreicht werden können.

Probleme interdisziplinärer Zusammenarbeit

Der angestrebten Kooperation steht vielfach die Erfahrung entgegen, dass Zusammenarbeit in der Umsetzung schwierig ist. Schweitzer (1998) sieht Kooperationsprobleme des Sozialsystems darin begründet, dass zwischen den beteiligten professionellen Systemen erhebliche Zieldivergenzen hervortreten. Das Sozialwesen hat aufgrund wachsender Kundennachfrage und einer expansiven Anbieterseite seit Mitte des 19. Jahrhunderts eine deutliche quantitative Expansion und starke funktionale Spezialisierung erlebt, die Probleme der Unübersichtlichkeit und Intransparenz erzeugen und zu inkompatiblen Strategien gegenüber demselben Klienten führen können: unterschiedliche fachliche Aufgaben und Ziele führen zu unterschiedlichen Handlungsstrategien.

Neben der Erledigung von Aufgaben, zu deren Bearbeitung eine Institution geschaffen wurde, verfolgt sie offenbar Eigeninteressen, die zunächst unabhängig vom Primat der Aufgabe sind, für die die Institution geschaffen wurde. Dabei handelt es sich beispielsweise um Themen wie Existenzsicherung über die Zeit,

Kontrolle von Ressourcen, Macht. Verschiedene Fachlichkeiten erschaffen Sprachen zur Problembeschreibung und – erklärung und erzeugen neben der Ausweitung identifizierter Probleme zumeist auch eine Zunahme an Kontrolle und Machtausübung (vgl. Gergen 2002: 56f.). Wenn eine Institution zur Bearbeitung einer Aufgabe oder Lösung eines Problems auf den Plan tritt, geht damit eine Tendenz einher, diese Anwesenheit durch entsprechendes Handeln zu begründen. Kooperationsprobleme zwischen komplexen fachlichen Systemen dürften aus prinzipiellen Gründen daher zu erwarten sein.

Arbeitsteiligkeit und funktionale gesellschaftliche Differenzierung sind allerdings Erfolgsmodelle moderner Gesellschaften. Sie ermöglichen Spezialisierung, Wissenskonzentration und professionell ausdifferenzierte Dienstleistungsentwicklung. Komplexe Sozialsysteme sind gekennzeichnet durch operative Geschlossenheit, wechselseitige Intransparenz, systemspezifische Leitdifferenzen und unterschiedlich kodierte Kommunikation (Willke 1993). Diese Aspekte sind auch bei den unterschiedlichen Einrichtungen vorzufinden, die sich in öffentlicher Verantwortung mit dem Aufwachsen von Kindern und Jugendlichen befassen. Unterschiedliche gesellschaftliche Systeme – zum Beispiel Einrichtungen des Gesundheitssystems oder der Jugendhilfe – sprechen auf verschiedene Leitdifferenzen an, die mit einer Erwartungsstruktur für Spielregeln einhergehen und zwischen den Systemen über spezifische Semantiken Grenzen ziehen. Dabei bilden sich eigensinnige Systemrationalitäten aus. Beispielsweise arbeitet man im Gesundheitswesen mit dem Krankheitsbegriff, was man in der Jugendhilfe vermeidet, um negative Etikettierungen und Ausgrenzungen zu vermeiden. Daraus ergeben sich Unterschiede in der fachlichen Praxis.

Aufgaben werden vor diesem Hintergrund in erster Linie nicht so bearbeitet und erledigt, wie es der Aufgabe entspricht, sondern so, wie es die Systembedingungen der zuständigen bzw. mit der Bearbeitung befassten Institution zulassen und erfordern. Anders als es beispielsweise die vernetzte Entwicklung eines Kindes erfordert, arbeiten Fachstellen an Teilproblemen, ohne den Blick auf andere, geschweige denn alle relevanten Faktoren richten zu können. Sie erfüllen zwar den Teil kompetent, der in ihren Aufgabenbereich fällt, sehen jedoch für damit zusammenhängende Probleme keine Verantwortlichkeit und Kompetenz. Dies hängt beispielsweise zusammen mit professionellen Unterschieden, verschiedenartigen Finanzierungssystemen oder unterschiedlichen Steuerungssystemen (z.B. Gesundheitssystem und Jugendhilfe).

Problematisch im Hinblick auf eine zufrieden stellende Problemlösung ist dabei, dass eine hohe funktionale Differenzierung und Spezialisierung als Merkmal unseres Sozialsystems einhergeht mit einer thematischen Verengung, die Interdependenzen erhöht, denn „kein Teilsystem für sich kann die Problematik des Ganzen repräsentieren und lösen" (Willke 1993: 49). Die Spezifizierung der Rationalität der Teilsysteme beinhaltet eher sogar eine Steigerung problematischer Außenwirkungen.

Für die Indikationsstellung zur Erziehungsberatung kommt beispielsweise eine Studie von Lenz (2002) zu dem interessanten und der vernünftigen Erwartung widersprechenden Ergebnis, dass die Frage, ob eine professionelle Hilfe überhaupt notwendig ist, in der Praxis häufig gar nicht gestellt wird. Psychotherapeutische oder psychologisch-beraterische Maßnahmen werden in dieser Untersuchung von 40 Fachleuten aus Erziehungsberatungsstellen augenscheinlich als risikolos und bei jedem psychischen Problem und jeder Lebens- oder Erziehungsfrage als notwendig und sinnvoll betrachtet[1]. Es darf wohl spekuliert werden, dass sich ähnliche Befunde auch für andere gesellschaftliche Funktionssysteme finden lassen. Für diese Annahme sprechen auch interessante Befunde zum Umgang mit Ungewissheiten sowie den Umgang mit Zahlen und Risiken aus der psychologischen Entscheidungs- und Risikoforschung. Bei Gigerenzer (z.B. 2004) finden sich etwa Beispiele schwerwiegender Fehleinschätzungen von Ärzten.

Interventionssysteme tragen im Sinne unerwünschter Nebenwirkungen offenbar selbst zu Schwierigkeiten bei, die im Sinne der Ziele und Interessen von Adressaten vermieden werden sollten. Kinder durchlaufen in Fällen von sexuellem Missbrauch beispielsweise im professionellen Hilfesystem häufig Delegationsketten (Fegert et al. 2001). Dies führte bei den von den Autoren untersuchten Fällen zu immer neuen Untersuchungen und Explorationen der Kinder, was als wesentliche Problematik des institutionellen Umgangs mit sexuellem Missbrauch gesehen wird. Dabei treten für die betroffenen Kinder selbst ganz erhebliche Missstände zutage. So mussten beispielsweise von 47 sexuell missbrauchten Mädchen 45% innerhalb der Aufdeckungsphase vier bis sechs Institutionen kontaktieren, bei 26% waren es sogar sieben bis zehn Institutionen. In der Analyse derartiger Delegationsketten erweist sich die Thematisierung unbearbeiteter Schnittstellen als bedeutsam, es werden Informationsprobleme fachlicher Stellen deutlich und es spielen Ansehens- und Machtfragen der beteiligten Fachleute und Institutionen eine bedeutende Rolle (Rietmann 2007). Hier verdeutlicht sich, dass gerade die funktional differenzierten Feldzugänge der beteiligten Institutionen eine wesentliche Kooperationshürde darstellen können.

Empirische Untersuchungen verdeutlichen, dass Menschen kognitiven Grenzen unterliegen, wenn Komplexität zu groß wird. Mit steigender Vernetztheit sinken beispielsweise Systemwissen und Steuerungsleistungen (Funke 2003). Es gibt zudem in komplexen Kontexten prinzipielle Schwierigkeiten, die etwa das Systemmerkmal zeitverzögerter Rückmeldung betreffen. Dies er-

---

[1] Zur Situation und dem Einsatz psychotherapeutischer Methoden in der institutionellen Erziehungsberatung siehe auch Hensen und Körner (2005).

schwert es, Eingriffseffekte sichtbar zu machen. Von rationaler Steuerung wird allerdings in der Regel erwartet, dass sie kalkulierbar ist und zu angestrebten Effekten führt. Doch die Realität – weiß die Psychologie menschlicher Problemlösung aus empirischen Befunden – sieht vielfach anders aus: „Man löst nicht die Probleme, die man lösen soll, sondern die, die man lösen kann." (Dörner 2000: 90)

Familien und interdisziplinäre fachliche Systeme

Imber-Black (1997) fokussiert das Spezialisierungsphänomen sozialer Dienstleistungen und stellt fest, dass Einflüsse nicht nur von fachlichen Systemen hin zu Familien stattfinden, sondern auch umgekehrt von Familien zu fachlichen Systemen. Diese Zusammenhänge sind auch für ein Familienzentrum von Interesse, wenn man an die Schnittstelle Familienzentrum/Eltern denkt. Dies ist beispielsweise dann der Fall, wenn ein Familienzentrum Eltern motivieren möchte, ein identifiziertes Problem zu beheben und entsprechende weitere Diagnostik, Behandlung oder Förderung zu veranlassen.

Imber-Black (1997) beschreibt Familien als zwischen mehreren Systemen gefangen, deren Aufträge sich widersprechen oder die gegensätzlich sind (vgl. auch Gergen 2002). Veränderungen und ständiges Kommen und Gehen im Makrosystem von Familien und Helfern sind in der Praxis nicht selten. Wirksames Handeln scheint durch widersprüchliche Anforderungen gelähmt zu werden, zum Beispiel wenn Erkenntnisse aus einem Kontext von Entwicklung und Vertrauen (z.B. Beratung) in einem Kontext sozialer Kontrolle (z.B. Jugendamt) verwertet werden sollen. Solche Probleme ergeben sich vor allem dann, wenn Fragen des Kindeswohls berührt sind. Hier bestehen vielfältige Bezüge zu den aktuellen Diskussionen um den § 8a des Kinder- und Jugendhilfegesetzes (z.B. Jordan 2006). Nach Imber-Black (1997) werden Themen von Familien je nach Relevanz an verschiedenen Orten in verschiedenen Perspektiven vorgetragen. Die Autorin verweist außerdem auf die Bedeutung von Familienregeln, die u.a. auch Regeln zur Interaktion mit größeren Systemen beinhalten können. Zwischen Institutionen bestehen verdeckte Absichten von Delegationen und Aufträgen derart, dass Überweisungen als Bestandteil eines institutionellen Kampfes („wer weiß es am Besten") genutzt werden können. Auf verschiedenen Systemebenen spiegeln sich dabei ähnliche Muster wider. Ein Phänomen, das sie als *„Isomorphismus"* (Imber-Black 1997: 73) bezeichnet.

Für Vernetzungen in Familienzentren besteht die Notwendigkeit, die skizzierten Probleme und Widersprüche zu erkennen und sie in einen Bearbeitungsprozess zu bringen, denn „es kann zwischen funktional differenzierten Systemen in Diskursen nicht zu einem Grundkonsens kommen, weil es keine gemeinsame Richtigkeit oder Wahrheit gibt" (Willke 1993: 138). Möglichkeiten dazu bestehen in:

- Kontextsteuerung,
- Reflexivität („Selbst-Aufklärung über systemexterne Wirkungen des Systems" – siehe Willke 1993: 122),
- systemischen Diskursen.

Psychologische Aspekte im Umgang mit heterogenen Akteursgruppen

Interdisziplinäre Zusammenarbeit dürfte ein Kernmerkmal des Netzwerkes Familienzentrum sein. Interdisziplinäre Zusammenarbeit beinhaltet nach Defila und Di Giulio (1996) typische Schwierigkeiten. Diese hängen vor allem zusammen mit Kommunikations- und Sprachschwierigkeiten. Fachleute bilden Fachsemantiken aus, mit denen sie Phänomene beschreiben, die in ihrem Alltag relevant sind. Realität wird damit disziplinspezifisch strukturiert. Dies geht einher mit einem mangelnden Verständnis anderer Disziplinen und mit gegenseitigen Vorurteilen. Systemische Diskurse stellen einen Versuch dar, divergierende Rationalitäten und Interessen organisierter und kollektiver Akteure in Verhandlungssystemen aufzuheben. Zur Verfahrensrealität systemischer Diskurse liefert die psychologische Forschung inzwischen zahlreiche Erfahrungen und Befunde aus informellen Diskursverfahren und mediationsähnlichen Diskursen in Großgruppen (z.B. Fietkau 2000). Diese Erkenntnisse könnten auf den Kontext von Familienzentren transferiert werden.

Ein interessantes Modell des Dialoges heterogener Akteursgruppen ist auch das niederländische *Overleg* (Schürings 2003: 41). Der Begriff hat im Deutschen keine Entsprechung, er wird zwar mit Verhandlung übersetzt, eher ist jedoch eine gemeinsame Vorüberlegung gemeint. In einer offenen Beratschlagung mehrerer Parteien geht es zunächst um den Austausch von Ideen und Meinungen, zu denen eine zunächst nur relativ vage Einigung erzielt werden soll. Es geht also noch nicht um einen verbindlichen, konkreten Beschluss, sondern um einen Schritt auf dem Weg zu einer Vereinbarung. Als *Overleg-democratie* ist diese Art der Konsultation und Kompromissfindung Teil des für seine Pragmatik bekannten niederländischen Poldermodells (Schürings 2003) und hat seine Qualitäten auch in größeren administrativen und politischen Prozessen unter Beweis gestellt.

Familienzentrum als selbstorganisierter Prozess

Ein Familienzentrum wird durch die Kontextsteuerung als sozialräumlicher Selbstorganisationsprozess initiiert. Dieser findet dann vor Ort als offener Entwicklungsprozess statt. Auch wenn es an vielen Stellen intensive Vorerfahrungen mit interdisziplinärer Kooperation gibt, ist die Zusammenarbeit im Familienzentrum gegenüber der vorherigen Praxis deutlich systematischer, verbindlicher – sie wird beispielsweise extern kontrolliert und zertifiziert (siehe auch Stöbe-Blossey in diesem Band). Verschiedene Modelle, wie etwa in Nordrhein-Westfalen das „Lotsenmodell", die „Galerie" oder „Unter einem Dach", sind dabei denkbare Wege der funktionalen Integration. Die formale Steuerung beinhaltet einen vorgegeben Rahmen, etwa eine externe Zertifizierung durch ein konzeptgebundenes Gütesiegel. Den Einrichtungen vor Ort obliegt es dann, in einem offenen Entwicklungsprozess eine inhaltliche Ausgestaltung vorzunehmen, die ortsspezifische Charakteristika aufgreift und damit dem Bedarf vor Ort entspricht.

Mit der selbstorganisierten Zusammenarbeit sind für die beteiligten Fachleute Anforderungen im Hinblick auf verschiedene Aspekte verbunden. Systemische Diskurse erfordern neben der Identifizierung und Relativierung eigener Beiträge im Netzwerk auch Kompetenzen, andere Systeme und deren Handlungsbedingungen zu verstehen und diese im Hinblick auf die eigenen Ziele zu integrieren. Mit netzwerkorientierter Kooperation geht eine dialogische Prozessierung einer vielschichtigen Aushandlung einher. Es treffen nämlich höchst unterschiedliche Ziele und Interessen zusammen.

Die Mitwirkung an einem systemischen Diskurs bringt veränderte Anforderungen an Selbstkompetenz mit sich und verlangt eine ausgeprägte Ambiguitätstoleranz. Eine disziplinspezifisch geordnete Perspektive weitet sich unter Verlust vermeintlicher Gewissheiten auf. Es werden erweiterte Problemverständnisse, Lösungsmöglichkeiten und Handlungsoptionen sichtbar. Auch wenn diese Zugänge an die jeweils eigenen Denkschemata prinzipiell anschlussfähig sind, treten dabei vermehrt Widersprüche, Diskrepanzen und Konflikte auf, die prozessiert werden müssen. Fachleute sind hier gefordert, ihre eigenen Beiträge und Außenwirkungen zu reflektieren, sich selbst fortschreitend zu klären und disziplinspezifische Vorurteile phasenweise zu suspendieren.

Familienzentren können als Ort kompetenter, integrativer Förderung sowie frühzeitiger Störungserkennung und -beseitigung beschrieben werden. Mit dem Leitbild eines Familienzentrums erweitert sich innerhalb des systemischen Diskurses allerdings die Perspektive auf das Kind um die Sicht auf die Familie, in der das Kind aufwächst. Angebote für Familien vorzuhalten bedeutet für KiTas und andere Netzwerkpartner dabei nicht alleine eine Zusatzaufgabe, sondern primär ein verändertes Verständnis professioneller Zuständigkeit. Hier können Zielkonflikte entstehen, die sich insbesondere auf die Frage richten, wo Grenzen der Zuständigkeit und Verantwortlichkeit des professionellen Systems liegen. Mit einem systemischen Diskurs und interdisziplinärer Zusammenarbeit im Familienzentrum sind auch die Handhabung von Informations- und Machtasymmetrien wie auch Ressourcenkonflikte verbunden. Fachleute kennen sich in ihren Fachsprachen und professionellen Routinen besser aus, als Nicht-Fachleute. Damit wird unterschwellig zur Ausübung von Kompetenz auch Macht dargestellt und Deutungshoheit verhandelt.

Die Konzeption eines Familienzentrums bringt in diesem Zusammenhang eine deutliche und erfreuliche Aufwertung der Fachkräfte in den KiTas einher, die sich gegenüber anderen Fachstellen fortschreitend emanzipieren. Es sind beispielsweise in Nordrhein-Westfalen künftig die KiTas, die zentrale Bündelungsfunktionen und das Projektmanagement in ihrem Sozialraum wahrnehmen. Damit formiert sich das sozialräumliche Akteursnetz in neuer Weise und in eine Richtung, bei der zu erwarten ist, dass gesellschaftliche Ressourcen anders verteilt werden. Perspektivisch sind dabei tief greifende Änderungen der institutionellen Landschaft sehr wahrscheinlich und berühren damit das vitale Interesse der beteiligten Professionen und Institutionen. Für die Familienzentren, die eine komplexe Management- und Steuerungsaufgabe leisten, wird dabei ein gegenüber der Praxis einer KiTa erweiterter Ressourcenbedarf deutlich. Während in den gängigen Diskussionen vor allem eine verbesserte finanzielle Ausstattung und vergrößerte Zeitbudgets gefordert werden, dürfte die erforderliche Kernressource im Bereich intensiver Qualifizierung liegen. Neben fundierten akademischen Zugangswegen, wären Praxis begleitende Ausbildungen erforderlich, die systemische und interdisziplinäre Qualifizierung ermöglichen.

Professionelle Anforderungen interdisziplinärer Netzwerke

Die in Familienzentren beteiligten Akteure operieren als Spezialisten in den Bereichen Betreuung, Bildung oder Beratung. Damit aus den funktional differenzierten Handlungsansätzen eine integrierte Dienstleistung entstehen kann, bedarf es der Identifizierung der erforderlichen Fachlichkeit und der Koordinierung interdisziplinärer Kompetenzen. Im Fokus auf unterschiedliche Aspekte werden dabei deutliche Unterschiede eines disziplinspezifischen gegenüber einem interdisziplinären Handlungsansatz deutlich (siehe Tabelle 1).

Fokus	Disziplinspezifische Perspektive	Interdisziplinäre Perspektive
Handlungsstruktur	Zumeist dyadische verfasste Realität (Dienstleister und Kunde) mit professionellem und institutionellem Blick	Mindestens triadische verfasste Realität; (Dienstleister, Kunde, andere Dienstleister) mit hoher Aufgaben- und Dienstleistungsorientierung
Handlungssituation	Dienstleistung erfolgt im weitgehend geschlossenen Kontext	Dienstleistung erfolgt im weitgehend öffentlichen Kontext und wird damit vergleichbar
Profession	Definierte Aufgabe, Rolle und Verantwortlichkeit	Aufgabe, Rolle und Verantwortlichkeit bedarf vermehrter Aushandlung
Funktionsniveau	Kompetente, tiefgründige thematische Problemlösung	Geschlossene, tiefgründige und breitenwirksame, abgestimmte Handlungskette
Nutzer der Dienstleistung	Erhalten eine spezifische Dienstleistung	Erhalten eine komplexe und integrative Dienstleistung
Gesamtsystem	Spezialisierte Dienstleistung	Vernetzung spezialisierter Dienstleistungen mit Mehrwert
Steuerung	Autonome institutionelle Regulierung von Aufgaben und Ressourcen	Koordinierte und interaktive Regulierung von Aufgaben und Ressourcen

Tabelle 1: Ebenen disziplinärer und interdisziplinärer Handlungsansätze

Da sämtliche Akteure in einem Familienzentrum eigene Ziele und Interessen verfolgen, bedarf es eines systemischen Diskurses über diese Ziele, über Aufgaben, Rollen und Verantwortlichkeiten der heterogenen Netzwerkpartner. Neben intendierten und wünschenswerten Effekten, treten dabei vielfach unerwünschte Fern- und Nebenwirkungen auf. Systemexterne Effekte im Sinne überindividueller Systemdynamiken, die von beteiligten Akteuren ausgehen können, sind vielschichtig. Von Belang sind beispielsweise:

Das interdisziplinäre Paradigma 49

- Unterschiedliche Steuerungssysteme und Steuerungsphilosophien und damit zusammenhängende Feldzugänge und Finanzierungssysteme (z.b. Jugendhilfe vs. Gesundheitssystem)
- Interdisziplinär variierende Aufgaben- und Selbstverständnisse (z.b. pädagogische Perspektive vs. Verwaltungsperspektive)
- Bedeutung der Themen tatsächlicher und wahrgenommener Kompetenz, Macht, Prestige und Reputation (z.b. akademische und nicht akademische Berufsgruppen, Verteilungsgerechtigkeit vorhandener finanzieller Ressourcen)
- Weisungsbefugnisse – auch im Sinne von Dienst- und Fachaufsicht – die beteiligte Organisationen gegenüber anderen beteiligten Organisationen haben (z.b. öffentlicher Träger vs. freier Träger) oder Eingriffskompetenzen, die ein Jugendamt gegenüber einem Familienzentrum hat.
- Sinnvolle, nützliche und gewollte Systemunterschiede. Die Freiwilligkeit und Vertraulichkeit der Inanspruchnahme von Beratung beispielsweise ist sinnvoll, weil Veränderungsmotivation nicht verordnet werden kann. Orientierungsprozesse in der vertraulichen Beratung, zeitverzögerte Interventionseffekte bei gelungener Beratung oder Entwicklungen bis hin zum Scheitern von Beratung erschließen sich Außenstehenden nicht ohne weiteres. Mit der Erwartung der Betreiber eines Familienzentrums an Störungsbeseitigung durch Beratung sind daher vielfältige Konflikte möglich und impliziert.
- Deutliche Konkurrenzen verschiedener Familienzentren im Sozialraum um Marktanteile und Marktzugänge, wie beispielsweise eine optimierte und strategische Positionierung bei rückläufigen Kinderzahlen. Das Projekt Familienzentrum entfacht dabei – ohne dass dies als Ziel irgendwo explizit benannt wäre – zwischen den KiTas einen deutlichen Wettbewerb um Qualität und wird den Markt der kind- und familienbezogenen Dienstleistungen um Betreuung, Bildung und Beratung mittelfristig neu ordnen. Eltern werden ihre Kinder künftig in Familienzentren geben, die erstklassige und überzeugende Arbeit über die Betreuung hinaus leisten. Damit wird das Prinzip der Wohnortnähe abgelöst, zumindest jedoch erweitert durch Aspekte der von Eltern wahrgenommenen Attraktivität und Dienstleistungsqualität eines Familienzentrums. Die an vielen Stellen stattfindenden Schnupperangebote und Krabbelgruppen für Mütter mit kleinen Kindern deuten an, dass die KiTas sich zunehmend um die Akquisition möglichst hoher neuer Belegungszahlen kümmern.
- Konkurrenzen der Anbieter untereinander dürften auch dazu führen, dass als attraktiv wahrgenommene und gefragte Partner - beispielsweise Beratungsstellen, die Erziehungs-, Familien-, und Eheberatung anbieten – ihre Res-

sourcen künftig auf ausgewählte Partner konzentrieren müssen. Während beispielsweise im Land Nordrhein-Westfalen eine Vollversorgung der Familienzentren mit diesen Beratungsleistungen bei 250 Einrichtungen in der Pilotphase noch realistisch möglich ist, dürften die Handlungsmöglichkeiten der Beratungsstellen im derzeit stattfindenden sukzessiven Ausbau und spätestens bei der geplanten Endstufe von 3000 Familienzentren bei weitem erschöpft sein. Berücksichtigt man, dass in diesem Bundesland die Landeszuschüsse für Beratung in den vergangenen Jahren deutlich gekürzt wurden und Zusammenarbeit mit Familienzentren das Fallvolumen vermutlich noch weiter steigert, dürfte es für Beratungsstellen in den nächsten politischen Diskussionsrunden um Fragen einer grundlegenden institutionellen Neuorganisation gehen.

Im Umgang mit diesen Themenfeldern geht ein gesteigerter – und auf dem Hintergrund sich erwartbar ändernder Rahmenbedingungen auch kontinuierlicher – Aushandlungsbedarf einher. Wenn sich ein Netzwerk dies leisten kann, wäre eine externe Moderation empfehlenswert. Diese hat die Aufgabe der Verfahrensvorbereitung, der Moderation und Dokumentation, sie sorgt – wenn sie glaubwürdig ist – für Allparteilichkeit und ermöglicht unter Herausarbeitung von Konsens und Dissens einen effizienten und integrativen Diskurs. Wie kann nun die skizzierte Dynamik der Veränderung gestaltet werden und welche Prinzipien interdisziplinärer Kooperation wären dabei nützlich?

Relevante Faktoren zur Gestaltung interdisziplinärer Zusammenarbeit

Familienzentren und die in ihnen zusammenwirkenden Fachleute sind gefordert, eine systematische und verbindliche Zusammenarbeit mit einem Netzwerk von Fachleuten zu implementieren und zu unterhalten. Auch wenn vielerorts bereits langjährige Vorerfahrungen in der Zusammenarbeit bestehen, sind die beteiligten Netzwerkpartner im Arbeitsmodell des Familienzentrums auf die stringente Weiterentwicklung ihrer interdisziplinären Zusammenarbeit und ihrer systemischen Netzwerkkompetenzen angewiesen. Es konturiert sich dabei ein anspruchsvoller Arbeitskontext, der den beteiligten Fachleuten intensive Kommunikation abverlangt. Zur Gestaltung einer erfolgreichen interdisziplinären Netzwerkarbeit im Familienzentrum lassen sich im Folgenden einige fachliche Leitlinien benennen, die zur Erbringung einer integrierten Dienstleistung beachtenswert sind:

1. *Interessen- und Kontraktklärung*: Erfolgreiche Zusammenarbeit bedarf der Festlegung und Operationalisierung des Gegenstandsbereiches, in dem die

Partner ermächtigt sind zu handeln. Dazu gehört die Erfassung eigener und gemeinsamer Interessen, möglicher Barrieren der Zusammenarbeit, die Vereinbarung gemeinsamer Ziele, gegenseitiger Aufgaben, gemeinsam geteilter Handlungsstrategien und des Nutzens einer gelungenen Kooperation. Für eine strukturierte Interessenanalyse bieten sich vertrauliche Vorgespräche bereits während der Konzeptionsphase und weitere Gespräche im Projektverlauf an. Der hier verwendete Kooperationsbegriff geht davon aus, dass Kooperation stets im Eigennutz und Interesse der beteiligten Partner stattfindet – intelligenter Eigennutz kooperiert (Wright 2001). Dies ist die stabilste Grundlage erfolgreicher Kooperation. Deswegen sorgt eigennützige Zusammenarbeit stets auch für den Nutzen des Partners, mit dem Kooperation gewünscht wird.

2. *Konsensuelle Verfahrensvereinbarungen und dialogisches Prozessmanagement*: Verhandlungspartner haben eine Tendenz, den Inhalten des Verhandlungsgeschehens mehr Bedeutung zuzumessen, als den mit der Verhandlung verbundenen Verfahrensfragen (z.b. Fisher et al. 1984; Haft 1992). Der formale Rahmen ist im Gegensatz zu dieser Praxis jedoch das Instrument der Verfahrensführung schlechthin. Er legt den prozeduralen Ablauf beispielsweise über die Tagesordnung, Vereinbarungen zur Arbeitskultur und geklärte Verfahrensfragen fest, d.h. *wie* verhandelt wird. Damit entstehen eine einklagbare Form und ein Führungsinstrument. Interdisziplinäre Zusammenarbeit kann in diesem Sinne mit qualifizierter Verhandlungskompetenz an ein optimales Funktionsniveau herangeführt werden. Selbstorganisierte Prozesse leben von dem Vertrauen, das sie bei den Beteiligten genießen. Vertrauen ist dabei das soziale Bindemittel effektiver und effizienter Zusammenarbeit, denn Vertrauen beschleunigt Entscheidungen. Wer bei Grün über die Ampel fährt, tut dies in der in den allermeisten Fällen gültigen Gewissheit, dass andere Verkehrsteilnehmer bei Rot halten. Vertrauen entsteht in selbstorganisierten systemischen Diskursen durch Transparenz des gesamten Prozesses.

3. *Transparenz der Aufbau- und Ablauforganisation des interdisziplinären Netzwerkes*, eine effektive Aufbaustruktur, offene Kommunikation, plausible und effiziente Ablaufprozesse und abgestimmtes Handeln. Transparenz wirkt grundlegend konfliktpräventiv. Dies ermöglicht konsensuelle Lösungen, bei denen die beteiligten Akteure in der Zusammenarbeit einen Mehrwert erzielen. Anders als beim Kompromiss, bei dem sich die Partner in der Mitte treffen, wird beim Konsens so vorgegangen, dass beide Partner die eigenen Interessen *und* die der anderen Seite konsequent verfolgen. Eine in diesem Sinne weiterführende Arbeitstechnik ist beispielsweise die Erstellung einer Netzwerklandkarte, in der alle beteiligten Akteure aus Sicht des

Projektmanagers Familienzentrum graphisch dargestellt werden. Wird die Darstellung nach Relevanz der Partner priorisiert – etwa durch Darstellung über Distanzen oder Farbkärtchen – entstehen Ordnung und eine Grundlage für strategische Diskussionen.

4. *Kultur einer reflexiven Interdisziplinarität*: Erzieher/innen verfügen über eine hohe Kompetenz in der längsschnittlichen Einschätzung eines von ihnen betreuten Kindes. Beratungsstellen verfügen über diagnostische Spezialkompetenz in diagnostischen Sondersituationen, während längsschnittliche Erfahrungswerte mit dem Kind fehlen. In der Kombination dieser Handlungsressourcen kann für Kinder und Familien ein wertvoller Mehrwert entstehen, den keiner der einzelnen Akteure für sich alleine herstellen könnte. Dies gilt auch für andere Beispiele interdisziplinärer Kooperation. In allen Fällen bedarf es dabei der Kenntnis eigener Möglichkeiten und Handlungsgrenzen, wie auch Kenntnisse der anderen beteiligten Systeme. Dies beinhaltet für alle Beteiligten auch die Anerkenntnis, dass jeweils andere Akteure sich in bedeutsamen Themen besser auskennen, als man selbst. Es dürfte erfolgskritisch für eine gelungene gemeinsame Dienstleistung sein, eine ausprägte interdisziplinäre Lernkultur auszubilden und zu praktizieren.

5. *Offenheit der Arbeitssituation*: In vergleichsweise abgeschlossen arbeitenden Organisationen werden Arbeitsprozess und Arbeitsergebnisse nur für die Nutzer und Leistungserbringer im engeren Sinne erfahrbar. In einer offenen Netzwerkstruktur entsteht im Unterschied dazu Öffentlichkeit und Vergleichbarkeit. Nicht nur die Eltern erfahren, was beispielsweise Erziehungsberatung oder Logopädie bei einem Kind bewirkt oder vielleicht auch nicht bewirkt, sondern auch Teams einer Kindertageseinrichtung erhalten davon Kenntnis. Umgekehrt erhalten Fachstellen intensive Kenntnis, wie eine Kindertageseinrichtung pädagogisch arbeitet, wo Stärken liegen und wo Schwächen bestehen. Idealerweise entstehen dazu Rückmeldesysteme wie regelmäßige Feedbackgespräche, damit Lernen stattfinden kann und sich eine Fehlerkultur entwickelt, die Fehler macht und anerkennt, um sie künftig zu vermeiden.

6. *Personenbezogene Kompetenz als Schlüsselkompetenz* ist im Kontext gelebter Interdisziplinarität unverzichtbar. Erfolgskritisch sind dabei hohe Autonomie, Selbstbewusstsein, psychische Stabilität, Ambiguitätstoleranz, Kommunikations- und Konfliktfähigkeit, Nähe- und Distanzierungsfähigkeit, Offenheit für neue Erfahrungen, Lern- und Anstrengungsbereitschaft. Eine weitere personenbezogene Kompetenz betrifft die Reife der Kränkungsverarbeitung, die in einem Kontext gefragt ist, in dem Meinungsvielfalt die Grenzen des eigenen Weltbildes beständig aufzeigt.

7. *Intelligente Wissensorganisation und Wissensmanagement*: Für die Praxis integrativer kind- und familienbezogener Dienstleistungen ist von Bedeutung, welche Kompetenz- und Wissensträger im Netzwerk vorhanden sind, wie und wo deren Wissen dokumentiert ist und welche strategisch relevanten Kompetenzzuwächse angestrebt werden sollen – welche neuen und weiteren Akteure beispielsweise hinzugewonnen werden sollen.
8. *Profilschärfung der beteiligten Akteure*: Wenn mehrere Beteiligte über gemeinsame Schnittmengen verfügen, ergänzen sie sich nicht alleine um fehlende Leistungsbereiche, sondern sie konkurrieren miteinander auch um knappe Ressourcen. Damit wird es erforderlich, das eigene Profil in einem systemischen Diskurs klar zu konturieren und herauszustellen, was der spezifische, einzigartige Beitrag des jeweils eigenen Systems an dem Netzwerk ist. Für Eltern mag es – gleiche Qualität des Angebotes vorausgesetzt – gleichgültig sein, ob sie an einem Elterntraining einer Familienbildungsstätte, einer Beratungsstelle oder dem eines Ambulanten Erziehungsdienstes teilnehmen. Für die Dienste selbst geht es dabei um die Akquisition von Aufträgen, um wirtschaftliche Prosperität, um existenzielle Ziele und diese Dimensionen sind in der Regel – mehr oder weniger unterschwellig – Gegenstand des Diskurses. Derartige Konkurrenzen sind in Netzwerken vorhersehbar zu erwarten und daher zwingt Zusammenarbeit dazu, die eigenen Stärken und Schwächen zu kennen und einen internen Strategieprozess zu durchlaufen. Damit verbunden sind Selbstreflexion, Selbstaufklärung und Dezentrierung. Gefragt ist die Fähigkeit, eigene Beiträge einordnen, gewichten und relativieren zu können.
9. *Strategieprozesse und unternehmerisches Agieren*: In einem Strategieprozess werden Ziele und Mittel, um diese Ziele zu erreichen in Beziehung gesetzt. Es gilt dazu Stärken und Schwächen zunächst für die Gegenwart zu identifizieren und sie dann in die Zukunft projiziert als Chancen und Risiken darzustellen. Davon ausgehend bedarf es der Erkennung relevanter Umfeldbedingungen (z.B. Gesetzesänderungen, Bedarfsentwicklungen im Sozialraum) und der Analyse von Zielen und Strategien relevanter stakeholder. Darauf folgt in einem Strategieprozess eine Darstellung der eigenen Vision, d.h. eines grobkörnigen Bildes, eines Szenarios des erwünschten zukünftigen Zustandes. Dazu empfiehlt sich die Befassung mit Faktoren, die das Erreichen der Vision unterstützen und erschweren können. Abschließend wird eine Maßnahmenplanung mit klaren Arbeitsaufträgen, Verantwortlichkeiten und Terminfristen erstellt. Derartige Strategieprozesse sind für die beteiligten Institutionen unerlässlich und auch gemeinsam für Netzwerke sinnvoll.

Mit den vorstehend dargestellten Faktoren zur Gestaltung einer interdisziplinären Zusammenarbeit entfaltet sich ein anforderungsreicher Arbeitskontext, der - je nach individueller Präferenz - ebenso Chance wie Zumutung bedeutet. Er fordert und fördert eine stete und letztlich unabschließbare Kompetenzentwicklung, er ermöglicht und braucht neue, lehrreiche Erfahrungen. Im Familienzentrum entsteht für die dort wirkenden Fachkräfte ein Arbeitskontext, der hohe Freiheitsgrade ermöglicht und erweiterte Entscheidungskompetenzen verlangt. Gelingen kann dies nur, wenn die handelnden Akteure über weit reichende professionelle und personale Kompetenzen verfügen können.

Systemisch-interdisziplinärer Qualifizierungsbedarf

Zu den Eigenarten sozialer Systeme gehört es, dass sie prinzipiell undurchschaubar, nicht-instruierbar und selbstreferentiell sind (Ludewig 2002: 38). Eine rational kalkulierbare Steuerung selbstorganisierter Prozesse stellt insofern eine Kontrollillusion dar. Für die Akteure im Netzwerk bedarf es vor dem skizzierten Hintergrund daher einer fundierten systemischen Kompetenz. Diese ist erforderlich, um Aufgaben, Rollen und Verantwortlichkeiten der beteiligten Akteure zu verstehen und die jeweiligen Handlungsanforderungen und Handlungsspielräume zu erkennen. Systemische Handlungskompetenz ist Voraussetzung, um in Interessenanalysen Interessen und Positionen ausloten zu können, Motivlagen zu identifizieren und widersprüchliche Zielsetzungen frühzeitig zu erkennen.

Wegen der Bedeutung des Aushandlungsgeschehens zwischen den sozialen Systemen ist eine fundierte Verhandlungskompetenz der Beteiligten essentiell. Komplexe soziale Gebilde wie ein Familienzentrum bewegen sich wie auch andere Systeme der modernen Arbeitswelt in einem Zustand, der kaum noch Routinen kennt. In diesem Kontext überwiegen neuartige, individuelle Entscheidungssituationen in denen es vor allem auf Problemlösekompetenz ankommt, weil es an allgemeinen, standardisierten und transferierbaren Routinen fehlt. Zu den fachlich anspruchsvollen Aushandlungen – zu denen auch ein gesteigerter professioneller und institutioneller Reflektions-, Diskurs- und Qualifizierungsbedarf besteht – gehört dabei insbesondere die Gestaltung der Schnittstelle des fachlichen Systems eines Familienzentrums zu den Eltern. Wofür – könnte man sich einmal zugespitzt fragen – sind eigentlich Eltern noch nötig, wenn es doch ein Familienzentrum gibt, das alles regelt?

Der 11. Kinder- und Jugendbericht der Bundesregierung postuliert eine öffentliche Verantwortung für das Aufwachsen von Kindern (z.B. Bissinger et al. 2002). Für die Praxis vor Ort konkretisiert sich die bedeutsame Frage nach Verantwortung beispielsweise stets auch darin, Eltern zu fordern, aktive Elternschaft auszuüben, Eltern zur Inanspruchnahme von Hilfen zu motivieren, ihnen Grenzen fachlicher Handlungsmöglichkeiten aufzuzeigen, ihnen eigene Anstrengungen abzuverlangen. Es bleibt daher sehr zu wünschen, dass fachlich hochkarätige Familienzentren es als höchste Dienstleistungsqualität zu etablieren verstehen, diesbezüglich intensive, wertebezogene und kontroverse Diskurse mit Eltern führen.

Um die skizzierten netzwerkbezogenen Kompetenzen zu entwickeln, sind berufsbegleitende Qualifizierungen und die Erweiterung von Ausbildungscurricula unerlässlich. Professionalität im Familienzentrum bedeutet neben einer umfangreichen Ausbildung in der pädagogischen Disziplin künftig auch, sich in Steuerungs- und Arbeitstechniken auszukennen, systemisch qualifiziert zu sein und sich in einem interdisziplinären Kontext handlungssicher bewegen zu können. Gelingt dies, werden die Betreiber von Familienzentren – ganz nebenbei - für die darin aufwachsenden Kinder ein glaubwürdiges Kompetenzmodell für das Leben in einer Wissens- und Netzwerkgesellschaft (Holzer 2006).

Fazit: Chancen integrierter interdisziplinärer Dienstleistungen

Die Vernetzung von Betreuung, Bildung und Beratung stellt einen systemisch-interdisziplinären Diskurs dar. Interdisziplinäre Aufgabenbearbeitung in fachlichen Netzwerken beinhaltet dabei für Kinder und Familien vielfältige Chancen. Diese liegen bei integrierten Dienstleistungen wie einem Familienzentrum gegenüber einem funktional spezialisierten Handlungszugang in umfangreicheren Systemressourcen und einer höheren Systemintelligenz. Dies ermöglicht umfassende und qualifizierte Problemerkennung, auch eine frühzeitige und beschleunigte Intervention. Kindern und Familien wird unbürokratischer Zugang zu Fachkompetenz ermöglicht und es können funktionierende Handlungsketten entstehen. Unter dem Dach des Konzeptes Familienzentrum ist eine hohe Verschiedenheit an fachlichen Ansätzen möglich. Dies und seine evolutionäre Entwicklungsdimension im Sinne fortschreitender Anpassung von Angebot und Bedarf machen einen Vorteil des Modells aus. Abgestimmte Handlungsketten nützen Kindern und Familien ebenso wie Fachleuten und erhöhen den Wirkungsgrad des Handelns. Wer beispielsweise feststellt, dass initiierte Unterstützung auf den Weg kommt und Entwicklungen bei einem Kind positiv anlaufen, erfährt erhöhte professionelle Selbstwirksamkeit.

Literatur

Bissinger, S./Böllert, K./Liebig, R./Lüders, C./Marquard, P./Rauschenbach, T. (2002): Grundlagen der Kinder- und Jugendhilfe. Strukturanalysen zu fachlichen Eckwerten, Organisation, Finanzen und Personal. In: Sachverständigenkommission 11. Kinder- und Jugendbericht (Hrsg.): Materialien zum Elften Kinder- und Jugendbericht, Bd. 1: Strukturen der Kinder- und Jugendhilfe. Eine Bestandsaufnahme. München: DJI-Verlag, S. 9-104.

Defila, R./Di Giulio, A. (1996): Voraussetzungen zu interdisziplinärem Arbeiten und Grundlagen ihrer Vermittlung. In: Ph.W. Balsinger/R. Defila/A. Di Giulio (Hrsg.) Ökologie und Interdisziplinarität – eine Beziehung mit Zukunft? Wissenschaftsforschung und Verbesserung der fachübergreifenden Zusammenarbeit. Basel: Birkhäuser, S. 125-142.

Dörner, D. (2000): Die Logik des Misslingens. Strategisches Denken in komplexen Situationen. Reinbek: rororo science.

Eichler, S./Grefer, A./Metz-Göckel, S./Müller, Ch./Schütte, G. (2002): Kooperationsformen und -strukturen von Runden Tischen / Arbeitskreisen zum Abbau Häuslicher Gewalt in Nordrhein-Westfalen. Abschlussbericht. Schriftenreihe des Ministeriums für Gesundheit, Soziales, Frauen und Familie des Landes Nordrhein-Westfalen. Düsseldorf.

Fegert, J.M./Berger, Ch./Klopfer, U./Lehmkuhl, U./Lehmkuhl, G. (2001): Umgang mit sexuellem Missbrauch. Institutionelle und individuelle Reaktionen. Forschungsbericht,. Münster: Votum..

Fietkau, H.-J. (2000): Psychologie der Mediation. Lernchancen, Gruppenprozesse und Überwindung von Denkblockaden in Umweltkonflikten. Wissenschaftszentrum Berlin für Sozialforschung. Berlin: Edition Sigma.

Fisher, R./Ury, W./Patton, B. (1984): Das Harvard-Konzept. Sachgerecht Verhandeln – erfolgreich Verhandeln. Frankfurt, New York: Campus.

Funke, J. (2003): Problemlösendes Denken. Stuttgart: Kohlhammer.

Gergen, K. J. (2002): Konstruierte Wirklichkeiten. Eine Hinführung zum sozialen Konstruktionismus. Stuttgart: Kohlhammer.

Gigerenzer, G. (2004): Das Einmaleins der Skepsis. Über den richtigen Umgang mit Zahlen und Risiken. Berlin: Berlin Verlag.

Haft, F. (1992): Verhandeln. Die Alternative zum Rechtsstreit. München: C.H. Beck.

Hensen, G./Körner, W. (2005): Erziehungsberatung – eine Standortbestimmung der Position von Psychotherapie in der Jugendhilfe. In: Psychotherapeutenjournal 3/2005, 227-235.

Holzer, B. (2006). Netzwerke. Bielefeld: transcript.

Imber-Black, E. (1997): Familien und größere Systeme: im Gestrüpp der Institutionen. Heidelberg: Carl-Auer-Systeme.

Jordan, E. (Hrsg.) (2006): Kindeswohlgefährdung. Rechtliche Neuregelungen und Konsequenzen für den Schutzauftrag der Kinder- und Jugendhilfe. Weinheim und München: Juventa.

Lenz, A. (2002): Indikationsstellung – eine Maßnahme zur Qualitätssicherung in der Erziehungsberatung. In: K. Fröhlich-Gildhoff (Hrsg.): Indikation in der Jugendhilfe.

Grundlagen für die Entscheidungsfindung in Hilfeplanung und Hilfeprozess. Weinheim und München: Juventa, S. 33-52.

Ludewig, K. (2002): Leitmotive systemischer Therapie. Stuttgart: Klett-Cotta.

Papousek, M. (2001): Vom ersten Schrei zum ersten Wort. Anfänge der Sprachentwicklung in der vorsprachlichen Kommunikation (3. Nachdruck der Erstaufl. von 1994). Bern: Huber..

Rietmann, S. (2007): Aushandlungen bei Kindeswohlgefährdungen. Entscheidungsrationalitäten, Risikokommunikation, Interventionsstrategien. Saarbrücken: VDM.

Schweitzer, J. (1998): Gelingende Kooperation: Systemische Weiterbildung in Gesundheits- und Sozialberufen. Weinheim und München: Juventa.

Schürings, U. (2003): Zwischen Pommes und Praline. Mentalitätsunterschiede, Verhandlungs- und Gesprächskultur in den Niederlanden, Belgien, Luxemburg und Nordrhein-Westfalen. Münster: Agenda Verlag.

Willke, H. (1993): Systemtheorie entwickelter Gesellschaften: Dynamik und Riskanz moderner gesellschaftlicher Selbstorganisation. Weinheim und München: Juventa.

Willke, H. (2006): Global Governance. Bielefeld: Transcript.

Wright, R. (2001): Nonzero. The Logic of Human Destiny. New York: Random House.

Zauberwort Vernetzung?
Strukturelle Rahmenbedingungen von Familienzentren

Karin Böllert

Anfang 2006 hat die Landesregierung in Nordrhein-Westfalen eine Initiative zum Ausbau von 3000 Kindertageseinrichtungen zu Familienzentren bis 2012 gestartet. Mittlerweile existieren 1000 Familienzentren, 248 Familienzentren sind zertifiziert worden und haben das Gütesiegel Familienzentrum erhalten, 25 Einrichtungen erhielten zusätzlich den Innovationspreis für besondere Leistungen in Bezug auf die Vereinbarkeit von Familie und Beruf, die Arbeit mit Familien in riskanten Lebenssituationen, die Beteiligung von Kindern und Familien, für die Schaffung von Stadtteilaktivitäten, spezifische Angebote zur Integrationsförderung und für weitere besondere Angebote. Die Zertifizierung erfolgte anhand von vier Leistungsbereichen (Beratung und Unterstützung von Kindern und Familien, Familienbildung und Erziehungspartnerschaft, Kindertagespflege, Vereinbarkeit von Familie und Beruf) und anhand von vier Strukturbereichen (Sozialraumbezug, Kooperation und Organisation, Kommunikation, Leistungsentwicklung und Selbstevaluation). Differenziert wurde zwischen Basis- und Aufbauleistungen, wobei in jedem Bereich maximal 6 Punkte erworben werden können; mindestens 24 Punkte müssen für den Erhalt des Gütesiegels erworben werden (Ministerium für Generationen, Familie, Frauen und Integration des Landes Nordrhein-Westfalen 2007). Viele unterschiedliche Träger beteiligen sich mittlerweile an der Initiative, mit der bislang getrennt voneinander agierende Leistungsangebote der Kindertageseinrichtungen, der Familien- und Erziehungshilfen sowie der Familienbildung miteinander verknüpft werden sollen (Ministerium für Generationen, Familie, Frauen und Integration des Landes Nordrhein-Westfalen 2006).

Im Weiteren soll nun dargelegt werden, welche strukturellen Rahmenbedingungen erfüllt sein müssen, damit die mit dieser Initiative formulierten inhaltlichen, qualitativen Ansprüche in der Praxis eingelöst werden können. Hierzu werden zunächst die zentralen Grundlagen von Kooperation und Vernetzung skizziert, um daran anschließend die Besonderheiten der Familienzentren in Nordrhein-Westfalen hervorheben zu können.

1 Grundlagen von Kooperation und Vernetzung

Die Vernetzung unterschiedlicher Leistungsbereiche bzw. die Kooperation verschiedener Leistungsträger sind in der Sozialen Arbeit zunächst einmal kein neues Thema. Dabei sollen mit den entsprechenden Strategien und organisatorischen Veränderungen vielfältige Versprechen einlöst werden: es geht um die qualitative Verbesserung der Leistungen, um mehr Prävention statt Reaktion, um eine größere Bedarfsgerechtigkeit des Angebotes, um mehr Effektivität und Effizienz und schließlich auch um den Abbau der Versäulung von Leistungen der Kinder- und Jugendhilfe. Vernetzung bedeutet somit, dass einerseits sehr vielfältige und andererseits qualitativ auch sehr hohe Erwartungen erfüllt werden sollen.

Vor diesem Hintergrund versteht von Kardorff (1998: 210f.) unter Kooperation – ein häufig synonym verwandter Begriff – eine „problembezogene, zeitlich und sachlich abgegrenzte Form der gleichberechtigten arbeitsteilig organisierten Zusammenarbeit zu festgelegten Bedingungen an einem von allen Beteiligten in einem Aushandlungsprozess abgestimmten Ziel mit definierten Zielkriterien. (...) [Sie beinhaltet] das organisierte Zusammenwirken verschiedener aufeinander abgestimmter Angebote in einer Versorgungsregion innerhalb eines Versorgungssystems, idealerweise vor dem Hintergrund eines gemeinsamen konzeptionellen Grundverständnisses". Damit aber ist Kooperation bzw. Vernetzung, wenn sie erfolgreich sein soll, ein anspruchsvolles Verfahren, das auf der individuellen Ebene, der Ebene der Kooperation und der der Organisation an vielschichtige Voraussetzungen geknüpft ist. So nennen van Santen und Seckinger (2003) die Bereitschaft der Individuen und deren Fähigkeit zur Kooperation, das Vorhandensein von Grundkenntnissen der Kooperation und die Übereinkunft mit Zielen (individuelle Ebene), die Klärung gegenseitiger Erwartungen, die Auflistung von Ressourcen und das Festlegen von Zielen (kooperative Ebene), die Anerkennung des Nutzens der Kooperation, die Abklärung von Zuständigkeiten und der Aufgabenverteilung sowie die institutionelle Verankerung (organisatorische Ebene) als notwendige Voraussetzungen bereits vor Beginn der Kooperation.

Aktuell ist wieder einmal eine regelrechte Vernetzungseuphorie zu beobachten, die viele Paten hat. So werden seit Jahrzehnten in der Sozialen Arbeit Ansätze der Stadtteil- und Gemeinwesenarbeit konzeptualisiert und praktiziert. Die Sozialraumorientierung und das Programm ‚Soziale Stadt' haben diese Ansätze einerseits durch eine bundesweite Modellförderung forciert, andererseits sind sie in Hinblick auf Tendenzen einer kontrollierenden und aktivierenden Wirkung vehement kritisiert worden. Die Regionalisierung der Angebote und die Schaffung lokaler Bündnisse gehören schon immer zur Struktur vieler Leistungen der Sozialen Arbeit und sind für die meisten Träger Alltag. Hierzu gehören dann auch Konzepte einer kinder- und familienfreundlichen Kommune, die von zahlreichen Verbänden und Trägern gefordert und verabschiedet werden (s. z. B. der Städte- und Gemeindetag) und mit deren Umsetzung die Abwanderung junger Familien gestoppt, deren Zuzug gefördert und insgesamt die Familiengründung positiv beeinflusst werden sollen.

Zur Vielfalt der Vernetzungsansätze sowohl in Bezug auf die Handlungsfelder und Aufgaben der Sozialen Arbeit als auch im Hinblick auf die jeweiligen Kooperationspartner zählen des Weiteren Ausbildungsverbünde, in denen Träger der Jugendberufshilfe zur Schaffung von mehr Ausbildungsmöglichkeiten zusammenarbeiten. Kriminal- und sozialpräventive Räte sind in unterschiedlicher Zusammensetzung mit der Bearbeitung von Kriminalitätsrisiken befasst. Kooperationen von Jugendhilfe und Schule finden klassisch in Form der Schulsozialarbeit statt, haben aber durch das Ganztagsschulprogramm vielfältige, qualitativ höchst unterschiedliche Ausdifferenzierungen erfahren. Lokale Bündnisse für Familien sind wiederum kommunal höchst verschiedenartig institutionalisiert und ausgestattet worden. Sie reichen von losen Gesprächszusammenhängen über einzelne Projektinitiativen bis hin zur Einrichtung von Stabsstellen zur Schaffung kinder- und familienfreundlicher Lebensbedingungen. Gute Erfahrungen sind in Nordrhein-Westfalen mit den Modellvorhaben zur Etablierung sozialer Frühwarnsysteme gemacht worden. Die jeweiligen Erfahrungen zeigen aber auch, dass regional spezifisch über Vernetzungsstrukturen nachgedacht werden muss.

Diese Auflistung unterschiedlicher Beispiele von Vernetzungsansätzen ließe sich beliebig fortsetzen; sie soll an dieser Stelle aber lediglich verdeutlichen, dass es nicht *das* Vernetzungsmodell gibt, Vernetzung ist statt dessen träger-, ziel-, aufgaben-, und personenspezifisch. Wenn nun also erneut über Vernetzungsstrukturen und Vernetzungsinhalte nachgedacht wird – dieses Mal in Form der Familienzentren in Nordrhein-Westfalen -, dann muss zunächst einmal die Frage beantwortet werden, was das Besondere an den Familienzentren in NRW ist.

Bevor es im Weiteren um die Beantwortung dieser Frage gehen wird, soll aber ein letzter allgemeiner Hinweis auf die Spezifika der Vernetzungsdiskurse verweisen: Eine ‚Blütezeit' hat die Vernetzungsidee immer in Krisenzeiten, d.h. dann, wenn angesichts veränderter Problemlagen die Grenzen und die mangelnde Leistungsfähigkeit bisheriger Angebote offensichtlich werden und/oder die finanzielle/materielle Ausstattung der Angebote und Leistungen gekürzt werden soll. Vernetzung kann insofern auch bedeuten, Mehr mit Weniger leisten zu müssen.

2 Besonderheiten von Familienzentren in Nordrhein-Westfalen

Neu ist an den Familienzentren in Nordrhein-Westfalen, dass erstmalig durch eine Landesinitiative ein flächendeckendes Programm der Verknüpfung von bislang getrennten Leistungsbereichen – Kindertagestätten, Familienhilfen und Familienbildung – miteinander verknüpft werden sollen. Neu sind aber vor allem der Ort und der Ausgangspunkt der Vernetzung: Kindertagesstätten sollen die Vernetzungsleistungen in drei möglichen Varianten ‚Unter einem Dach', als ‚Lotse' oder als ‚Galerie' erbringen.

Unter einem Dach bedeutet, dass *alle* Hilfs- und Beratungsangebote für Familien in der Kindertageseinrichtung zur Verfügung gestellt werden. Hervorgehoben werden kann hierbei der hohe Grad an Verlässlichkeit und Ganzheitlichkeit. *Lotse* meint, dass die Kindertageseinrichtung innerhalb eines räumlichen Netzwerkes unterschiedlicher Träger und Einrichtungen eine Vermittlungsfunktion übernimmt, d.h. die Kindertageseinrichtung wird erste und kompetente Anlaufstelle für Eltern und ihre Kinder. *Galerie* beinhaltet eine Mischung aus Lotse und Unter einem Dach und betont die Berücksichtigung örtlicher Notwendigkeiten und räumlicher Möglichkeiten.

In verschiedenen Fachveranstaltungen zur Einführung von Familienzentren sind die jeweiligen Vor- und Nachteile der drei Modellvarianten hervorgehoben worden. Als Vorteile des Modells Unter einem Dach gelten die leichtere Koordination, die große Verlässlichkeit, eine Familienbildung vor Ort, die Niedrigschwelligkeit des Angebotes und das Vorhandensein eines einheitlichen trägerspezifischen Konzeptes. Nachteile werden in Hinblick auf die Gefahr eines großen „Durchgangsverkehrs" in den Kindertageseinrichtungen, auf die Ungeklärtheit bezüglich der Anforderungen an Qualität und Qualifikation, auf die Gefahren einer „gläsernen Familie" und möglicherweise hinsichtlich der mangelnden Flexibilität durch eine frühzeitige und trägergebundene Angebotsfestlegung. Für das Modell Lotse gilt es positiv festzuhalten, dass eine Bündelung der Ressourcen vor Ort auch für mehrere Einrichtungen nutzbar gemacht werden kann, dass Trägervielfalt und Vernetzung die charakteristischen Merkmale sind. Eher negativ werden die Überlastung der Leitungsarbeit, bürokratische Hemmnisse, der hohe Qualifizierungsbedarf und die aufwendigen Abstimmungsverfahren gesehen. Das Galeriemodell ist demgegenüber durch die Vorteile passgenauer Hilfeformen, die flexible Ressourcennutzung, die Nutzung gewachsener Strukturen und der Kindertagesstätte als Kernangebot gekennzeichnet. Kritisch sind bei diesem Modell u.U. die begrenzten Räumlichkeiten, die Schaffung einer „Master-Kindertagesstätte", ebenfalls der hohe Qualifikationsbedarf und die komplexe Finanzierungsstruktur (Caritasverband für die Diözese Münster e.V., Abteilung

Soziale Dienste und Familienhilfen 2006; Ministerium für Generationen, Familie, Frauen und Integration des Landes Nordrhein-Westfalen 2005). Zusätzlich zu der Notwendigkeit zwischen den Modellen mit ihren spezifischen Vor- und Nachteilen abwägen zu müssen, kann hervorgehoben werden, dass die Landesinitiative insgesamt durch eine breite Zielperspektive bestimmt ist. Es geht um Bildungsförderung + Sprachförderung + Sicherung des Übergangs vom Kindergarten in die Schule + Unterstützung der Erziehungsfunktion von Eltern + Vereinbarkeit von Familie und Beruf + Niedrigschwelligkeit des Angebotes + Bedarfsgerechtigkeit des Angebotes. Aktuell werden Familienzentren außerdem auch immer wieder als ein Angebot genannt, mit dem Kindesvernachlässigung vermieden oder doch rechtzeitig erkannt werden soll.

Die breite Leistungsspanne der Familienzentren kommt nicht zuletzt auch in dem § 16 des Entwurfes eines Kinderbildungsgesetzes (KiBiz) zum Ausdruck:

§ 16 Familienzentren

(1) Familienzentren sind Kindertageseinrichtungen, die über die Aufgaben nach diesem Gesetz hinaus insbesondere
1. Beratungs- und Hilfsangebote für Eltern und Familien bündeln und miteinander vernetzen,
2. Hilfe und Unterstützung bei der Vermittlung von Tagesmüttern und -vätern und zu deren Beratung oder Qualifizierung bieten,
3. die Betreuung von unter dreijährigen Kindern und Kindergartenkindern außerhalb üblicher Öffnungszeiten von Kindertageseinrichtungen gewährleisten oder vermitteln,
4. Sprachförderung für Kinder und ihre Familien anbieten, die über § 13 Abs. 5 hinausgeht; insbesondere sind dies Sprachfördermaßnahmen für Kinder im Alter zwischen vier Jahren und Schuleintritt mit zusätzlichem Sprachförderbedarf, die keine Kindertageseinrichtung besuchen und die ein Gütesiegel „Familienzentrum NRW" haben.

(2) Familienzentren können auch auf der Grundlage eines sozialräumlichen Gesamtkonzeptes als Verbund unter Einbeziehung mehrerer Kindertageseinrichtungen oder auch anderer kinder- und familienorientierter Einrichtungen tätig sein.

Knüpft man an die Ergebnisse des 12. Kinder- und Jugendberichtes (2006) an, dann haben Kindertagesstätten mit einem Bildungsauftrag *und* einem Erziehungsauftrag *und* einem Betreuungsauftrag bereits ein sehr anspruchsvolles Aufgabenspektrum zu erfüllen. Die Landesinitiative knüpft einerseits an die aktuelle Bildungsdebatte und dem damit einhergehenden höheren Stellenwert der Kindertagesstätten an, fügt dem bisherigen Aufgabenspektrum andererseits weitere Vernetzungsaufträge hinzu. Hervorzuheben ist dabei vor allem, dass im Gegensatz zur bisherigen Praxis die Kindertagesstätten zum Initiator weitgehender Hilfe- und Unterstützungsleistungen werden und gegenüber den potentiellen Kooperationspartner eine Art ‚Führungsrolle' einnehmen sollen, wobei unklar ist, inwieweit bspw. der ASD oder die Erziehungsberatungsstellen mit diesem Wechsel hierarchischer Entscheidungsprozesse und -zuständigkeiten einverstanden sind bzw. in die entsprechenden Initiierungsprozesse von Kooperation und Vernetzung eingebunden sind.

Insgesamt kommen in allen drei Modellvarianten auf die Kindertagesstätten somit neue und zusätzliche Aufgabenstellungen zu. Es findet auf der einen Seite eine weitgehende Anerkennung der Kindertagesstätten und ihrer Potentiale statt. Sie werden als Institution wahrgenommen, mit der nahezu alle Eltern und ihre Kinder freiwillig erreicht werden können – und dies auch im Gegensatz zur Schule, wo aufgrund der Schulpflicht kein freiwilliger Zugang erfolgt und durch die Selektionsfunktion und Leistungsmessung und -bewertung auch kein unbefangener Zugang möglich ist. Auf der anderen Seite wirft dies die Frage auf, wie die Kindertagesstätten dies alles leisten und unter welchen Bedingungen sie dies leisten können. Allein bezogen auf die räumliche Ausstattung von Kindertageseinrichtungen dürfte das Modell ‚Unter einem Dach' wohl eher eine Ausnahme bleiben. Beim Modell ‚Lotse' muss überprüft werden, inwieweit bereits existierende Kooperations- und Vernetzungsstrukturen ausgebaut werden können. Dagegen gilt es beim Modell ‚Galerie' zu klären, welche Angebote die Kindertagesstätte selbst zusätzlich anbieten kann und welche durch Kooperationspartner abgesichert werden können.

3 Strukturelle Voraussetzungen von Familienzentren als spezifische Vernetzungsanforderungen

Bei den verschiedenartigen Voraussetzungen, die für eine gelingende Vernetzung zwingend erfüllt sein müssen, handelt es sich im Einzelnen um

- die Qualifizierung der Kindertagesstätten als Institution,
- die Kooperation von verschiedenen Trägern als Vernetzung trägerspezifischer Leistungspotentiale,
- die Qualifizierung des Vernetzungsmanagements,
- die Kooperation von verschiedenen Personen- und Berufsgruppen,
- die Vernetzung als Sparmodell versus die Gewährleistung von Verbindlichkeiten und Ressourcen.

Qualitative und quantitative Herausforderungen prägen bereits jetzt die Situation der Kindertagesstätten. Quantitativ gerät hier der notwendige Ausbau der Angebote für die Gruppe der unter Dreijährigen in den Blick, was mit einem erheblichen Kostenaufwand verbunden ist und zudem zeitgleich erfolgen soll mit dem Ausbau der Kindertageseinrichtungen als Ganztagsangebote. Qualitativ sind der verstärkt eingeforderte Bildungsauftrag der Kindertagesstätten und Konzepte der Frühförderung bei weitem noch nicht eingelöst. Für die *Qualifizierung der Kindertagesstätten als Institution* im Kontext der Institutionalisierung von Familienzentren ist die Einlösung dieser Ansprüche zusätzlich daran geknüpft, dass auch Familienzentren in erster Linie ein Ort für Kinder bleiben sollten und darüber hinausgehende Aufgaben nur zusätzlich, d.h. ergänzend und nicht ersetzend wahrgenommen werden können. Offen ist zurzeit außerdem, ob die Schaffung von Familienzentren zu einer neuen Konkurrenzsituation zwischen den Kindertagesstätten führen wird. In diesem Zusammenhang gilt es zwei nicht erwünschte Perspektiven zu vermeiden: zum einen sollte der Ausbau der Familienzentren nicht dazu führen, dass zukünftig zwischen guten und schlechten Einrichtungen in Abhängigkeit vom Status als Familienzentrum unterschieden werden wird. Zum anderen sollten sich Familienzentren als Angebot für alle Adressatengruppen und nicht als zusätzliche Leistung für sozial schwächere Familien verstehen, um mögliche mit dem Besuch von Familienzentren einhergehende Stigmatisierungen zu vermeiden.

Die dauerhafte Etablierung von Familienzentren setzt deren Einbindung in eine kommunale Bedarfsanalyse voraus, d.h. hier kommt auf den öffentlichen Jugendhilfeträger die Aufgabe der Bedarfsermittlung im Kontext der Jugendhilfeplanung zu. Die bisherigen Erfahrungen mit der Einrichtung von Familienzentren zeigen auf der kommunalen Ebene bereits jetzt, dass es regional sehr unterschiedliche Ansätze und Strategien der Vernetzung spezifischer Leistungsangebote und -träger gibt, mit denen auf lokale Besonderheiten reagiert wird. Darüber hinausgehend bedeutet *die Kooperation von verschiedenen Trägern als Vernetzung trägerspezifischer Leistungspotentiale* außerdem, dass Funktionen und Leistungen der jeweiligen Kooperationspartner in aller Regel unterschiedlich geregelt und definiert sind, unterschiedliche Zuständigkeiten basieren auf unterschiedlichen Problemlagen bzw. Zuständigkeiten für spezifische Aufgabenbereiche. Geklärt werden muss also bereits vor der Gründung von Familienzentren, wie die jeweiligen Zuständigkeiten und Problemsichten zueinander in Beziehung gesetzt werden können, welchen Autonomiegrad die Vernetzungspartner behalten und wo Zuständigkeiten geteilt werden müssen.

Neben der Klärung von Zuständigkeiten geht es auch um die *Qualifizierung des Vernetzungsmanagements*. Zunächst bedeutet das Erkennen eines Interventions- und Unterstützungsbedarfes, dass die Fachkräfte auf die sozialpädagogische Diagnose von Problemen vorbereitet werden müssen, etwas, was in der Ausbildung des Personals für die Kindertageseinrichtungen bislang weitgehend vernachlässigt worden ist. Die in der Landesinitiative angestrebte Weiterbildung der Einrichtungsleitungen kann sich von daher inhaltlich nicht auf die Strukturen der Vernetzung beschränken, sondern muss außerdem die Inhalte der Vernetzung in Form einer sozialpädagogischen Diagnostik mit einbeziehen. Vernetzungsmanagement heißt aber zusätzlich, dass bereits mit der Initiierung von Kooperationsbeziehungen geklärt werden muss, wer mit welchem Anliegen auf welchen Partner zugeht, wie Vernetzung dauerhaft institutionalisiert werden kann und wie möglichst alle Kooperationspartner frühzeitig in die Planungen eingebunden werden können. Vernetzungsmanagement heißt letztendlich aber auch, dass geklärt sein muss, wer die Gesamtverantwortung trägt und mit entsprechenden Entscheidungsbefugnissen ausgestattet ist.

Mit der *Kooperation von verschiedenen Personen- und Berufsgruppen* im Kontext von Vernetzungsbeziehungen geht es um die Kooperation von spezialisierten Kompetenzen. Die zentrale Rolle, die die Kindertageseinrichtungen bei dem Programm der Familienzentren spielen, ist ungewöhnlich und dürfte bei den anderen Kooperationspartnern zumindest teilweise befremdlich wirken und Unsicherheiten auslösen, solange nicht geregelt ist, mit welchen Konsequenzen sie Partner eines Familienzentrums werden. Handelt es sich z. B. um die Übernahme zusätzlicher Aufgaben, dann muss deren Finanzierung verbindlich geklärt sein, handelt es sich aber um eine bereits vorhandene Leistungserbringung – jetzt an einem neuen Ort –, dann müssen die organisatorischen Bedingungen entsprechend gestaltet werden. Vielfach unberücksichtigt und in der Tragweite für das Gelingen von Vernetzung unterschätzt, ist allerdings ein weiterer Aspekt: die Notwendigkeit der Schaffung von Anerkennungsverhältnissen. Damit ist gemeint, dass unterschiedliche Professionen in Familienzentren zusammenarbeiten sollen, die bislang wenig miteinander zu tun hatten und sich entweder gegenseitig gar nicht zur Kenntnis genommen oder sich aber hierarchisch voneinander abgegrenzt haben. Die Überwindung von Statusgrenzen und die Anerkennung der jeweils anderen Profession in Familienzentren setzt voraus, dass vor allem die Erzieherinnen von den anderen Professionen als gleichberechtigte Kooperationspartnerinnen wahrgenommen werden und die Erzieherinnen ihrerseits die Bereitschaft entwickeln, ihre Fachkompetenzen und Zuständigkeiten auch offensiver und selbstbewusster gegenüber anderen Berufsgruppen zu vertreten.

Vernetzung als Sparmodell versus die Gewährleistung von Verbindlichkeiten und Ressourcen bedeutet in diesem Zusammenhang, dass Vernetzung weder bloßer Selbstzweck sein kann, noch ohne zusätzliche Mittel zu realisieren ist. So sollte die Gründung von Familienzentren in erster Linie die praxiswirksame Realisierung qualitativ begründeter fachlicher Standards und professioneller Angebotsstrategien sein. Dem steht ein potentieller Zwang entgegen, aus einer Kindertageseinrichtung ein Familienzentrum machen zu müssen, um vorrangig den Bestand der Einrichtung sichern zu können, womit ‚inhaltsferne' Motive in den Vordergrund rücken würden, die mit den ehrgeizigen Ansprüchen des Programms der Familienzentren nur wenig gemeinsam haben. Die konzeptionell anspruchsvollen Inhalte der Landesinitiative lassen sich schlussendlich aber nur dann umsetzen, wenn perspektivisch Familienzentren die Zeit für eine solide Planung und für die Schaffung von Zugängen zu möglichen Kooperationspartnern zur Verfügung gestellt wird. Es werden finanzielle Ressourcen für die Weiterbildung des Personals und für die Übernahme zusätzlicher Aufgaben benötigt. Mit anderen Worten: Vernetzung gibt es nicht umsonst!

Literatur

Bundesministerium für Familie, Senioren, Frauen und Jugend (2006): Zwölfter Kinder- und Jugendbericht. Bildung, Betreuung und Erziehung vor, nach und neben der Schule, Berlin.

Caritasverband für die Diözese Münster e.V., Abteilung Soziale Dienste und Familienhilfen (2006): Dokumentation der Fachtagung Familien im Zentrum. Familienzentren als integrierte Hilfesysteme, Münster.

von Kardorff, Erich (1998): Kooperation, Koordination und Vernetzung. Anmerkungen zur Schnittstellenproblematik in der psychosozialen Versorgung. In: B. Röhrle/G. Sommer/F. Nestmann (Hrsg.): Netzwerkintervention. Tübingen: dgvt-Verlag, S. 203-222.

Ministerium für Generationen, Familie, Frauen und Integration des Landes Nordrhein-Westfalen (2005): Workshop Familienzentren. Dokumentation wesentlicher Ergebnisse, Dortmund.

Ministerium für Generationen, Familie, Frauen und Integration des Landes Nordrhein-Westfalen (2006): nah dran. Familienbildung in Familienzentren, Düsseldorf.

Ministerium für Generationen, Familie, Frauen und Integration des Landes Nordrhein-Westfalen (2007): Gesetzentwurf zur frühen Bildung und Förderung von Kindern (Kinderbildungsgesetz – KiBiz), Düsseldorf.

Ministerium für Generationen, Familie, Frauen und Integration des Landes Nordrhein-Westfalen (2007): Das Gütesiegel Familienzentrum NRW. Zertifizierung der Piloteinrichtungen, Düsseldorf.

van Santen, E./Seckinger, M. (2003): Kooperation: Mythos oder Realität einer Praxis. Eine empirische Studie zur institutionellen Zusammenarbeit am Beispiel der Kinder- und Jugendhilfe. München: DJI-Verlag.

www. familienzentrum.nrw.de

Frühe Förderung und Bildung von Kindern

Potenziale von Familienzentren aus sozialpädagogischer Sicht

Stephan Maykus

1 Einführung

„Die Probleme sind erkannt – doch die Lösung ist mühsam." Mit dieser Überschrift titelte die Stuttgarter Zeitung[1] den Start einer Serie, die die kommunale Zielerreichung, kinderfreundlichste Stadt Deutschlands zu sein, bilanziert. Gerade bei der Förderung von Bildungschancen ergäben sich noch dringende Entwicklungserfordernisse, vor allem hinsichtlich der Sprachförderung in Tagesstätten und des Ausbaus von Ganztagsangeboten sowie außerschulischer Bildung.

Bildungshäuser beispielsweise, die jeweils eine Kindertagesstätte und eine Grundschule zur besseren Gestaltung von Übergängen kooperativ verzahnen, sollen das Ziel der Kinderfreundlichkeit und Bildungsförderung erreichen helfen. Vernetzung und das organisierte Zusammenspiel unterschiedlicher Bildungsangebote scheint gegenwärtig das Mittel der Wahl und gewiss: Diese journalistische Diagnose träfe gegenwärtig sicher auf die deutliche Mehrheit der Kommunen zu. Der Weg zu dem inzwischen überwiegend favorisierten System von Bildung, Betreuung und Erziehung in einer Kommune ist auch deshalb so schwierig, weil es nachhaltige Veränderungen der Ressortkooperation von Schul- und Jugendhilfeträger bedeutet, von Budgetzuschnitten, Planungs- und Steuerungskonzepten und mithin eine kommunale Gesamtstrategie verlangt, die von den Ausschüssen und Gremien getragen werden muss.

Die Entwicklung und Organisation von Infrastrukturen der Bildungsförderung stehen momentan im Mittelpunkt des Interesses, angeregt durch die PISA-Studien und in sozialpädagogischer Sicht vor allem durch den 12. Kinder- und Jugendbericht, der Eckpfeiler eines kommunal abgestimmten Systems von Bildung, Betreuung und Erziehung beschreibt: vor allem sind dies Sprach- und individuelle Förderung von Kindern, Familienförderung, sozialräumliche Netzwerke der Bildung, die Qualifizierung von Tagesbetreuung, flächendeckende Ganztagsangebote, die pädagogische Reform und Autonomie von Schulen, eine erweiterte Schulträgerschaft und kommunale Bildungsplanung (vgl. BMFSFJ

---

[1] Stuttgarter Zeitung Nr. 145, 27.06.2007, S. 20

2005). Als Schlüsselthemen erweisen sich immer mehr die frühe Förderung und Bildung von Kindern als pädagogisches Ziel sowie Vernetzung (vor allem in sozialräumlicher Sicht) als organisatorische Entsprechung dazu. Diese beiden Aspekte sind auch gleichzeitig Kernelemente von den in Nordrhein-Westfalen entstehenden Familienzentren, die Kindertagesstätten um ein sozialräumliches Profil und Familienförderung erweitern wollen (vgl. hierzu ausführlicher den Beitrag von Lindner in diesem Band). Dieses landesweite Praxisentwicklungsvorhaben soll mittels früher Förderung und Bildung von Kindern sowie der Unterstützung ihrer familiären und sozialen Bildungsbedingungen einen Beitrag zur Reduzierung von Bildungsbenachteiligung leisten. Dabei ist Benachteiligung als Strukturkategorie zu verstehen, die einen sozialpädagogischen Zugang zum Thema Bildung eröffnet sowie die grundlagentheoretische Klärung von Merkmalen sozialpädagogischer Bildungsarbeit rahmen soll (damit ist gleichsam die argumentative Architektur dieses Beitrages umrissen):

Benachteiligung junger Menschen zeigt sich vor allem in sozialisatorischen Defiziten und in daraus erwachsenen systematisch eingeschränkten Zugängen zu Bildung, Ausbildung und Beruf (vgl. Rauschenbach/Züchner 2001: 70). Diese Betrachtung von Benachteiligung als Strukturkategorie, die Integrationsprozesse und lebenslagenbezogene Kontextbedingungen betont, vermeidet eine problem- oder symptomorientierte Sortierung von Gruppen junger Menschen, wie z.B. verhaltensauffällige Kinder und Jugendliche, solche mit Migrationshintergrund, einer Behinderung oder Lernbeeinträchtigung (vgl. Maykus/Schulz 2006). Stattdessen eröffnet die strukturelle Sicht eine entsprechende Perspektive auf Unterstützungsformen und ihre institutionelle Organisation: Bildungsbenachteiligung wird dann als Verknüpfungsproblem (vgl. Schroeder 2004) beschreibbar, als fehlende Passung zwischen der Komplexität benachteiligter Lebenssituationen und des persönlichen Erlebens in ihr (samt der gewählten Bewältigungsstrategien junger Menschen) einerseits sowie den institutionellen Antworten darauf andererseits, die sich als separiert, unverbunden zeigen und einer jeweils eigenen Organisationslogik in ihrer Problemsicht und -bearbeitung folgen („schwierige Schüler", „schwer vermittelbare Jugendliche").

Individuelle Förderung und Begleitung, schulische Abschlüsse ermöglichen, Anschlüsse in Ausbildung und Beruf bieten und Zugänge zu sozialräumlichen Bildungsangeboten eröffnen, das sind die wesentlichen Herausforderungen für institutionelle Netzwerke im Kontext von Bildungsbenachteiligung. Eine Pluralität von Inhalten, Methoden, Formen und Akteuren der Bildungsförderung und Unterstützung wird, so Schroeder (2004: 11ff.), den kulturellen und lebensweltlichen Kontexten junger Menschen gerecht und bezieht in die Betrachtung von Benachteiligung nicht nur die sozialisatorische und individuelle Situation junger Menschen, sondern auch den institutionellen Anteil an deren Reproduktion ein.

Frühe Förderung und Bildung von Kindern

Eine personelle, organisatorische und inhaltliche Verzahnung allgemeiner Grundbildung mit beruflicher Vorbereitung und Ausbildung sowie sozialpädagogische Begleitung sieht Schroeder als möglichen Weg, um Abschluss und Anschluss an nachfolgende Teilsysteme des Bildungs- und Beschäftigungssystems zu optimieren (vgl. ebd.). Der Jugendhilfe als veranstaltete Sozialpädagogik kommt dabei die Funktion zu, ihre spezifische Interpretation von Bildungsbenachteiligung und darauf abgestimmte Handlungskonzepte einzubringen: alltagsorientierte Hilfe zur Lebensbewältigung und Sozialintegration (vgl. Böhnisch 1992). Dies sind ebenso Leitziele einer Sozialpädagogik des Kindesalters und Grundlagen der individuellen kindlichen Entwicklungsförderung (vgl. Maykus 2006).

2 Frühe Förderung und Bildung von Kindern – sozialpädagogische Anknüpfungspunkte

Die Kompetenzentwicklung von Kindern zu fördern hat bislang, und unter dem Einfluss der PISA-Studien, vor allem im Kontext der schulischen Leistungserbringung eine Bedeutung erhalten. Jedoch nimmt auch die Suche nach Ansätzen zu, die die frühe und individuelle Förderung von Kindern in den Blick nehmen (vgl. zum Folgenden BMFSFJ 2005: 103ff.). Dies geschieht auch in dem Wissen, dass die Kindheits- und Vorschulphase mehr ist als eine Vorbereitung auf die Schulzeit und als eine eigenständige, wichtige Entwicklungszeit von Kindern angesehen werden sollte. In dieser Entwicklungszeit ist nicht nur die Bildungsbedeutsamkeit der Familie, sondern auch ein aktiver Part, eine Selbsttätigkeit und die subjektive Auseinandersetzung von Kindern mit ihrer Umwelt zu konstatieren. Intensive Zuwendung, Pflege, Betreuung und altersgerechte Lern- und Bildungsangebote sind Grundvoraussetzung für kindliche Entwicklungsprozesse. Auf diese Weise findet die allmähliche Aneignung der kulturellen, der sozialen, der materiell-dinglichen und der subjektiven Welt statt (vgl. ebd.: 107ff.). Diese Bildungsdimensionen und das mit ihnen einhergehende erweiterte Bildungsverständnis prägen die Sicht auf den (früh-) kindlichen Bildungs- und Entwicklungsprozess in der modernen Gesellschaft. Kindern können dieses Bildungspotenzial, das Lernen im Austausch mit ihrer Umwelt, im praktischen Handeln und Probieren sowie im anregenden sozialen Kontakt, nur entfalten, wenn ihnen entsprechende Bildungsmöglichkeiten gewährt werden.

Solche Gelegenheitsstrukturen werden nicht mehr nur im familialen Umfeld gesehen, sondern auch in öffentlicher Verantwortung. Dabei ist die zentrale Zielrichtung die Gestaltung eines kommunal abgestimmten Systems von Bildung, Betreuung und Erziehung, das ein lebensweltlich orientiertes Netzwerk an Unterstützung, an Bildungsförderung und frühen Hilfen für Familien bietet (vgl. dazu z.b. die Debatte um Lokale Bildungslandschaften (Maykus 2007), das Modellprojekt „Kind und Kommune" der Bertelsmann-Stiftung oder auch die oben erwähnte Initiative des Landes NRW, Tagesstätten zu sozialräumlich verankerten Familienzentren auszubauen). Die kommunale und Netzwerkorientierung soll eine organisatorische Entsprechung zur Komplexität individueller Bildungsprozesse und –biografien junger Menschen im Zusammenspiel unterschiedlichster Bildungsorte und –qualitäten sein. Dabei soll Bildungsbenachteiligung durch strukturierte und begleitete Übergänge zwischen Bildungsinstitutionen eingedämmt, pädagogische Förderung zur Erschließung von Zugängen zu ihnen realisiert sowie die Gestaltung von Lebensräumen als Lernräume Beachtung finden. Ein besonderes Augenmerk gilt dabei den Einflussfaktoren auf Bildungsprozesse wie Gesundheit, Resilienz, Armut, Migration, oder auch die Medien. Quintessenz: Frühe Förderung und Entwicklung braucht erweiterte Lerngelegenheiten in familiärer und öffentlicher Verantwortung und verweist auf eine Sozialpädagogisierung von Bildung. Müttergruppen, Spiel- und Krabbelgruppen, Eltern-Kind-Gruppen in der Kleinkindphase, Tagespflege und Kindertageseinrichtungen in der Kleinkind- und Vorschulphase können diese Gelegenheitsstrukturen bilden.

Die wesentliche Voraussetzung hierfür ist, dass vor allem in der Tagesbetreuung die Qualität der Bildungsarbeit weiterentwickelt wird, eine fachliche Fundierung individueller Förderung vollzogen wird, Sozialraumverankerung, interinstitutionelle Kooperation mit Schulen und der Familienförderung stattfindet als auch eine daraus resultierende handlungsfeldspezifische konzeptionelle Entwicklungsstrategie mit dem Effekt der Professionsbildung. Gefragt sind hierfür identitätsbildende und curricular reformulierbare Maximen für sozialpädagogische Fachkräfte: Merkmale sozialpädagogischer Bildungsarbeit, die ein disziplinärer Rahmen für adressatenbezogene Bildungskonzepte (z.B. Bildungsvereinbarungen o.Ä.) der Kindertagesbetreuung sind.

3 Bildungsprozesse aus sozialpädagogischer Sicht

Bildung stellt eher einen Leitbegriff eines Denkens dar, in dem sich Prozesse des Aufwachsens junger Menschen in der Welt und ihre Subjektkonstitution kommunizieren lassen. Aufgrund dieser konzeptionellen Unschärfe fordert Lenzen (2000: 75), dass der Verwendungskontext geprüft werden muss, in dem der Bildungsbegriff in der Erziehungswissenschaft auftaucht. Demnach stellt sich hier die Frage: *Was sagt die Nutzung des Begriffes Bildung im Kontext Sozialpädagogik aus?* Sozialpädagogik thematisiert Bildungsprozesse, weil sie eine Verhältnisbestimmung ihrer Ziele, Aufgaben und Konzepte vor diesem Hintergrund anstrebt. Eine an der Lebenswelt orientierte Sozialpädagogik bedeutet auch eine Mitgestaltung von Bildungsbiographien. Diese Klärungs- und Verortungsbemühung moderner Sozialpädagogik geschieht auf unterschiedlichen Konkretisierungs- und Bezugsebenen, geht aus von gesellschafts-, adressaten- oder auch theoriebezogenen Fragestellungen. Drei Beispiele seien kurz dargestellt:

1. (Gesellschaftsbezogene) Strukturelle Komplementarität von Bildung und Sozialpädagogik: Die Frage nach Bildung und ihrer Konzeptualisierung ist für Sünker (2001: 162) immer eine Frage nach der gesellschaftlichen Verfasstheit und Integration des Menschen, nach der Subjektkonstituierung im Kontext gesellschaftlicher Determinierungen. Das Verhältnis von Individuum und Gesellschaft steht bei dieser Betrachtung im Mittelpunkt, so dass Bildung auf unterschiedliche Problemebenen bezogen relevant wird. Bildung wird dabei thematisiert mit Blick auf die Veränderung des Vergesellschaftungsmodus und von Integrationsprozessen, hierbei auftretende (sich auch psycho-sozial äußernde) Konflikte des modernen gesellschaftlichen Systems sowie die Frage nach alternativen gesellschaftlichen Entwicklungsmöglichkeiten als Ergebnis von Reflexionsprozessen und Bewusstseinsbildung. Bildung erhält vor diesem Hintergrund eine doppelte Funktionalität: Auf der einen Seite ist die Wissensaneignung und -vermehrung zu Zwecken der Erziehung und Sozialisation gemeint, andererseits wird mit ihr die Schaffung von Arbeitsvermögen und adäquater Arbeitskräfte verbunden. Die Stärke des Bildungsbegriffes sieht Sünker (2001: 163) jedoch im Anstoß zur Reflexion über die Möglichkeit von Individualität in gesellschaftlichen Verhältnissen.

2. Sozialpädagogik als Antwort auf die Bildungsnotwendigkeit moderner Gesellschaft: Winkler (2000: 597) stellt die These auf, dass Bildung und Erziehung in modernen Gesellschaften unvermeidlich sind, denn die Individuen müssen gesellschaftliche Veränderungsprozesse und daraus resultierende Belastungen bewältigen, gleichzeitig aber auf die dafür notwendigen sozialen, kulturellen und psychischen Ressourcen zunehmend verzichten. Gesellschaftlich sind die Individuen mit einem Zwang zur Subjektivierung und eigenen Bildung konfrontiert, sie müssen Orientierung, Halt und Sozialität selbst herstellen (vgl. Winkler 1995) – mit dem Ziel der Herstellung selbstreflexiver Kompetenz zum flexiblen Biographiemanagement. Nach Winkler sind moderne Gesellschaften pädagogische Gesellschaften, da Pluralisierungsprobleme weniger durch Abweichung entschieden, stattdessen eher prozessualisiert und individualisiert werden: Pädagogik wird zum Modus der eigenen Lebensführung und Subjektivität verlagert in soziale Infrastrukturen sowie in sich selbst (vgl. Winkler 2000: 604). Die Schaffung einer gebildeten Subjektivität braucht unter modernen Bedingungen „Übung", benötigt pädagogische Orte der Anleitung und des Erprobens. Hier ist

schließlich das Verhältnis von Sozialpädagogik und Bildung inhärent: Sozialpädagogik muss die Dialektik von Orten (Erziehungssituationen) und Subjektivität (Subjektivierungsprozessen) in ihre Konzepte aufnehmen. So kann Sozialpädagogik Orte und Situationen kreieren, an denen Aneignungsprozesse stattfinden, im Sinne einer didaktisch vorstrukturierten Wirklichkeit, damit Heranwachsende die Grammatik von Lebenswelt erfahren und erlernen (vgl. Winkler 1988, 1999b).

3. Die sozialpädagogische Orientierung am Bewältigungsparadigma enthält eine Bildungsdimension: Mack (1999) gleicht die alltagsorientierte Sozialpädagogik (vgl. Thiersch 1986) und das Konzept der biografischen Lebensbewältigung (vgl. Böhnisch 1997) mit dem Aspekt der Bildung ab. Zwischen Bildung und Alltag sowie einer alltagsorientierten Sozialpädagogik sieht Mack (1999: 245ff.) unmittelbare Korrespondenzen: Im Rückgriff auf Mollenhauer ist „Umlernen" als zentraler Aspekt des Heranwachsens bestimmbar, der sich in institutionellen und persönlichen Statuspassagen besonders äußert. Umlernen ist ein Element eines umfassenderen Prozesses der Konstitution des Subjektes, Teil eines Bildungsprozesses. Darin sieht Mack eine erste Korrespondenz mit dem Thema Bildung, weil Sozialpädagogik als gezielte Umlernhilfe zu verstehen ist (ebd.). Sozialpädagogik ermöglicht Erfahrungsräume, Aneignungs- und Entwicklungsprozesse. Bezogen auf die Kategorie des Alltags ist „(...) ‚Umlernen' als derjenige Aspekt von Bildung (zu) interpretieren, der dazu beiträgt, neue Strukturen von Alltäglichkeit bei wechselnden, immer wieder neuen Anforderungen an das Individuum zu schaffen" (ebd.: 246). Eine alltagsorientierte Sozialpädagogik meint mit der Utopie des „gelingenderen Alltags" (Thiersch) subjektive Entwicklungsprozesse durch veränderte Alltagskontexte und -dynamiken und weist ebenso mit den Kategorien Alltagswelt und Alltäglichkeit Bezüge zum Thema Bildung auf: Alltagswelten lassen sich allgemein als Lern- und Erfahrungsräume beschreiben, eine spezielle und institutionalisierte Alltagswelt mit explizitem Bildungsbezug ist z.B. die Schule aber auch die Kindertagesstätte. Alltäglichkeit ist die subjektive Dimension von Entwicklungs- und Lernprozessen, das pragmatische, soziale und elementare Handeln in Alltagswelten und ihre Bedingtheiten (vgl. Maykus 2001).

Diese Zugänge zu einer Verhältnisbestimmung von Sozialpädagogik und Bildung lassen unterschiedliche Konkretisierungsebenen und Argumentationsfiguren erkennen, die allesamt wichtige Anhaltspunkte für die Korrespondenz von Bildung und Sozialpädagogik liefern. Sie zeigen Sozialpädagogik als pädagogische Gesellschaftsanalyse und Befähigung der Individuen zu Kritik und Emanzipation durch Wissensvermittlung, als moderne Form der Konstituierung von Subjektivität in Verhältnissen brüchiger Lern- und Erfahrungsorte sowie als Beitrag zur Initiierung alltäglicher Bildungsarbeit. Wie lassen sich nunmehr diese Aspekte systematisch zu einer Merkmalsbestimmung zusammenführen, die eine Entwicklung von bildungsorientierten Prinzipien sozialpädagogischen Denkens und Handelns ermöglicht (vgl. zum Folgenden Maykus 2002)?

3.1 Konkretisierungsversuch: Ein Analyseraster aus der Allgemeinen Pädagogik – Hilfe zur Bestimmung des Speziellen

Benner (2001) entwirft in seiner Allgemeinen Pädagogik vier Prinzipien pädagogischen Denkens und Handelns, die den übergreifenden pädagogischen Grundgedanken systematisieren und als Hintergrundfolie auch für Teildisziplinen, wie der Sozialpädagogik, dienen soll. Ausgehend von dem Verständnis, dass die Annahmen der Anlagen- und Umweltdetermination gleichermaßen parapädagogisch sind, kennzeichnet Benner (2001: 70f.) den Menschen als zur Hervorbringung seiner Bestimmung selbst fähig und gezwungen (der Mensch ist bildsam), gleichsam als Interpretateur und Bearbeiter seiner Umwelt, die nicht einfach adaptiert wird (der Mensch ist selbsttätig). Entsprechend leitet Benner zwei konstitutive Prinzipien pädagogischen Denkens und Handelns ab:

- das Prinzip der Bildsamkeit des Menschen als Bestimmtheit des Menschen zu rezeptiver und spontaner Leiblichkeit, Freiheit, Geschichtlichkeit und Sprachlichkeit
- das Prinzip der Aufforderung zur Selbsttätigkeit und die Dialektik von Denken und Handeln

Das Prinzip der Bildsamkeit des Menschen - Korrespondenzen mit der sozialpädagogischen Spezifik

Das Prinzip der Bildsamkeit des Menschen anerkennt ausdrücklich die Unbestimmtheit der menschlichen Anlagen, die zum Ausgangspunkt pädagogischer Verantwortung erhoben werden (vgl. im Folgenden Benner 2001: 72ff.). Bildsamkeit bedeutet ein Relationsprinzip pädagogischer Praxis zwischen der individuellen, intersubjektiven und intergenerationellen Ebene ihres Agierens. Bildsamkeit als Gestaltungsprinzip pädagogischer Praxis zu verstehen, bedeutet, auf Erziehungsbedürftige so einzugehen, dass sie an der Erlangung ihrer Bestimmtheit mitwirken - der Mensch ist bildsam aufgrund pädagogischer Interaktionen. Diese Relationskategorie wird fassbarer, wenn sie in grundlegende Aspekte menschlicher Praxis verortet wird, wie vor allem die

- Freiheit: meint die Freiheit der Wahl, wobei der Wählende selbsttätig ist und auf diese Weise Erfahrungen macht, die stets doppelt – über ihn als Wählenden und über das von ihm Gewählte – vermittelt sind.
- Sprachlichkeit: ist die geäußerte und wahrnehmbare Interpretation der Erfahrungen durch den Lernenden.
- Geschichtlichkeit des Bildungsganges, d.h. die Möglichkeit des Lernens aus eigener Erfahrung im Sinne der Dialektik von Erinnerung und Entwurf.

Pädagogische Praxis soll die Reduktionen der Bildsamkeit vermeiden helfen und menschliche Praxis der Freiheit, Sprachlichkeit und Geschichtlichkeit ermöglichen, vor allem dann, wenn in vorausgehenden Erfahrungen und Situationen gegen dieses Prinzip verstoßen wurde. An dieser Stelle lässt sich dieses Prinzip pädagogischen Denkens und Handelns auf Sozialpädagogik übertragen, sie ist in zweierlei Hinsicht auf Bildsamkeit bezogen:

- *Sozialpädagogische Interventionsziele basieren auf der Annahme der generellen Kompetenz der Adressaten zur Selbstbestimmbarkeit*: Eine alltags- und lebensweltorientierte Sozialpädagogik geht analog zum Prinzip der Bildsamkeit von der generellen Entwicklungs- und Lernfähigkeit ihrer Adressaten aus. Sie hat durch begleitende, anregende, unterstützende Aufgaben das Ziel einer Denk- und Verhaltensänderung ihrer Adressaten, einer gesteigerten Alltagskompetenz und Selbststeuerung. Sozialpädagogisches Handeln bedeutet die Schaffung bzw. Optimierung jener Milieubedingungen, die Erfahrungen der Selbstwirksamkeit und gekonnten Bewältigungshandelns erst begünstigen und stützen. Sozialpädagogik setzt dabei auf die potentielle Fähigkeit der Klienten, ihre Ressourcen zu realisieren, wenn sie begleitet und aktiviert werden. Ginge sie nicht grundsätzlich davon aus, würde sie eine Dauerbegleitung legitimieren, die sich nicht mehr aufheben kann. Bildsamkeit ist die Basis für Selbständigkeit und eine eigenverantwortliche Lebensführung, verleiht pädagogischen Interventionen erst Sinn - Sozialpädagogik bereitet damit immer ihre eigene Aufhebung vor.
- *Sozialpädagogik ist auf die Analyse gesellschaftlicher Realität und Lebenslagen bezogen, die Bildsamkeit fördern oder verhindern*: Sozialpädagogik hat nicht nur einen Anteil an der Unterstützung von Subjektwerdung ihrer Adressaten, sondern sie sieht subjektorientiertes Handeln immer auch verwiesen auf ein Handeln bezüglich der jeweiligen Lebenslage. Sie ist auf gesellschaftliche Realitäten bezogen, auf den Prozess der Gestaltung von individuellen Lebenslagen als Ergebnis einer Subjekt-Umwelt-Interaktion. Eine solche Kontextanalyse ist spezifisch für Sozialpädagogik, die insbesondere die Bedingungen von Subjektwerdung und die sie beeinflussenden Faktoren

zur Kenntnis und als Ausgangspunkt ihres Handelns nehmen will: Sozialpädagogik betont hier ihre Funktion als pädagogische Gesellschaftsanalyse, als Rekonstrukteurin von Vergesellschaftungsformen, dabei auftretenden psychosozialen Konflikten und überfordertem Bewältigungsverhalten.

Gelingende pädagogische Interaktion zeichnet sich demnach einerseits durch das Gewähren von Meinungs- und Handlungsfreiheit aus (Anerkennung der Bildsamkeit), andererseits aber auch durch das Gestalten von pädagogischen Orten, in denen diese Freiheit eingeübt werden kann (Förderung von Bildungsprozessen). Angesprochen ist damit die Frage nach einer entsprechenden Art und Weise pädagogischen Wirkens, die Bildsamkeit anerkennt: sie wird von Benner (2001: 80ff.) im Prinzip der Aufforderung zur Selbsttätigkeit gebündelt:

Das Prinzip der Aufforderung zur Selbsttätigkeit - Korrespondenzen mit der sozialpädagogischen Spezifik

Das pädagogische Prinzip der Aufforderung zur Selbsttätigkeit ist laut Benner (vgl. im Folgenden Benner 2001: 82ff.) eine Verhältnisbestimmung der pädagogischen Interaktion. Es soll Aussagen über das pädagogische Handeln in seinem Wirken und Einwirken ermöglichen. Dabei versucht die Aufforderung zur Selbsttätigkeit, als praktische Konsequenz des Prinzips der Bildsamkeit als Leitkategorie, die *Wechselwirkungen zwischen*

- konkretem *Tun* des Lernenden (als Welttätigkeit, gegenstandsorientierte Tätigkeit bezeichnet) und
- *Reflexion* (als Denktätigkeit bezeichnet, die den Handelnden zum Objekt und Subjekt seines Tuns gleichermaßen macht)

zu provozieren. Diese Zielsetzung basiert auf der Erkenntnis, dass menschliches Handeln immer im Spannungsverhältnis von Entwurf und Reflexion, von der Gebundenheit des Denkens an vergangenes Handeln sowie des Handelns an vorausgegangenes Denken versteht. Pädagogisches Ziel ist es demnach, bei Lernenden diese Reflexionsprozesse anzuregen, statt eine reine Vorgabe von Entwürfen im Erziehungsprozess zu praktizieren. Eine sozialisationstheoretisch fundierte Sozialpädagogik zeigt Parallelen zu diesem Grundprinzip der Selbsttätigkeit auf: dies zum einen als

- *Strukturkategorie*: Sozialpädagogik versteht ihre Adressaten als produktiv-realitäts-verarbeitende Subjekte (Hurrelmann), die im Spannungsverhältnis von Individuations- und Integrationsprozessen Entwicklungsaufgaben bewältigen. Diese grundlegende sozialisationstheoretische Annahme erfährt unter den Bedingungen einer pluralisierten Gesellschaft eine Steigerung, Selbsttätigkeit kann als *kumulierter Dauermodus der Moderne* bezeichnet werden. Jeder Einzelne gestaltet und verantwortet nicht nur den Prozess der Subjektwerdung, sondern ist auch gezwungen, die Voraussetzungen dafür selbst herzustellen. Das Prinzip der Selbsttätigkeit kann also auch zur Interpretation sozialisationstheoretischer Befunde herangezogen werden, auf die Sozialpädagogik insbesondere bezogen ist: die gesteigerte, subjektiv gegebenenfalls nicht mehr hinreichend steuerbare Dialektik von Denken und Handeln bedeutet Überforderung, Orientierungslosigkeit und Hilflosigkeit in komplexen Lebensverhältnissen. Gebildete Subjektivtät (Winkler) ist immer auf die Kompetenz dosierter Selbstreflexion und Bewältigungsstrategien angewiesen, sie muss ihre potentielle Labilität mit erhöhter eigener Strukturierungsarbeit beantworten. Diese Voraussetzungen vermehrt unter professioneller Begleitung mit herzustellen, macht aufmerksam auf Selbsttätigkeit als
- *Zielkategorie*: Selbsttätigkeit geschieht in der modernen Gesellschaft im Zusammenspiel sozialisatorischer Orte. Die pluralistische Sozialisation verlangt das Abstimmen und Integrieren von unterschiedlichen Anforderungen, Zwängen, Zumutungen mit eigenen Entwürfen und Erfahrungen. Hierfür bietet Sozialpädagogik Orte an, in denen Subjektwerdung im Sinne des Einübens von (Selbst-) Reflexions- und Bewältigungskompetenz möglich ist, der eigene Anteil am Lernprozess als Erfahrung vermittelbar wird. Dabei reflektiert Sozialpädagogik den Ort hinsichtlich der Bedingungen, die Subjektwerdung beeinflussen. Ihr Ausgangspunkt ist also die Bedingtheit von Selbsttätigkeit, die sich individuell als (zunehmend normalisierte) Belastetheit oder auch als Beeinträchtigung bzw. Benachteiligung äußern kann.

Der Zusammenhang von Selbsttätigkeit als Struktur- und Zielkategorie ist abgebildet in der sozialpädagogischen Interaktion, die stets das Impulshandeln des Sozialpädagogen (Anregung zur Selbsttätigkeit) und die Aneignungsstrategien des Adressaten (Selbsttätigkeit) verbindet. Entsprechende Konzepte in der Sozialpädagogik wie Empowerment, die Gestaltung von Aneignungsräumen für Lern- und Entwicklungsprozesse oder auch die Orientierung an der Bewältigungskategorie zur Aktivierung von Selbstkompetenz verdeutlichen Bezüge dieses Prinzips zur Spezifik sozialpädagogischer Intervention.

Die Prinzipien der Bildsamkeit und Selbsttätigkeit werfen die Frage nach der interventiven und zeitlichen Reichweite pädagogischen Handelns auf, nach ihrer Selbstaufhebung. Gesellschaftliche Anforderungen steuern diesen Prozess pädagogischen Handelns, der immer auf gesellschaftliche Gegebenheiten bezogen, durch sie beeinflusst und auch beauftragt ist (Kontextabhängigkeit von Bildungs- und Integrationszielen). Daher entwirft Benner (2001: 93ff.) *regulative Prinzipien pädagogischen Denkens und Handelns*, es sind

- das Prinzip der pädagogischen Transformation gesellschaftlicher Einflüsse in pädagogisch legitime Einflüsse und
- das Prinzip der nicht-hierarchischen Ordnung der menschlichen Gesamtpraxis.

Von besonderer Bedeutung für die Bestimmung des sozialpädagogischen Anteils an der Gestaltung von Bildungsbiografien ist das 3. Prinzip, so dass aus Platzgründen auf die Darstellung des 4. Prinzips verzichtet werden soll (siehe hierzu Benner 2001: 117ff.):

Das Prinzip der pädagogischen Transformation gesellschaftlicher Einflüsse - Korrespondenzen mit der sozialpädagogischen Spezifik

Gesellschaftliche Anforderungen, zu deren Erfüllung aber auch Kritik Pädagogik befähigen will, müssen transformierbar sein in pädagogische Prozesse und Voraussetzungen. Um ein rein affirmatives Verständnis von Pädagogik („Anpassungshilfe") zu verhindern, sollen gesellschaftliche Anforderungen einschließlich ihrer komplexen Beziehungen grundsätzlicher Überprüfungen unterzogen werden, was Benner (2001: 110f.) anhand von zwei Kriterien vorschlägt, die diesbezüglich auch die Spezifik der Sozialpädagogik bestimmbar machen:

- *Prüfkriterium gesellschaftlicher Anerkennung*: Hiermit ist gemeint, die Anforderungen selbst hinsichtlich pädagogischer Prinzipien zu prüfen – sind pädagogische Orte ausreichend integriert in gesellschaftliche und intergenerationelle Prozesse? Sind Übergänge möglich und gestaltet? Stellen pädagogische Orte keine isoliert-institutionalisierten und affirmativen Orte dar?
- *Prüfkriterium Bedingungen für ihre Anerkennung*: Gibt es pädagogische Orte und Freiräume, die kind- bzw. jugendgerecht das Erlernen von Regeln, Interaktionen und Erfahrungen ermöglichen?

Diese Aspekte haben mit Blick auf Sozialpädagogik eine besondere Relevanz: sie wird nicht nur wie jede pädagogische Praxis gesellschaftlich beeinflusst und durchdrungen, sondern hat einen konkreten gesellschaftlichen Auftrag. Sozialpädagogik soll neben der präventiven Gestaltung von Lebenslagen auch (weithin vor allem) die Beeinträchtigung gesellschaftlicher Teilhabe im Einzelfall reduzieren helfen, mithin Integrationshilfe sein. Damit werden durch sie pädagogische Orte tendenziell zu marginalisierten Orten, zu Orten der Desintegration durch pädagogische Integration: An einem spezifischen Ort pädagogischer Praxis soll die Integration von Adressaten vorbereitet werden, die in ihren Übergängen und Bezügen zur Gesellschaft ungewiss, brüchig, zum Teil nicht berücksichtigt ist. So kann in der Schulsozialarbeit ein individueller, sozialpädagogisch angeregter Lern- und Entwicklungsprozess realisiert werden, der in der Institution Schule oftmals keine Entsprechung hat und in anderen Lebensräumen zumindest unter wenig kalkulierbaren Bedingungen fortzusetzen wäre (etwa fehlende Freizeitmöglichkeiten, unzureichende familiäre Unterstützung, infrastrukturelle Defizite). Oder in beruflichen Hilfen werden Lernprozesse gestaltet, für die es in der Arbeitswelt gegebenenfalls keine anschlussfähigen Bedingungen gibt.

Sozialpädagogik unterliegt, reduziert auf Integrationsarbeit, einem Transformationskonflikt: sie transformiert gesellschaftliche Integrationskonflikte in sozialpädagogisch legitimiertes (und auch beauftragtes) Handeln, ohne oftmals die Re-Transformation, den Übergang in menschliche Praxis durch Herstellung dortiger förderlicher Bedingungen mitgestalten zu können. Deshalb ist die Zielbestimmung der Sozialpädagogik anhand der pädagogischen Prinzipien so wichtig: bezieht sie in ihre Begründung, Legitimation und Darstellung die Prinzipien der Bildsamkeit und Selbsttätigkeit als genuin mit ein, führt das Prüfkriterium der Transformation letztendlich zur Begründung einer sozialpädagogischen Bildungsarbeit, die sich nicht auf reine Integration reduzieren lässt, sondern auf die Gestaltung pädagogischer Orte zur Subjektwerdung mit Integrationseffekten verweist. Sozialpädagogik erhält ihre Spezifik dabei in der Bedingungs- und Kontextanalyse von Bildsamkeit und Selbsttätigkeit und der Reaktion auf ihre gesellschaftliche Reduktion. Ergebnis wäre dann neben einer adressatenbezogenen Unterstützungsarbeit und Lebenslagenanalyse auch eine institutionenkritische Weiterentwicklung pädagogischer Praxis, die kind- und jugendgerechte Lernprozesse befördert. Aus den vorstehenden Überlegungen ergibt sich die Frage nach wesentlichen Merkmalen einer derart verorteten gesellschafts- und adressatenbezogenen sozialpädagogischen Didaktik, die Sozialpädagogik sowohl als Gesellschaftspädagogik wie auch in einem wissensvermittelnd-beraterischen Bezug zu den Adressaten kennzeichnet, um Selbsttätigkeit und -wirksamkeit bei ihren Adressaten zu fördern. Was sind demnach Merkmale einer sozialpädagogischen Bildungsarbeit?

3.2 Merkmale „Sozialpädagogischer Bildungsarbeit"

Gesellschaftsbezogene und strukturelle Aspekte sozialpädagogischer Bildungsarbeit

Allgemeines Handlungsziel der Sozialpädagogik ist, entsprechend des hier entwickelten Entwurfs, zunächst die Unterstützung der Subjektwerdung ihrer Adressaten. Sie bezieht sich also auf eine allgemeinpädagogische Perspektive, die jedoch in ihrem Verhältnis zum Bildungsaspekt eine Spezifik erkennen lässt – dies sind erste Merkmale sozialpädagogischer Bildungsarbeit:

1. Bildung wird in einer Doppelstruktur thematisiert, zwischen Unterstützung der Subjektwerdung (individuelle Lernprozesse) und gesellschaftlichem Kontext (Vergesellschaftungs- und Integrationsformen, Bildungsprozesse im biografischen Lebenslauf). Diese Doppelstruktur kommt in der Arbeit mit dem einzelnen Adressaten als Bezug zu seiner individuellen Bewältigungsthematik zum Tragen, die eine psycho-soziale Entsprechung des Verhältnisses dieser beiden Aspekte darstellt.
2. Vor diesem Hintergrund ergibt sich die für Sozialpädagogik genuine Verbindung von Hilfe als unspezifische Form der Unterstützung und Bildung als intentionale, zielorientiert gestalteter Raum zur Herausbildung von Selbsttätigkeit, Umweltbeziehungen und Mündigkeit. Die Zielstellung von Sozialpädagogik macht diese Verbindung deutlich, wenn einerseits
   - Hilfe zur Schaffung „gebildeter Subjekte" (Intensivieren und Üben von Reflexions- und Handlungskompetenz zum flexiblen Biografiemanagement unter modernen Integrationsbedingungen), andererseits aber
   - Hilfe zur Reduzierung von eingeschränkter gesellschaftlicher und bildungsbezogener Teilhabe (d. h. (Wieder-) Erlernen und Erproben von Reflexions- und Handlungskompetenz in Desintegrationslagen) gemeint ist.
3. Bildung steht in der Sozialpädagogik unmittelbar in Verbindung mit einer Kontext- und Bedingungsanalyse von Selbsttätigkeit und Bildsamkeit und gründet darauf das Verständnis eines „pädagogischen Ortshandelns" (Winkler). Das allgemeinpädagogische Ziel der Subjektwerdung wird zum Kernbereich von Sozialpädagogik, die Sachverhalte und Einflussbedingungen des Ortes systematisch in das pädagogische Geschehen einbezieht sowie spezifisch methodisch gestaltet und fachtheoretisch reflektiert.
4. Der Bildungsaspekt erfährt in der Sozialpädagogik eine sozialisationstheoretische Reformulierung und Interpretation (Bewältigungsorientierung) und fließt ein in eine hilfe- und unterstützungsbezogene Methodik, die, sich um

Bildungseffekte vergewissernd, auch eine beraterisch-wissensvermittelnde Komponente berücksichtigt.
5. Die Verbindung von Hilfe und Bildung ist die pädagogisch-konzeptionelle Entsprechung des Transformationskonfliktes der Sozialpädagogik im Bildungskontext. Sie überführt nicht nur gesellschaftliche Anforderungen in pädagogisch legitime, sondern auch gesellschaftliche Aufträge – damit die Folgen von Integrationskonflikten an gesellschaftlich nicht immer optimal platzierten pädagogischen Orten.

Diese Verbindung von Hilfe und Bildung in der einzelfallbezogenen Intervention als ein strukturelles Merkmal macht auf die Notwendigkeit der Bestimmung adressatenbezogener Merkmale sozialpädagogischer Bildungsarbeit aufmerksam:

Aspekte einer adressatenbezogenen sozialpädagogischen Bildungsarbeit

Im Zuge der allgemeinpädagogischen Fundierung sollte Sozialpädagogik neben ihrer gesellschaftspädagogischen Perspektive auch eine adressatenbezogene Didaktik berücksichtigen, die prüft, welche Form der Vermittlung von Wissen zu Problemursachen und –lösungsmöglichkeiten die selbsttätige Reflexion und eigenverantwortliches Handeln der Adressaten anregt. Die folgende methodische Grundstruktur sozialpädagogischen Handelns (verändert und erweitert nach Benner 2001: 299) könnte die Verbindung von beratend-wissens-vermittelnden (kognitive Anteile) und begleitend-aktivierenden (konkrete Lern- und Erfahrungsräume) Aspekten begründen – es ergeben sich sechs Stufen oder auch Dimensionen sozialpädagogischer Interaktion:

1. *vergegenwärtigend-haltend*: Das bisherige Denken und Handeln des Adressaten soll als konkrete Erfahrung vergegenwärtigt und bewusst werden, so dass es Basis für neue Entwürfe und Verhaltensalternativen sein kann (im Sinne der Dialektik von Denken und Handeln).
2. *analysierend-aufdeckend*: In biografisch-verstehend ausgerichteten Interaktionen wird gemeinsam mit dem Adressaten die Problemgenese sowie der soziale und individuelle Problemkontext reflektiert und hinsichtlich der Haupteinflussfaktoren gekennzeichnet.
3. *informierend-klärend*: Dem ermittelten Problemgefüge werden nun Quellen und Wege möglicher Hilfsangebote gegenübergestellt, die über die sozialpädagogische Interaktion hinweg von Bedeutung für die Problemlösung sein können (z. B. Jugendberatung, themenbezogene Aneignungsräume der offenen Jugendarbeit, Familienberatung).

4. *bewertend-selbstbestimmend*: Die Beurteilung der ermittelten Wahlmöglichkeiten (Handlungsalternativen, Lernperspektiven) sollen im Motivationshorizont der Adressaten angeregt werden und zu einer Selbstbeurteilung (-reflexion) führen.

Diese vier Aspekte sozialpädagogischer Interaktion dienen vor allem dazu, beim Adressaten das Selbstverständnis zum und die Bewusstheit über den eigenen Motivationshorizont zu vergewissern. Danach trägt die sozialpädagogische Interaktion dazu bei

5. *aktivierend-regulierend*: zu wirken, d. h. selbsttätige Handlungsentwürfe des Adressaten anzuregen, die die Voraussetzungen sozialer Interaktion berücksichtigen und erfüllen sollen (gegenseitige Anerkennung, Akzeptanz, Empathie), um schließlich
6. *unterstützend-begleitend*: konkrete, auch gemeinsame, Handlungserfahrungen zu ermöglichen, Verhaltensalternativen zu erproben, neue Strategien zu festigen etc. Eine erhöhte Selbstkompetenz der Adressaten, ihr optimiertes Selbsthilfepotential, ein gelingenderer Alltag bedeutet auch die Aufhebung der sozialpädagogischen Interaktion sowie die Toleranz gegenüber den jeweils individuell gewählten Handlungsstrategien.

Die Merkmale sozialpädagogischer Bildungsarbeit auf dem erfolgten Begründungsweg zu kennzeichnen, ebnet auch einem relativierten Grundverständnis von Sozialpädagogik den Weg: *Sozialpädagogik wäre dann nicht ausschließlich (wie oft formuliert bzw. gefordert) auf Integrationsaufgaben konzentriert, d.h. zugespitzt gesagt auf die „(Wieder-) Zuführung von Adressaten zu Bildungsprozessen und -orten", sondern betont stärker ihren Anteil an einer strukturierenden Unterstützung von Bildungsbiografien. Sozialpädagogik wird damit explizit zu einem eigenen Bildungsort mit integrierender Wirkung.* Auf diese Weise werden auch die drei eingangs genannten Verhältnisbestimmungen von Sozialpädagogik und Bildung zusammengeführt zu Merkmalen „sozialpädagogischer Bildungsarbeit". Familienzentren als sozialräumlich verankerte Tagesbetreuung beinhalten konzeptionell und organisatorisch zentrale Korrespondenzen zu den Merkmalen sozialpädagogischer Bildungsarbeit – und bergen damit ein hohes qualitatives Potenzial als expliziter Ort der Bildung und Förderung von Kindern.

4 Familienzentren: Konzeptionelle und organisatorische Korrespondenzen zu den Merkmalen sozialpädagogischer Bildungsarbeit

Eine Kindertagesstätte, die Familienzentrum ist, bietet über die gängigen Angebote der Tagesbetreuung Möglichkeiten der Unterstützung von Familien an. Hierbei steht stets die möglichst optimale individuelle Förderung des Kindes im Mittelpunkt, die wesentlich durch Hilfe und Beratung in den unterschiedlichen Lebenslagen der Familien getragen wird. Die Kontextbedingungen von Bildung und Entwicklung, in der Familie und den sozialen Lebensverhältnissen geraten damit nicht mehr nur konzeptionell in den Blick, sondern werden auch in der konkreten und selbst verantworteten Praxis des Familienzentrums bearbeitet. Alltagsnahe, lebensweltorientierte und familienbezogene Ansätze basieren auf grundlegenden sozialpädagogischen Annahmen und befördern das Ziel der Integration aller Kinder und Familien.

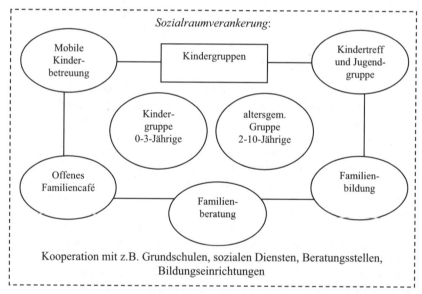

Abbildung 1: Exemplarisches Strukturschema eines Familienzentrums

Beratung und Unterstützung von Familien und Kindern, Familienbildung und Beteiligung von Eltern im institutionellen Erziehungsprozess, Kindertagespflege und die Vereinbarkeit von Familie und Beruf stellen zentrale Leistungsbereiche eines Familienzentrums dar, das schematisch und exemplarisch in Abbildung 1 dargestellt ist. Dieses Strukturschema hat Korrespondenzen mit den Merkmalen sozialpädagogischer Bildungsarbeit, übersetzt sie in organisatorisch-konzeptionelle Grundlagen, die anhand von vier Kernmerkmalen abschließend und skizzenhaft benannt werden sollen: *Bildung wird in einer Doppelstruktur thematisiert, zwischen Unterstützung der Subjektwerdung (individuelle Lernprozesse) und gesellschaftlichem Kontext (Vergesellschaftungs- und Integrationsformen, Bildungsprozesse im biografischen Lebenslauf).* Das Familienzentrum fördert in Kindergruppen elementare Entwicklungen (ausgehend von der individuellen Bildsamkeit) wie Differenzierung von Wahrnehmungserfahrungen, die innere Verarbeitung dieser Erfahrungen, das Erleben sozialer Beziehungen und Eingehen von Beziehungen zur sachlichen Welt; und es vermittelt Kindern die Möglichkeit, mit ihrer komplexen Umwelt umzugehen, sie zu strukturieren und sich darin allmählich zu verorten. Damit ist dem Prinzip der „Anregung zur Selbsttätigkeit" entsprochen, aber auch der sozialpädagogischen Korrespondenz: Das Familienzentrum stellt sich der Analyse der Bedingtheit von Selbsttätigkeit, den Spielräumen und Grenzen in institutionellen und familiären Kontexten, sie integriert sie in ihr Konzept und entwirft entsprechend seine Angebotsstruktur.

Mit Angeboten der Familienbildung und -beratung, der Vermittlung von Hilfe, der sozialräumlichen Kooperation mit sozialen Diensten etwa nähert sich ein derart erweitertes Profil der Kindertagesstätte dem zweiten Merkmal deutlich an: *Bildung steht in der Sozialpädagogik unmittelbar in Verbindung mit einer Kontext- und Bedingungsanalyse von Selbsttätigkeit und Bildsamkeit und gründet darauf das Verständnis eines „pädagogischen Ortshandelns".* Und schließlich greift das Familienzentrum mit einer solchen Angebotsstruktur und konzeptionellen Ausrichtung, die Verbindung von Entwicklungsförderung und konkreter Hilfe und Unterstützung in den je unterschiedlichen Alltagswelten mit ihren Bewältigungsanforderungen auf. Ein zentrales Merkmal sozialpädagogischer Bildungsarbeit: *Sozialpädagogik kennzeichnet die Verbindung von Hilfe als unspezifische Form der Unterstützung und Bildung als intentionaler, zielorientiert gestalteter Raum zur Herausbildung von Selbsttätigkeit, Umweltbeziehungen und Mündigkeit.* Der in der Sozialpädagogik funktionell angelegte Transformationskonflikt kann in Familienzentren eingedämmt werden. Sie stellen keinen rein separierten Sonderort der Erziehung und Betreuung dar, der vom institutionellen Umfeld abgetrennt ist und die Brücken zum sozialen Kontext eher unsystematisch wahrnimmt, kaum jedoch in die pädagogische Arbeit integriert. Nein, Familienzentren bauen diese Brücken selbst auf und werden zu einen Zentrum der sozialräumlich verankerten frühen Förderung und Bildung von Kindern. Familienzentren entsprechen mit dem angedeuteten Strukturschema dem Merkmal: *Die Verbindung von Hilfe und Bildung ist die pädagogisch-konzeptionelle Entsprechung des Transformationskonfliktes der Sozialpädagogik im Bildungskontext.* Jedoch wird es konstruktiv gewendet. Das Familienzentrum selbst erweitert seine Handlungsperspektive über Integration hinaus, in dem es konsequent bildungsorientiert im beschriebenen sozialpädagogischen Sinne arbeitet. Gleichzeitig normalisiert es durch institutionelle Verzahnungen Angebote, die nicht selten als marginalisiert und spezialisiert wahrgenommen werden.

Literatur

Benner, D. (2001): Allgemeine Pädagogik. Eine systematisch-problemgeschichtliche Einführung in die Grundstruktur pädagogischen Denkens und Handelns. Weinheim und München: Juventa.
BMFSFJ (Hrsg.) (2005): 12. Kinder- und Jugendbericht. Berlin.
Böhnisch, L. (1992): Sozialpädagogik des Kindes- und Jugendalters. Weinheim und München: Juventa.
Böhnisch, L. (1997): Sozialpädagogik der Lebensalter. Eine Einführung. Weinheim und München: Juventa.
Lenzen, D. (2000): Bildung im Kontext. Eine nachgetragene Beobachtung. In: C. Dietrich/H.-R. Müller (Hrsg): Bildung und Emanzipation. Klaus Mollenhauer weiterdenken. Weinheim und München: Juventa, S. 73-86.
Mack, W. (1999): Bildung und Bewältigung. Vorarbeiten zu einer Pädagogik der Jugendschule. Weinheim: Beltz.
Maykus, S. (2001): Schulalltagsorientierte Sozialpädagogik. Begründung und Konzeptualisierung schulbezogener Angebote der Jugendhilfe. Frankfurt a.M.: Lang.
Maykus, S. (2002): Bildungsprozesse aus sozialpädagogischer Sicht. Ein allgemeinpädagogisch angeregter Entwurf sozialpädagogischer Bildungsarbeit. In: Soziale Arbeit 2002 (5), 183-190.
Maykus, S. (2006): Kindern fördern – eine Aufgabe von Schule und außerschulischen Partnern. In: K. Burk/H. Deckert-Peaceman (Hrsg.): Auf dem Weg zur Ganztags-Grundschule. Frankfurt/M.: Grundschulverband, S. 101-113.
Maykus, S. (2007): Lokale Bildungslandschaften – Entwicklungs- und Umsetzungsfragen eines (noch) offenen Projektes. In: Zeitschrift für Kindschaftsrecht und Jugendhilfe 2007 (9).
Maykus, S./Schulz, U. (2006): Bildung und Förderung junger Menschen in Ganztagshauptschulen – von der Sozialpädagogik her gesehen. Thesen zu (sozial-) pädagogischen Potenzialen ganztägiger Lernarrangements an Hauptschulen. In: Institut für soziale Arbeit e.V. (Hrsg.): Jahrbuch soziale Arbeit 2006. Münster: Eigenverlag, S. 82-103.
Rauschenbach, T./Züchner, I. (2001): Lebenschancen benachteiligter junger Menschen – Risiken heutiger Sozialisation. In: V. Birtsch/K. Münstermann/W. Trede (Hrsg.): Handbuch Erziehungshilfen. Münster: Votum, S. 69-102.

Schroeder, J. (2004): Offene Rechnungen. Benachteiligte Kinder und Jugendliche als Herausforderung für die Schulentwicklung. In: Diskurs 2004 (1), 9-17.
Sünker, H. (2001): Bildung. In: H.-U. Otto/H. Thiersch (Hrsg.): Handbuch Sozialarbeit/ Sozialpädagogik (2. völlig überarb. Aufl.). Neuwied/Kriftel: Luchterhand, S. 162-168.
Thiersch, H. (1986): Erfahrung der Wirklichkeit. Weinheim und München: Juventa.
Winkler, M. (1988): Eine Theorie der Sozialpädagogik: über Erziehung als Rekonstruktion von Subjektivität. Stuttgart: Klett-Cotta.
Winkler, M. (1995): Die Gesellschaft der Moderne und ihre Sozialpädagogik. In: H. Thiersch/K. Grünwald (Hrsg.): Zeitdiagnose Soziale Arbeit. Zur wissenschaftlichen Leistungsfähigkeit der Sozialpädagogik in Theorie und Ausbildung. Weinheim und München: Juventa, S. 155-185.
Winkler, M. (1999a): Integration ohne Grenzen? Zur gesellschaftlichen Verallgemeinerung sozialpädagogischer Denkweisen. In: R. Treptow/R. Hörster (Hrsg.): Sozialpädagogische Integration. Entwicklungsperspektiven und Konfliktlinien, Weinheim und München: Juventa, S. 83-102.
Winkler, M. (1999b): Ortshandeln – die Pädagogik der Heimerziehung. In: H.E. Colla/T. Gabriel/S. Müller-Teusler/M. Winkler (Hrsg.): Handbuch Heimerziehung und Pflegekinderwesen in Europa. Neuwied/Kriftel: Luchterhand, S. 307-323.
Winkler, M. (2000): Bildung und Erziehung in der Jugendhilfe. Vorsichtige Bemerkungen eines notorischen Skeptikers. In: S. Müller/H. Sünker/T. Olk/K. Böllert (Hrsg.): Soziale Arbeit. Gesellschaftliche Bedingungen und professionelle Perspektiven. Neuwied/Kriftel: Luchterhand, S. 595-620.

Aufwachsen in Benachteiligung:
Kinder und Jugendliche in Armutslagen

Waltraud Lorenz

Kinderarmut in Deutschland ist nicht mehr zu leugnen. Die Diskussion um den Begriff Armut ist gesellschaftlich dringend geboten, steckt hinter ihr doch die Frage des gesellschaftlichen Konsenses der Gerechtigkeit. Aufwachsen in Benachteiligung hat Folgen für Kinder und Jugendliche und damit Auswirkungen auf Bedeutungsbestände und Werte einer Gesellschaft. Die Folgen von Kinderarmut verändern nicht nur das Leben der betroffenen Kinder und Jugendlichen. Zusätzlich müssen die Auswirkungen im Zusammenhang auf das Gesamtverhalten einer Gesellschaft gesehen werden.

In der Armutsdiskussion sind heute zwei grundlegende Konzepte vorherrschend: Das Ressourcenkonzept und das Lebenslagenkonzept. Beim Ressourcenkonzept stehen primär am Einkommen orientierte Definitionen von Armut im Zentrum, während beim Lebenslagenkonzept multidimensionale Ansätze, die sich auf die Versorgung bzw. Unterversorgung in den zentralen Lebensbereichen beziehen, im Blickpunkt. Es sollen materielle und immaterielle, ökonomische und psychosoziale Dimensionen der Problematik erfasst werden.

Die Zahl der Armutseinkommen und armutsnahen Einkommenspositionen steigen jährlich an. Arbeitslosigkeit und Teilzeitstellen von Vater und Mutter können kein existenzsicheres Einkommen mehr garantieren. Der Mangel an Arbeitsplätzen muss auch im Kontext mit Niedrigeinkommen und fehlender beruflicher Qualifikation gesehen werden. Unsere Gesellschaft hat einen zahlenmäßigen Anstieg der Elternpaare zu verzeichnen, bei denen beide Elternteile keine abgeschlossene Schulbildung haben. Sie können nicht in qualifizierte Berufszweige vermittelt werden und bleiben über Jahre hinweg in Billiglohnberufen. Des Weiteren muss der Blick auf die defizitäre soziale Infrastruktur gerichtet werden. In Deutschland zeigen sich Defizite in der Kinderbetreuung, dem Bildungswesen und der Gesundheitsvorsorge, die sich für Menschen in prekären Lebenslagen auf ihre Partizipations- und Integrationsmöglichkeiten stark auswirken. In der gegenwärtigen Forschungsdiskussion besteht weitgehend Einigkeit darüber, dass die Verfügung über finanzielle Ressourcen zwar die zentrale Dimension des Armutsproblems darstellt, Armut aber prinzipiell ein mehrdimensionales Phänomen darstellt und in der Folge auch in vielen anderen Lebensbereichen zutage tritt. Deshalb ist es zwingend erforderlich, wenn von benachteiligten Kindern und Jugendlichen die Rede ist, die einzelnen Dimensionen in den Blick zu nehmen, um den Lebensrahmen der Betroffenen zu analysieren. Folgende Dimensionen sind an der Armutslage beteiligt (vgl. Freie und Hansestadt Hamburg 1997: 3):

- verfügbares Einkommen, Vermögen, Kreditfähigkeit, Schulden
- Gesundheit, Zugang zu und Inanspruchnahme von Leistungen des Gesundheitswesens, Lebenserwartung
- Wohnverhältnisse, Wohnumfeld, Ghettoisierung, Umweltbedingungen
- Stellung im Beschäftigungssystem, Arbeitsbedingungen, Arbeitslosigkeit
- Integration im System der sozialen Sicherung
- Allgemeine und berufliche Qualifikation
- Familienstruktur, Familienbiographie, soziale Netze und soziale Ausgrenzung
- Partizipation an politischen Entscheidungsprozessen, Teilhabe am gesellschaftlichen und kulturellen Leben
- Zugang zu öffentlichen Einrichtungen wie Kindergärten, Schulen, berufliche Ausbildungsrichtungen etc.

Trotz dieser unterschiedlichen Dimensionen bleibt festzuhalten, dass Armut sich in erster Linie über Einkommensarmut definiert, aus der eine kontinuierliche Verschlechterung weiterer Lebensbereiche resultiert. Grundsätzliche Entlastungen z. B. steuerliche Erleichterungen und Zahlungen, die an das Einkommen der Eltern gekoppelt sind, erreichen gerade benachteiligte Kinder nicht; ebenso begünstigt die alleinige Orientierung an Freibeträgen und steuerlichen Absetzungsmöglichkeiten der Regierung vorwiegend besser verdienende Familien (Schalkhauser 2006: 176). Massenarbeitslosigkeit und steuerpolitische Fehlentscheidungen entlasten die unteren und mittleren Einkommensgruppen wenig. Zudem liegen die Ursachen in der Ausweitung des Niedriglohnsektors. Die sozialstaatlichen Sicherungssysteme haben sich nicht auf die veränderten Familienformen eingestellt. Somit erreichen Entlastungen der Bundesregierung die Scheidungsfamilien und allein erziehende Elternteile kaum (vgl. Butterwegge 2000).

1 Was bedeutet das Konzept der Lebenslagen für benachteiligte Kinder und Jugendliche?

Das Kind entwickelt sich innerhalb der eigenen Familie und deren Lebenslagen im Kontext ihrer soziokulturellen Umwelt. Die Lebenslage der Familie hat entscheidenden Einfluss auf alle Bereiche der kindlichen Entwicklung. Einkommen, Bildung und berufliche Qualifikation der Eltern, Wohnumgebung, Zugang zu öffentlichen Einrichtungen, Problembewältigungskompetenz, Fähigkeit zur Lebensgestaltung (z. B. Partnerschaft) usw. haben entscheidenden Einfluss auf die familiäre Interaktion. Problem belastete Eltern erleben sich häufig überfordert und verlieren den Blick für die Situation des Kindes. Die zuverlässige Erfüllung der emotionalen kindlichen Grundbedürfnisse ist jedoch von umfassender Bedeutung für seine weitere Entwicklung. Jedes Kind braucht für seine gesunde seelisch-geistige Entwicklung eine Hauptbezugsperson, die es mit einem angenehmen Gefühl verbinden kann. Wenn es viele gleichrangige Personen hat, aus denen es keine Hauptbezugsperson identifizieren kann, entstehen langfristige Störungen. Da ein Kind seine Bedürfnisse noch nicht selbst erfüllen kann, ist die Kontinuität des Kontakts mit der Bezugsperson unerlässlich. Die Bindungsperson muss psychisch stabil, emotional belastbar und *eindeutig erwachsen* sein.

Die Ursachen für Bindungsstörungen liegen nicht beim Kind selbst, sondern beim Bindungsangebot, das den Kindern von ihren wichtigsten Bezugspersonen, den Eltern gemacht wird. Sind Eltern unreif, überfordert, psychisch krank, kulturell entwurzelt oder haben große Probleme in ihrer Partnerschaft oder ihrer sozialen Situation (z. B. Überschuldung) besteht die Gefahr, dass sie die Situation des Kindes auf Grund des eigenen Belastungsdrucks zunehmend aus dem Blick verlieren.

Entscheidend für die kindliche Entwicklung ist, ob die Bindungsperson angemessen (feinfühlig) auf das Kontaktbedürfnis des Kindes reagiert. Dazu ist es wichtig, dass die Bindungsperson

- die kindlichen Verhaltensweisen wahrnimmt,
- die kindlichen Verhaltensweisen richtig interpretiert,
- die Bedürfnisse des Kindes unabhängig von ihrer eigenen Lage bewertet
- und aus der Interpretation heraus eine angemessene Reaktion erfolgt. So lernt das Kind, wie sein eigenes Verhalten wirkt.
- Durch feinfühlige Betreuung entwickelt das Kind zur betreuenden Person eine sichere Bindung.

Das Fehlen einer sicheren Bindung führt beim Kind zu Dauerstress im Gehirn. Es kann kein stabiles Explorationsverhalten entwickeln. *Explorationsverhalten* meint das Verhalten, bei dem Kinder sich auf dem Hintergrund einer sicheren Bindung von den Eltern fortbewegen, um die Welt zu entdecken und immer wieder Kontakt zur Bindungsperson aufnehmen. Dieses Erkunden der Umgebung auf dem sicheren Hintergrund der Bindung ist die wichtigste Voraussetzung für das Lernen und eine positive Entwicklung (vgl. Grossmann/Grossmann 2003; 2004).

2 Was bedeutet das Lebenslagenkonzept für die Arbeit in Kindertageseinrichtungen?

Die Erziehungsaufgabe des pädagogischen Fachpersonals erstreckt sich über Bildung, Betreuung und Erziehung des Kindes hin zu differenzierter sozialpädagogisch ausgerichteter Eltern- und Familienarbeit. Einkommensorientierte familiäre Armut steht im Spannungsfeld von einerseits

- materieller Unterversorgung
- Unterversorgung im kulturellen Bereich
- Defiziten im sozialen Bereich
- psychischen oder physischen Beeinträchtigungen
- Defiziten in der Gesundheitsvorsorge

und den Ressourcen in den verschiedenen Bereichen, dem Bewältigungsverhalten und –handeln andererseits (vgl. Hock/Holz 1999). Dieses Spannungsfeld zwischen defizitären Versorgungslagen und den der Familie noch zur Verfügung stehenden Ressourcen ist die Zone, in der sich die Kindertagesbetreuung als weitere und oftmals für das Kind wichtigste Ressource einreiht. Die Unterversorgung im kulturellen Bereich betrifft zweifelsfrei die schulische Benachteiligung der Kinder und Jugendlichen. Defizite im sozialen Bereich beziehen sich auf fehlende soziale Kontakte. Hinzu kommen noch problematische häusliche Bedingungen und nicht selten die Übernahme von Erwachsenenaufgaben. Beeinträchtigungen im psychischen und physischen Bereich zeigen sich in der häufigeren Anfälligkeit bei Krankheiten und der subjektiven Befindlichkeit (ebd.). Kinderarmut wird erschreckend bewusst, wenn ein Kind nicht am Ausflug teilnehmen kann oder an Tagen fehlt, in denen es etwas von zu Hause mitbringen soll, immer die gleiche Kleidung trägt, keine Schultüte kauft oder keine Spielsachen in die Kindertageseinrichtung mitbringen kann. Auch kann es nicht von kulturellen Aktivitäten oder Urlaubsreisen berichten. Häufig lebt es in einem Haushalt, in dem das Auto fehlt.

Kindertageseinrichtungen sind vor Aufgaben gestellt, die sie als einzelne Institution nicht mehr bewältigen können. Neben dem Bildungs- und Erziehungsauftrag kommt ein weiterer eindeutig sozialpädagogischer Auftrag hinzu, der ein qualifiziertes Fachwissen und ein differenziertes Verständnis der Problemlage voraussetzt, um überhaupt bearbeitet werden zu können. Kenntnis von verschiedenen öffentlichen Dienstleistungen materieller, sozialer und psychologischer Art, Netzwerkarbeit und eine enge Kooperation mit anderen Berufsgruppen wie Psychologen und Sozialarbeitern ist unabdingbar, um Kindern, die in Benachteiligung aufwachsen, reale Chancen für eine ausgewogene Entwicklung zu geben. Eltern- und Familienbildung stellt einen wichtigen Faktor dar, um frühe emotionale Belastungen beim Kind aufzuzeigen und die elterliche Erziehungskompetenz zu fördern und zu stärken. Hinsichtlich der entwicklungspsychologischen Aspekte aus der Bindungsforschung ist hier die Kindertagesbetreuung von Kindern unter drei Jahren besonders gefordert.

3 Kinderarmut ist Realität in Kindertageseinrichtungen

Die ständig wachsende Zahl der Kinder, die von Armut bedroht oder betroffen ist, stellt die Kindertageseinrichtung vor neue Aufgaben. Die Befriedigung der physischen und psychischen Grundbedürfnisse der Kinder wird zunehmend mehr eine Aufgabe der Einrichtungen, da Familien immer häufiger dazu nicht mehr umfassend in der Lage sind. Die multifaktorielle Problematik der betroffenen Familien erfordert eine fachlich fundierte Elternarbeit. Deshalb stellen sich zunächst drei wichtige Fragen:

- Wie erkenne ich als Erzieherin, dass ein Kind arm ist?
- Wie erkenne ich als Erzieherin, dass die Familie grundlegende und weit reichende Hilfe benötigt?
- Wie reagiere ich im Rahmen meiner beruflichen Möglichkeiten auf diese Probleme?

Äußere Faktoren sind nur ein Hinweis auf Kinderarmut (nicht eindeutig):

- Ein Kind kommt hungrig in den Kindergarten.
- Ein Kind kommt mit unangemessener Kleidung in den Kindergarten.
- Ein Kind hat keine Spielsachen, die es mitnimmt.
- Ein Kind kann den Ausflug nicht bezahlen.
- Ein Kind hat nur minderwertiges Pausenbrot dabei (billige oder abgelaufene Lebensmittel).

- Ein Kind lädt Andere nicht zum Geburtstag ein.
- Ein Kind wird von Anderen nicht zum Geburtstag eingeladen.
- Ein Kind bringt Geld oder Gegenstände, die im Kindergarten benötigt werden (z.b. für ein Weihnachtspaket...) nicht mit.
- Ein Kind bekommt weniger Gesundheitsvorsorge z.B. kommt es krank oder mit wenig Pflegemittel (z.B. Tempotaschentücher, Sonnencreme...) in den Kindergarten.

Die Eltern in Armutslagen verändern ihr Kontakt- und Sozialverhalten

- Eltern suchen wenig Kontakt.
- Eltern schämen sich ihrer Situation.
- Eltern nehmen wenig am Tagesgeschehen teil.
- Eltern vermeiden Kontakte oder Situationen, in denen sie um Mithilfe oder Spenden gebeten werden.
- Eltern sind nicht oder nur wenig in Vereinen und Organisationen vernetzt.
- Eltern nehmen wenig prophylaktische Gesundheitsuntersuchungen oder Gesundheitsfördermaßnahmen für ihr Kind wahr.
- Eltern kommen kaum zu Veranstaltungen.
- Eltern haben Angst, als arm „entdeckt" zu werden.
- Eltern melden das Kind nicht zur Musikalischen Früherziehung oder anderen „zusätzlichen Angeboten" der Kindertagesstätte.
- Eltern können das Essensgeld nicht bezahlen.
- Eltern können Sportkleidung, Hausschuhe und andere benötigte Gegenstände nicht bezahlen.
- Eltern kommen nicht zum Elternstammtisch.
- Eltern überspielen die Situation.
- Eltern vermeiden Gespräche, sie haben Ausreden, lassen sich nur flüchtig sehen.
- Eltern haben vermehrt Konflikte innerhalb der Familie, weil es oft um existenzielle Not geht.
- Eltern besitzen kein Auto / können keine Urlaubsreisen u.a. unternehmen.
- Eltern leben unter einem ständigen finanziellen Druck.
- Eltern sind oft überschuldet.
- Eltern entwickeln zunehmend eine Anspruchshaltung gegenüber der Kindertageseinrichtung, je länger die Armutslage anhält.

Es ist unschwer zu erkennen, dass die elterlichen Problemlagen sich weit von materiellen Defiziten entfernt haben. Die materielle Unterversorgung führt zu neuen Belastungen und einer Ausweitung der familiären Krisen.

Kinderarmut aus familiensystemischer Sicht

Kinder fühlen sich verantwortlich für die elterlichen Konflikte, die gesamte Problemsituation und die Armutslage der Familie. Sie stellen ihre Daseinsberechtigung in Frage und glauben, alle familiären Konflikte hätten mit ihrer Existenz zu tun. Diese Fehldeutung hat gravierende Auswirkungen auf die emotionale Entwicklung und das Selbstwertgefühl eines Kindes. Daraus folgt, dass Kinder elterliche Konflikte „heilen" wollen und überfordern sich dabei in hohem Maße. Für die emotionale Situation eines Kindes bedeutet dies aus familiensystemischer Sicht eine ausweglose Situation. Das Kind empfindet Ausgrenzung

- seiner eigenen Person,
- seiner Eltern und Geschwister,
- es schämt sich für seine Lebenssituation.

Deshalb ist eine Verschlechterung der Lebensperspektive und eine Verringerung der Lebenszufriedenheit zu befürchten.

Die Armutsproblematik führt zu einer Unterversorgung im materiellen Bereich.

Daraus erwächst in der Regel auch eine Unterversorgung

- im kulturellen Bereich,
- im sozialen und emotionalen Bereich (Konflikte, Neid, Eifersucht, Angst etc.),
- im gesundheitlichen Bereich (physisch und psychisch),
- im Wohnraum (kein Platz für Hausaufgaben, keine Möglichkeit für Rückzug und Ruhe),
- im Bildungsbereich (keine Bücher etc.),
- im Vergleich zu Gleichaltrigen bezüglich Spielsachen und Konsummöglichkeiten,
- elementarer Bedürfnisse nach Schutz und Sicherheit (Kinder übernehmen früh Erwachsenenaufgaben),
- im sprachlichen Bereich,
- an Erziehung durch die Eltern (Kinder lernen früh, ihre Probleme intrapsychisch zu lösen, denn Stresssituationen verdichten sich, wenn das Geld knapp ist. Die Erziehungsleistung von Seiten der Eltern nimmt ab. Kinder verlieren den Glauben an die Lebenskompetenz ihrer Eltern).

Die Situation der betroffenen Kinder ist nicht nur eine Randbedingung ihres Aufwachsens und ihrer Entwicklung. Sie ist Zentrum der Lebenswelt während der Kindheit und Jugend und ist geprägt von Verlust von Kontinuität und stabilen Bindungen und Glaubensverlust an die Lebenskompetenz der Eltern.

Armut aus entwicklungspsychologischer Sicht

Die Armutsfolgen für ein Kind im materiellen Bereich sind nicht die folgenschwersten. Dramatisch sind die Folgen im emotionalen und sozialen Bereich. Die Entwicklung im emotionalen und sozialen Bereich verläuft durch die gravierenden Belastungen mit zum Teil erheblichen Störungen. Es entwickeln sich Ängste, Rückzug, Depression, Verhaltensauffälligkeiten, Kontrollverlust, Minderwertigkeitsgefühle, Aggressionen, etc. Benachteiligungen im Bildungsbereich sind offensichtlich, Bildungschancen und Bildungsmöglichkeiten sind beeinträchtigt. Nach mehrjähriger Armutslage kann eine „Multiple Deprivation" eintreten, weil das Kind eine Kumulation von Belastungen mit negativen Folgen erlebt (Familienstress, Schulbelastungen, Konflikte der Eltern etc.). Stress bedingte Verhaltensweisen der Eltern führen zu starken emotionalen Belastungen z.B. Ängsten und zu Problemverhalten der Kinder. Dieses Problemverhalten führt zu weiterer Ausgrenzung und bringt neue Schwierigkeiten. Psychische Belastungen der Eltern durch finanzielle Knappheit führen häufig zu geringer Ansprechbarkeit der Eltern. Kinder ziehen sich deshalb zurück. In Armut lebende Kinder erfahren

- materielle Not und Verzicht,
- Ausgrenzung und Benachteiligung,
- weniger Anregungen in den Bereichen Bildung und Freizeit,
- Beeinträchtigung der kindlichen Lebenssituation z.B. Wohnung, Gesundheit, Ernährung,
- Familienkonflikte und äußerst belastende Familienstresssituationen,
- psychischen Stress und Überforderung der Eltern.

Die Kindertageseinrichtung kennt das Kind gut

Von Armut betroffene Kinder sind bereits im Vorschulalter schon erkennbar belastet. Kinderarmut ist *deshalb nicht nur an äußeren Faktoren*, wie unangemessener Kleidung erkennbar. Sie haben bereits eine *Haltung* entwickelt, die geprägt ist von ihrer Lebenssituation. Sie haben

- weniger Kontakt zu anderen Kindern,
- weniger Kontakt zum Gruppengeschehen,
- weniger Wissbegierden,
- weniger Fragen,
- weniger Wortschatz und mangelnde Sprachkultur,
- weniger kreatives Spielverhalten,
- weniger Motivation zur Schule zu gehen.

In jeder Einrichtung sind

- Sozialhilfe beziehende Kinder,
- Kinder, bei denen mindestens ein Elternteil arbeitslos ist,
- Kinder aus kinderreichen Familien,
- Kinder mit einem allein erziehenden Elternteil.

4 Kinderarmut hat Auswirkungen auf die Struktur der Kindertagesstätte und die pädagogische Arbeit

Erkennen systemischer Zusammenhänge

1. Es ist notwendig, Maßnahmen für das von Armut betroffene Kind zu ergreifen, z.b. frühdiagnostische Wahrnehmung des Problems, gezielte Förderung im sozialen und kulturellen Bereich, Aufbau einer stabilen Bindung, Förderung sozialer Kontakte etc.
2. Die Lebenssituation der Eltern ist als Ausgangspunkt für Elternarbeit zu erkennen Dies beinhaltet das Ziel, dass die Hilfeleistung für den entsprechenden Personenkreis möglich und brauchbar sein soll. Die Haltung des pädagogischen Fachpersonals muss geprägt sein von Wertschätzung, Interesse und einfühlsamen Verstehen, auch wenn das Verhalten der betroffenen Personen untragbar erscheint. Nur so wird es möglich sein, zu betroffenen Eltern Kontakt herzustellen und Vertrauen aufzubauen.
3. Von besonderer Bedeutung ist es, Gruppenprozesse zu erkennen und den von Armut betroffenen oder bedrohten Kindern eine Umgebung zu schaffen, die bestmöglich die Situation des Kindes berücksichtigt.
4. Die Struktur der Einrichtung, die Konzeption, und die Öffentlichkeitsarbeit sollten der Thematik Kinderarmut zugeordnet werden z.b. durch konzeptionelle Festlegung der Ziele, Maßnahmen und Methoden, sowie die Kooperation und Netzwerkarbeit mit Fachdiensten und Behörden. Fortbildungen für das pädagogische Fachpersonal sind ebenso notwendig wie eine durchdach-

te Öffentlichkeitsarbeit, in der die Thematik in konstruktiver Weise dargestellt und bekannt gemacht werden soll.

Interdisziplinäre Vernetzung und Sensibilität

Interdisziplinäre Vernetzung mit anderen Stellen ist unverzichtbar, da kindliche Armutslagen sehr komplex sein können und die systemischen Zusammenhänge innerhalb der Familie und innerhalb der Lebenslagen professionelles sozialpädagogisches Handeln erforderlich machen. Entsprechende Chancen bieten sich beispielsweise in Familienzentren, wie sie in Nordrhein-Westfalen derzeit gegründet werden. Wichtige Partner sind dort Kinder- und Jugendtherapeuten, sozialpädagogische Familienhilfen, Erziehungs- und Schuldnerberatung, Frühförderstellen, Schulen, Wohlfahrtsverbände und Behörden. Die Arbeit mit von Armut betroffenen oder bedrohten Familien ist hochsensibel. Dem Konzept der Lebenslagen entsprechend sind immer mehrere Faktoren betroffen z.b. materielle Armut, kleine Wohnungen, weniger Bildungschancen, weniger Freizeitgestaltung, weniger Gesundheitsvorsorge, weniger soziale Einbindung und vermehrt starke Konflikte, sowie Stresssituationen und in der Folge nicht selten Misshandlungen und Verwahrlosung.

Es stellt sich die berechtigte Frage: was kann die Kindertageseinrichtung in ihrer bisherigen Struktur leisten? Je nach ihrer Lage in Ballungszentren und der Beschaffenheit ihrer eigenen Infrastruktur wird sie auf Kooperation mit Experten anderer Fachgebiete nicht mehr verzichten können.

Literatur:

Butterwegge, C. (Hrsg.) (2000): Kinderarmut in Deutschland. Ursachen, Erscheinungsformen und Gegenmaßnahmen (2. Aufl.). Frankfurt, New York: Campus.
Freie und Hansestadt Hamburg, Landessozialsamt (Hrsg.) (1997): Armut in Hamburg II. Beiträge zur Sozialberichterstattung. Hamburg.
Grossmann, K.E./Grossmann, K. (Hrsg.) (2003): Bindung und menschliche Entwicklung. John Bowlby, Mary Ainsworth und die Grundlagen der Bindungstheorie und Forschung. Stuttgart: Klett-Cotta.
Grossmann, K. & Grossmann, K.E. (2004): Bindungen. Das Gefüge psychischer Sicherheit (Attachment. The composition of psychological security). Stuttgart: Klett-Cotta.
Hock, B./Holz, G. (1999): Armut von Kindern und Jugendlichen – Bedeutung, Folgen und Bewältigung. Dokumentation der Fachtagung am 04. März 1999 in Frankfurt am Main, ISS-Referat 3/1999, Tagungsdokumentation.
Schalkhauser, A. (2006): Kinderarmut in Deutschland – ein Skandal, den wenige sehen (wollen). In: KITA aktuell, Ausgabe Bayern 9/2006.

II Grundlagen und Bausteine für einen Wandel

Qualitätsentwicklung und Qualitätssteuerung in Familienzentren

Sybille Stöbe-Blossey

Als die nordrhein-westfälische Landesregierung Anfang 2006 das Projekt „Familienzentrum Nordrhein-Westfalen" startete, war damit nicht nur der Anspruch verbunden, ein inhaltliches Konzept umzusetzen und Tageseinrichtungen für Kinder zum niederschwelligen Ansprechpartner für Familien in einem umfassenden Sinne weiterzuentwickeln. Vielmehr sollte auch eine neue Form der Steuerung eingeführt werden. Die erfolgreichen Einrichtungen, so hieß es im Aufruf zum Landeswettbewerb, sollten ein Gütesiegel erhalten.

Ein Gütesiegel ist ein Zertifikat, das der zertifizierten Institution bestätigt, dass sie ein bestimmtes Qualitätsniveau erreicht hat und bestimmte Qualitätsstandards einhält. Der Aufbau von Familienzentren wurde somit mit dem Ziel verknüpft, ein System der Qualitätssicherung zu installieren. Zwar gibt es in den letzten Jahren eine breite Diskussion um Qualitätsmanagement in der Kindertagesbetreuung und auch eine Reihe von Beispielen für die praktische Umsetzung diesbezüglicher Konzepte. Dennoch stellt das Gütesiegel „Familienzentrum Nordrhein-Westfalen" in Deutschland einen neuen Ansatz dar, weil damit erstmals der Versuch unternommen wird, Methoden der Qualitätssicherung flächendeckend und trägerübergreifend für die politische Steuerung auf dem Feld der Kindertagesbetreuung einzusetzen. Daher soll in diesem Beitrag der Versuch unternommen werden, das Gütesiegel „Familienzentrum NRW" in die Debatte um Qualitätsmanagement in der Kindertagesbetreuung einzuordnen. Im Folgenden wird zunächst eine kurze Einführung in die einschlägige Diskussion gegeben (1). In Bezug darauf werden anschließend Entwicklung und Inhalte des Gütesiegels „Familienzentrum NRW" dargestellt (2).

1 Qualitätskonzepte in der Kindertagesbetreuung – Eine Einführung

Weitgehende Einigkeit besteht in Deutschland inzwischen darüber, dass Bildung, Betreuung und Erziehung entscheidend verbessert werden müssen, um in Zukunft im internationalen Vergleich mithalten zu können. Gerade den ersten Lebensjahren soll dabei mehr Beachtung geschenkt werden. Sowohl die wissenschaftlichen als auch die öffentlichen Auseinandersetzungen mit dem Thema zeigen, dass dabei die Qualität der Arbeit von Kindertageseinrichtungen eine Schlüsselrolle spielt. Zahlreiche Publikationen und Praxisbeispiele sind entstanden, und in Politik und Verwaltung wird darüber nachgedacht, wie Qualität durch geeignete Steuerungsverfahren verbessert werden kann. Fachleute aus der Praxis haben Leitfäden zur Organisationsentwicklung und entsprechende Fortbildungsangebote entwickelt. Internationale Erfahrungen – insbesondere aus den angelsächsischen Ländern – werden verstärkt wahrgenommen und auf ihre Anwendungsmöglichkeiten in Deutschland geprüft. Diese wenigen Stichworte mögen genügen, um einen Eindruck von der Breite und Heterogenität der Qualitätsdebatte in der Kindertagesbetreuung zu vermitteln.

Wer sich mit ihr auseinandersetzt, stellt schnell fest, dass es gar nicht so einfach ist, einen Überblick über vorhandene Konzepte und über die dahinter stehenden unterschiedlichen Ansätze zu gewinnen. Diese Situation war für die Hans Böckler-Stiftung (HBS, Düsseldorf) der Anlass, den Forschungsschwerpunkt „Bildung und Erziehung im Strukturwandel" am Institut Arbeit und Qualifikation mit einer „Transparenzstudie" zu beauftragen. Einige zentrale Ergebnisse dieses Projekts[1] werden im Folgenden vorgestellt. Nach einer kurzen Einführung über den Begriff „Qualität" (1.1) folgt eine Darstellung von unterschiedlichen Typen von Qualitätskonzepten (1.2). Im Fazit wird auf einige Kernelemente verwiesen, die für die Entwicklung des Gütesiegels „Familienzentrum" von Bedeutung sind (1.3).

1.1 Qualität – Was ist das eigentlich?

Verfahren der Qualitätssicherung sind in der Industrie entstanden. Bei der industriellen Fertigung sorgte zunächst allein die nachträgliche Kontrolle für die Qualität der hergestellten Produkte. Diese wurden grundsätzlich erst nach Fertigstellung geprüft und im Falle von Qualitätsmängeln vor einer Auslieferung an den Kunden aussortiert. Mit dem Ziel, die Ausschussquote zu senken, entwickelten sich dann umfassende Qualitätssicherungssysteme, die ein vielfältiges Instrumentarium (Qualitätssicherungs-Handbücher) bereitstellten. Durch ihren Einsatz sollten die Voraussetzungen für die Produktion von Qualität im Produktionsprozess systematisch organisiert und sichergestellt werden (Qualitätsfähigkeit).

Die DIN EN ISO 9000ff. ist das wohl bekannteste Normenwerk für derartige Systeme. Sie beinhaltet Forderungen, die betriebliche Qualitätsmanagement-

---

[1] Ausführlich dargestellt sind die Ergebnisse der Studie sowie alle hier vorgestellten (und darüber hinaus weitere) Qualitätskonzepte inklusive eines umfassenden Überblicks über alle benutzten Quellen in Esch et al. (2006).

systeme aller Branchen erfüllen müssen. „Qualitätsfähigkeit" ist hier definiert als die „Eignung einer Organisation oder ihrer Elemente (...), die Qualitätsforderung an diese Einheit zu erfüllen" (DIN 55350-11, 1995-08, Nr. 9). Unternehmen können sich durch das Zertifikat einer unabhängigen und hierfür autorisierten Stelle bestätigen lassen, dass sie ein Qualitätssicherungssystem eingeführt haben und alles zur Erreichung der Qualitätsziele Notwendige tun und dokumentieren.

Mit der Anforderung, Qualität nicht nachträglich, sondern im Prozess zu sichern, wurde es möglich derartige Systeme auf Dienstleistungen zu übertragen. Eine nachträgliche Kontrolle wie bei materiellen Produkten ist bei Dienstleistungen nämlich prinzipiell nicht möglich. Da die Leistung im unmittelbaren Kundenkontakt „hergestellt" wird, muss sie sofort der geforderten Qualität entsprechen; sie ist deshalb nicht nachträglich korrigierbar. Aufgrund dieser Eigenschaft von Dienstleistungen kommt der Sicherung von Qualitätsfähigkeit in einem Dienstleistungsunternehmen eine noch höhere Bedeutung zu, als dies bei der industriellen Produktion der Fall ist.

Auch bei den Leistungen von Kindertageseinrichtungen handelt es sich um Dienstleistungen (Esch et al. 2005). Dennoch steht die fachliche Tradition der sozialen Arbeit in einem spannungsvollen Verhältnis zu Konzepten, die aus anderen fachlichen Kontexten stammen, und in diesem Zusammenhang stoßen auch Konzepte der Qualitätssicherung auf nicht geringes Misstrauen. Zweifellos ist es angesichts einer vielfach vorfindbaren Ressourcenverknappung schwierig, Akzeptanz für neue Konzepte zu finden, sind sie doch immer – und oft auch nicht zu Unrecht – dem Verdacht ausgesetzt, als Legitimierung für Einsparstrategien missbraucht zu werden. Dem lässt sich aber entgegenhalten, dass sich auch Chancen bieten, fachlich begründete Gütekriterien in die Qualitätsdiskussion einzubringen – und sie sogar besser als bisher zu fundieren. Die Fachdiskussion zur Qualitätsentwicklung in der Tagesbetreuung ist daher mehrheitlich längst nicht mehr darauf ausgerichtet, sich gegen „fachfremde" Qualitätsbegriffe abzugrenzen, sondern verbindet sie mit pädagogischen Anforderungen. Umso wichtiger ist es daher zu fragen, welche konkreten Ansätze von Qualitätskonzepten es in der Kindertagesbetreuung gibt und wie diese sich umsetzen lassen.

1.2 Qualitätskonzepte in der Kindertagesbetreuung – Versuch einer Typisierung

Qualitätskonzepte in der Kindertagesbetreuung lassen sich zunächst grob danach unterscheiden, ob sie vorrangig der (politisch-administrativen) Steuerung (insbesondere im Sinne einer Sicherung von Mindeststandards durch eine externe Überprüfung) dienen oder ob sie in erster Line für die (interne) Organisationsentwicklung einer Einrichtung oder eines Trägers gedacht sind. Beide Ansätze schließen einander selbstverständlich nicht aus: So fördert einerseits die Auseinandersetzung mit den Anforderungen, die in Steuerungskonzepten formuliert werden, auch die Organisationsentwicklung der einzelnen Einrichtung; andererseits kann eine Organisationsentwicklung dazu dienen, dass eine Einrichtung sich auf die Erfüllung von in Steuerungskonzepten vorgegebenen Mindeststandards vorbereitet. Die Steuerungsverfahren lassen sich wiederum in zwei Kategorien einteilen – je nach dem, ob sie der Sicherung allgemeiner Standards oder der Umsetzung eines bestimmten Konzepts dienen. Auch bei den Organisationsentwicklungsverfahren lassen sich zwei Typen unterscheiden: Ein Teil der Verfahren orientiert sich an allgemeinen, branchenübergreifenden Verfahren – ein anderer Teil bezieht sich ausschließlich auf fachspezifische Ansätze. Im Folgenden werden daher vier Typen von Qualitätskonzepten vorgestellt:

- Allgemeine Steuerungsverfahren,
- Konzeptgebundene Steuerungsverfahren,
- Normierte Organisationsentwicklungsverfahren,
- Fachspezifische Organisationsentwicklungsverfahren.

1.2.1 Allgemeine Steuerungsverfahren

Allgemeine Steuerungsverfahren geben „top-down" bestimmte Kriterien vor, die sich an allgemein anerkannten fachlichen Standards für Kindertageseinrichtungen orientieren. Eine Verbindung von solchen Verfahren mit der Erteilung einer Betriebserlaubnis oder mit der Zuweisung von finanziellen Fördermitteln ist möglich. Die Kriterien können als Mindestanforderungen formuliert werden (die beispielsweise für die Erteilung einer Betriebserlaubnis mindestens erfüllt werden müssen); sie können aber auch in ein mehrstufiges Verfahren gegliedert sein, das mit steigendem Grad der Erfüllung auch zu einer ranghöheren Bewertung der Einrichtungen führt und damit einen externen Anreiz zur Weiterentwicklung der Qualität über den Mindeststandard hinaus liefert. Für die einzelne Einrichtung bzw. den einzelnen Träger können die Kriterien als Orientierungsrahmen dienen; sie lassen aber darüber hinaus trägerspezifische Qualitätsentwicklungsverfahren, unterschiedliche pädagogische Konzepte und trägerspezifische Leitbilder zu. Allgemeine Steuerungsverfahren können demnach mit den anderen drei Typen von Qualitätskonzepten verknüpft werden.

Ein solches Instrumentarium wurde etwa mit der bereits 1980 in den USA veröffentlichten „Early Childhood Environment Rating Scale" (ECERS) zur Verfügung gestellt (Harms/Clifford 1980 und 1998). Die ECERS ist nicht auf ein spezielles pädagogisches Konzept ausgerichtet. Das, was als gute oder unzureichende Qualität bezeichnet wird, basiert auf einer Vielzahl von empirischen Untersuchungen und reflektiert Qualitätsstandards, die Experten, Forscher und Berufsorganisationen weltweit über kulturspezifische und konzeptbezogene Kriterien hinaus in einem weitgehenden Konsens als bedeutsam erachten. Als erste deutsche Fassung der ECERS wurde 1997 die Kindergarten-Einschätz-Skala (KES) in Deutschland veröffentlicht; 2005 erschien die dritte überarbeitete Fassung („KES-R"; Tietze et al. 2005). Die KES-R ist ein Beobachtungsinstrument. Für die Bewertung werden insgesamt 43 Kriterien definiert. Die Einschätzung wird mit Hilfe von Merkmalen vorgenommen, wobei für jedes Kriterium zwischen einem Punkt („unzureichende Qualität") und sieben Punkten („ausgezeichnete Qualität") zu erreichen sind. Die 43 Kriterien sind in sieben Qualitätsbereichen zusammengefasst (1. Platz und Ausstattung, 2. Betreuung und Pflege der Kinder, 3. Sprachliche und kognitive Anregungen, 4. Aktivitäten, 5. Interaktionen, 6. Strukturierung der pädagogischen Arbeit, 7. Eltern und Erzieherinnen).

Der Staat North Carolina/USA hat alle Tageseinrichtungen für Kinder verpflichtet, die Qualität ihrer Angebote nach einem Fünf-Sterne-Lizenzsystem bewerten zu lassen. Dabei wird auf rechtliche Vorgaben sowie auf die ECERS zurückgegriffen. Um die Betriebserlaubnis zu erhalten, muss eine Einrichtung eine Mindestpunktzahl erreichen. Darüber hinaus entscheidet die erzielte Punktzahl über die Klassifizierung, wobei ein Stern die niedrigste, fünf Sterne die höchste Klassifizierung darstellen. Da alle Einrichtungen über die Zuweisung der Sterne bestimmten Qualitätsniveaus zugeordnet werden, sollen Träger motiviert werden, freiwillig über den minimalen Qualitätsstandard von einem Stern hinauszugehen. Für Eltern bedeutet die Klassifizierung schließlich ein hohes Maß an Transparenz.

In Deutschland wird die KES-R für unterschiedliche Zielsetzungen eingesetzt. Eine Qualitätseinschätzung kann auf freiwilliger Basis durch das Institut PädQuis (Pädagogische Qualitäts-Informations-Systeme gGmbH, Berlin) erfolgen. Zur trägerinternen und -übergreifenden Evaluation wurde die KES beispielsweise von diversen Kommunen (z. B. Bremen, Flensburg, Münster, Recklinghausen, Göttingen) genutzt. Einzelne Einrichtungen verwenden die KES-R zur Selbstevaluation, um zu einer größeren Sicherheit bezüglich der Qualität der eigenen Arbeit zu gelangen. Für die politisch-administrative Steuerung im Sinne einer Integration in Betriebserlaubnis- oder Förderentscheidungen ist die KES zwar prinzipiell geeignet; eine solche Form der Steuerung wurde jedoch in Deutschland noch nicht angewandt.

1.2.2 Konzeptgebundene Verfahren

Auch konzeptgebundene Verfahren dienen der politisch-administrativen Steuerung. Im Unterschied zu allgemeinen Steuerungsverfahren geht es hier jedoch nicht um pädagogische Qualität generell, sondern um die Förderung und Sicherung der Umsetzung spezifischer Konzepte - beispielsweise um Benachteiligtenförderung, um die Integration von kind- bzw. familienbezogenen Dienstleistungen „unter einem Dach" oder um die Umsetzung des speziellen pädagogischen Konzepts eines Trägers. Damit erfolgt eine top-down-Steuerung zur Sicherung eines bestimmten „Markennamens": Wer diesen Namen nutzen will, muss bestimmte Qualitätskriterien erfüllen. Das Qualitätsverfahren wird daher als Instrument genutzt, um die Umsetzung des inhaltlichen Konzepts in die Praxis sicherzustellen.

Im US-Staat Maryland gibt es einen speziellen Fördertopf für die sog. „Judy-Centers" (MSDE 2004). Judy Centers müssen eine umfassende Ganztagsbetreuung bieten, und es wurden Programme entwickelt, die sowohl die Bereiche Sprache und Literatur, kognitives und universales Wissen sowie bestimmte Lernmethodiken beinhalten als auch das physische Wohlbefinden und die motorischen Fähigkeiten fördern. Zudem sollen die Familien in ihrer Fähigkeit bestärkt werden, das frühe Lernen ihrer Kinder zu begleiten. Zusätzlich werden weitergehende Dienstleistungen und Kooperationen angeboten (bspw. Elternschule und Familienleseprogramm). Judy Center vereinen somit viele Angebote unter einem Dach. Um die Akkreditierung und Förderung als Judy Center zu erhalten, muss sich eine Einrichtung zunächst nach den Vorgaben eines Handbuchs selbst bewerten. Diese Selbsteinschätzung wird durch einen externen Evaluator überprüft. Schließlich erhalten die Einrichtungen vom Bildungsministerium entsprechende Trainings und Qualifizierungen, um das Akkreditierungsverfahren erfolgreich zu durchlaufen. Ziel des konzeptgebundenen Ansatzes ist es letztlich, dafür zu sorgen, dass alle Einrichtungen, die unter dem Namen „Judy Center" firmieren, ein bestimmtes Leistungsspektrum anbieten. Auf diese Weise ist es für Eltern transparent, was sie von einem Judy Center erwarten können.

1.2.3 Normierte Organisationsentwicklungsverfahren

Normierte Organisationsentwicklungsverfahren gehen von allgemeinen, zunächst nicht an eine bestimmte Branche oder Dienstleistung gebundenen Verfahren des Qualitätsmanagements aus. Diese Verfahren – insbesondere die oben erwähnte DIN ISO 9000ff. – werden als Leitlinie genutzt und vielfach mit dem Leitbild eines Trägerverbandes verknüpft. Oft gibt der Träger sowohl das Leitbild als auch das Managementverfahren vor – insofern enthalten normierte Verfahren einen top-down-Ansatz. Die Umsetzung erfolgt dann einrichtungsspezifisch nach dem gewählten pädagogischen Konzept und unter hoher Beteiligung der Beschäftigten im Sinne eines bottom-up-Ansatzes. Meistens stellen normierte Verfahren somit eine Kombination aus top-down- und bottom-up-Ansätzen dar. Die großen Trägerverbände – Arbeiterwohlfahrt, Caritas, Diakonie, Der Paritätische – haben normierte Verfahren entwickelt, die von der Struktur her viele Gemeinsamkeiten, in der Ausgestaltung aber auch Unterschiede aufweisen (AWO 2003; BETA 2003; KTK 2004; Paritätische Gesellschaft für Qualität mbH 2004). Angesichts des hohen Aufwandes, der mit einer ISO-Zertifizierung verbunden ist, sind die Verfahren so gestaltet, dass sie für eine interne Qualitätsentwicklung genutzt werden können und eine Zertifizierung möglich, aber nicht zwingend ist.

1.2.4 Fachspezifische Organisationsentwicklungsverfahren

Für die fachspezifischen Organisationsentwicklungsverfahren ist die Fachpraxis Ausgangspunkt für die Qualitätsentwicklung. Die Verfahren können für einzelne Teilbereiche des Leistungsangebotes (z. B. Elternarbeit, Vernetzung) erarbeitet und eingesetzt oder zur Qualitätsentwicklung der gesamten Einrichtung genutzt werden. Die Umsetzung erfolgt dialogisch mit allen Beteiligten und ist somit durch einen bottom-up-Ansatz gekennzeichnet; die einzelne Einrichtung bleibt in der Nutzung autonom.

Die Projekte der „Nationalen Qualitätsinitiative im System Tageseinrichtungen für Kinder (NQI)" sind weitgehend diesem Typus zuzuordnen. Die NQI ist ein länder- und trägerübergreifender Forschungsverbund, der 1999 vom Bundesministerium für Familie, Senioren, Frauen und Jugend (BMFSFJ) veranlasst wurde. Der bundesweite Projektverbund bestand aus fünf Teilprojekten[2], die ab Ende 1999 mit ihrer Arbeit begonnen haben. Neben dem BMFSFJ beteiligten sich zehn Bundesländer, die Verbände der Freien Wohlfahrtspflege, der Deutsche Städtetag, Landesjugendämter und Kommunen an diesem Forschungsverbund. Die Forschungsarbeiten wurden vom Deutschen Jugendinstitut, München, koordiniert und von einem Beirat – bestehend aus Bund, Ländern und Verbänden – begleitet (BMFSFJ 2002).

---

[2] Teilprojekt I und II: Qualität in der Arbeit mit Kindern von 0 bis 6 Jahren; PÄDQUIS, FU Berlin; Teilprojekt III: Qualität für Schulkinder in Tageseinrichtungen (QUAST); Sozialpädagogisches Institut NRW, Köln; Teilprojekt IV: Qualität im Situationsansatz (QUASI); INA, Institut für den Situationsansatz, FU Berlin; Teilprojekt V: Trägerqualität; IFP, Staatsinstitut für Frühpädagogik, München.

Darüber hinaus gibt es Verfahren, die weniger inhaltliche Kriterien zugrunde legen als vielmehr auf die Entwicklung in den einzelnen Einrichtungen abzielen. Das Konzept „Integrierte Qualitäts- und Personalentwicklung (IQUE)" (Ziesche 1999) stellt beispielsweise ein Instrumentarium bereit, mit dem ein Qualitätsentwicklungsprozess in Einrichtungen angestoßen werden soll, indem ausgewählte „Schlüsselsituationen" (zentrale Themen, bspw. „Zusammenarbeit von Kita und Familie") bearbeitet werden. Das Instrumentarium basiert auf Austausch und Dialog mit allen im System Handelnden und soll zur systematischen Professionalisierung pädagogischer Arbeit beitragen. Für jede einzelne Einrichtung bedeutet dieses Verfahren einen aufwändigen Prozess, so dass im Einzelfall entschieden werden muss, ob Aufwand und Ertrag (der sich vor allem in der Professionalisierung der Beschäftigten ausdrückt) in einem angemessenen Verhältnis zueinander stehen. Die inhaltliche Ausgestaltung kann am Stand der Fachdiskussion – etwa an den in der NQI entwickelten Kriterien – orientiert werden, verbleibt aber bei der einzelnen Einrichtung bzw. dem jeweiligen Kooperationsverbund.

1.3 Zusammenfassung

Allein schon die Vielfalt der angesprochenen Qualitätskonzepte dokumentiert den hohen Stellenwert, der inzwischen dem Qualitätsmanagement in Tageseinrichtungen für Kinder zugemessen wird. Welches Qualitätskonzept sich in der konkreten Situation am besten eignet, ist von der Intention des Akteurs (bspw. Politik, Träger, Einrichtungen, Verbände) abhängig – das eine, beste Konzept gibt es nicht. Die verschiedenen Verfahrenstypen konkurrieren nicht miteinander, sondern ergänzen sich.

Das Gütesiegel „Familienzentrum NRW", das im Folgenden beschrieben wird, ist von seiner Intention her ein konzeptgebundener Ansatz. Der Entwicklung dieses Ansatzes liegen folgende Voraussetzungen zugrunde, die sich aus der Auseinandersetzung mit den verschiedenen Typen von Qualitätskonzepten ergeben:

- Das Gütesiegel ist grundsätzlich kompatibel mit allgemeinen Steuerungsverfahren, da es sich nicht mit der Bewertung von Bildung, Erziehung und Betreuung als Kernaufgaben einer Kindertageseinrichtung befasst, sondern sich ausschließlich auf die Umsetzung des Konzepts „Familienzentrum" konzentriert. Sollten allgemeine Steuerungsverfahren – etwas im Kontext eines neuen Kindergartengesetzes – eingeführt werden, kann das Gütesiegel damit verknüpft oder parallel vergeben werden.

- Das Gütesiegel verhält sich neutral zu den normierten Organisationsentwicklungsverfahren, die viele Träger eingeführt haben. Es greift somit nicht in die Trägerautonomie ein.
- Das Gütesiegel geht davon aus, dass es für die Qualitätssicherung des Konzepts „Familienzentrum" nicht ausreicht, wenn sich Politik ausschließlich auf freiwillige Initiativen der Träger und Einrichtungen verlässt. Bottom-up-Verfahren bergen die Gefahr, dass – frei nach dem Motto: „Der Weg ist das Ziel" – mehr diskutiert als gehandelt wird. Zwar wird davon ausgegangen, dass die Nutzung von Organisationsentwicklungsverfahren für ein Familienzentrum förderlich ist; eine externe Überprüfung von Mindeststandards wird jedoch als unverzichtbar erachtet.
- Das Gütesiegel verzichtet – zumindest in einer ersten Fassung – auf eine Gliederung in unterschiedliche Qualitätsniveaus (wie etwa im Fünf-Sterne-Lizenzsystem). Bezüglich der Implementierung von Familienzentren liegen noch zu wenige Erfahrungen vor, um eine solche Gliederung fundiert vornehmen zu können.
- Das Gütesiegel sollte unterschiedliche Einrichtungsprofile ermöglichen. Die Grenzen für diese Vielfalt liegen jedoch dort, wo allgemeine Mindeststandards nicht eingehalten werden. Umgekehrt formuliert: Vielfalt kann nicht als Argument für die Ablehnung von Qualitätsstandards dienen und darf nicht zur Beliebigkeit in der Umsetzung eines Konzepts führen.

Ein übergreifendes Ergebnis der Studie über Qualitätskonzepte besteht darin, dass der Entwicklungs- und Einführungsprozess von Verfahren dialogisch gestaltet werden sollte, damit das Instrumentarium von möglichst allen Trägern und Einrichtungen akzeptiert und mitgetragen werden kann. Wird ein Qualitätskonzept nur als ein bürokratisches Verfahren begriffen, das nur weitere Ressourcen bindet, besteht die Gefahr, dass seine Anforderungen in den Einrichtungen nur formal abgearbeitet und vielleicht auch nur scheinbar erfüllt werden. Ein allseits mitgetragenes Verfahren kann hingegen tatsächliche Impulse für einen kontinuierlichen Qualitätsentwicklungsprozess in Einrichtungen geben. Es lohnt sich darum, bei der Entwicklung von allgemeinen Steuerungsverfahren in eine partizipative Ausgestaltung zu investieren.

2 Das Gütesiegel „Familienzentrum NRW" als konzeptgebundener Ansatz

Im Juni 2005 legte die neue CDU/FDP-Landesregierung in Nordrhein-Westfalen in ihrer Koalitionsvereinbarung die Absicht nieder, Tageseinrichtungen für Kinder zu „Familienzentren" weiterzuentwickeln, die „zu einem Knotenpunkt des familienunterstützenden Netzwerkes in den Kommunen" werden sollen. Anfang 2006 startete das Land dazu eine Pilotphase (www.familienzentren.nrw.de). Über einen landesweiten Wettbewerb wurden 250 Piloteinrichtungen ausgewählt, die bis Mitte 2007, unterstützt durch Coaching und Fortbildungen, ein niederschwelliges Angebot zur Unterstützung und Beratung von Kindern und Familien entwickeln sollten – in Form einer Integration von Erziehungsberatung und Familienbildung, einer Vernetzung mit Tagespflege, einer Erweiterung der Sprachförderung und einer ausgeprägten Sozialraumorientierung. Bis Mitte 2012 soll es in NRW 3.000 Familienzentren geben; dies bedeutet, dass etwa jede dritte Einrichtung diesen Weg gehen soll.

Zum Ende der Pilotphase, so hieß es in der Pressemitteilung des Ministeriums für Generationen, Familie, Frauen und Integration vom 10.01.2006, sollten alle erfolgreichen Teilnehmer-Einrichtungen ein „Gütesiegel Familienzentrum NRW" erhalten. Beginnend mit dem Kindergartenjahr 2007/2008 sollten alle Familienzentren eine Förderung von 12.000 Euro pro Jahr bekommen – eine Regelung, die inzwischen Eingang in den Entwurf für ein neues Gesetz über Kindertageseinrichtungen in Nordrhein-Westfalen gefunden hat. Mit dem Start der Pilotphase im Sommer 2006 wurde mit der Entwicklung eines Gütesiegels begonnen. Zuständig hierfür war die wissenschaftliche Begleitung, die von der PädQuis gGmbH[3] übernommen wurde.

Somit beschritt das Land Nordrhein-Westfalen nicht nur inhaltlich einen neuen Weg, indem es eine flächendeckende Erweiterung des Auftrages von Kindertageseinrichtungen in Angriff nahm. Vielmehr wurde dieser Weg verknüpft mit der Einführung einer bis dahin im deutschen System der Kindertagesbetreuung noch nicht praktizierten Form der Steuerung: Mit dem Gütesiegel sollte ein konzeptgebundenes Instrument der Qualitätssicherung eingeführt werden, das die Leistungen eines Familienzentrums definiert. Die jährliche Förderung wurde somit von der Erbringung eines bestimmten Leistungsspektrums abhängig gemacht. Dies bedeutet einen Übergang von einer Input- zu einer Outputsteuerung: Kontrolliert werden sollte nicht der Input – also etwa die Kosten für das eingesetzte Personal oder für die Räumlichkeiten – sondern der Output, also die Leis-

---

[3] Pädagogische Qualitätsinformationssysteme gGmbH, Kooperationsinstitut der Freien Universität Berlin, Prof. Dr. Wolfgang Tietze; www.paedquis.de.

tungen, die für die Familien im Umfeld der Einrichtungen zugänglich sind. Die Fördermittel sollten pauschal gewährt werden, so dass die einzelne Einrichtung sie ihrem Bedarf entsprechend einsetzen kann, um den Output ihres Familienzentrums zu optimieren. Dies war ein neuer Ansatz für die Träger von Tageseinrichtungen, die bislang gewohnt waren, dass sie einen Antrag gemäß einer mehr oder weniger detaillierten Förderrichtlinie zu stellen und anschließend zwar die ordnungsgemäße Verwendung der Mittel, aber nicht die damit erzielten Outputs nachzuweisen hatten.

Im Folgenden soll zunächst das Gütesiegel als Ergebnis eines partizipativen Entwicklungsprozesses beschrieben werden (2.1). Danach wird auf Inhalte (2.2) und Zertifizierungsverfahren (2.3) eingegangen. Abschließend werden erste Erfahrungen in einer Zwischenbilanz ausgewertet (2.4).

2.1 Die Entwicklung des Gütesiegels als partizipativer Prozess

Das Gütesiegel sollte partizipativ entwickelt werden und Erfahrungen der Pilotphase aufgreifen. Um den Diskussionsprozess in Gang zu setzen, stimmte die wissenschaftliche Begleitung im August 2006 mit dem Ministerium die so genannten „Orientierungspunkte" ab, welche eine Auflistung von möglichen Merkmalen eines Familienzentrums enthielten (siehe Beispiele im Kasten). Die Orientierungspunkte wurden den Verbänden, den Jugendämtern, den Piloteinrichtungen und anderen interessierten Akteuren zur Verfügung gestellt und führten zu einem Diskussionsprozess mit einer Vielfalt von Stellungnahmen, die für die Weiterentwicklung der Orientierungspunkte zum Gütesiegel ausgewertet wurden. Gleichzeitig dienten die Orientierungspunkte als Rahmen für die Entwicklung einer vergleichenden schriftlichen Befragung von Piloteinrichtungen und anderen Tageseinrichtungen im Herbst 2006. Auf diese Weise konnte der Stand der Planung und Umsetzung von auf Familienzentren bezogenen Angeboten ermittelt und eine realistische Grundlage für die Erarbeitung des Gütesiegels geschaffen werden. Im Vergleich zwischen Piloteinrichtungen und anderen Einrichtungen zeigte sich dabei auch, welche der in den Orientierungspunkten enthaltenen Leistungen und Strukturen spezifisch für die Familienzentren waren und welche zum „Allgemeingut" aller Tageseinrichtungen gehörten.

> *Inhalte der Orientierungspunkte für die Entwicklung von Familienzentren (23.08.2006) – Beispiele*
>
> - Im Familienzentrum wird mindestens einmal monatlich eine offene Sprechstunde von Erziehungs- bzw. Familienberatung angeboten.
> - Im Familienzentrum werden Eltern-Kind-Gruppen für Familien mit unter dreijährigen Kindern angeboten.
> - Das Familienzentrum verfügt über eine Übersicht über Angebote der Eltern- und Familienbildung in der Umgebung.
> - Im Familienzentrum werden Kurse zur Stärkung der Erziehungskompetenz angeboten.
> - Im Familienzentrum wird ein Elterncafé angeboten, das Eltern als Treffpunkt dient.
> - Über das Familienzentrum werden Tagespflegepersonen vermittelt – entweder unmittelbar auf der Basis einer Kartei oder in Kooperation mit einem Partner auf der Basis einer Kartei des Partners.
> - Das Familienzentrum gibt Tagespflegepersonen die Möglichkeit, Räume der Einrichtung zu nutzen (d.h., die Tagespflege findet nicht in den Räumen der Eltern oder der Tagespflegeperson, sondern in der Einrichtung statt).
> - Das Familienzentrum führt Deutschkurse für Eltern mit Migrationshintergrund durch.
> - Angebote im Familienzentrum können auch von Familien im Ortsteil genutzt werden, die keine Kinder in der Einrichtung haben.
> - Das Familienzentrum hat mit wichtigen Kooperationspartnern Kooperationsvereinbarungen abgeschlossen.
> - Das Familienzentrum verfügt über ein System für Qualitätsmanagement/ Qualitätssicherung/Qualitätsentwicklung.

Dabei wurde beispielsweise deutlich, dass 52% der Piloteinrichtungen während der Pilotphase offene Sprechstunden von Erziehungsberatungsstellen und 43% Kurse zur Stärkung der Erziehungskompetenz einführten. Zusammen mit den Piloteinrichtungen, die diese Angebote bereits vorher installiert hatten, war somit davon auszugehen, dass zum Ende der Pilotphase 70% bzw. 79% der Familienzentren über diese Angebote verfügen würden. Bei den Tageseinrichtungen, die sich noch nicht darum bemüht hatten, Familienzentrum zu werden, betrugen die entsprechenden Anteile 10% bzw. 38%. Insbesondere die offene Sprechstunde lässt sich damit als ein Charakteristikum bezeichnen, das ein Familienzentrum von einer anderen Tageseinrichtung unterscheidet; bei den Kursen zur Stärkung der Erziehungskompetenz ist der Unterschied zwar geringer, aber immer noch so deutlich, dass auch dieses Angebot den Charakteristika des Familienzentrums zugeordnet werden konnte. Im Gegensatz dazu stellte sich heraus, dass es nur geringe Unterschiede in der Intensität der Bildungsarbeit oder in der Zusammenarbeit mit Grundschulen gab. Dies war nicht verwunderlich; beinhaltete das Konzept „Familienzentrum" doch als Besonderheit vor allem, dass die ganze Familie verstärkt in den Blick genommen wurde, während die unmittelbare Arbeit mit den Kindern ein Kennzeichen aller Tageseinrichtungen ist.

Wichtig war die Identifizierung der Charakteristika von Familienzentren vor allem deshalb, weil es darum ging, ein konzeptgebundenes Gütesiegel zu entwickeln. Geprüft und gesteuert werden sollte mit diesem Gütesiegel nicht die Qualität der Bildung, Erziehung und Betreuung im Allgemeinen, sondern die Existenz von Merkmalen, die wichtig für die Umsetzung des Konzepts „Familienzentrum" sind. Es ging also nicht um die Frage, ob es sich um eine „gute" oder um eine „schlechte" Einrichtung handelt oder wie die pädagogische Qualität zu bewerten ist. Für die Sicherung der pädagogischen Qualität haben viele Träger eigene, trägerspezifische Verfahren entwickelt (vgl. 1.2.3), in die mit dem Gütesiegel „Familienzentrum" nicht eingegriffen werden sollte. Ein Aspekt, der im Gütesiegel abgefragt wurde, bezog sich allerdings darauf, ob die Einrichtung überhaupt ein anerkanntes Qualitätsmanagement-Verfahren anwendet: Die Nutzung eines solchen Verfahrens wurde nämlich gerade für Einrichtungen als wichtig erachtet, die ihr Leistungsspektrum auf dem Weg zum Familienzentrum weiterentwickeln wollten – zum einen, um darauf hinzuwirken, dass die Entwicklung zum Familienzentrum nicht auf Kosten der pädagogischen Qualität geht, zum anderen, weil es gerade in einem solchen Entwicklungsprozess notwendig ist, dass die Einrichtung sich auch selbst evaluiert.

Trotz dieser Anerkennung von trägerspezifischen Verfahren – die ja auch die Anerkennung des mit dem Verfahren verbundenen trägerspezifischen Leitbildes impliziert – stieß die Implementierung des Gütesiegels als trägerübergreifendes Verfahren auf große Skepsis. Dass Einrichtungen von anderen als trägerinternen bzw. trägergesteuerten Instanzen und Personen geprüft werden sollten, wurde teilweise als Eingriff in die Trägerautonomie empfunden und führte zu Konflikten. Einige Trägerverbände waren der Auffassung, dass ihr jeweiliges Leitbild auch Eingang in das Gütesiegel für Familienzentren finden müsse. Dies wäre jedoch mit dem Anspruch eines trägerübergreifenden Steuerungsinstruments nicht vereinbar gewesen. Als schwierig erwies sich bei vielen Einzelfragen auch die angestrebte Abgrenzung zwischen allgemeinen Anforderungen an Kindertageseinrichtungen und Merkmalen, die für ein Familienzentrum spezifisch sind und somit Eingang in ein konzeptgebundenes Gütesiegel finden sollten. Zum einen stellte sich heraus, dass es einige Leistungen gibt, die unabhängig von der Funktion als Familienzentrum in vielen Tageseinrichtungen erbracht werden, für ein Familienzentrum jedoch unabdingbar sind – dazu gehört beispielsweise das Angebot eines Mittagessens, das aus diesem Grunde in das Gütesiegel aufgenommen wurde. Zum anderen wurde deutlich, wie heterogen die Standards in Kindertageseinrichtungen sind; es zeigte sich, dass es keine allgemein geteilte Auffassung darüber gibt, was Tageseinrichtungen leisten sollten: Was die einen als selbstverständlichen Standard einer jeden Einrichtung bezeichneten, wurde von anderen als unzumutbar hohe Belastung selbst für ein Familienzentrum angesehen. Diese unterschiedlichen Auffassungen betrafen beispielsweise den Einsatz von Beobachtungsverfahren, die Durchführung von Hausbesuchen oder das Angebot von gemeinsamen Bildungsveranstaltungen für Eltern und Kinder.

2.2 Aufbau und Inhalte des Gütesiegels

Im Ergebnis wurde im März 2007 ein Gütesiegel vorgelegt, das insgesamt 112 Merkmale enthält (MGFFI 2007). Die einzelnen Merkmale sind in vielen Fällen identisch mit den Items der Orientierungspunkte; einige Aspekte waren aufgrund der Diskussionen neu aufgenommen, andere gestrichen worden; viele Formulierungen wurden modifiziert und präzisiert. Die Merkmale gliedern sich nun in vier Leistungsbereiche mit jeweils 18 Leistungen und in vier Strukturbereiche mit jeweils 10 Strukturen. In den Leistungsbereichen werden die einzelnen Angebote definiert, die die Inhalte eines Familienzentrums ausmachen. In den Strukturbereichen werden Strukturen benannt, mit denen eine am Bedarf des Sozialraums orientierte und nachhaltige Angebotsgestaltung unterstützt wird – das heißt, es geht darum, die Qualitätsfähigkeit der Einrichtung zu sichern. Im Einzelnen handelt es sich um die folgenden acht Bereiche:

Teil A: Leistungsbereiche
1. Beratung und Unterstützung von Kindern und Familien
2. *Familienbildung und Erziehungspartnerschaft*
3. *Kindertagespflege*
4. *Vereinbarkeit von Beruf und Familie*

Teil B: Strukturbereiche
5. *Sozialraumbezug*
6. *Kooperation und Organisation*
7. *Kommunikation*
8. *Leistungsentwicklung und Selbstevaluation*

Jeder Leistungsbereich enthält acht Basis- und zehn Aufbauleistungen; jeder Strukturbereich vier Basisstrukturen und sechs Aufbaustrukturen. Als gütesiegelfähig wird ein Bereich definiert, in dem mindestens fünf Basisleistungen bzw. mindestens drei Basisstrukturen nachgewiesen werden können. Durch den Nachweis von Aufbauleistungen bzw. -strukturen oder von zusätzlichen Basisleistungen und -strukturen können Zusatzpunkte erzielt werden. Um das Gütesiegel insgesamt zu erlangen, muss eine Einrichtung in mindestens drei Leistungsbereichen und in mindestens drei Strukturbereichen die Gütesiegelfähigkeit erreichen. Bei Nicht-Erfüllung dieser Mindestanforderungen in einem Leistungsbereich kann ggf. ein Ausgleich durch eine erhöhte Qualität in einem anderen Leistungsbereich erfolgen; gleiches gilt für die Strukturbereiche. Eine Einrichtung, die in allen Bereichen die Mindestanforderungen erfüllt bzw. entsprechend ausgleichen kann, benötigt somit mindestens 20 von 72 Leistungen und 12 von 40 Strukturen, um das Gütesiegel zu erhalten.

Dieses Anforderungsniveau mag auf den ersten Blick niedrig erscheinen, ebenso wie die Anzahl von insgesamt 112 Merkmalen sehr hoch wirkt. Beides ist jedoch dadurch bedingt, dass die 112 Merkmale ein sehr breites Spektrum an Leistungen und Strukturen abdecken, aus denen die einzelne Einrichtung sich ihr spezifisches, an den Bedingungen ihres Sozialraumes, der lokalen Infrastruktur und der eigenen Prioritäten und Möglichkeiten orientiertes Profil entwickeln kann. Die hohe Anzahl der Merkmale verbunden mit einem im Verhältnis dazu eher niedrigen Mindeststandard dient somit der Schaffung von Auswahlmöglichkeiten. Diese Auswahlmöglichkeiten sind allerdings nicht unbegrenzt: Mit der Definition von Basisleistungen und -strukturen soll vermieden werden, dass einzelne Einrichtungen sich auf eher „exotische" Merkmale konzentrieren. Um das Gütesiegel zu erhalten, muss eine Einrichtung zumindest einen großen Teil der Leistungen und Strukturen nachweisen, die als „Basis" eines Familienzentrums betrachtet werden.

2.3 Der Weg zum zertifizierten Familienzentrum

Die Piloteinrichtungen sollten das Gütesiegel zum Ende der Pilotphase erhalten. Im März bekamen daher alle Piloteinrichtungen einen Fragebogen, in dem sie ankreuzen und teilweise erläutern mussten, welche Leistungen und Strukturen sie vorhalten. Als Belege wurden zum einen Kontaktdaten von Kooperationspartnern und zum anderen entsprechende Unterlagen erfragt. In einer Zufallsauswahl von 30% der Einrichtungen wurden die Angaben darüber hinaus durch eine Begehung überprüft. Vom Verfahren her handelte es sich also um eine Kombination zwischen einer strukturierten Selbstevaluation und einer stichprobenartigen externen Überprüfung. Auf dieser Grundlage erhielten 95% der Piloteinrichtungen im Juni 2007 das Gütesiegel; die übrigen streben eine Überprüfung zu einem späteren Zeitpunkt an. Das Gütesiegel hat eine Gültigkeit von vier Jahren; im vierjährigen Rhythmus ist eine Wiederholung der Prüfung vorgesehen. Parallel dazu sollen jährlich neue Familienzentren an den Start gehen, bis im Jahre 2012 die angestrebte Zahl von 3000 Zentren erreicht sein wird. Ein großer Schritt in diese Richtung erfolgt bereits zum Kindergartenjahr 2007/08: Zusammen mit den Piloteinrichtungen, die ab August 2007 erstmals die Förderung erhalten, sind 750 weitere Einrichtungen vorgesehen.

Anders als die Piloteinrichtungen werden diese ebenso wie die weiteren 2000 Einrichtungen in den kommenden Jahren nicht in einem zentralen Wettbewerb ausgewählt, sondern von den örtlichen Jugendämtern in Abstimmung mit ihren örtlichen Trägern vorgeschlagen. Dieses Verfahren trägt der Verantwortung der örtlichen Jugendhilfeplanung für die lokale Infrastruktur Rechnung: Die Planung für die Versorgung der einzelnen Sozialräume und die Koordinierung zwischen den Trägern können nur „vor Ort" erfolgen. Orientiert an der Anzahl der Kinder im Alter von unter sieben Jahren erhielt jedes Jugendamt ein Kontingent, in dem festgelegt wurde, wie viele Familienzentren in seinem Bezirk in der Endstufe 2012 gefördert werden und wie viele davon im Jahr 2007 an den Start gehen könnten.

Jede von den Jugendämtern im Rahmen des Kontingents vorgeschlagene Einrichtung erhält für ein Jahr die Förderung. Dieses Jahr wird als Entwicklungsphase definiert, die die Einrichtung nutzen kann, um die Gütesiegelfähigkeit zu erreichen. Im Laufe des Jahres muss die Einrichtung sich zertifizieren lassen, um die Förderung für vier Jahre zu erhalten. Schafft sie es im ersten Anlauf nicht, steht ihr ein zweiter Versuch im Folgejahr zu; scheitert sie erneut, läuft die Förderung aus. Mit dieser Regelung werden die örtlichen Jugendämter in doppelter Hinsicht in die Steuerungsverantwortung einbezogen: Einerseits haben sie einen großen Handlungsspielraum für ihre sozialraumbezogene Planung, den sie gemeinsam mit den örtlichen Trägern ausschöpfen können und müssen. Andererseits sind sie gehalten, Einrichtungen auszuwählen, welche die landesweit vorgegebenen Standards zu erfüllen in der Lage sind. Schließlich müssen die Jugendämter die Träger und Einrichtungen entsprechend unterstützen.

2.4 Zwischenbilanz

Für eine Bilanz über die Wirkungen des Gütesiegels ist es noch zu früh. Nach den Erfahrungen der Prüfung der Piloteinrichtungen sind zwei Aspekte positiv zu vermerken: Zum einen scheinen die im Gütesiegel definierten Merkmale die Entwicklung der Familienzentren relativ gut zu beschreiben; die Einrichtungen konnten darin ihre Konzepte im Allgemeinen wieder finden und abbilden. Eine detaillierte Auswertung über die Eignung der einzelnen Merkmale steht allerdings noch aus. Zum anderen hat die Zertifizierung bei vielen Einrichtungen noch einmal einen Organisationsentwicklungsschub ausgelöst: Vielfach wurden in der Zertifizierungsphase, ausgehend von den im Gütesiegel formulierten Merkmalen, Angebote ergänzt und vor allem Strukturen nachhaltig festgeschrieben. Dieses Potenzial für Organisationsentwicklung konnte allerdings angesichts der kurzen Zeitspanne zwischen der Vorlage des Gütesiegels und dem Ende der Pilotphase nur begrenzt genutzt werden. Der kurze Zeitraum für die Bearbeitung des Fragebogens zur Selbstevaluation war denn auch ein wesentlicher Bestandteil der Kritik am Verfahren. Insofern lautet eine erste Schlussfolgerung, dass die nachfolgenden „Kandidaten" für die Zertifizierung zum Familienzentrum wesentlich frühzeitiger über die Merkmale informiert sein müssen. Weitere Elemente des Verfahrens (bspw. die Gestaltung der Fragebögen) bedürfen noch einer genaueren Auswertung.

Das Ziel, über einen partizipativen Entwicklungsprozess Akzeptanz für das Gütesiegel zu schaffen, konnte bis zum Ende der Pilotphase nicht allgemein erreicht werden. Dies hängt teilweise damit zusammen, dass die Entwicklung des Gütesiegels durch andere Konfliktlinien überlagert wurde: Zum einen wurde zeitlich parallel – begleitet von scharfen Auseinandersetzungen zwischen dem Land und den Trägerverbänden – der Entwurf für ein neues Kindergartengesetz erarbeitet, zum anderen wurde die für die Familienzentren vorgesehene Förderung von 12.000 € jährlich von vielen Beteiligten als zu gering und dementsprechend der Aufwand für die Gütesiegelprüfung als unverhältnismäßig angesehen. Hier ist zu hoffen, dass es künftig gelingen wird, die unterschiedlichen Konfliktlinien zu entzerren und damit zu einer Versachlichung der Debatte zu kommen.

Andere Konfliktpunkte weisen auf grundsätzliche Probleme in der Entwicklung und Umsetzung von Qualitätssicherungssystemen im Allgemeinen und von Steuerungskonzepten im Besonderen hin.[4] Die tatsächliche Akzeptanz der Grundgedanken von Qualitätsmanagement ist längst nicht so weit gediehen, wie es die breite Debatte zu diesem Thema erscheinen lässt. Zum einen läuft jeglicher Versuch einer trägerübergreifenden Steuerung Gefahr, als unzulässiger

---

[4] Zu fachlichen Kontroversen um Qualitätsmanagement in Kindertageseinrichtungen vgl. die verschiedenen Beiträge in Diller et al. (2005).

Eingriff in die Trägerautonomie interpretiert zu werden. Zum anderen stößt das Prinzip einer externen Prüfung auf eine weit verbreitete Ablehnung – Prüfungen werden als Ausdruck von Misstrauen gedeutet, und Bottom-up-Prozesse werden als eigentlicher Kern von Qualitätsentwicklung angesehen, die durch die Festlegung von Standards eher gestört werden. Diese Diskussionen lassen sich als spezifisch für die sozialpädagogische Fachdebatte betrachten: So würde beispielsweise niemand fordern, dass medizinische Standards sich je nach Trägerschaft eines Krankenhauses unterscheiden, und niemand würde bestreiten, dass die Einhaltung medizinischer Standards unabhängig von den Prozessen innerhalb der einzelnen Organisation erforderlich ist.

Es wird sich zeigen, inwieweit sich in den kommenden Jahren die fachlichen Argumente gegenüber (vielfach interessengeleiteten) Kritikpunkten durchsetzen werden. Positivbeispiele, bei denen die Potenziale des Gütesiegel-Verfahrens deutlich werden, könnten sich in einigen Jugendamtsbezirken entwickeln: Einige örtliche Jugendämter haben das Gütesiegel-Verfahren offensiv aufgegriffen und setzen es – oft gemeinsam mit den örtlichen Trägern – zur qualitativen Weiterentwicklung ihrer lokalen Infrastruktur ein. Die Verknüpfung dezentraler Verantwortung mit einem landesweit gültigen Orientierungsrahmen könnte sich dabei auch als Muster für Qualitätssicherungsverfahren über das Konzept „Familienzentrum" hinaus bewähren.

Literatur

AWO (Arbeiterwohlfahrt Bundesverband e.V.) (Hrsg.) (2003): Qualitätsmanagement. Muster-Qualitätsmanagament-Handbuch. Tageseinrichtungen für Kinder, Leitfaden. Bonn.
BETA – (Bundesvereinigung Evangelischer Tageseinrichtungen für Kinder e.V.) / Diakonisches Institut für Qualitätsmanagement und Forschung gGmbH (Hrsg.) (2002): Bundesrahmenhandbuch Qualitätsmanagement für Evangelische Kindertageseinrichtungen – ein Leitfaden für Qualitätsentwicklung. Berlin.
BMFSFJ – (Bundesministerium für Familie, Senioren, Frauen und Jugend (Hrsg.) (2002): Nationale Qualitätsinitiative im System der Tageseinrichtungen für Kinder. Berlin.
Diller, A./Leu, H. R./Rauschenbach, T. (Hrsg.) (2005): Der Streit ums Gütesiegel. Qualitätskonzepte für Kindertageseinrichtungen. München: DJI-Verlag.
Esch, K./Klaudy, E.K./Micheel, B./Stöbe-Blossey, S. (2006): Qualitätskonzepte in der Kindertagesbetreuung. Ein Überblick. Wiesbaden: VS Verlag für Sozialwissenschaften.
Esch, K./Mezger, E./Stöbe-Blossey, S. (Hrsg.) (2005): Kinderbetreuung – Dienstleistungen für Kinder. Handlungsfelder und Perspektiven. Wiesbaden: VS Verlag für Sozialwissenschaften.
Harms, T./Clifford, R.M. (1980): Early Childhood Environment Rating Scale. New York.

Harms, T./Clifford, R.M./Cryer, D. (1998): Early Childhood Environment Rating Scale. Revised Edition. New York.

KTK – (Verband Katholischer Tageseinrichtungen für Kinder) Bundesverband e.V. (Hrsg.) (2004): KTK-Gütesiegel. Freiburg.

MGFFI – (Ministerium für Generationen, Familie, Frauen und Gesundheit des Landes Nordrhein-Westfalen) (2007): Das Gütesiegel Familienzentrum NRW. Zertifizierung der Piloteinrichtungen. Düsseldorf.

MSDE – (Maryland State Department of Education) (2004): Standards for Implementing Quality Early Childhood Programs. Baltimore.

Paritätische Gesellschaft für Qualität mbH (2004): Evaluationsbögen Qualitäts-Check PQ-Sys® Kindertageseinrichtungen – Inhaltliche Endversion 1.1 – Stand: 23.07.2004.

Tietze, W./Schuster, K.-M./Grenner, K./Rossbach, H.-G. (2005): Kindergarten – Skala. Revidierte Fassung (KES – R). Feststellung und Unterstützung pädagogischer Qualität in Kindergärten. Weinheim/Basel: Beltz.

Ziesche, U. (1999): Werkstatthandbuch zur Qualitätsentwicklung in Kindertagesstätten. Neuwied: Luchterhand.

Vernetzung von Kindertageseinrichtungen mit psychosozialen Diensten

Martin R. Textor

Kindertageseinrichtungen sind die ersten gesellschaftlichen Institutionen, die von Kindern besucht werden. Sie erreichen inzwischen nahezu alle Drei- bis Sechsjährigen – und eine zunehmende Zahl von Unter-Dreijährigen. In Kindertageseinrichtungen werden in der Regel Verhaltensauffälligkeiten, Entwicklungsrückstände, Behinderungen und Sprachprobleme zum ersten Mal „öffentlich", die zuvor im Schonraum der Familie weitgehend ignoriert oder mangels eines Vergleichs mit Gleichaltrigen nicht erkannt wurden. Die hier beschäftigten sozialpädagogischen Fachkräfte erkennen zumeist die zugrunde liegenden Ursachen wie z.B. Erziehungsschwierigkeiten der Eltern, Überbehütung, Vernachlässigung, Misshandlung, pathogene Familienprozesse, Migrantenstatus oder Randgruppenzugehörigkeit. Zudem beobachten sie häufig Probleme und Belastungen von Familien wie beispielsweise Ehekonflikte, Trennung/Scheidung, Arbeitslosigkeit und Armut oder die chronische (psychische) Erkrankung, Suchtkrankheit, Behinderung bzw. Pflegebedürftigkeit eines Familienmitgliedes. Da sozialpädagogische Fachkräfte in viel höherem Maße als z.B. Lehrer/innen Beziehungen zu Eltern aufbauen und pflegen, werden sie von diesen auch häufiger ins Vertrauen gezogen.

Aus der skizzierten Situation resultieren zunächst die beiden folgenden Aufgaben (vgl. Textor 2004):

1. Sozialpädagogische Fachkräfte müssen verhaltensauffällige, entwicklungsverzögerte, behinderte und sprachgestörte Kinder im Rahmen ihrer Möglichkeiten *erzieherisch und heilpädagogisch besonders fördern*.
2.a Sie müssen *die Eltern zum richtigen Umgang mit diesen Kindern anhalten*. Liegen die Ursachen der Probleme in der Familie, sollten sie auf diese einwirken.
2.b Sie müssen *Eltern mit solchen Problemen und Belastungen unterstützen*, die wohl noch nicht zu Auffälligkeiten bei deren Kindern geführt haben, aber die Lebenssituation der Familie in hohem Maße beeinträchtigen – und damit auch eine qualitativ gute Familienerziehung bzw. das Kindeswohl gefährden.

Sozialpädagogische Fachkräfte können diese beiden Aufgaben aber nur begrenzt erfüllen: Zum einen haben sie aufgrund der Rahmenbedingungen (Gruppengröße, Erzieherin-Kind-Relation usw.) nur wenig Zeit für eine intensive erzieherische bzw. heilpädagogische Förderung eines einzelnen Kindes; viele Auffälligkeiten verlangen zudem nach einer spezialisierten medizinischen oder therapeutischen Behandlung. Zum anderen sind die Fachkräfte nicht als Erziehungs- bzw. Familienberater/innen ausgebildet und haben nur begrenzt Zeit für längere Beratungsgespräche mit Eltern. Außerdem fallen viele der vorgenannten Familienbelastungen nicht in ihren Zuständigkeitsbereich, mangelt es ihnen an dem entsprechenden Fachwissen. Daraus resultieren zwei weitere Aufgaben (vgl. Textor 2004):

3. Stoßen sozialpädagogische Fachkräfte bei einem Kind oder einer Familie an ihre Grenzen, müssen sie die Eltern auf die von ihnen (bzw. ihrem Kind) benötigten *Angebote medizinischer und psychosozialer Dienste aufmerksam machen und sie motivieren, diese zu nutzen.*
4. Sie müssen sich *einen Überblick über die am Ort und im näheren Umkreis vorhandenen medizinischen und psychosozialen Einrichtungen verschaffen*, da dies die Voraussetzung dafür ist, dass sie überhaupt beratungs- bzw. hilfebedürftige Familien an diese weitervermitteln können.

Kindertageseinrichtungen sollten sich also mit relevanten Beratungsstellen und medizinischen, therapeutischen bzw. sozialen Diensten vernetzen. Aber auch viele Behörden, Verbände, Vereine und Selbsthilfegruppen bieten für Familien relevante Hilfen an.

Es ist schon mit einer gewissen Herausforderung für sozialpädagogische Fachkräfte in Kindertageseinrichtungen verbunden, sich einen Überblick über das System relevanter Institutionen und Dienste zu verschaffen, da dieses hoch komplex und stark ausdifferenziert ist. Hilfreich sind dabei Broschüren mit Titeln wie „Hilfen für Familien", wie sie von vielen Stadtverwaltungen veröffentlicht wurden, zumal hier auch die Adressen und Telefonnummern der medizinischen und psychosozialen Dienste vor Ort aufgelistet sind. Ansonsten kann beispielsweise auf allgemeinere Broschüren von (Bundes-/Landes-) Ministerien und Verbänden oder auf das Internet zurückgegriffen werden (z.B. auf die Rubriken „Angebote/Hilfen" und „Leistungen für Familien" der Website www.familienhandbuch.de).

Vernetzung von Kindertageseinrichtungen mit psychosozialen Diensten 123

Einen Überblick über die wichtigsten Einrichtungen bietet die folgende Grafik:

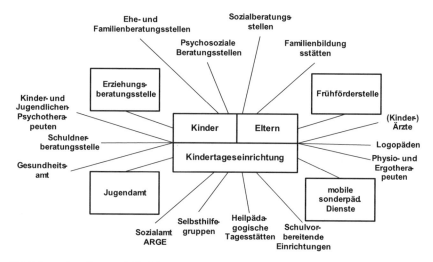

Abbildung 1: Potenzielle Vernetzungspartner von Kindertageseinrichtungen

Anschließend sollten die Fachkräfte im Team der jeweiligen Kindertageseinrichtung klären,

1. bei welchen dieser medizinischen, psychosozialen und sonstigen Dienste es ausreicht, wenn die Adressen und Telefonnummern bekannt sind,
2. von welchen Einrichtungen zusätzlich schriftliche Informationen (z.b. Faltblätter, Broschüren, Jahresberichte) angefordert werden sollten und
3. zu welchen Diensten ein intensiverer Kontakt aufgebaut werden soll.

Letzteres wird unter den Fachbegriff „*Vernetzung*" subsumiert: Kindertagesstätten sollen mit Beratungsstellen sowie mit medizinischen, therapeutischen und/oder sozialen Einrichtungen zu einem *Netzwerk* verknüpft werden (siehe hierzu Textor/Winterhalter-Salvatore o.J.).

1 Ziele der Vernetzung

Bei der Vernetzung von Kindertageseinrichtungen und psychosozialen Diensten muss es immer darum gehen, *wie hilfebedürftige Kinder bzw. Familien die "pas-*

sende" Hilfe erhalten. Dies sollte zu einem möglichst frühen Zeitpunkt geschehen, da dann eine Behandlung bzw. Beratung in der Regel kürzer, effektiver und effizienter ist. Sozialpädagogische Fachkräfte in Kindertageseinrichtungen sollten also erfahren, für welche Problemlagen welche psychosozialen Dienste die richtigen Ansprechpartner sind, wie in diesen Einrichtungen mit Kindern bzw. Eltern gearbeitet wird und auf welche Weise sie in die Behandlung eingebunden werden können – in vielen Fällen ist nämlich *eine Zusammenarbeit zwischen Fachkraft und Mitarbeiter/in des psychosozialen Dienstes bei der Problemdefinition, der Auswahl und Planung geeigneter Maßnahmen sowie bei deren Durchführung anzustreben* (falls eine Einwilligung der Eltern vorliegt). Dann kann die Fachkraft im Rahmen ihrer (begrenzten) Möglichkeiten die Maßnahme unterstützen und ergänzend auf das Kind bzw. die Familie einwirken (größere Erfolgswahrscheinlichkeit durch Synergieeffekte).

Ein weiteres wichtiges Ziel der Vernetzung ist, dass *sozialpädagogische Fachkräfte in Problemsituationen auch für sich selbst Hilfe durch psychosoziale Dienste erfahren.* Die benötigte Unterstützung kann fallbezogen (Umgang mit einem bestimmten Kind bzw. einer Familie), allgemein (z.B. heilpädagogische Weiterqualifizierung), teambezogen (z.B. bei Konflikten mit Kolleg/innen) oder persönlich sein (z.B. Probleme im Umgang mit einer bestimmten Gruppe von Eltern, die durch Übertragung verursacht sind).

In einem engen Zusammenhang mit diesen beiden zentralen Zielen stehen weitere:

1. *Informations- und Erfahrungsaustausch*: Lernen sozialpädagogische Fachkräfte die Mitarbeiter/innen psychosozialer Dienste persönlich kennen, können sie sich über deren Arbeit unterrichten lassen sowie deren Vorgehensweise, Erwartungen und Wünsche bei der Zusammenarbeit berücksichtigen. Zudem fällt es ihnen dann leichter, bei Problemen Kontakt aufzunehmen oder Hilfsbedürftige zu überweisen, da die Ansprechpartner bereits bekannt sind.
2. *Erweiterung der Kenntnisse von Eltern über Hilfsangebote für Kinder und Familien*: Die sozialpädagogischen Fachkräfte können entsprechende Informationen und Materialien an Eltern weitergeben. Auch wird erwartet, dass deren Schwellenängste reduziert werden, wenn die Fachkräfte besser über psychosoziale Dienste aufklären und ihnen persönlich bekannte Ansprechpartner benennen können.
3. *Verbesserung der Kooperation im Einzelfall*: Angestrebt werden eine rechtzeitige Früherkennung, die Verminderung von Entscheidungsunsicherheiten hinsichtlich einer Weitervermittlung (Vermeidung von Fehlvermittlungen und Mehrfachbetreuungen), eine verstärkte Nutzung der Beobachtungen

und Erfahrungen der Fachkraft mit dem Kind bzw. der Familie, ein besseres Handlungskonzept durch deren Einbindung in die Planung und Durchführung von Maßnahmen und damit eine größere Effektivität der Hilfsangebote.
4. *Verwirklichung gemeinsamer Ziele*: In der Kooperation zwischen sozialpädagogischen Fachkräften und Mitarbeiter/innen psychosozialer Dienste können Ziele wie Lebensweltorientierung, Hilfe zur Selbsthilfe, (Sucht-, Gewalt-) Prävention, Medienerziehung, Familienbildung u.ä. realisiert werden.
5. *Gegenseitige Unterstützung*: Durch den fachlichen Austausch, die gegenseitige Hilfe beim Umgang mit Einzelfällen, die (kollegiale) Beratung bei Problemen u.ä. soll es zu einem Kompetenzgewinn und einer höheren Qualität der geleisteten Arbeit kommen.

Schließlich kann mehr Verständnis für die Arbeit und die Probleme der jeweils anderen Seite dazu führen, dass sich sozialpädagogische Fachkräfte und Mitarbeiter/innen psychosozialer Dienste solidarisieren, um gemeinsam für gute Arbeitsbedingungen zu kämpfen – oder für bessere Lebensverhältnisse für Kinder und Familien.

2   Formen der Vernetzung

Die Vernetzung kann *horizontal* (d.h. zwischen Einrichtungen auf der lokalen Ebene) und/oder *vertikal* (zwischen örtlichen und überregionalen Institutionen) erfolgen. Prinzipiell kann sie

- *unidirektional* sein: Dies ist beispielsweise der Fall, wenn eine Kindertagesstätte Familien an eine Erziehungsberatungsstelle weitervermittelt, diese aber keinen Kontakt zu den sozialpädagogischen Fachkräften hat.
- *bidirektional* sein: Die gerade skizzierte „einseitige Kooperation" wird dadurch erweitert, dass die Erziehungsberater/innen Gespräche über die jeweilige Familie mit den sozialpädagogischen Fachkräften führen oder auf andere Weise die Beziehung aufrecht halten – z.B. durch Referate bei Elternabenden.
- *multidirektional* sein: Dies ist der Fall, wenn beispielsweise eine Kindertageseinrichtung in einem sozialen Brennpunkt mehr oder minder regelmäßig Mitarbeiter/innen mehrerer psychosozialer Dienste zu einer Helferkonferenz einlädt, um das multidisziplinäre Vorgehen in Einzelfällen zu besprechen.

Die Mitwirkung kann auf Personen von der Leitungsebene beschränkt sein; es können aber auch (nahezu) alle Mitarbeiter/innen einbezogen werden. Eine Vernetzung kann *kurzfristig* (z.B. für die Dauer der Behandlung eines Kindergartenkindes) oder *langfristig* bzw. auf Dauer sein. Ferner kann sie auf ein bestimmtes Thema bzw. Projekt begrenzt sein oder aber die ganze mögliche Themenvielfalt berücksichtigen.

3 Methoden der Vernetzung

Es gibt eine kaum noch überschaubare Anzahl von Vernetzungsaktivitäten, die hier – nur grob systematisiert – aufgelistet werden:

Bezugsgruppe	Formen der Kooperation
sozialpädagogische Fachkräfte	<ul><li>Informationsveranstaltungen über die Aufgaben und Arbeitsweise des psychosozialen Dienstes</li><li>gemeinsame Teilnahme an Arbeitsgemeinschaften/-kreisen</li><li>gemeinsame Aktionen (z.b. zur Prävention sexuellen Missbrauchs, Medienerziehung)</li><li>Projektbegleitung (z.B. zur Suchtprävention)</li><li>allgemeine, informative Gespräche/Telefonate</li><li>allgemeine Besprechungen</li><li>wechselseitige Besuche</li><li>Hospitation von Mitarbeiter/innen des psychosozialen Dienstes in der Kindertageseinrichtung (*nicht* fallbezogen)</li><li>Teilnahme von Mitarbeiter/innen des psychosozialen Dienstes an Teambesprechungen</li><li>Hospitation von Fachkräften im psychosozialen Dienst</li><li>Dienstbesprechungen</li><li>allgemeine oder themenzentrierte Beratung</li><li>Sprechstunden für Fachkräfte im psychosozialen Dienst</li><li>Einzel-/Gruppensupervision, Einzelfallsupervision</li><li>Beobachtung einer Fachkraft in einer Kindertageseinrichtung zwecks Beratung</li><li>Teamsupervision/Beratung bei Teamkonflikten</li><li>Fortbildung für Fachkräfte durch Mitarbeiter/innen psychosozialer Dienste</li><li>Gesprächskreis für sozialpädagogische Fachkräfte</li><li>Angebote zur Selbsterfahrung</li></ul>

Kinder	• Vermittlung eines Kindes und evtl. Übernahmeabsprachen • Fallbesprechungen, Austausch von Informationen über das Kind • Beobachtung eines Kindes in der Kindertageseinrichtung (auch Fachkraft-Kind-Beziehung, des Gruppengeschehens) • Einbeziehung der Fachkraft in die Diagnoseerstellung und Hilfeplanung bei einem Kind • Mitteilung von Behandlungsverlauf-/ergebnissen • Einladung der Fachkraft zu einem Behandlungstermin im psychosozialen Dienst • Behandlung eines Kindes in der Kindertageseinrichtung • Einbeziehung der Fachkraft in die Behandlung eines Kindes
Eltern/Familien	• Auslegen/Aushängen von Informationsmaterial psychosozialer Dienste in Kindertageseinrichtungen • Beiträge von Mitarbeiter/innen psychosozialer Dienste zu Elternbriefen u.Ä. • Teilnahme von Mitarbeiter/innen psychosozialer Dienste an Elternabenden/Gesprächsabenden (Referententätigkeit) • Teilnahme von Mitarbeiter/innen psychosozialer Dienste an Elterngesprächen • Vermittlung durch Empfehlung, Telefonat oder Begleitung • Fallbesprechung, Informationsaustausch (auch über Ziele und Verlauf der Betreuung durch den psychosozialen Dienst) • Teilnahme der Fachkraft an Sitzungen im psychosozialen Dienst • gemeinsame Hausbesuche • Erstgespräche/Einzelberatung von Eltern in der Kindertageseinrichtung • Offene Sprechstunde für Eltern in d. Kindertageseinrichtung • Eltern-/Mütter-/Alleinerziehendengesprächskreis unter Leitung von Mitarbeiter/innen psychosozialer Dienste in der Kindertageseinrichtung • Gesprächskreis für „Kindergarteneltern" (-mütter) im psychosozialen Dienst

Tabelle 1: Kooperationsformen zwischen Kindertageseinrichtungen und psychosozialen Diensten

Eine besondere Bedeutung kommt hier den mobilen Diensten zu, die vielerorts von Frühförderstellen, Förderschulen, Erziehungsberatungsstellen oder anderen Institutionen speziell für die Betreuung von Kindertageseinrichtungen ausdifferenziert wurden. Die meisten mobilen Dienste behandeln auffällige Kinder mit Einwilligung der Eltern direkt in der Kindertagesstätte – nach Beobachtung, Diagnose und Fallbesprechung mit den sozialpädagogischen Fachkräften. Auf diese Weise werden Kinder erreicht, die von ihren Eltern aus verschiedenen

Gründen (z.B. mangelndes Problembewusstsein, Vollerwerbstätigkeit, Schwellenangst, fehlender Pkw) nie bei einem psychosozialen Dienst vorgestellt werden würden. Aber auch manche Eltern sind in den vertrauten Räumen der Kindertageseinrichtung eher für eine Beratung zugänglich. Außerdem können die Fachkräfte leichter in die Behandlung des jeweiligen Kindes einbezogen werden und unterstützend wirken.

Daneben gibt es (eine kleinere Zahl mobiler) Dienste, die sich auf die Beratung sozialpädagogischer Fachkräfte spezialisiert haben. Neben Diagnosehilfen und Fallbesprechungen wird ihnen auch das Angebot gemacht, ihr Verhalten in der Kindergruppe beobachten zu lassen, sodass es anschließend reflektiert werden kann. Dadurch – und durch die Vermittlung von Kenntnissen und Kompetenzen – können die pädagogische Arbeit und der Umgang mit bestimmten Problemsituationen verbessert werden.

Vernetzungsfördernde und -hemmende Faktoren

Eine Vernetzung von Kindertageseinrichtungen und psychosozialen Diensten wird oft durch die Rahmenbedingungen auf beiden Seiten erschwert: Beispielsweise können sozialpädagogische Fachkräfte nur einen geringen Teil ihrer Verfügungszeit für Vernetzungsaktivitäten nutzen. Auch die weitaus meisten psychosozialen Dienste sind durch hohe Klientenzahlen (Wartelisten) so überlastet, dass kaum Zeit für den Kontakt mit Kindertageseinrichtungen bleibt. Hinzu kommt, dass insbesondere Freiberufler (Ärzt/innen, Psychotherapeut/innen, Logopäd/innen, Ergotherapeut/innen usw.) Vernetzungsaktivitäten mit Krankenversicherungen und anderen „Geldgebern" nicht abrechnen können. Vernetzungshemmend können auf beiden Seiten aber auch mangelndes Interesse und fehlende Motivation wirken. Eine besondere Bedeutung kommen außerdem der Schweigepflicht und dem Datenschutz zu: Sie erschweren eine einzelfallbezogene Kooperation, wenn keine (schriftliche) Einwilligungserklärung der Eltern vorliegt.

Ferner ist problematisch, wenn der Eindruck entsteht, dass der hohe Aufwand für Vernetzungsaktivitäten in keinem angemessenen Verhältnis zum „Ertrag" steht bzw. dass die aufgewendete Zeit und Energie bei zentraleren bzw. wichtigeren Aufgaben (z.B. Erziehung der Kinder, Elternarbeit, Betreuung und Beratung von Klient/innen) fehlen. Enttäuschungen können aber auch aus zu hohen Erwartungen resultieren (dass sozialpädagogische Fachkräfte bei der Behandlung von Kindern als „Cotherapeut/innen" eingesetzt werden können, dass psychosoziale Dienste für sie viele Fortbildungs- oder Supervisionsangebote machen können usw.). Negativ kann sich ferner der Eindruck auswirken, dass sich Kindertageseinrichtungen durch Vernetzung aller schwierigen Kinder entledigen wollen oder dass in diesem Bereich notwendige Veränderungen (z.B. bessere heilpädagogische Qualifizierung von sozialpädagogischen Fachkräften in Aus- und Fortbildung, intensivere Elternarbeit und -beratung) hinausgeschoben werden sollen. Hingegen wirkt vernetzungsfördernd, wenn die nachstehenden Grundsätze berücksichtigt werden. Sie wurden in der Zusammenarbeit mit dem Amt für Jugend und Familie des Landkreises Miesbach sowie mit dem Amt für Kinder, Jugendliche und Familien der Stadt Rosenheim entwickelt.

1. Die Mitarbeiter/innen von Kindertageseinrichtungen und psychosozialen Diensten sind bestrebt, die (staatlich anerkannten Fach-) Kompetenzen der jeweils anderen Seite als gleichwertig anzuerkennen und sie mit Achtung und Respekt zu behandeln. Sie nehmen wahr, dass die Kindertageseinrichtung und der jeweilige psychosoziale Dienst andersartige Systeme mit verschiedenen Organisationsstrukturen, Regeln und Begrenzungen sind.
2. Beide Seiten sind gleichberechtigt. Sie streben nach Grundhaltungen wie Offenheit, Aufgeschlossenheit sowie Gesprächs- und Kooperationsbereitschaft. Sie bemühen sich um das Vertrauen der jeweils anderen Seite.
3. Jede Profession versucht, die Grenzen ihrer berufstypischen Vorgehensweise zu akzeptieren, und ist geneigt, von anderer Seite gelieferte Informationen zunächst einmal als wahr und richtig zu betrachten. Sie ist zu einem Gespräch mit der anderen Seite bereit, wenn sie zu einem anderen Ergebnis als diese kommt. Es wird anerkannt, dass sich Professionen und unterschiedliche Fachlichkeiten ergänzen und im Einzelfall oft ein Zusammenwirken unabdingbar ist (Interdisziplinarität).
4. Die unter 1. bis 3. genannten Grundhaltungen und Einstellungen sind nur in einem langfristigen Prozess zu erreichen, der persönliche Kontakte voraussetzt.
5. Beide Seiten informieren einander offen über ihre Zuständigkeiten, Aufgaben, Tätigkeiten, Arbeitsformen, Vorgehensweisen, Erfahrungen und Probleme – entweder auf annähernd regelmäßiger Basis oder auf Wunsch, eventuell auch durch Informationsveranstaltungen, „Tage der offenen Tür" usw. Falls vorhanden werden schriftliche Materialien zur Verfügung gestellt (z.B. Broschüren, Beratungsführer, Faltblätter, Kindergartenkonzeptionen). Relevante Informationen über psychosoziale Dienste werden von den Kindertageseinrichtungen an die Eltern weitergegeben (z.B. Aushängen von Faltblättern am schwarzen Brett, Auslegen von Broschüren, Beiträge in Elternbriefen).
6. Beide Seiten streben nach persönlichen Kontakten, sodass zumindest in größeren Einrichtungen bekannte Ansprechpartner vorhanden sind. Gegenseitige Besuche und unter Umständen auch Hospitationen werden als sinnvoll erachtet. Kontinuierliche Kontakte – z.B. in Arbeitskreisen – werden angestrebt. Gemeinsame Fortbildungen können zu einem Angleichen des (unterschiedlichen) Informationsstandes zu relevanten Themen (z.B. Ursachen von Verhaltensauffälligkeiten, Diagnostik, heilpädagogische Behandlungsformen, systemisches Arbeiten) führen.
7. Beratung – in welcher Form auch immer – ist eine allgemeine und alltägliche Dienst-

leistung. Sozialpädagogische Fachkräfte akzeptieren die Normalität von Beratung und vermitteln diese Grundhaltung an die Familien weiter. Zusammen mit den psychosozialen Diensten versuchen sie, durch eine entsprechende Aufklärung von Eltern Hemmschwellen abzubauen. Sofern möglich, versuchen deren Mitarbeiter/innen, sich den Eltern persönlich vorzustellen (z.b. durch die Teilnahme an einem Elternabend – möglichst einer gemeinsamen Veranstaltung mehrerer Kindertageseinrichtungen). Bei besonders großen Ängsten kann unter Umständen auch ein Beratungstermin in der Kindertagesstätte erfolgen oder die Fachkraft die Familie zum Erstgespräch in den psychosozialen Dienst begleiten.

8. Von beiden Seiten wird eine möglichst frühzeitige Intervention angestrebt, damit sich Verhaltensauffälligkeiten, Sprachstörungen, Probleme u.Ä. nicht verfestigen können. Beide Seiten wirken darauf hin, dass die "Verantwortlichen" (z.B. Sozialamt, Therapien verschreibende Ärzte, für wirtschaftliche Erziehungshilfe zuständige Mitarbeiter/innen des Jugendamtes) erkennen, dass frühzeitige Behandlungen kostengünstiger und damit wirtschaftlicher sind.

9. Frühzeitige Interventionen und präventive Maßnahmen lassen sich nur realisieren, wenn sozialpädagogische Fachkräfte das Vertrauen der Eltern besitzen. Der Elternarbeit kommt somit eine zentrale Bedeutung zu; sie sollte zu einer "Erziehungspartnerschaft" zwischen Eltern und Fachkräften führen. Kindertageseinrichtungen und psychosoziale Dienste achten die Elternrechte und beziehen die Eltern bei Problemen der Kinder frühestmöglich und bei jeder geeigneten Gelegenheit in ihre Maßnahmen ein. Sie sind bestrebt, in ihnen "Fachleute" für ihr Kind zu sehen, ihre Kompetenzen zu achten und sie immer ernst zu nehmen. Auch im Rahmen von Beratung, Behandlung und Therapie werden Eltern als Partner gesehen.

10. Wird ein Kind bzw. eine Familie an einen psychosozialen Dienst oder an einen Arzt weitervermittelt, bemühen sich sowohl die Kindertagesstätte als auch der Dienst (bzw. Arzt) um die (schriftliche) Einwilligung der Eltern mit auf ihren Fall bezogenen Kontakten zwischen beiden Einrichtungen. Wird das Kind oder die Familie von dem psychosozialen Dienst ohne Wissen der Kindertagesstätte betreut, bemüht sich dieser um die Einwilligung der Eltern in eine Kontaktaufnahme mit der zuständigen Fachkraft. Wenn es sinnvoll zu sein scheint, werden die Eltern auch gefragt, ob sie mit der Weitergabe von (ärztlichen) Untersuchungs- und Testergebnissen oder von schriftlichen Berichten (z.B. Gutachten) einverstanden sind. Unter Umständen wird die zuständige Gruppenleiter/in zu einem einzelnen Beratungs- oder Behandlungstermin eingeladen.

11. Im Sinne der Kinder und seiner Eltern ist sicherzustellen, dass Behandlungen und Beratungen von qualifizierten und kompetenten Fachleuten (z.B. Ärzt/innen, Psycholog/innen, Sozialpädagog/innen, medizinische Hilfsberufe) durchgeführt werden und dem Bedarf entsprechen.

12. Erweist es sich in den genannten Fällen als notwendig, werden gemeinsam Fallbesprechungen, Hilfeplangespräche oder Helferkonferenzen durchgeführt – möglichst mit den Eltern (auf jeden Fall aber mit deren Einwilligung). So können sozialpädagogische Fachkräfte – und Eltern – wichtige Informationen beisteuern, werden sie in die Behandlung einbezogen, können Vorgehensweise und Verhalten gegenüber dem

jeweiligen Kind bzw. seinen Eltern abgestimmt werden.
13. Falls nötig und sinnvoll werden Diagnosen gemeinsam von den Mitarbeiter/innen psychosozialer Dienste, den sozialpädagogischen Fachkräften der Kindertageseinrichtung und den Eltern erstellt, da nur so verschiedene Perspektiven und unterschiedliche Erfahrungen mit dem jeweiligen Kind in seinen Lebenswelten miteinander verknüpft werden können. Ziel der Diagnose ist das Verstehen des individuellen Kindes in seiner Entwicklung und unter Einbeziehung seines Umfeldes. Die Diagnose wird nicht als einmalige Momentaufnahme verstanden, sondern als ein Prozess.
14. Haben sozialpädagogische Fachkräfte Probleme, den Entwicklungsstand oder das Verhalten eines bestimmten Kindes richtig einzuschätzen, stellen psychosoziale Dienste (bzw. Ärzte) Diagnosehilfen zur Verfügung (z.B. Beobachtungsbogen). Ferner stehen sie nach Möglichkeit für anonymisierte Fallbesprechungen – insbesondere im Vorfeld von Elterngesprächen – zur Verfügung. Auch können sie nach Einwilligung der Eltern eine Fachkraft in die Kindertageseinrichtung zwecks Diagnoseerstellung entsenden. Sozialpädagogische Fachkräfte sind damit einverstanden, dass dies auch passiert, wenn Mitarbeiter/innen psychosozialer Dienste ein zur Behandlung angemeldetes Kind in der „natürlichen" Umwelt der Kindertageseinrichtung bzw. in seiner Beziehung zu den Fachkräften beobachten wollen.
15. Können Familien psychosoziale Dienste nicht aufsuchen, bemühen sich die Fachkräfte, durch mobile Dienstleistungen dieser Situation zu entsprechen. Sie behandeln die Kinder in der Kindertagesstätte und beraten auch ihre Eltern dort. Ähnliches gilt für Fälle, bei denen Eltern psychosoziale Dienste nicht aufsuchen *wollen*, aber mit einer Behandlung ihres Kindes in der Tageseinrichtung einverstanden sind.
16. Lassen es die personellen Kapazitäten eines psychosozialen Dienstes zu, können auf Wunsch offene Sprechstunden für Eltern, Kontaktnachmittage, Gesprächskreise für Mütter u.Ä. in Kindertageseinrichtungen angeboten werden. Auf diese Weise werden zugleich Aufgaben nach §16 SGB VIII (allgemeine Beratung, Familienbildung) übernommen. Ferner werden Schwellenängste abgebaut.
17. Bei Behandlungen von Kindern durch psychosoziale Dienste in Kindertageseinrichtungen erhalten sozialpädagogische Fachkräfte die Möglichkeit zur Teilnahme. Sie werden im Umgang mit dem jeweiligen Kind angeleitet und können auf diese Weise ihre heilpädagogischen Kompetenzen erweitern.
18. Da manche sozialpädagogischen Fachkräfte einen Beratungsbedarf haben und zusätzliche Qualifikationen benötigen, stellen psychosoziale Dienste hierfür personelle Kapazitäten zur Verfügung (z.B. für Beobachtungen in der Kindertageseinrichtung, für Fallbesprechungen, Supervision, Teamfortbildungen u.Ä.). Damit verbunden ist das Ziel einer Weiterqualifizierung der Fachkräfte, damit sie mehr präventive Aufgaben übernehmen und durch die Verhütung oder die Reduzierung von Auffälligkeiten psychosoziale Dienste entlasten können.
19. Bei allen fallbezogenen Kontakten werden immer die Bestimmungen des Sozialdatenschutzes (Kunkel 2003) beachtet.

Abbildung 2: Grundsätze für die Kooperation von Kindertageseinrichtungen und psychosozialen Diensten

Damit diese Grundsätze umgesetzt werden können, wirken sozialpädagogische Fachkräfte und Mitarbeiter/innen psychosozialer Dienste darauf hin, dass die Träger und Trägerverbände eine Zusammenarbeit zulassen und fördern (z.B. durch entsprechende Fortbildungen, Genehmigung von Dienstreisen und Besuchen, Übernahme eventueller Kosten, Kommunikations- und Kooperationsräume). Schließlich gilt es, die Finanzierung von hier genannten Leistungen sicherzustellen, die bisher nicht erstattet werden (z.b. Fallbesprechungen mit Erzieher/innen oder deren Beratung durch freiberuflich tätige Psychotherapeut/innen, Ärzte, Logopäd/innen, Ergotherapeut/innen usw.).

Eine besondere Rolle kommt den Trägern der öffentlichen Jugendhilfe, insbesondere den Landkreisen und den kreisfreien Städten zu, da sie laut § 79 SGB VIII die Gesamtverantwortung für die (örtliche) Jugendhilfe haben. *Die Jugendämter sind gefordert, die Vernetzung von Kindertageseinrichtungen und psychosozialen Diensten zu initiieren und zu koordinieren* (vgl. Textor 1998). Dabei können andere relevante Vernetzungspartner – z.b. Fachberater/innen für Kindertagesstätten der Wohlfahrtsverbände und der Landesjugendämter, die Fachakademien und Fachschulen für Sozialpädagogik – einbezogen werden.

Literatur

Kunkel, P.-C. (2003): Sozialdatenschutz in Kindergärten. Internetquelle: <www.kinder gartenpaedagogik.de/1064.html>.

Textor, M.R. (1998): Vernetzung von Kindertageseinrichtungen mit psychosozialen Diensten – ein vernachlässigter Aufgabenbereich von Jugendämtern? Zentralblatt für Jugendrecht 85, 313-317.

Textor, M.R. (Hrsg.) (2004): Verhaltensauffällige Kinder fördern. Praktische Hilfen für Kindergarten und Hort. Weinheim, Basel: Beltz.

Textor, M.R./Winterhalter-Salvatore, D. (o.J.): Hilfen für Kinder, Erzieher/innen und Eltern. Vernetzung von Kindertageseinrichtungen mit psychosozialen Diensten. Internetquelle: <www.stmas.baycrn.dc/kinderbetreuung/tageseinrichtungen/hilfen-kee. pdf>.

Gesundheitsförderung und Prävention in der Tagesbetreuung

Gregor Hensen

1 Ausgangslage

Die Tagesbetreuung in Deutschland bzw. der institutionelle Bereich, der für frühkindliche Betreuung, Bildung und Erziehung verantwortlich ist, befindet sich zurzeit in einem Wandel. Genauer gesagt steht der eigentliche Wandel noch bevor, denn, obwohl die Tagesbetreuung längst als eine der wichtigsten Sozialisationsagenturen im Aufwachsen von Kindern identifiziert worden ist, scheinen viele etablierte Erziehungskonzepte nicht mehr zeitgemäß. Insbesondere im Rahmen der Bildungsdiskussion (PISA- und IGLU-Studie) wurde der besondere und an vielen Stellen nicht immer eindeutige Bildungsauftrag der Kindertagesstätten in den Mittelpunkt gerückt (vgl. Rauschenbach 2004). Außerschulische Bildung, wie sie bereits im Elementarbereich notwendig ist, wird vor diesem Hintergrund als ein zentraler Baustein im Aufgabenprofil der Tagesbetreuung unverzichtbar. Wenngleich hier unstreitig Wandlungsbedarf auf Seiten der erzieherischen und institutionellen Konzepte besteht, kann der Bereich der frühkindlichen Erziehung, Bildung und Betreuung gerade in Deutschland auf eine lange Tradition zurückblicken, deren Einflüsse auch heute noch sichtbar sind. Dies stellt der Länderbericht der Organisation für wirtschaftliche Zusammenarbeit und Entwicklung (OECD 2004) zur deutschen Gesamtsituation als besondere Stärke deutscher Tagesbetreuungseinrichtungen heraus. Frühkindliche Bildungs- und Erziehungskonzepte folgen keinen wirtschaftlichen Zielen, sondern zeigen sich in Deutschland sozialpädagogisch und vielfach an lebensweltorientierten Strukturmerkmalen ausgerichtet.

Spätestens seit dem Achten Kinder- und Jugendbericht der Bundesregierung ist der Begriff der Prävention aus der deutschen Jugendhilfelandschaft nicht mehr wegzudenken. Auch wenn Gesundheit als Präventionsziel in dieser Aufforderung nur randständige Bedeutung erfährt, wird sie seitdem als fester Bestandteil einer lebensweltorientierten Methodik und Mathetik verstanden. Lässt man die Unschärfen, die mit dem Präventionsbegriff grundlegend verbunden sind (vgl. Lindner/Freund 2001; Bauer 2005), unberücksichtigt, wird deutlich, dass Prävention im Bereich der Tagesbetreuung als Universalkonzept für die

Vermeidung jedweder Entwicklungsrisiken einzusetzen ist (so z.B. zur Vermeidung von Sprachdefiziten, Ernährungsstörungen, Bewegungsmangel, Vernachlässigung, Aufmerksamkeitsstörungen etc.). Vor allem steht hierbei die Gesundheit des Kindes im Mittelpunkt, denn nur sie ermöglicht einen hohen Rezeptionsgrad entwicklungsfördernder Maßnahmen, die fester Bestandteil innerinstitutioneller und außerinstitutioneller Förderung und Erziehung sind. Gesundheitsfördernde Maßnahmen und Ziele erfordern häufig einen Kenntnisstand bezüglich der einzusetzenden Methoden und zu vermittelnden Inhalten, die von den unmittelbaren Bezugspersonen des Kindes nicht immer in der erforderlichen Weise bereitgestellt werden können. Die institutionelle Tagesbetreuung ist daher der geeignete Ort, in denen Maßnahmen zur Gesundheitsförderung bzw. zur Prävention von entwicklungshemmenden Einflüssen bereits im frühen Kindesalter vermittelt werden können. Der Einbezug von Eltern und Bezugspersonen kann hierbei viele Lücken schließen, denn sie profitieren als Teilnehmer gemeinsamer Aktivitäten sowohl direkt von Gesundheitsförderung (eigener Nutzen) als auch indirekt (Wirkung auf das Kind).

2 Gesundheit von Kindern als soziale Aufgabe

Gesundheit ist in der Sozialen Arbeit schon seit langem ein Bezugsthema. Armut, Hilflosigkeit und Erziehungsbedürftigkeit sind zentrale Handlungsfelder Sozialer Arbeit und haben in der Vergangenheit „ihre Skandalträchtigkeit aus der mit ihnen notwendig einhergehenden gesundheitlichen Verelendung bezogen" (Zurhorst 2000: 42). Ebenso zeigen nahezu alle weiteren Tätigkeitsfelder Sozialer Arbeit einen direkten und indirekten Bezug auf Gesundheit (Sucht, Kriminalität, Behinderung, Obdachlosigkeit etc.) (ebd.). Sozialpädagogische Programme beschäftigen sich demnach fast immer mit der Gesundheit bzw. Krankheit ihrer Adressaten/innen, auch wenn sie Gesundheit eher selten als eindeutiges Interventions- und Präventionsziel deklarieren. Die besondere und explizite Aufmerksamkeit auf die *Gesundheit von Kindern und Familien* ist im Bereich der Kinder- und Jugendhilfe verhältnismäßig neu. Der 11. Kinder- und Jugendbericht der Bundesregierung bspw. ist der erste Bericht, der für eine stärkere Verankerung von Prävention und *Gesundheitsförderung* in der Jugendhilfe plädiert (BMFSFJ 2002: 227ff.).

Die Kinder- und Jugendhilfe versteht sich traditionell sowohl von ihrer Funktionszuweisung her als auch in ihrem eigenen professionellen Selbstverständnis als Erziehungs- und Bildungsbereich, der *neben* den Institutionen Schule und Familie verortet werden kann. Jugendhilfe agiert im Hinblick auf ihre sozialfunktionale Bedeutung „eher an den gesellschaftlichen Rändern und ihr

Erziehungshandeln gilt als sekundär, kompensatorisch, reaktiv" (Böhnisch 2002: 1036). Erst die paradigmatische Wende in den 1980er und 1990er Jahren im Bereich der öffentlichen Erziehung hatte dieses Selbstverständnis erschüttert; sie wird deutlich im Aufruf zur *Dienstleistungsgesellschaft*, in der Gesundheitsförderung mehr ist als nur die Beseitigung von Krankheit und Armutsfolgen. Für die Jugendhilfe wurde dieser Wandel relevant durch das In-Kraft-Treten des Kinder- und Jugendhilfegesetztes (SGB VIII) im Jahre 1991 sowie mit dem Erscheinen des Achten Kinder- und Jugendberichts. Daraus folgen bis heute gesundheitspostulierende und präventiv ausgelegte Konzepte, die in vielen Einrichtungs- und Tätigkeitsbeschreibungen der Jugendhilfe zu finden sind, zumal an keiner Stelle im SGB VIII Gesundheitsförderung explizit berücksichtigt oder gefordert wird.

Konzepte zur Gesundheitsförderung und Gesundheitserziehung erlangen in der Gegenwart eine hohe gesellschaftliche und fachliche Aufmerksamkeit, da man sich zum einen von ihnen Entlastungen der öffentlichen Gesundheitsfinanzierung erhofft; zum anderen tauchen sie in den stetig zunehmenden Berichten über die Folgen defizitärer Erziehungsmethoden auf, die mit Vernachlässigung, Misshandlung, Entwicklungsrückständen und Ernährungsfehlern verbunden sind. Die Generaldiagnose, dass viele Eltern den wachsenden Erziehungsanforderungen einer zunehmend komplexer werdenden Gesellschaft nicht mehr gerecht werden können, ist häufig zu kurz gegriffen. Vielmehr stellt sich die Frage, in welcher Form hier die unterschiedlichen gesellschaftlichen Funktionsbereiche wie z.B. Schule, Jugendhilfe aber auch das Gesundheitswesen besonders gefordert sind, auf diese Entwicklungen kompensatorisch zu reagieren. Der alleinige Verweis auf die erzieherische Verantwortung von Eltern reicht nicht aus. War in der Vergangenheit die Familie bzw. die Eltern die hauptsächlichen Sozialisationsagenturen, so haben heute öffentliche und institutionalisierte *Settings* verstärkt diese Aufgabe übernommen, die in der Regel einem (sozial)pädagogischen Auftrag folgen.

Die Anforderungen und Ansätze an eine gesundheitliche Aufklärung und gesundheitsförderliche Erziehung von Kindern zeigen sich sektoral sehr unterschiedlich (Gesundheitswesen, Jugendhilfe, Schule), was einerseits in den besonderen Handlungslogiken der genannten Bereiche begründet und zum anderen mit ihrem jeweils spezifischen (und gesetzlichen) Handlungsauftrag verbunden ist. Zusätzlich zeigen sich der Soziale Sektor im Allgemeinen und die Jugendhilfe im Besonderen häufig sehr unübersichtlich. Angesichts der Organisationsvielfalt drückt sich der traditionelle Trägerpluralismus in unterschiedlichen Wertorientierungen im Bereich der Leistungserbringung aus sowie in den verschiedenen inhaltlichen Zielsetzungen, methodischen Ansätzen und Arbeitsformen. Einrichtungsprogramme und Leitlinien der kindlichen Erziehung in Tageseinrichtungen hängen oft davon ab, bei welchem Wohlfahrtsverband sie Mitglied sind bzw. welchem Träger sie angehören. Formen der Tagesbetreuung erreichen heute nahezu 90% der Kinder zwischen 3 bis 6 Jahren. Die bundesweite Quote der Inanspruchnahme von Plätzen für unter 3-Jährige beträgt dagegen nur 13,6% (Stichtag: 15.03.2006), sie soll aber – folgt man den Zielen des Tagesbetreuungsausbaugesetztes (TAG) – bis 2010 bzw. 2013 erheblich wachsen (vgl. Lange/Schilling 2007). Das sozialpädagogische Angebot der Tagesbetreuung erhält somit eine Schlüsselstellung und eine besondere Verantwortung für die Erziehung, Bildung und Betreuung für Kinder dieser Altersgruppe. Das Thema Gesundheit berührt alle diese drei Kernelemente der Frühpädagogik und muss grundsätzlich als eine interdisziplinäre Aufgabe gesehen werden, die von der Tageseinrichtung insbesondere folgendes Profil erfordert:

- Managementkompetenzen für die Vermittlung von Wissen und Hilfen,
- moderierende Fähigkeiten für den interinstitutionellen Austausch (mit dem öffentlichen Gesundheitswesen, Ärzte/innen, medizinische Heilhilfsberufe, Heilpädagogen/innen etc.),
- Verweisungswissen für unterstützende und flankierende Hilfen der Jugendhilfe (dazu gehört der Kontakt zum öffentlichen Träger),
- einen lokalen Bezug für die Arbeit im Sozialraum,
- umfangreiche Kenntnisse über gesundheitliche Entwicklungsstadien und Krankheitsrisiken,
- gesundheitspädagogische Kompetenzen bei der Anwendung und Umsetzung gesundheitsfördernder Maßnahmen mit Kindern und Eltern (Vorbildfunktion für Modelllernen, Kenntnisse der Bewegungslehre, Kreativität etc.).

3 Zur gesundheitlichen Situation im Kindesalter

Das Kindesalter wird in der Regel als ein gesundes Lebensalter gesehen. Die meisten statistischen Daten über den Gesundheitszustand von Kindern zeigen, dass sich der Gesundheitszustand von Kindern (und von Jugendlichen) in den letzten Jahren (und Jahrzehnten) günstig entwickelt hat. Zu sehen ist diese Aussage vor allem vor dem Hintergrund einer rückläufigen Mortalitätsrate sowie eines Rückgangs infektionsbedingter Erkrankungen und Mangelkrankheiten, die teilweise zu Beginn des 20. Jahrhunderts noch lebensbedrohlich für junge Kinder waren. Obwohl chronische Erkrankungen im Kindes- und Jugendalter insgesamt seltener vorkommen als im Erwachsenenalter (Kamtsiuris et al. 2007), mehren sich Hinweise darauf, dass in den frühen Lebensjahren chronische Erkrankungen und psychische Störungen in Leistungs-, Wahrnehmungs-, Gefühls-, Kontakt- und sonstigen Entwicklungsbereichen in den letzten Jahren zugenommen haben (Wegner 2005). Ein letzter empirischer Nachweis für diese Beobachtungen fehlt allerdings. Vermutlich ist die Sensibilität für chronische gesundheitliche Beeinträchtigungen in der Informations- und Wissensgesellschaft deutlich erhöht gegenüber früheren Jahren, da sich sowohl das Wissen über Krankheiten und ihre Genese als auch über den Zusammenhang hinsichtlich möglicher chronifizierter Beeinträchtigungen der körperlichen, seelischen und geistigen Entwicklung von Kindern im Sozialisationsprozess zugenommen hat (vgl. Hensen 2008). Gleichzeitig öffnen sich Tageseinrichtungen zunehmend integrativen Konzepten, in denen die Eingliederung von Kindern mit einem vermehrten Aufmerksamkeits-, Pflege- und Bildungsbedarf in den erzieherischen Alltag gelingt.

Die Ungleichheitsforschung und Gesundheitswissenschaft weisen seit langem darauf hin, dass Kinder aus einem Herkunftsmilieu mit geringem sozioökonomischen Status größeren Gesundheitsrisiken ausgesetzt sind als bspw. Kinder aus bildungsnahen, oberen Statusgruppen (Rosenbrock 2002; Lampert/Kurth 2007). Diese Hinweise sind bedeutend vor dem Hintergrund, dass Armut und sozialökonomische Risiken bei Kindern – legt man das Konzept der relativen Armut zugrunde – in den letzten Jahrzehnten kontinuierlich gestiegen sind (siehe zur Bedeutung von Kinderarmut auch den Beitrag von Lorenz in diesem Band). Vor allem die Altersgruppen unter 6 Jahren und zwischen 7 und 13 Jahren zeigen im Zeitverlauf überproportionale Armutsquoten. Kinderarmut ist insofern kein neues, wohl aber ein sich verschärfendes Problem, so dass Olk (2005: 48) resümiert: „Während eine eher kleiner werdende Gruppe von Kindern durchaus von dem wachsenden Wohlstand ihrer Eltern profitieren, haben zunehmende Einkommensungleichheiten und wachsende Armutsquoten zu einer relativen Verschlechterung der materiellen Lebenslage von Kindern insgesamt beigetragen." Insbesondere für chronisch-degenerative Erkrankungen (z.B. Herzkrankheiten, zerebrovaskuläre Erkrankungen, Atemwegserkrankungen Diabetes, Aids) konnte ein Schichtgradient nachgewiesen werden. Ursache dieser meist erworbenen Krankheiten ist in der schlechten sozioökonomischen Lage und ihren Folgen zu suchen. Hinzu kommen gesundheitsschädigende Verhaltensweisen, mangelndes Vorsorgeverhalten von Eltern und anderen Bezugspersonen sowie eine teilweise schlechte gesundheitliche Versorgung im Gesundheitswesen, die mit der sozialen Lage zusammenhängen (Mielck 2002: 54).

In der Kindheit werden bestimmte Verhaltensgewohnheiten erlernt und Dispositionen erworben, die im späteren Leben relevant werden. Es zeigt sich, dass sowohl positives als auch negatives Gesundheitsverhalten eine hohe Stabilität über längere Zeitabschnitte aufweist (Kaluza/Lohaus 2006). Gesundheitsverhalten ist in der Kindheit noch nicht festgelegt und orientiert sich an der Lebensweise von Eltern. Kinder werden in ihrem Entwicklungsprozess zum Jugendlichen und jungen Heranwachsenden mit einer Vielzahl von Entwicklungsaufgaben konfrontiert und sind somit alters- und statusbedingten Gesundheitsrisiken ausgesetzt; gleichzeitig verfügen sie aber über ein hohes Maß an Lernfähigkeit, was eine besondere Ressource hinsichtlich der Vermeidung und Bewältigung von Störungen und Krankheiten darstellt und genutzt werden sollte.

Nicht alle körperlichen Erkrankungen sowie die psychischen und psychosomatischen Störungen sind durch das biomedizinische Modell allein zu erklären, sondern sie manifestieren sich im Zusammenspiel von Erbinformationen, Lebensweise und Umwelteinflüssen. Daher bedürfen sie einer mehrdimensionalen Sichtweise, aus der Implikationen für die Gesundheitsförderung erwachsen (Hurrelmann 2002a). Vor dem Hintergrund sich verschärfender gesellschaftlicher Bedingungen werden Gesundheitsrisiken erkennbar, die sowohl alters- und statusabhängig als auch sozial und kulturell induziert sein können.

> Am *Beispiel* der Entwicklung übergewichtiger und adipöser Kinder wird dies deutlich. Die jüngst veröffentlichten Ergebnisse des Kinder- und Jugendgesundheitssurveys (KIGGS) zeigen, dass Insgesamt 15% der Kinder und Jugendlichen zwischen 3 bis 17 Jahren übergewichtig sind und 6,3% unter Adipositas leiden (Kurth/Schaffrath Rosario 2007). Rechnet man diese Zahlen auf Deutschland hoch, entspricht dies einer Zahl von ca. 1,9 Millionen übergewichtigen Kindern und Jugendlichen, von denen ca. 800.000 adipös sind. Bei den 3- bis 6-Jährigen, also der Hauptzielgruppe der institutionellen Tagesbetreuung, ist von 9% übergewichtigen und 2,9% adipösen Kindern auszugehen. Insgesamt hat sich – das zeigen die Ergebnisse der Studie vor dem Hintergrund der Referenzpopulation aus den 1980er und 1990er Jahren – der Anteil übergewichtiger und adipöser Kinder und Jugendlichen um ca. 50% erhöht (ebd.). Es gibt zwar Hinweise darauf, dass Übergewicht und Adipositas häufiger ein Problem bei Familien mit niedrigem sozialökonomischen Status sowie bei Migrantenfamilien ist; die Autorinnen verweisen allerdings auf aktuelle Studien, in der Übergewichtigkeit auf allen Bildungsniveaus erkennbar ist, wenn auch auf unterschiedlichem Ausgangsniveau. Sie sehen die „Übergewichtsepidemie" als ein Phänomen, das alle sozialen Schichten und Bildungsniveaus betrifft (ebd.: 738). Übergewicht und Adipositas sind Probleme, die einerseits einem spezifischen genetischen Faktor unterworfen sind, andererseits bedeutend vom Gesundheitsverhalten (des Herkunftsmilieus) und von erlernten Essroutinen geprägt sind.

Bedeutsam für die Arbeit mit Kindern sowie den frühen Beginn von pädagogischen Programmen, die auf die Gesundheit zielen, sind die Probleme, die auf der Verhaltensebene zu beobachten und modifizierbar sind (Verhaltensprävention). Ergänzend dazu sollten die strukturellen Bedingungen der Tagesbetreuung in dem Blick genommen werden, da auch sie Einfluss auf die Gesundheit von Kindern und Fachkräften ausübt (Verhältnisprävention).

Gesundheitsrisiken durch falsches Essverhalten sind zwar weit verbreitet, sie stellen aber längst nicht das gesundheitsschädigende Hauptproblem von Kindern dar. Die Bundeszentrale für gesundheitliche Aufklärung (BZgA 1998; Pott 2002: 22) hat im Rahmen ihrer Grundlagenarbeit vorhandene Ergebnisse aus Früherkennungsuntersuchungen, Schuleingangsuntersuchungen und spezifischen Forschungsvorhaben im Hinblick auf häufig auftretende, folgenreiche und präventiv beeinflussbare Gesundheitsprobleme im Kindesalter analysiert und kommt zu der Einschätzung, dass die folgenden Gesundheitsprobleme im Kindesalter von zentraler Bedeutung sind:

- Defizite in der motorischen Entwicklung, Koordinationsstörungen
- Verzögerter Spracherwerb, Hörstörungen, Sehstörungen
- Adipositas, Übergewicht und problematisches Ernährungsverhalten
- Konzentrationsstörungen, Verhaltensauffälligkeiten, Aggressivität
- Unfälle
- Vergleichsweise geringe Teilnahme an Früherkennungsuntersuchungen im Kindergartenalter
- Nicht ausreichende Impfbereitschaft (ebd.)

Ein Blick auf die Bedingungen hinsichtlich gesunden bzw. gesundheitsförderlichen Verhaltens verdeutlicht, dass alle sozialisationsrelevanten Organisationen und Systeme dabei nicht unabhängig wirken, sondern einen wechselseitigen Zusammenhang bilden (Hurrelmann 2002b). Eine bedeutende Rolle erlangen hierbei die Eltern und erziehenden Bezugspersonen, da sie (auch vor dem Bindungshintergrund) den größten Einfluss auf ihre Kinder in der Altersgruppe ausüben. Die institutionelle Tagesbetreuung bzw. die Tagesstätte ist der Platz, in der häusliches Erziehungsverhalten reflektiert und mit gruppenbezogenen Lerninhalten angereichert wird. Daraus erschließt sich die Notwendigkeit eines abgestimmten Vorgehens gesundheitsbezogener Maßnahmen von Eltern und Erziehern/innen in der Einrichtung.

4 Das Konzept Gesundheitsförderung

Prävention und Gesundheitsförderung

Gesundheitsförderung erlangt seit vielen Jahren einen hohen Stellenwert als strategisches Programm, das sowohl politisch motiviert vorangetrieben wird als auch auf fachlicher Ebene in vielen öffentlichen und betrieblichen Bereichen verankert ist. Dabei kommt es häufig zu Vermischungen der beiden Begriffe *Gesundheitsförderung* und *Prävention*, da beide auf dem ersten Blick die gleiche Zielsetzung verfolgen. Im Bereich der Medizin und anderer angrenzenden Disziplinen wurde in der Vergangenheit häufig von Krankheitsprävention gesprochen. Verbunden hiermit sind die Vermeidung des Auftretens von Krankheiten, die Verringerung ihrer Verbreitung sowie die Verminderung ihrer Auswirkungen auf die Mortalität (Hurrelmann/Laaser 2006: 750).

Rosenbrock und Kümpers (2006: 248) sehen Gesundheitsförderung in Abgrenzung zum Präventionsbegriff „als einen Querschnittsaspekt jeder modernen Gesundheitssicherung, dessen Ausbau nicht nur in der Prävention, sondern ebenso auch in der Kuration, in der Pflege wie in der Rehabilitation notwendig ist". Gesundheitsförderung ist ein Konzept, das wesentlich umfassender ist als dieser Präventionsbegriff. Sie umfasst die Primärprävention, verbindet sie jedoch mit einem Konzept eines kompletten Präventions- und Behandlungssystems, das von der Vermeidung der Krankheitsentstehung, über die klinische Manifestation bzw. Heilung und Verbesserung des Zustandes bis zur Vorbeugung von Rückfällen reicht und Gesundheit nicht als Gegenteil von Krankheit definiert (vgl. Fleßa 2005). Die Frage nach der Zielbestimmung von Prävention ist also auch abhängig von ihrer zugrunde gelegten Definition.

Dem triadischen Strukturmodell folgend richtet sich primäre Prävention gegen das Entstehen von Krankheit (solange noch keine Krankheit erkennbar ist), sekundäre Prävention zielt auf die Früherkennung von Krankheiten und Störungen, tertiäre Prävention soll Dauerschäden vermeiden durch nachhaltige Einflussnahme und die Gefahr von Rückfällen reduzieren (siehe ausführlich Franzkowiak 2008). Die aufgezeigte Entgrenzung des – hier mit Universalitätsansprüchen ausgestatteten – Präventionsbegriffs hat sich in der Literatur und der öffentlichen Fachdiskussion bis heute durchgesetzt, allerdings mangelt es ihm nach wie vor an einer fundierten theoretischen Einbettung. Prävention, als reine Vermeidung von Krankheit verstanden, weist Unterschiede zur Gesundheitsförderung auf: Beide zeichnen sich zwar aus durch gezieltes „Eingreifen von öffentlichen und professionell autorisiert Handelnden, um die sich abzeichnenden Entwicklungen von Morbiditäts- und Mortalitätstrends bei Einzelnen oder bei Bevölkerungsgruppen zu beeinflussen" (Hurrelmann/Laaser 2006: 750). Die Eingriffslogik beider Formen bezieht sich aber auf verschiedene theoretische Grundlagen (Hurrelmann et al. 2003: 12): Das Eingreifen bei der *Prävention* besteht in dem Verhindern und Abwenden von Ausgangsbedingungen und Risiken für Krankheiten. Die Kenntnis pathogenetischer (krank machender) Dynamiken bzw. ihrer Entwicklungsverläufe und Stadien ist Vorraussetzung für das Handeln. *Gesundheitsförderung* zielt dagegen auf das Verbessern von individuellen Fähigkeiten der Lebensbewältigung und dem Fördern von Ressourcen (ökonomische, kulturelle, soziale oder bildende Bedingungen) für die Lebensgestaltung. Zugrunde gelegt wird hier eine salutogenetische Sichtweise und ihre Kenntnis, die sich auf die Entstehung und Aufrechterhaltung von individuellen und kollektiven Gesundheitsstadien bezieht (ebd.).

Deutlich soll hier werden, dass es sich bei der Frage von Prävention und/oder Gesundheitsförderung besonders für die Entwicklung von gesundheitsförderlichen Programmen um ein Thema mit außerordentlicher Praxisrelevanz handelt: Im Bereich der Tagesbetreuung gilt es, im Vorfeld der Erprobung und Implementierung von gesundheitsförderlichen Konzepten, zunächst eine genaue Zielbestimmung vorzunehmen:

- Welche Kinder sollen erreicht werden? Die Frage zielt auf die Unterscheidung zwischen primärpräventiven Ansätzen, die z.T. prospektiv und unspezifisch ausgerichtet sind (wie z.B. bei Programmen zum Ernährungs- und Gesundheitsverhalten) und speziellen Förderprogrammen für Kinder, die besondere Merkmale aufweisen (Behinderung, chronische Erkrankung, Infektion mit einem Erreger etc.).
- Sind Kenntnisse auf Seiten der Erzieher/innen und Eltern über den Gegenstandsbereich (Problem, Krankheit, Merkmal) vorhanden? Dieser Aspekt ist notwendig, damit sichergestellt wird, dass Gesundheitsinformationen nicht willkürlich oder in die falsche Richtung zielend[1] eingesetzt werden.
- Welche Informationen sind notwendig, welche Quellen sind zu nutzen? Kinder befinden sich im Kindergartenalter in einer sehr sensiblen Lebensphase, in der nicht nur das Fehlen von entwicklungsfördernden Elementen Einfluss auf die Gesundheit hat, sondern ein großes Risiko besteht, durch die Wahl der falschen Maßnahmen und Methoden Schädigungen des Kindes in Kauf zu nehmen. Es ist daher ratsam, nicht nur auf bereits valide Programme zurückzugreifen und sie blind zu implementieren, sondern stets eine medizinische Beurteilung und Expertise einzubeziehen.

---

[1] Welche Blüten tradiertes und unwissenschaftlich rezipiertes Gesundheitswissen in der Gesundheitspädagogik zuweilen treiben, wurde jüngst eindrucksvoll von Lotte Rose (2005) beschrieben.

Gesundheitsförderung als Strategie

Gesundheitsprogramme haben die Erhaltung und die Wiederherstellung von Gesundheit zum Ziel und setzen in der Regel auf zwei Ebenen an: In ihrem Mittelpunkt stehen zum einen Maßnahmen zur Förderung von *Gesundheitsverhaltensweisen*, die sich auf psychologisch-theoretische Modelle der Verhaltensänderung beziehen (vgl. Knoll et al. 2005). Zielgruppe dieser Ansätze können Eltern oder/und Kinder sein, die gesundheitspädagogisch vermittelte Lernziele für die Zeit außerhalb der öffentlichen Einrichtung inkorporieren sollen. Zum anderen nimmt die Zahl von Kindern zu, die unter chronischen Erkrankungen und Beeinträchtigungen leiden. Bei ihnen steht die Bewältigung des Alltags und des Krankheitserlebens bzw. Stressreduktion im Mittelpunkt.

Als theoretischer Rahmen für die Konzipierung und Implementierung von Gesundheitsprogrammen wird seit einigen Jahren das Konzept der Gesundheitsförderung herangezogen, dem eine bestimmte Vorstellung und Haltung gegenüber dem Gesundheitsbegriff zugrunde liegt. Mit der Ottawa-Charta von 1986 zur Gesundheitsförderung wurde ein Paradigmenwechsel vollzogen, in dem Gesundheit nicht allein als Abwesenheit von Krankheit benannt wurde, sondern – basierend auf die sich veränderten Lebensbedingungen – als eine Ressource für mehr Lebensqualität verstanden wird. Gesundheit steht dieser Sichtweise folgend für ein positives Konzept, das in gleicher Weise die Bedeutung sozialer und individueller Ressourcen für die Gesundheit betont wie die körperlichen Fähigkeiten. Diese Perspektive machte zum ersten Mal deutlich, dass sich ein übergreifender und moderner Gesundheitsbegriff nicht nur auf objektive Indikatoren für körperliche Gesundheit beziehen darf, sondern die Ebene des subjektiven Empfindens („Wohlbefinden") einbeziehen muss. Ein Aspekt, der heute längst unwidersprochen in der Gesundheitsforschung verankert ist.

Die Deklaration der Ottawa Charta bietet auch nach über 20 Jahren noch – wenn auch inzwischen teilweise modifiziert – die Grundlage für politische und wissenschaftliche Initiativen und kann als eine Art „Schirmkonzept" oder strategische Richtlinie angesehen werden (vgl. Kickbuch 2003): „Gesundheitsförderung zielt auf einen Prozess, allen Menschen ein höheres Maß an Selbstbestimmung über ihre Gesundheit zu ermöglichen und sie damit zur Stärkung ihrer Gesundheit zu befähigen." Mit diesen Worten beginnt die Deklaration, in der zwei Aspekte deutlich werden: a) Gesundheit wird fortan nicht mehr nur als ein statischer Zustand verstanden, sondern als eine veränderbare Entwicklungsaufgabe; b) bestimmte individuelle Ressourcen bilden die Voraussetzung, die eine etwaige Veränderung des Gesundheitszustandes zulassen können. Hiermit verbunden war und ist ein Wandel in der Rezeption der Begriffe „Gesundheit" und „Krankheit" (vgl. Antonovsky 1997). Die ursprüngliche Dichotomisierung, dieser beiden Begriffe wird im Zuge der Entwicklung eines neuen Verständnisses der Gesundheitsförderung zu einem Kontinuum, wenn auch mit graduellen Unterschieden (Rosenbrock/Kümpers 2006: 247). Gesundheitsförderung verfolgt im Kern die Stärkung von Gesundheitsressourcen und gesundheitlichen Potentialen von Menschen, ihren Lebenswelten und den gesellschaftlichen Strukturen. Darüber hinaus beinhaltet diese Strategie sowohl die Fokussierung auf gesundheitliche und soziale Ungleichheiten als auch deren Ausgleich durch die Herstellung von gesundheitlicher Chancengleichheit und Gerechtigkeit (vgl. Franzkowiak 2006: 17f.). Gesundheitsförderung und Prävention treffen sich auf einer gemeinsamen Zielebene: Krankheit vermeiden durch Stärkung von Ressourcen, Senkung der Belastungen und Reduktion von Risiken. Sie bilden einen *gemeinsamen strategischen Ansatz*. Gesundheitsförderung korrespondiert u.a. mit sozialstaatlichen Grundsätzen und konkretisiert sich in ihrer praktischen Realisierung als eine sozialpädagogisch basierte Tätigkeit. Die Frage nach den Einflussfaktoren von Gesundheit (bzw. Krankheit) auf die Sozialisationsprozesse und Entwicklungsaufgaben von Kindern und Jugendlichen hat sozialpädagogische Konsequenz, und zwar in zweierlei Hinsicht: a) Der sozialpädagogische Zugang ist nach Böhnisch (2001) vor allem dadurch gekennzeichnet, dass er danach fragt, wie junge Menschen Sozialisationsanforderungen bewältigen und welche typischen Konflikte dabei entstehen; b) sozialpädagogische Maßnahmen orientieren sich an sozialen Fragen des Ausgleichs und der lebensweltlichen Unterstützung, die stets auf Hilfe zur Selbsthilfe und Ressourcenaktivierung zielen.

Der Setting-Ansatz

Der im Zuge des paradigmatischen Wechsels der Gesundheitsförderung durch die Ottawa-Charta entstandene Setting-Ansatz hat an vielen Stellen visionäre Elemente, die hochgradig sozialpolitisch motiviert sind. Gesundheitsförderung ist demnach ein interdisziplinäres Projekt, das über den Wissenschaftsdiskurs zwischen Medizin und Public Health hinausgeht. Altgeld und Kolip (2004: 44f.) beschreiben die intersektorale Orientierung als eine Kernstrategie der Gesundheitsförderung, die auf politischer Ebene folgende Ansätze verfolgt:

- *Gesundheitsförderung als Aufgabe aller Politikbereiche:* Gesundheitsförderung konstituiert sich als politische Querschnittsaufgabe und kann nicht isoliert im Rahmen gesundheits- oder sozialpolitischer Aufgabenstellung gesehen werden. Dies betrifft sowohl die Politikressorts der Bundesebene, die für grundsätzliche gesetzliche Entscheidungen im Gesundheitswesen zu-

ständig sind als auch für die kommunalpolitische Ebene, auf der Gesundheitsförderung realisiert werden kann.
- *Stärkung individueller Kompetenzen:* Individuen und Gruppen sollen damit in die Lage versetzt werden, eigene Kompetenzen zu erkennen, Bedürfnisse wahrzunehmen sowie die eigenen Ressourcen dafür einzusetzen, um Einfluss auf ihre Lebenswelt und ihren Lebensraum zu nehmen. Das Konzept des „Empowerments" versteht sich als einen emanzipatorischen Prozess, in dem die Kooperation von Personen, die von gleichen und ähnlichen Problemen betroffen sind, zu synergetischen Effekten im Sinne von Solidarisierung und Selbstorganisation führt (vgl. Keupp 1997).
- *Konzept des gesundheitsfördernden Settings:* Dem Settingansatz liegt die Idee zugrunde, dass Gesundheit keine abstrakte Zielvorstellung ist, sondern im alltäglichen Leben Relevanz aufweist. Gesundheitsförderung muss daher an diesem Lebensalltag ansetzen und konzentriert sich auf definierte Sozialräume, in denen sich Menschen bewegen (z.b. Schule, Krankenhaus, Arbeitsplatz, Tageseinrichtung) (Altgeld/Kolip 2004).

Der Setting-Ansatz folgt dem Prinzip der Verhältnisprävention und richtet sich an alltäglichen Lebensbereichen aus, in denen Gesundheit hergestellt bzw. erhalten werden soll. „Der Setting-Ansatz versteht sich als dynamisch und systemisch und geht davon aus, dass jedes Setting ein Gesundheitspotential in sich trägt, das sowohl durch umwelt- wie personenbezogenen Maßnahmen verstärkt werden kann." (Kickbusch 2003: 187) Durch gezielte Veränderungen des Umfelds – so das Ziel – sollen krank machende Faktoren vermindert, abgefedert oder vermieden werden. Diese Ansätze können nur durch ein intersektorales Zusammenspiel der jeweiligen Funktions- und Politikbereiche umgesetzt werden. Ein Großteil der gesundheitsbezogen relevanten Settings, die auf Kinder wirken, sind öffentliche Räume. Sozialpädagogische Einrichtungen (wie sie die institutionelle Tagesbetreuung darstellt) befassen sich mit Erziehungsthematiken und Zielen, die außerhalb von Familie realisiert werden und an vielen Stellen auf Kooperationen angewiesen sind (vgl. Böllert in diesem Band).

Gerade in der frühen Kindheit ist ein genauer Blick auf Gesundheitsrisiken sowie Entwicklungsschwierigkeiten erforderlich, der Eltern und Familien bei den Erziehungsaufgaben unterstützt. Die niedergelassenen Kinderärzte/innen (in Zusammenarbeit mit den Gesundheitsämtern) spielen dabei eine entscheidende Rolle mit dem Kinder-Vorsorgeprogramm. Zwischen Geburt und dem 15. Lebensjahr werden 10 Untersuchungen angeboten und gem. § 26 SGB V von den Krankenkassen bezahlt. Es handelt sich um ein Krankheitsfrüherkennungsprogramm, das auf die Erkennung erster Anhaltspunkte für körperliche und neurologische Störungen und Fehlentwicklungen angelegt ist und auf deren frühe Behandlung zielt (sog. U-Untersuchungen) (vgl. Bergmann/Bergmann 2004). Die Früherkennungsuntersuchungen finden in der Bevölkerung eine hohe Akzeptanz, was daran sichtbar wird, dass die Raten für die Inanspruchnahme (in Deutschland insgesamt) in den ersten beiden Lebensjahren (U3 – U7) des Kindes 90% übersteigt. Es ist allerdings festzustellen, dass die Teilnahme an den Untersuchungen im folgenden Lebensalter, die insgesamt alle freiwillig sind, sichtbar abnimmt. Gleichzeitig zeigen verschiedene Studien, dass es vor allem Familien mit Migrationshintergrund oder aus sozial benachteiligten Milieus sind, die Früherkennungsuntersuchungen seltener nutzen (vgl. RKI 2006). Kindertagesstätten, Kinderkrippen oder Kindergärten als „gesunde" Einrichtungen sind das geeignete Setting, um möglichst früh auf gesunde Lebensweisen aufmerksam zu machen bzw. besonders förderungsbedürftige Kinder im gemeinsamen Aufwachsen zu unterstützen. Dazu gehört auch, Familien zur Teilnahme an Früherkennungsuntersuchungen zu motivieren und mögliche Chancen und Risiken zu verdeutlichen. Die besondere Herausforderung besteht hierbei, die Familien zu erreichen, denen es an Kenntnissen oder Möglichkeiten mangelt.

5   Gesundheitsförderung im Familienzentrum

Der Leitgedanke eines Familienzentrums, das als ein – bisher zwar noch unbestimmtes und nicht wissenschaftlich evaluiertes - Modell für die Zukunft der Tagesbetreuung Pate steht, ist die *Kooperation*. Es geht darum, ein integratives und funktionsübergreifendes Konzept für die Erziehung, Bildung und Betreuung von Kindern zwischen 0 und 6 Jahren anzubieten, das sich an den Bedürfnissen des Kindes *und* der Familie in ihren spezifischen Entwicklungs- und Lebensphasen orientiert (siehe Rietmann in diesem Band). Beispiele aus Nordrein-Westfalen, Brandenburg oder Groß-Britannien zeigen, dass ein diesbezüglicher Wandel der Tagesbetreuung möglich ist, der auf folgenden Ebenen ansetzen muss:

- *Institutionelle Ebene:* Aus Seiten der Einrichtung sind tief greifende Veränderungsprozesse notwendig, die sich sowohl auf Strukturbedingungen (Gebäude, Erreichbarkeit, Öffnungszeiten etc.) als auch auf inhaltliche konzeptionelle Aufteilungen (z.B. Gliederung der Gruppen, Einsatz von Fachkräften, Elternarbeit etc.) beziehen. Gesundheitsorientierte Institutionen können durch dieses spezifische Profil einen strategischen Vorteil nutzen. Gesundheitsorientierung und körperliche Förderung von Kindern als Teil einer Regelpraxis können gute Argumente im Wettbewerb um Kinder und Familien als zukünftige Zielgruppen sein.

- *Fachkräfteebene:* Für den Wandel ist ein fachpolitisches Bewusstsein auf Seiten von Erziehern/innen und Sozialpädagogen/innen in Tageseinrichtungen erforderlich, die maßgeblich die „Kultur" und das „Klima" der Einrichtung bestimmen. Dazu ist es notwendig, sich auf konzeptionelle Veränderungen einzulassen und diese konsequent umzusetzen. Die Fachkräfte sind ebenso Gestalter dieser Entwicklung und erweitern das Konzept um ihr Fachwissen und ihre Erfahrungen.

- *Konzeptionelle Ebene:* Dem Konzept eines Familienzentrums liegt eine erweiterte Grundidee kindlicher Erfahrungs- und Entwicklungswelten zugrunde, in der der Bildungsaspekt sowie die frühe Organisation kind- und familienbezogener Unterstützungsleistungen im Mittelpunkt stehen. Diese fachliche Erweiterung kann strukturell entweder in der gleichen Einrichtung (Integriertes Modell) oder durch Vernetzung mit anderen Institutionen (Kooperationsmodell) erfolgen, die die Lebenswelt von Kindern in dem Alter berühren.

Die Vorstellung von einem Familienzentrum verbindet traditionelle gemeindepsychologische Elemente mit Ansätzen, in denen die sich stetig verändernde Lebenssituation von Familien und Kindern durch den sozialen und demographischen Wandel Berücksichtigung findet und deren Lernprogramme Methoden und Kenntnisse der aktuellen Bildungsforschung einbeziehen. Gerade die Idee einer zentralen Einrichtung im Gemeinwesen, die an der Lebenswelt ihrer Nutzer/innen anschlussfähig ist, macht sie zu dem geeigneten Setting, in dem u.a. gesundheitsbezogene Inhalte vermittelt werden können. Dabei darf aber nicht verschwiegen werden, dass es sich bei der Gemeinwesenarbeit um eine klassische Methode Sozialer Arbeit handelt, die in dem umfassenden und omnipotenten Konzept der Gesundheitsförderung allein dem Ziel ‚Gesundheit' untergeordnet wird und andere Funktionsbestimmungen außer Acht lässt (vgl. Böllert 1994). Folgt man den sozialpolitischen und fachlichen Forderungen, die mit dem Konzept der Gesundheitsförderung verbunden sind, zeigt sich, dass Einrichtungen der Tagesbetreuung als Familienzentrum dort nahtlos anschlussfähig sind. Das Setting Tagesstätte ist der Ort, an dem Gesundheitsförderung in zweierlei Hinsicht konkret werden kann. Sie kann realisiert werden durch:

- *Verhältnisprävention:* Durch die konsequente Ausrichtung an die Arbeitsbedingungen und die Lebenssituation kann die Gestaltung gesundheitsförderlicher Strukturen durch Verhältnisprävention gelingen. Sie zielt darauf, Gesundheitsgefahren und -risiken (für Kinder, Familien und Mitarbeiter/innen) möglichst gering zu halten und durch entsprechende Anregungen Gesundheitspotentiale zu fördern. Dazu zählen u.a. Einrichtungsgegenstände und Möbel, die dem Alter der Kinder angepasst sind und auch die ergonomischen Bedürfnisse der Fachkräfte berücksichtigen, strukturierte Ernährungspläne, Räume und Ausstattung für allgemeine Bewegungserziehung oder motopädische Interventionen etc.

- *Verhaltensprävention:* Sie beinhaltet die Förderung gesundheitsbezogener Verhaltensweisen und zielt auf die Veränderung von gesundheitsgefährdenden Lebensstilen und Gewohnheiten. Im Mittelpunkt steht hier die Aktivierung von Ressourcen, die Vermittlung und Aufklärung gesundheitsbezogener Informationen, das Trainieren von gesundem und körpergerechtem Verhalten sowie von Techniken zur Bewältigung von Stress und pädagogisch geleitete Bewusstwerdungsprozesse hinsichtlich subjektiver Erfahrungen. Unterschieden werden muss zwischen Ansätzen, die sich ausdrücklich an Fachkräfte sowie anderen erziehungsverantwortlichen Personen richtet (Fortbildung, Qualifikation etc.) und denen, die sich direkt an Kinder und Eltern in der Einrichtung wenden (z.B. durch Training, Information, Spiel etc.).

Die Verschränkung beider Ansätze ist der Grundstein für die Entwicklung und Implementierung von Förderungskonzepten von Gesundheit im Bereich der Elementarpädagogik. Während in der Vergangenheit in erster Linie die Beziehungsqualität zu den Kindern sowie das Bindungsverhalten im Mittelpunkt des wissenschaftlichen Interesses lagen, weisen Forschungsergebnisse auf einen interdependenten Zusammenhang von Bindung und neurophysiologischer Entwicklung des Kindes, der für die frühkindliche Sozialisation in der Familie von besonderer Bedeutung ist (Spitzer 2002). Diese Hinweise haben Konsequenzen für pädagogisches Handeln und relativieren die bislang übliche – in der öffentlichen Erziehung praktizierte und am Lebensalter orientierte – Unterscheidung zwischen Versorgen, Betreuen, Erziehen und Bilden, die sich in der „Institutionalisierung des Heranwachsens" abbildet (Tagesbetreuung, Schule und außerschulische Bildung, Hochschule oder Berufsschule).

Sinnvoller erscheint daher, ein umfassendes Verständnis davon zu erlangen, was mit dem Einsatz pädagogischer Maßnahmen intendiert wird. Am Beispiel Gesundheit wird deutlich, dass sie nicht zu trennen ist vom Lebenslauf und Lebensort von jungen Menschen und Erwachsenen. Der Verweis auf die Neurobiologie und die Kognitionsforschung zeigt, dass Kinder aus jeder Interaktion lernen und Entwicklungsreize beziehen, die sie selbständig entschlüsseln und für sich verwertbar machen (vgl. BMFSFJ 2006). Um Entwicklungsdefiziten vorbeugen zu können, ist die Frage überflüssig, in welchem Setting Kinder bestimmte, fördernde Reize und Lernimpulse erfahren. Es geht vielmehr um die Divergenz und die Qualität von Beziehungsanregungen und Gestaltungsmöglichkeiten, die eine „gesunde" Entwicklung ermöglichen. Das Familienzentrum erlangt hierbei entscheidende Funktion als Drehscheibe für Entwicklungsangebote und für die Organisation von Hilfen. Nur im Zusammenspiel aller Personen und Einrichtungen (Settings), die die Lebenswirklichkeit von Kindern berühren, lassen sich die umfassenden Ziele erreichen, die für eine adäquate Auseinandersetzung des Kindes mit den sich zunehmend prekarisierenden Lebensumständen notwendig sind. Gesundheit ist dabei für die Konstruktion gesellschaftlich funktionaler Identitätsmodelle eine unverzichtbare Bedingung. Besondere Beachtung sollten spezifische Programme – die der Strategie Gesundheitsförderung folgen – in bestimmten Fällen finden:

- Gesundheitsförderung als Ausgleich bei besonders benachteiligten Bevölkerungsgruppen
- Gesundheitsförderung als Entwicklungsförderung und Anreizmilieu
- Gesundheitsförderung als Intervention bei spezifischen gesundheitlichen Problemen
- Gesundheitsförderung für die Verbesserung der Kommunikation und Bindung zwischen Kindern und Eltern
- Gesundheitsförderung für die Bewältigung des Alltags
- Gesundheitsförderung als Strukturprinzip, das für Kinder, Eltern und Fachkräfte gleichermaßen konkret wird
- Gesundheitsförderung als Stärkung von körperlichen und mentalen Ressourcen („Resilienz")
- Gesundheitsförderung als Grundstein der Realisierung von Lebenschancen.

Die Idee eines Familienzentrums als institutionelle Weiterentwicklung der traditionellen Kindertagesstätte bzw. des Kindergartens beinhaltet in Ihrer methodischen und kooperativen Vielfältigkeit stets gesundheitsfördernde Momente, da Maßnahmen der Erziehung, Bildung und Betreuung sowohl in Richtung der (gesunden) Entwicklung des Kindes angelegt sind als auch kompensatorischen Charakter für bestimmte Beeinträchtigungen und Störungen erlangen. Dies muss aber nicht zwangsläufig zu einer eindimensionalen Überhöhung der Gesundheits-Krankheits-Dichotomisierung führen. Eingebettet in die gemeinwesenorientierte Strategie der Gesundheitsförderung ist sie in den meisten Einrichtungen als isoliertes Ziel kaum analytisch und in seiner praktischen Konsequenz von dem Gesamtkonzept „Familienzentrum" zu trennen.

Literatur

Altgeld, Th./Kolip, P. (2004): Konzepte und Strategien der Gesundheitsförderung. In: K. Hurrelmann/T. Klotz/J. Haisch (Hrsg.): Lehrbuch Prävention und Gesundheitsförderung. Bern: Hans Huber, S. 41-51.

Antonovsky, A. (1997): Salutogenese. Zur Entmystifizierung der Gesundheit. Tübingen: dgvt-Verlag.

Bauer, U. (2005): Das Präventionsdilemma. Potenziale schulischer Kompetenzförderung im Spiegel sozialer Polarisierung. Wiesbaden: VS Verlag.

Bergmann, K.E./Bergmann R.L. (2004): Prävention und Gesundheitsförderung im Kindesalter. In: K. Hurrelmann/T. Klotz/J. Haisch (Hrsg.): Lehrbuch Prävention und Gesundheitsförderung. Bern: Huber, S. 55-62.

Böhnisch, L. (2001): Sozialpädagogik der Lebensalter. Eine Einführung (3. überarb. und erweit. Auflage). Weinheim & München: Juventa.

Böhnisch, L. (2002): Jugendhilfe im gesellschaftlichen Wandel. In: W. Schröer/N. Struck/M. Wolff (Hrsg.): Handbuch Kinder- und Jugendhilfe. Weinheim und München: Juventa, S. 1035-1049.

Böllert, K. (1994). Jugendhilfe und Gesundheit. In: Arbeitsgemeinschaft für Jugendhilfe (Hrsg.): Jugendhilfe 2000. Visionen oder Illusionen? Bonn: Eigenverlag, S. 48-62.

Bundesministerium für Familie, Senioren, Frauen und Jugend (BMFSFJ) (Hrsg.) (2002): Elfter Kinder- und Jugendbericht. Bericht über die Lebenssituation junger Menschen und die Leistungen der Kinder- und Jugendhilfe in Deutschland. Berlin.

Bundesministerium für Familie, Senioren, Frauen und Jugend (BMFSFJ) (Hrsg.) (2006). Siebter Familienbericht. Familie zwischen Flexibilität und Verlässlichkeit – Perspektiven für eine lebenslaufbezogene Familienpolitik. Berlin.

Bundeszentrale für gesundheitliche Aufklärung (BZgA) (Hrsg.) (1998): Gesundheit von Kindern – Epidemiologische Grundlagen. (3. Aufl. 2000). Köln: Forschung und Praxis der Gesundheitsförderung, Bd. 3.

Bundeszentrale für gesundheitliche Aufklärung (BZgA) (Hrsg.) (2002): „Früh übt sich …" Gesundheitsförderung im Kindergarten. Impulse, Aspekte und Praxismodelle. Köln: Forschung und Praxis der Gesundheitsförderung, Bd. 16.

Fleßa, S. (2005): Gesundheitsökonomik. Berlin, Heidelberg: Springer.

Franzkowiak, P. (2006): Präventive Soziale Arbeit im Gesundheitswesen. München: Reinhardt.

Franzkowiak, P. (2008): Prävention im Gesundheitswesen. Systematik, Ziele, Handlungsfelder und die Position der Sozialen Arbeit. In: G. Hensen/P. Hensen (Hrsg.): Gesundheitswesen und Sozialstaat. Gesundheitsförderung zwischen Anspruch und Wirklichkeit. Wiesbaden: VS Verlag für Sozialwissenschaften, S. 193-217.

Hensen, G. (2008): Gesundheitsbezogene Einflüsse im Sozialisationsprozess und riskante Identitäten. In: G. Hensen/P. Hensen (Hrsg.): Gesundheitswesen und Sozialstaat. Gesundheitsförderung zwischen Anspruch und Wirklichkeit. Wiesbaden: VS Verlag für Sozialwissenschaften, S. 257- 283.

Hurrelmann, K. (2002a). Psycho- und soziosomatische Gesundheitsstörungen bei Kindern und Jugendlichen. In: Bundesgesundheitsblatt, Gesundheitsforschung, Gesundheitsschutz (45), 11, 866-872.
Hurrelmann, K. (2002b): Einführung in die Sozialisationstheorie (8. Aufl.). Weinheim und Basel: Beltz.
Hurrelmann, K. (2004): Einführung: Krankheitsprävention und Gesundheitsförderung. In: K. Hurrelmann/T. Klotz/J. Haisch (Hrsg.): Lehrbuch Prävention und Gesundheitsförderung. Bern: Huber, S. 11-19.
Hurrelmann, K./Laaser, U. (2006): Gesundheitsförderung und Krankheitsprävention. In: K. Hurrelmann/U. Laaser/O. Razum (Hrsg.): Handbuch Gesundheitswissenschaften (4. vollst. überarb. Auflage von 1993). Weinheim und München: Juventa, S. 749-780.
Kaluza, G./Lohaus, A. (2006). Psychologische Gesundheitsförderung im Kindes- und Jugendalter. Eine Sammlung empirisch evaluierter Interventionsprogramme. In: Zeitschrift für Gesundheitspsychologie (14), 3, 199-134.
Kamtsiuris, P./Atzpodien, K./Ellert, U./Schlack, R./Schlaud, M. (2007): Prävalenz von somatischen Erkrankungen bei Kindern und Jugendlichen in Deutschland. Ergebnisse des Kinder- und Jugendgesundheitssurveys (KiGGS). In: Bundesgesundheitsblatt, Gesundheitsforschung, Gesundheitsschutz (50), 686–700.
Keupp, H. (1997): Ermutigung zum aufrechten Gang. Tübingen: dgvt.
Kickbusch, I. (2003): Gesundheitsförderung. In: F.W. Schwartz/B. Badura/R. Busse/R. Leidl/H. Raspe/J. Siegrist/U. Walter (Hrsg.): Das Public Health Buch. Gesundheit und Gesundheitswesen (2. vollst. überarb. Aufl.). München: Urban und Fischer, S. 181-189.
Knoll, N./Scholz, U./Rieckmann, N. (2005): Einführung in die Gesundheitspsychologie. München, Basel: Reinhardt.
Kurth, B.-M./Schaffrath Rosario, A. (2007): Die Verbreitung von Übergewicht und Adipositasbei Kindern und Jugendlichen in Deutschland. Ergebnisse des bundesweiten Kinder- und Jugendgesundheitssurveys (KiGGS). In: Bundesgesundheitsblatt, Gesundheitsforschung, Gesundheitsschutz 50, 736-743.
Lampert, T./Kurth, B.-M. (2007). Sozialer Status und Gesundheit von Kindern und Jugendlichen. Ergebnisse des Kinder- und Jugendgesundheitssurveys (KiGGS). In: Deutsches Ärzteblatt 104 (43), 2944-2949.
Lange, J./Schilling, M. (2007): Neu sichtbar werdende Realitäten. Kinderbetreuung in Deutschland. In: KOMDAT Jugendhilfe (10), 1, 2-5
Lindner, W./Freund, Th. (2001): Der Prävention vorbeugen? Zur Reflexion und kritischen Bewertung von Präventionsaktivitäten in der Sozialpädagogik. In: dies. (Hrsg.): Prävention. Zur kritischen Bewertung von Präventionsansätzen in der Jugendarbeit. Opladen: Leske & Budrich, S. 69-96.
Mielck, A. (2002): Gesundheitliche Ungleichheit: Empfehlungen für Prävention und Gesundheitsförderung. In: H.G. Homfeldt/U. Laaser/U. Prümel-Philippsen/B. Robertz-Grossmann (Hrsg.): Studienbuch Gesundheit. Soziale Differenz, Strategien, Wissenschaftliche Disziplinen. Neuwied; Kriftel: Luchterhand, S. 45-63.

Olk, T. (2005): Lebenssituation von Kindern und Familien. Herausforderungen für Politik und Gesellschaft. In: K. Esch/E. Mezger/S. Stöbe-Blossey (Hrsg.): Kinderbetreuung – Dienstleistung für Kinder. Handlungsfelder und Perspektiven. Wiesbaden: VS Verlag für Sozialwissenschaften, S. 39-72.

Organisation für wirtschaftliche Zusammenarbeit und Entwicklung (OECD) (2004): Die Politik der frühkindlichen Betreuung, Bildung und Erziehung in der Bundesrepublik Deutschland. Ein Länderbericht der OECD – Kurzfassung.

Pott, E. (2002): Zentrale Gesundheitsprobleme im Kindesalter und Entwicklung von Interventionsstrategien. In: BZgA (Hrsg.): „Früh übt sich …" Gesundheitsförderung im Kindergarten. Impulse, Aspekte und Praxismodelle. Köln: Eigenverlag: S. 22-27.

Rauschenbach, T. (2004): Bildung für alle Kinder. Zur Neubestimmung des Bildungsauftrags in Kindertageseinrichtungen. In: I. Wehrmann (Hrsg.): Kindergärten und ihre Zukunft. Weinheim, Basel. Berlin: Beltz, S. 111-122.

Robert-Koch-Institut (RKI) (Hrsg.) (2006). Gesundheit in Deutschland. Gesundheitsberichterstattung des Bundes. Robert-Koch-Institut, Berlin.

Rose, L. (2005): „Überfressene" Kinder – Nachdenklichkeiten zur Ernährung und Gesundheitserziehung. In: neue praxis (35), 1, 19-34.

Rosenbrock, R. (2002): Kann die soziale Krankenversicherung in der Marktgesellschaft überleben? In: H.U. Deppe/W. Burkhardt (Hrsg.): Solidarische Gesundheitspolitik. Alternativen zu Privatisierung und Zwei-Klassen-Medizin. Hamburg: VSA, S. 24-35.

Rosenbrock, R./Kümpers, S. (2006): Die Public Health Perspektive. Krankheit vermeiden – Gesundheit fördern. In: C. Wendt/Ch. Wolf (Hrsg.): Soziologie der Gesundheit. Kölner Zeitschrift für Soziologie und Sozialpsychologie, Sonderheft 46/2006, Wiesbaden: VS-Verlag, S. 243-269.

Spitzer, M. (2002): Lernen. Gehirnforschung und die Schule des Lebens. Heidelberg: Spektrum.

Wegner, R.E. (2005): Aufgaben des ÖGD im Rahmen der Kinder- und Jugendgesundheit. In: Bundesgesundheitsblatt, Gesundheitsforschung, Gesundheitsschutz (48), 10, 1103-1110.

Zurhorst, G. (2000). Armut, soziale Benachteiligung und Gesundheit. In: S. Sting/G. Zurhorst (Hrsg.) Gesundheit und Soziale Arbeit. Gesundheit und Gesundheitsförderung in den Praxisfeldern Sozialer Arbeit. Weinheim und München: Juventa, S. 41-54.

Interkulturelle Öffnung im Familienzentrum
Die Chancen des Anfangs nutzen

Marijan Renić, Stephan Rietmann

1 Die Chance des Anfangs nutzen

Sowohl die PISA-Studien als auch OECD-Untersuchungen (vgl. Prenzel et al. 2004) belegen eine ausgeprägte und anhaltende Chancenungleichheit von Kindern mit Zuwanderungsgeschichte. Das Konsortium kommt zu dem Schluss, dass es eine eklatante Bildungsungleichheit gibt, von der Migrantenkinder besonders betroffen sind. Woher stammt diese Disparität, bei der die Herkunft noch in der zweiten Generation, mitunter sogar noch bis zur dritten Generation so eine gewichtige Rolle spielt?

Dieses Phänomen erscheint erstaunlich und erklärungsbedürftig, da es sich um einen Zeitraum von über 40 Jahren Zuwanderungsgeschichte handelt. Die Studien sehen Ursachen unter anderem in der mangelnden Berücksichtigung und unterschiedlicher Wertigkeit verschiedener Erziehungs- und Sozialisationssysteme. Das Phänomen Migration wird in der öffentlichen Wahrnehmung tendenziell negativ und defizitorientiert eingeschätzt. Es verlassen beispielsweise ca. 18% der Schülerinnen und Schüler mit Migrationsgeschichte in Nordrhein-Westfalen die Schule ohne Abschluss; im Vergleich sind es nur 2,1% ihrer deutschen Klassenkameradinnen- und -kameraden (Stand 2005, LDS NRW Mikrozensus). Bei der Arbeitslosenquote finden sich ebenfalls signifikante Unterschiede.

Nach Angaben des Statistischen Bundesamtes lebten im Jahr 2006 ca. 16 Millionen Menschen mit Migrationsgeschichte in Deutschland, was einem Bevölkerungsanteil von ca. 20% entspricht. Es handelt sich dabei um ausgesprochen heterogene Bevölkerungsanteile und keineswegs um a priori problembelastete Menschen. Eindrucksvolle und ganz „normale" Beispiele gelungener Integration gibt es zu Genüge. Dennoch ist die Häufung der Problematiken von Menschen mit Migrationsgeschichte gerade im Bildungs- und Arbeitsbereich gesehen auffällig. Erklärungen für die dargestellten Disparitäten scheinen sich nicht zuletzt darin zu finden, dass Politik und Gesellschaft jahrzehntelang für eine de facto bestehende millionenfache Einwanderung keine angemessene rechtliche

Grundlage geschaffen haben. Zwingend notwendige Rahmenbedingungen zur Integration sind in der Folge nicht geschaffen worden. Erst mit Einführung des Zuwanderungsgesetzes 2005 (Titel: „Gesetz zur Steuerung und Begrenzung der Zuwanderung und zur Regelung des Aufenthalts und der Integration von Unionsbürgern und Ausländern") sollte ein Paradigmenwechsel stattfinden, indem zumindest die faktische Einwanderung anerkannt und ein rechtliches Instrumentarium implementiert wird. Insgesamt blieb das Gesetz jedoch weit hinter den Erwartungen zurück. Auch wenn inzwischen im Bereich der Integration vieler hier dauerhaft lebender Menschen mit Migrationsgeschichte einiges auf den Weg gebracht wurde. Dennoch bestehen weiterhin viele offene Aufgaben, beispielsweise bei der Gruppe der Kinder im Elementarbereich, die nicht über einen gefestigten Aufenthaltsstatus verfügen. Die mit einer „Duldung" lebenden Familien und ihre Kinder, deren Zahl in NRW ca. 70.000 beträgt, sind im Elementarbereich in fast jedem Kindergarten, bzw. Familienzentrum anzutreffen.

Das Statistische Bundesamt führt für 2006 an, dass Familien mit Migrationsgeschichte vergleichsweise jünger sind und sie mehr Kinder haben. So ist es bereits heute an vielen Orten Realität, dass diese Kinder in den Tageseinrichtungen mit einem Anteil von 50% und mehr vertreten sind, in Großstädten wie Köln sogar mit über 70%. Vor diesem Hintergrund stellt sich daher die Frage wie Integration bereits in der Elementarerziehung gelingen kann - im Sinne der Kinder, ihrer Eltern, aber auch der Mitarbeiterinnen und Mitarbeiter in den Einrichtungen. Gelingende Integration von Menschen mit Migrationsgeschichte ist überdies eine Aufgabe, die für eine alternde Gesellschaft insgesamt von Bedeutung ist.

Damit Integration gelingen kann, bedarf es geeigneter Rahmenbedingungen. Als erstes und bisher einziges Bundesland (Stand August 2007) gibt es im Bundesland Nordrhein-Westfalen ein Integrationsministerium, das zudem ein Pilotprojekt initiiert hat, um Kindertageseinrichtungen zu Familienzentren fortzuentwickeln. Damit sind realistische und wesentliche Chancen für die Integration von Kindern und Familien mit Migrationsgeschichte verbunden. Um die Chancen des Anfangs zu nutzen, will das in diesem Beitrag vorgestellte Projekt „Interkulturelle Öffnung im Familienzentrum" die Konzeption des Familienzentrums mit dem fachlichen Ansatz der Integrationsagentur verbinden. Zielsetzung ist es, einen Beitrag zu leisten, dass eine bedeutsame gesellschaftliche Integrationsleistung bereits in der Elementarerziehung gelingen und nachhaltig werden kann, um Chancengleichheit und Integration der Kinder zu erreichen. Vorab befassen wir uns mit dafür relevanten Rahmenbedingungen, mit migrationsspezifischen und migrationsgeschichtlichen Zusammenhängen und einer Darstellung der konzeptionellen Leitidee eines Familienzentrums.

Interkulturelle Öffnung im Familienzentrum

2 Entwicklung von Kindertageseinrichtungen zu integrierten Dienstleistungszentren

Die Landesregierung hat sich zum Ziel gesetzt, das Land Nordrhein-Westfalen zum kinder- und familienfreundlichsten Land in Deutschland zu machen. Dazu wurden im Kindergartenjahr 2006/2007 im Rahmen einer Pilotphase insgesamt 251 Kindertageseinrichtungen zu Familienzentren entwickelt. Leitidee eines Familienzentrums ist es, integrierte Dienstleistungen für Kinder und Familien zu entwickeln und bereit zu stellen (www.familienzentrum.nrw.de). Konkrete Zielsetzung ist die Zusammenführung von Bildung, Erziehung und Betreuung als Aufgabe der Kindertageseinrichtung mit Angeboten der Beratung und Hilfe für Familien. Zum Anspruch des Landes gehört es ferner, Familienzentren zu Leitstellen sozialer Gestaltungsprozesse im Stadtteil werden zu lassen, die öffentlich präsent und im Sozialraum verankert sind. Familienzentren sollen als flexible und qualitativ hochwertige integrierte Dienstleistungszentren weiterentwickelt werden. Die Leistungen eines Familienzentrums umfassen dementsprechend ein vielfältiges und anspruchsvolles Angebot:

- Beratung und Unterstützung von Kindern und Familien (z.b. Erziehungs- und Familienberatung, Frühförderung, Ergotherapie, Logopädie etc.),
- frühkindliche Bildung (z.B. Bildungsdokumentation, vielfältige Bildungsangebote),
- Elternbildung und Erziehungspartnerschaft (z.B. Elternkurse, Väterbildung etc.),
- Tagespflege (z.B. Qualifizierung und Vermittlung von Tagespflegepersonen),
- Angebote zur Vereinbarkeit von Familie und Beruf (z.B. attraktive Betreuungszeiten),
- Sprachförderung und interkulturelle Aktivitäten (z.b. Sprachstanderhebungen, Deutschkurse für Eltern mit Migrationsgeschichte).

Der Verbreitungsgrad von Familienzentren soll nach der Pilotphase ab August 2007 um weitere 750 Einrichtungen steigen und bis 2012 eine Größenordnung von 1/3 aller Kindertageseinrichtungen – das entspricht etwa 3000 Familienzentren – im Land NRW erreicht haben. Damit kommt dieser konzeptionellen Ausrichtung der Tageseinrichtungen für Kinder der Stellenwert eines Zukunftsmodells zu, in dem integrierte Dienstleistungen für Kinder und Familien bereitgehalten werden. Als breit greifende Sozialisationsinstanz werden Kinder fast flächendeckend erreicht, was auch interessante Chancen zur Integration von Kindern und Familien mit Migrationsgeschichte eröffnet.

Die Integration von Menschen mit Zuwanderungsgeschichte, beispielsweise unterschiedlicher kultureller Herkunft oder verschiedener Religions- und Glaubenszugehörigkeit ist eine Aufgabe, der sich auch andere Industrieländer gegenüber sehen. Internationale Entwicklungen zeigen dabei, dass der Entwicklungsprozess in Deutschland einem Trend anderer westlicher Industrieländer folgt. Für die Idee eines Familienzentrums finden sich verschiedene gelungene Beispiele, denen die funktionelle Integration kind- und familienbezogener Dienstleistungen gemeinsam ist. Zu den Beispielen mit breitem Bekanntheitsgrad gehören die Early Excellence Center in Großbritannien. Ein weiteres interessantes Modell gibt es mit den Judy P. Hoyer Center Maryland in den Vereinigten Staaten, die eine ganzheitliche Ganztages- und Ganzjahresbetreuung von der Geburt an anbieten und als Lernzentren für Familien und frühkindliches Lernen gestaltet sind. In Luxemburg hat man mit dem Ansatz der Maison Relais ein integratives, vernetztes und flexibles, auf die individuelle Situation der Familie ausgerichtetes sozialpädagogisches Angebot entwickelt, in dem eine Vielfalt an Betreuungsangeboten für Kinder zwischen drei Monaten und zwölf Jahren bestehen.

3 Bedeutung von Akkulturationsprozessen

Familien mit Migrationsgeschichte erleben sehr heterogene Akkulturationsprozesse. Differenzierende Faktoren sind beispielsweise die kulturelle Herkunft, der aufenthaltsrechtliche Status, die spezifischen Migrationserfahrungen und die vielschichtigen Erziehungsrealitäten (Booth et al. 1997). Für jeden Einzelfall sind damit hohe und weit reichende Anforderungen an fachliche Handlungsstrategien verbunden.

Doch nicht alleine die qualitative Dimension erzeugt Handlungsdruck. Ein Blick auf die Statistik zeigt nämlich an, welche zukünftigen Entwicklungstendenzen wahrscheinlich sind. Fast drei Viertel der ausländischen Bevölkerung, aber nur gut die Hälfte der deutschen Bevölkerung in Deutschland waren im Jahr 2000 Familienhaushalte mit Kindern (Engstler/Menning 2003). Schreibt man diese Entwicklung in die Zukunft fort, so ist für die nächsten Jahre in Kindertagesstätten, Schulen und Jugendhilfeeinrichtungen eine deutliche Zunahme von Kindern mit Migrationsgeschichte zu erwarten. Interkulturelle Erziehung wird vor diesem Hintergrund zwar zunehmend als Querschnittsaufgabe begriffen. Allerdings sind die fachlichen Systeme auf die quantitativ bedeutsame Nutzergruppe heute konzeptionell noch nicht angemessen vorbereitet. Es fehlt an entsprechender Qualifizierung, an integrativen Konzepten und Angeboten. Bedeutsam für fachliche Ansatzmöglichkeiten ist, dass Migration zumeist in einem familiären Kontext stattfindet, der mehrere Generationen betrifft.

In der Beratungspraxis ist zu beobachten, dass sich auch bei Familien mit Migrationsgeschichte die Familienstrukturen ändern. Dies fordert von Fachleuten, eine systemisch-kontextuelle und interkulturelle Perspektive einzunehmen und nach Möglichkeit auch, den jeweils relevanten Kontext – beispielsweise die Familie oder bedeutende Akteure und Vereine im Stadtquartier – in die fachliche Arbeit einzubeziehen, zu integrieren, teilhaben und verantwortlich mitgestalten zu lassen. Dies ist in idealer Weise in einem Familienzentrum möglich.

4 Haupttypen der Akkulturation

Migration vollzieht sich zu unterschiedlichen biographischen und familienzyklischen Zeitpunkten und unterliegt den Einflüssen der Herkunfts- und Aufnahmegesellschaft. Berry (1997) beschreibt für den Kulturkontakt von Individuen und Gruppen mit der Aufnahmegesellschaft vier Haupttypen der Akkulturation:

1. Integration ist dann gegeben, wenn die Aneignung der Kultur der Aufnahmegesellschaft und die Beibehaltung der eigenen Kultur für wichtig erachtet werden.
2. Assimilation ist gegeben, wenn die Aneignung der Kultur der Aufnahmegesellschaft für wichtig angesehen und die Beibehaltung der eigenen Kultur für unwichtig gehalten wird.
3. Separation findet statt, wenn die Aneignung der Kultur der Aufnahmegesellschaft für unwichtig und die Beibehaltung der eigenen Kultur für wichtig erachtet wird.
4. Marginalisierung ist gegeben, wenn die Aneignung der Kultur der Aufnahmegesellschaft und die Beibehaltung der eigenen Kultur beide als unwichtig angesehen werden.

Integration als angestrebter Idealzustand fordert von den am Kulturkontakt beteiligten Menschen hohe Anpassungsleistungen, Toleranz, Reflexivität und diskursive Kompetenzen. Integration kann insofern nur dann gelingen, wenn sie als dualer, partizipativer und kontinuierlicher Prozess verstanden wird. Integration ist also keine Einbahnstrasse, vielmehr sind beide Seiten aufgefordert, sich aufeinander hin zu bewegen, was den Beteiligten Anstrengungen abverlangt. Familien mit Migrationshintergrund sind aufgefordert sich zu befähigen, Integrationsleistung zu erbringen, wie auch die Aufnahmegesellschaft gefordert ist, produktive Antworten und Lösungsansätze zur Integration ihrer Gesellschaftsmitglieder zu finden. Diesen Prozess gilt es bei der Interkulturellen Öffnung im Familienzentrum zu fördern.

5 Strukturelle Integrationshürden und Migrationsgeschichte

Das Ideal der Integration ist leichter formuliert als erfüllt. Selbst fachliche Systeme, von denen man gemeinhin wirkungsvolle Gestaltungsprozesse erwartet, sehen sich mit neuen Herausforderungen konfrontiert und begehen strukturelle Fehler. Sie erweisen sich als Teil der Gesellschaft und befinden sich in Strukturen, die isomorph zur fachlichen Aufgabenstellung sind. Dieser Gedanke scheint uns für das Verständnis von Integration bedeutsam, so dass wir ihn mit einem Blick auf die Migrationsgeschichte der letzten Jahrzehnte vertiefen wollen.

Es sind in der Vergangenheit aufgrund politischer Vorgaben des Bundes und der Länder im Gegensatz zu den dargestellten Erfordernissen einer partizipativ-dialogischen Integrationspraxis vielfach Spezialprogramme und Konzepte für die Zielgruppe der Menschen mit Zuwanderungsgeschichte aufgelegt worden. Ein Beispiel ist die nationalitätenspezifische „Ausländersozialarbeit", die sich seit der Anwerbung ausländischer Arbeitnehmerinnen und Arbeitnehmer in den 1960-er Jahre entwickelt hat. Es wurden anfänglich gezielt „bildungsferne" Arbeitskräfte angeworben, die die Wirtschaft damals dringend benötigte. Später wurden auch Facharbeiter und unter anderem medizinisches Personal angeworben. Die fachlichen Handlungsansätze und Arbeitsweisen für Menschen mit Zuwanderungsgeschichte wurden bis in die 1990er Jahre in den so genannten „Sozialdiensten für ausländische Arbeitnehmer und deren Familien" kaum verändert.

Die Vorhaltung solcher spezieller, meist muttersprachlicher Angebote für die Zielgruppe hat gegenläufig zur positiven Absicht auch dazu beigetragen, dass echte Integration verhindert wurde: Menschen aus den sogenannten Anwerbestaaten, haben vorhandene Regeldienste vergleichsweise wenig aufgesucht und die Regeldienste ihrerseits haben sich nicht auf deren Bedarfe eingestellt bzw. der Logik der skizzierten Situation entsprechend nicht darauf einstellen müssen. Integrationshürden wurden bis 2005 wesentlich durch die verantwortlichen politischen Entscheidungsträger und aufgrund der damalig geltenden Gesetzeslage erzeugt, die tief in die Lebensräume wirkte. In dieser Situation war es üblich, dass psychosoziale Regeldienste immer wieder auf die alleinige Zuständigkeit der Migrationsdienste verwiesen, sobald ein Migrationshintergrund vorlag. So wurde auch in der fachlichen Praxis der Sozialdienste der Status eines Einwanderungslandes entgegen der gesellschaftlichen Realität nicht angemessen berücksichtigt. Angesichts von vielen Millionen dauerhaft in der Bundesrepublik Deutschland lebender Menschen, damals „Gastarbeiter" genannt, erscheint diese Praxis aus heutiger Sicht erstaunlich. Viele dieser Menschen sahen sich anfangs allerdings tatsächlich selbst als „Gast"- Arbeiter, und vermieden aufgrund dessen Anstrengungen zur Integration, und verblieben mit der Absicht einer baldigen

Interkulturelle Öffnung im Familienzentrum 159

Rückkehr in einem Schwebezustand zwischen den Kulturen. Es bestand also zeitweilig ein impliziter Konsens zwischen den faktisch Zugewanderten und der Politik, die den dauerhaften Aufenthalt nicht wahrhaben wollte, und sich auf „vorübergehenden Aufenthalt" konzentrierte. Spätestens mit der Anwerbestoppverordnung Anfang der 1970er Jahre waren die dargestellte Praxis der Politik, der Sozialdienste und auch der Menschen mit Migrationsgeschichte Makulatur. Die betroffenen Menschen holten nämlich im Rahmen dieser Verschärfung des Ausländerrechts mehrheitlich ihre Familien nach, so dass diese Familien dauerhaft ansässig wurden. Es geschah damit genau das, was die Politik vermeiden wollte. Ein Blick in die bundesdeutsche Migrationsgeschichte zeigt, welche Bedeutung Zuwanderung in den vergangenen Jahrzehnten gespielt hat:

- Millionenfache Aufnahme von Flüchtlingen nach dem 2. Weltkrieg aus den Ost-Gebieten.
- Flucht Hunderttausender in den 1950ern bis zum Bau der Mauer aus der DDR.
- In den 1960ern Anwerbung ausländischer Arbeitskräfte.
- Ende der 1970er Jahre kamen die ersten großen Flüchtlingswellen der so genannten „boat-people" aus Vietnam.
- In 1980er Jahren folgten viele Flüchtlinge aus der Türkei und dem Libanon.
- Nach dem Fall des „Eisernen Vorhangs" fand die massenhafte Flucht von Menschen aus der ehemaligen DDR statt.
- In den frühen 1990ern als Folge der Kriege auf dem Balkan kamen hunderttausende Flüchtlinge jährlich hauptsächlich aus Bosnien-Herzegowina, unter großer Aufnahmebereitschaft der Bevölkerung. Später folgte Zuwanderung aus dem Kosovo.
- Schließlich fanden durch den Zerfall der ehemaligen UdSSR Millionen von Spätaussiedlern in den 1990er Jahren in der Bundesrepublik Aufnahme.

Zunehmend divergierten die migrationsspezifischen Ziele und die Realität in der Bundesrepublik Deutschland. Dieser Zustand bestand bis zum Anfang des 21. Jahrhunderts fort. Während der gesamten Zeit waren Kindertageseinrichtungen mit der Aufgabe der Integration der zugewanderten Kinder konfrontiert und haben sich unter hohem Engagement in ihrer fachlichen Arbeit darauf eingestellt. Einige Einrichtungen entwickelten unter Eigenregie Konzepte, lange bevor es Vorgaben der Politik gab. Die entsprechenden Einrichtungen entsprachen dem faktisch vorhandenen Bedarf, richteten beispielsweise Elterncafes ein, bemühten sich um Sprachkurse und erbrachten weitere Integrationsleistungen.

Mit Einführung des Zuwanderungsgesetzes 2005 wurde erstmalig auch de jure anerkannt, dass die Bundesrepublik Deutschland ein Einwanderungsland ist.

Mit Erfüllung dieser von Kirchen und Wohlfahrtsverbänden seit Jahrzehnten eingeforderten rechtlichen Anerkennung konnten sich die sozialen Fachdienste, insbesondere auch die Dienste für „Integration und Migration", institutionell der interkulturellen Öffnung widmen. Seit 2007 findet darüber hinaus eine konzeptionelle Weiterentwicklung der Fachdienste für Integration und Migration zur Integrationsagentur in Nordrhein-Westfalen statt.

6 Familien und Migrationsanforderungen

Im Kontakt kultureller Einstellungen, Werte und Normen wirken Kinder und Familien aus den verschiedenen Kulturen gestaltend zusammen. Bisher nutzen Familien mit Migrationsgeschichte vor der Inanspruchnahme externer Hilfe aus nachstehend näher beschriebenen Gründen erfahrungsgemäß stärker die Problembewältigungsressourcen der Familie und der ethnisch-kulturellen Netzwerke. Diese unterliegen jedoch auch einem starken Veränderungsdruck, sie brechen zunehmend weg und wo sie noch bestehen, geraten sie zunehmend schneller an ihre Grenzen.

Auffällig ist nach wie vor, dass Menschen mit Migrationsgeschichte z. B. in Gremien, bei Elternabenden in den Kindergärten sowie bei Inanspruchnahme von Regeldiensten stark unterrepräsentiert sind. Der gesamte Anteil der Zielgruppe von Menschen mit Zuwanderungsgeschichte ist bundesweit in Beratungsstellen deutlich niedriger als ihr Bevölkerungsanteil dies erwarten lässt. Dies hängt beispielsweise mit mehr oder weniger impliziten Familienregeln zusammen, familiäre Probleme gegenüber Außenstehenden nicht zu kommunizieren (z.B. Imber-Black 1997). Die Erfahrung einer geringeren Inanspruchnahme sozialer Dienste durch Menschen mit Migrationsgeschichte, als es ihr Bevölkerungsanteil erwarten ließe, machen viele Soziale Dienste in ihrer täglichen Praxis. Als Gründe hierfür gelten insbesondere:

- Geringe Vertrautheit ausländischer Eltern mit solchen Einrichtungen.
- Geringe Kenntnis über Erziehungsschwierigkeiten, die erst dann wahrgenommen werden, wenn es zu einem auffälligen Verhalten kommt.
- Vorbehalte, sich gegenüber dem meist deutschen und ausschließlich deutschsprachigen Personal zu öffnen und sich ihm anzuvertrauen.
- Furcht vor einer Entfremdung der Kinder von den heimatlichen Normen.
- Sorge, wegen der Inanspruchnahme von Beratung und Unterstützungsangeboten Benachteiligungen ausgesetzt zu sein (http://www.liga-kind.de/pages/birt100.htm).

Die geringe Beteiligung von Familien mit Migrationsgeschichte sollte jedoch nicht darüber hinwegtäuschen, dass die Bedarfe nach Unterstützung in den Familien sehr hoch sind.
Unter günstigen Bedingungen kann Migration zum geistigen und psychischen Wachstum beitragen. Sie kann allerdings in weniger gelungenen Fällen mit vielfältigen Belastungsfaktoren verbunden sein (Renić 2005), u.a. verursacht durch:

- Hohen Assimilationsdruck,
- unsicheren, unter Umständen nicht legalen Aufenthaltsstatus,
- Familienrollen- und Strukturen, die aufbrechen, sich erschöpfen und überfordern,
- anhaltenden Schwebezustand zwischen den Kulturen,
- sprachliche und kulturelle Unterschiede, die belastender wirken, je weiter diese von der Aufnahmegesellschaft entfernt sind und je größer die wahrgenommenen Kontraste sind,
- auftretende Probleme, die neben den mit der Migration zusammenhängenden Aufgaben als Zusatzbelastung empfunden werden.

Neben diesen migrationsspezifischen Belastungsfaktoren können aber auch andere Belastungen hinzukommen, denen auch die Mehrheitsbevölkerung unterliegen kann, wie beispielsweise Arbeitslosigkeit, Armut, Konflikte, Krankheit im familiären Kontext, Trennung und Scheidung und weitere mehr.

7 Interkulturelle Öffnung im Familienzentrum – Das Projekt und der Projektkontext

Ein Spezifikum des Projektes ist die Arbeit in insgesamt sieben Kindertageseinrichtungen der Propsteigemeinde St. Remigius in der Kreisstadt Borken, die gemeinsam als Verbundprojekt an der Pilotphase des Landesprojektes „Familienzentrum NRW" teilgenommen haben. Die Einrichtungen decken ca. 1/3 der Tageseinrichtungen in der im Westmünsterland gelegenen Kreisstadt ab. Im Familienzentrum haben durchschnittlich 20% der Kinder einen Migrationshintergrund, wobei die Anteile in den einzelnen Einrichtungen stark schwanken und zwischen 2% und über 50% liegen.

Zielsetzung der Interkulturellen Öffnung im Familienzentrum ist es, interkulturelle Kompetenzen der Fachkräfte in den Einrichtungen zu steigern, die Bedürfnisse von Kindern und Familien mit Migrationsgeschichte in der Konzeption und der täglichen fachlichen Arbeit zu berücksichtigen und die Interkulturelle Öffnung des Familienzentrums zu fördern. Das Projektmanagement nimmt die Integrationsagentur des Caritasverbandes Borken wahr; der Projektleiter verfügt über eine eigene Migrationsgeschichte. Während der gesamten Projektlaufzeit erfolgen eine kontinuierliche fachspezifische Weiterqualifizierung und Supervision des Projekteams und der Projektleitung. Durch die Einbindung der Integrationsagentur in den Fachbereich der Beratungsdienste, stehen bei Bedarf außerdem Spezialkompetenzen zur Verfügung. Dies sind:

- Allgemeine Sozialberatung,
- Ambulante flexible Erziehungshilfen,
- Psychologische Beratungsstelle,
- Schuldnerberatung,
- Schwangerenberatung.

Für das Projekt ist von Bedeutung, dass der Fachbereich dieser Beratungsdienste zuvor gemeinsam einen dreijährigen Prozess der Interkulturellen Öffnung selbst durchlaufen hat. Dazu gehörten als Kernbausteine drei jeweils dreitägige Schulungen, eine dienstübergreifende gemeinsame Fallsupervision unter dem Leitmotto „Umgang mit dem Fremden" sowie spezifische Qualifizierungs- und Beratungsbausteine für die Integrationsagentur selbst während der gesamten Projektlaufzeit. Alle Fachkräfte sind daher fachlich und konzeptionell entsprechend einschlägig vorbereitet und qualifiziert.

Als ein wesentliches Ergebnis dieser Organisations- und Personalentwicklung des Projektmanagers zeigte sich die Integrationsagentur zunehmend in der Lage, selber Prozesse der Interkulturellen Öffnung zu konzipieren und durchzuführen. Folge der eigenen Interkulturellen Öffnung war somit eine Erweiterung des fachlichen Angebotes, eine Herausarbeitung von Alleinstellungsmerkmalen mit Verbesserung der eigenen Position im Sozialraum, mithin eine deutliche strategische Weiterentwicklung des Dienstes mit einem verbesserten Wirkungsgrad im Hinblick auf die Belange von Menschen mit Migrationsgeschichte.

Das Projekt „Interkulturelle Öffnung im Familienzentrum" läuft über zwei Jahre und bis Ende 2008. Finanziell wird es aus Mitteln der Innovationsförderung des Caritasverbandes für die Diözese Münster gefördert. Förderkriterien waren die Aspekte Innovationsgrad der Projektidee, Nachhaltigkeit der zu erwartenden Projektergebnisse und -effekte sowie der zu erwartende transferierbare Nutzen für die Soziale Arbeit und insbesondere die Soziale Arbeit der Caritas.

8 Projektmodule und Arbeitsschritte

Das vom Team der Integrationsagentur modular konzipierte Projekt verfolgt die interkulturelle Qualifizierung und die Entwicklung einer Organisationskultur, die institutionell und strukturell hemmende Faktoren innerhalb der Organisation abbauen will. Die Projektstrukturierung soll eine effektive und effiziente Zusammenarbeit der Projektbeteiligten gewährleisten und den spezifischen Erfordernissen in den beteiligten Einrichtungen entsprechen. Im Vorgehensmodell sind folgende Schritte vorgesehen:

1. *Interessenanalyse:* Zu Beginn des Projektes fanden leitfadengestützte Gespräche mit den Leitungen bzw. Leitungsteams der teilnehmenden Einrichtungen statt. Darin ging es insbesondere um eine Konkretisierung thematischer Bedarfe in den Einrichtungen, um organisatorische Anforderungen, Möglichkeiten und Grenzen der Zusammenarbeit und um das gegenseitige Kennen lernen. Auf diesem Wege war eine bedarfsgerechte, gemeinsame und dialogische Detaillierung der von der Integrationsagentur vorgelegten Rahmenkonzeption möglich.
2. *Auftaktveranstaltung:* Im Anschluss an die Auswertung der Ergebnisse der Interessenanalyse fand eine Auftaktveranstaltung statt, die den eigentlichen Projektstart markierte. Dazu waren neben den beteiligten Fachkräften des Familienzentrums und dem Projektteam auch Fachleute des Diözesancaritasverbandes sowie wichtige Multiplikatoren des Sozialraumes (z.B. Leitungen von Grundschulen, Jugendamt) vertreten. Projektziele und die mit den Einrichtungen vereinbarte Vorgehensweise wurde den Teilnehmenden vorgestellt. Nach gemeinsamer Diskussion wurden Vereinbarungen zum weiteren Vorgehen getroffen.
3. *Module zur Interkulturellen Sensibilisierung und Kompetenzentwicklung*, differenziert nach Bausteinen für die Teams und für die Leitungen: Interkulturelle Kompetenz wird von Wertschätzung getragen. Sie ist im Idealfall eine generelle Grundhaltung, die Menschen und deren Kulturen in ihrer Vielfalt integriert. Sie gilt für jede Form der Interaktion und stellt daher eine grundlegende Haltung wie auch Kernkompetenz dar. Die ersten Projektbausteine bilden daher die Sensibilisierung und die Vermittlung interkultureller Kompetenz mittels Trainings, die migrationssensibles Handeln der zusammenarbeitenden Akteure steigern soll, um integrative soziale Gestaltungsprozesse konstruktiv zu unterstützen. In diesen Modulen geht es zudem um die Vermittlung kultursensibler Kommunikation und wertfreier Akzeptanz von Unterschiedlichkeit. Vermittlung versteht sich dabei als eine Form der Selbstvermittlung, der Erschließung neuer Erfahrungen, Einstellungen und

Haltungen durch die Teilnehmer selbst, weniger als Fremdinstruktion. Im Mittelpunkt dieses Moduls steht die Eigenentwicklung der Mitarbeiterinnen und Mitarbeiter der Einrichtungen. Es soll für den Umgang mit kultureller Unterschiedlichkeit sensibilisiert werden. Themen sind unter anderem

- Fremd- und Selbstwahrnehmung,
- Kulturaspekte,
- Sprache,
- Integration und Ausgrenzungsmechanismen,
- kultursensible Kommunikation
- Wertehierarchien.

Eine Übung zum Umgang mit Wertehierarchien besteht beispielsweise darin, dass die Teilnehmenden eine Liste mit 15 Werten (z.B. gute Schulbildung, Selbstvertrauen, Familienbindung, Bescheidenheit, etc.) erhalten, die sie in eine für sich selbst verbindliche Reihenfolge bringen sollen. In einem zweiten Schritt soll sich dann eine Kleingruppe auf eine gemeinsame Reihenfolge verständigen, schließlich die Gesamtgruppe auf ein gemeinsames Ranking. Auf diese Weise entstehen vielfältige Möglichkeiten, über Kommunikation, über demokratische Entscheidungsregeln und Selbstverständnisse in einen Austausch zu kommen. Die Rolle der Berater besteht dabei weniger darin, instruktiv vorzugehen, sondern vielmehr Moderator eines erfahrungsorientierten und reflexiven Gruppenprozesses zu sein. Unser Ansatz folgt dabei konstruktivistisch-perspektivischen Konzepten und den Leitgedanken einer qualitativen Psychologie, wie sie Breuer (1996) vorschlägt. Dies geht einher mit dem Bemühen, unseren Projektansatz aus unterschiedlichen Beteiligten-, Betroffenen und Beobachter-Sichtweisen in den je besonderen Erscheinungs- und Darstellungsformen zu erfassen. Die subjektiven Anschauungen, Konzepten und Sichtweisen der Projektbeteiligten besitzen eine eigene epistemologisch-heuristische Potenz, die wir für den individuellen und den auf die Organisationskultur bezogenen Veränderungsprozess fruchtbar zu nutzen versuchen. Die Workshops sehen die Information zur ausländerrechtlichen Situation und deren Auswirkungen auf die Familien, den Hintergrund von Spätaussiedlern in Borken sowie die Lebenssituation von Muslimen in der Region vor.

4. *Interkulturelle Öffnung der Einrichtungen und Arbeit an der Organisationskultur:* Dieser Baustein verfolgt die interkulturelle Öffnung der Einrichtung, durch die geeignete strukturelle Voraussetzungen und eine fördernde Lernkultur geschaffen werden soll, damit allen Kindern und Familien in der Einrichtung ermöglicht wird, vorhandene Ressourcen zu nutzen, gesellschaftli-

che Schlüsselkompetenzen zu erwerben und gesellschaftliche Teilhabe als übergeordnetes Ziel zu realisieren. Die vorhandene kulturelle Vielfalt und die damit verbundenen Chancen, Schwierigkeiten und Herausforderungen stehen im Mittelpunkt. Interkulturelle Öffnung des Familienzentrums ist beispielsweise gekennzeichnet durch Angebote, die auch für Menschen mit einem anderen kulturellen Hintergrund leicht zugänglich sind. Interkulturell geöffnete Einrichtungen nehmen einen erweiterten Blickwinkel ein und erhöhen damit individuelle Startbedingungen aller Kinder. Von besonderer Bedeutung ist hierbei die Integration interkultureller Kompetenz in die Einrichtung. Die interkulturelle Öffnung lässt sich als veränderte Organisationskultur beschreiben, die sowohl institutionell als auch strukturell hemmenden Faktoren der Organisation analysiert, die zu Benachteiligung führen und die bestrebt ist, diese abzubauen. Damit ist ein systemisch-diskursiver und selbstreflexiver Prozess verbunden, der allen Beteiligten neue Chancen eröffnet, etwa vermeintliche Selbstverständlichkeiten zu betrachten oder vorhandene Unterschiede zu identifizieren, diese aushalten und nutzen zu lernen. In einem Strategieprozess interkultureller Organisationsberatung werden dabei eine Analyse der Ausgangsbedingungen und eine Zielbestimmung vorgenommen. Hierbei wird zunächst eine gemeinsame Strukturanalyse vorgenommen werden, um den aktuellen Zustand zu ermitteln und Veränderungsbedarfe und spezifische Ziele der Einrichtungen zu identifizieren und zu klären, wo es gemeinsame Standards und Ziele geben soll. Es geht um die Identifizierung von Stärken und Schwächen, die Identifizierung relevanter Umfeldbedingungen und die Betrachtung von Akteuren (Personen, Institutionen), die hinsichtlich ihrer Erwartungen und Handlungen für die Arbeit der Einrichtung von Bedeutung sind. Dabei finden vielfältige Verknüpfungen aus dem vorherigen Training statt, die deren Transfer auf die tägliche Arbeit fördern sollen. Zudem wird ein für die Einrichtung wünschenswerter Zielzustand (z.B. Leitbild, Vision) beschrieben und formuliert. Dann werden konkrete Schritte zur Umsetzung eingeleitet, Veränderungsbarrieren identifiziert und der weitere Strategieprozess beraten.

5. *Kontinuierliche Leitungskonferenzen* dienen dazu, einen transparenten Projektablauf zu gewährleisten. Relevante Prozesse und Ergebnisse werden hier im Kreis der Leitungen der Einrichtungen und des Projektteams der Integrationsagentur erörtert, Informationen ausgetauscht sowie gemeinsame und unterschiedliche Erfahrungen in den teilnehmenden Einrichtungen reflektiert. Ferner finden regelmäßige Prüfungen des Projektfortschrittes statt und etwaiger Änderungsbedarf zum geplanten Projektablauf wird geklärt.

6. *Weiterentwicklung von im Sozialraum vorhandenen Instrumenten:* Im Projektverlauf wird an der Weiterentwicklung vorhandener Instrumente gear-

beitet, die im Sozialraum verbreitet sind und von den Projektbeteiligten genutzt werden. Zielsetzung ist es, diese Instrumente migrationskompatibel für den Bedarf von Kindern und Familien weiterzuentwickeln. Dies betrifft beispielsweise bestehende Projekte wie das Borkener-Entwicklungs-Netzwerk (siehe dazu Hillenbrand und Rietmann in diesem Band sowie Rietmann und Hillenbrand 2007) in dem Entwicklungsrisiken von 4- bis 5-jährigen Kinder frühzeitig identifiziert werden und bei Bedarf Frühe Hilfen initiiert werden sollen. An diesem in der Stadt Borken (www.youngborken.de) implementierten Projekt nehmen auch die Einrichtungen des Familienzentrums seit mehreren Jahren teil. Migrationskompatibel sollen überdies Elterntrainings entwickelt werden, wie die im Kreis Borken verbreiteten Elternwerkstätten. Entsprechend fortentwickelte Instrumente sollen den Mitarbeiterinnen und Mitarbeitern des Familienzentrums zur Verfügung gestellt werden.

7. *Gemeinsame Zukunftskonferenz:* Nach Abschluss der Interkulturellen Sensibilisierung und Kompetenzentwicklung ist für Mitte 2008 eine Zukunftskonferenz vorgesehen, in der mit allen Beteiligten der bis dann erzielte Projektfortschritt reflektiert wird und Absprachen für die Restlaufzeit des Projektes und die Zeit nach Projektabschluss entwickelt und getroffen werden sollen.

8. *Öffentlichkeitsarbeit im Sozialraum:* Während der Projektlaufzeit soll in Arbeitskreisen, Gremien und der lokalen Presse über Erfahrungen und Fortschritte berichtet werden. Zum Projektabschluss wird eine Arbeitsempfehlung zur Interkulturellen Öffnung im Familienzentrum entwickelt.

9 Ausblick

Der konzeptionelle Ansatz des Familienzentrums, in dem sich Betreuung, Bildung und Beratung verbinden, eröffnet auch Chancen für die Einleitung Interkultureller Öffnungsprozesse und die Förderung gesellschaftlicher Integration. Integration als Aneignung der Kultur der Aufnahmengesellschaft und die Beibehaltung der eigenen Kultur ist für alle daran Beteiligten mit einem anspruchvollen Lernprozess verbunden.

Neben der qualitativen Bedeutung des Themas ist von Belang, dass sich der Anteil von Menschen mit Migrationsgeschichte in unserer Gesellschaft noch weiter erhöhen wird, sei es in den Kindertageseinrichtungen, Familienzentren, Schulen oder Jugendhilfe- und Beratungseinrichtungen. Es besteht für diese Institutionen eine zunehmende Notwendigkeit, interkulturelle Kompetenz und interkulturelle Öffnung als Querschnittsaufgabe zu integrieren. Damit ist zunächst und vor allem ein Prozess der internen Organisationsentwicklung verbunden, der allerdings auch vielfältige Chancen zur professionellen Entwicklung der Institutionen und zur persönlichen Entwicklung der darin arbeitenden Menschen beinhaltet.

Für die herausragende Bedeutung der frühen Kindheit und der institutionellen Elementarerziehung findet sich inzwischen eine breite empirische Evidenz (z.B. LOGIK-Studie). Es dürfte sich also lohnen, Familienzentren als Zukunftsmodell einer breit greifenden Sozialisationsinstanz interkulturell zu entwickeln und die Chancen des Anfangs zu nutzen.

Literatur

Berry, J.W. (1997): Immigration, acculturation and adaptation. Applied Psychology: An International Review, 46, 5-68.
Booth, A./Crouter, A.C./Landale, N. (Eds.) (1997): Immigration and the family. Mahwah, NJ: Erlbaum.
Breuer, F. (Hrsg.) (1996): Qualitative Psychologie: Grundlagen, Methoden und Anwendungen eines Forschungsstils. Westdeutscher Verlag. Opladen.
Engstler, H./Menning, S. (2003): Die Familie im Spiegel der amtlichen Statistik. Berlin: BMFSFJ.
Imber-Black, E. (1997): Familien und größere Systeme: im Gestrüpp der Institutionen. Carl-Auer-Systeme. Heidelberg.
LDS NRW: Ergebnisse des Mikrozensus, 2005
Renić, M. (2005): Migration und Psyche. Vortrag vor PSAG, Borken, unveröffentlichtes Manuskript.
Rietmann, S./Hillenbrand. M. (2007): Das Borkener-Entwicklungsnetzwerk (BEN). Ein fachkraftorientierter Handlungsansatz zur funktionalen Integration von Betreuung und Beratung. In: Soziale Frühwarnsysteme in Nordrhein-Westfalen. Die Herner Materialen zum Umgang mit Verhaltensauffälligkeiten in Kindertageseinrichtungen (hrsg. vom Institut für soziale Arbeit e.V. Münster), S. 61-71.
Prenzel, M./Baumert, J./Blum, W./Lehmann, R./Leutner, D./Neubrand, M./Pekrun, R./ Rolff, H.-G./Rost, J./Schiefele, U. (Hrsg.). (2004). PISA 2003. Der Bildungsstand der Jugendlichen in Deutschland – Ergebnisse des zweiten internationalen Vergleichs. Münster: Waxmann.
www.volkswagenstiftung.de/fileadmin/downloads/LOGIK-Zusammenfassung82006.pdf. Zusammenfassung der LOGIK-Studie

Von der Betreuungseinrichtung zum Familienzentrum
Den Wandel erfolgreich gestalten

Stefan Meinsen

1 Überblick

Unser Leben und unsere Arbeitswelt vollziehen aktuell den größten Wandel seit dem Zweiten Weltkrieg. Viele Denkweisen und Konzepte, Vorrechte und kulturelle Bestandteile werden hinterfragt und sind dadurch starken Veränderungen unterzogen. In der Wirtschaft wird dies oftmals einhergehend mit den Notwendigkeiten der Globalisierung argumentiert. Veränderungen passieren überall und in der Regel stehen wir ihnen zumindest recht skeptisch gegenüber.

Die Etablierung von Familienzentren stellt ebenfalls einen gravierenden Wandel dar. Im folgenden Artikel werden deshalb zunächst die verschiedenen Herausforderungen, die auf die Mitarbeiterinnen und Mitarbeiter im Wandel von der Betreuungseinrichtung zum Familienzentrum zukommen beschrieben. Diese Herausforderungen bewegen sich dabei sowohl im fachlichen, aber insbesondere im zwischenmenschlich-kommunikativen Bereich.

Dieser Beitrag beleuchtet die verschiedenen Herausforderungen der Familienzentren im Wandel und zeigt mit Coaching von Leitungskräften und Teams einen Weg auf, ihn aktiv zu gestalten.

2 Herausforderungen im Wandel zum Familienzentrum

Bei den meisten Menschen verursachen Veränderungen zunächst Widerstände und Ängste. Wir sind eher darauf eingerichtet uns in bekannten Strukturen zu bewegen. Laut Kraus et al. (2006: 13) brauchen Menschen „klare Orientierung und einen Zustand mit eindeutigen Sachverhalten. Wir lieben das Gefühl, dass unsere Welt und unsere Umgebung für uns überschaubar und beherrschbar ist". Größere Veränderungen lehnen wir zunächst ab, außer wir haben sie selber herbeigeführt oder herbeigewünscht. Haben wir aber eine Veränderung nicht selber initiiert, dann brauchen wir in der Regel eine gewisse Zeit, um uns wirklich und aktiv einlassen zu können. Es ist also mitunter ein weiter Weg von der von Außen formulierten Anforderung, sich zu verändern, über die Akzeptanz des Wandels, bis hin zum aktiven Verhalten der neuen Rolle und den neuen Anforderungen entsprechend. Beim Wandel von der Betreuungseinrichtung zum Familienzentrum ist der Rahmen von Außen gesetzt und damit fremdbestimmt. Die Herausforderungen dabei und der Weg dahin werden im Folgenden beschrieben. Dies sind im Einzelnen:

- für die Leitungspersonen die Herausforderungen der Führungsaufgabe im Veränderungsprozess selber;
- für die einzelnen Mitarbeiterinnen und Mitarbeiter die Herausforderungen, ihre Kommunikation möglichst zielführend zu gestalten;
- für alle Beteiligten die Herausforderung, ihre Kompetenzen in Organisationsfähigkeit und ihr Selbstmanagement auszubauen;
- für das Team des Familienzentrums die Herausforderung, die verschiedenen Talente der einzelnen MitarbeiterInnen zu identifizieren und zu nutzen; und außerdem
- die Herausforderung auch unter den Belastungen als Team gut zu funktionieren bzw. sich unter Druck sogar weiter zu entwickeln.

2.1 Führung im Veränderungsprozess

Wir organisieren uns in Arbeitszusammenhängen in der Regel mehr oder weniger stark hierarchisch, d.h. zumindest eine(r) übernimmt mehr Verantwortung und damit eine Führungsrolle. Führung lässt sich mit Comelli und Rosenstiel (2003: 85) als „zielbezogene Einflussnahme auf arbeitende Menschen" bezeichnen. Befindet sich eine Einrichtung in der Veränderung, dann ist gerade die Leitung gefordert aus ihrer Rolle heraus zu steuern und die notwendigen motivierenden Impulse zu setzen. Sie ist dabei ganz besonders auf die Unterstützung und das Engagement der Mitarbeiterinnen und Mitarbeiter angewiesen. Deshalb ist es wichtig, Begeisterung bei den KollegInnen für die anstehenden Veränderungen zu wecken. Dafür muss die Leitung selber als Vorbild agieren und eine Vertrauensbeziehung stiften. Die Anforderungen an eine Führungskraft lassen sich in vier verschiedene Kompetenzfelder unterscheiden (s.a. Albs 2005: 35f.):

1. *Fachlich:* bezogen auf die pädagogisch-erzieherische Arbeit in Familienzentren;
2. *Methodisch/strategisch:* Entscheidungsfindung, Vision und strategische Vorausschau, Wissensvermittlung etc.;
3. *Sozial:* Information, Kommunikation, Motivation, Förderung, Empathie etc.;

4. *Persönlich:* Zielstrebigkeit, Leistungswille, Kreativität, Mut etc.

Zu ihren zentralen Aufgaben gehört es, den Veränderungsprozess zu gestalten, den Mitarbeiterinnen und Mitarbeitern Orientierung zu geben und die Umsetzung der Veränderung sicherzustellen, sie zu steuern und zu stabilisieren. Dabei ist es außerdem erfolgsentscheidend, die Beteiligung der Mitarbeiterinnen und Mitarbeiter zu fördern und deren Selbstständigkeit und Eigenmotivation zu aktivieren. Zu beobachtende Widerstände – zum Beispiel in Form von Killerphrasen, als Verweis auf schlechte Vorerfahrungen oder als Forderung nach Hundertprozentigkeit – bieten sehr wichtige Hinweise. Doppler und Lauterburg (1994) empfehlen sie zu hinterfragen, ihre „verschlüsselte Botschaft" zu lesen und sie damit sozusagen als Chance zu nutzen.

Ein weiteres wichtiges Führungsinstrument im Wandel besteht im Setzen von Zielen durch die Leitung. Die Führungskraft sorgt dafür, dass diese Ziele – beispielsweise bezogen auf den Aufbau eines Netzwerkes für ihr Familienzentrum – formuliert und deren Erreichung überprüft werden. Damit solche Ziele ihre motivierende Wirkung entfalten können, sollten sie bestimmte Bedingungen erfüllen:

- eine eindeutige und präzise Formulierung – eine Klarheit über das zu Erreichende;
- die Messbarkeit der Zielerreichung – z.B. in Umfang und Zeitraum;
- Wichtigkeit – für alle Beteiligten;
- Herausforderung – eine realistische Chance der Zielerreichung und
- Akzeptanz – die Beteiligten müssen innerlich zustimmen.

Um solche konkreten Arbeitsziele setzen zu können ist es hilfreich, vorab eine gemeinsame Familienzentrums-Vision als strategische Grundlage zu entwickeln. Damit wird eine emotionale Motivationsbasis für die gesamte Einrichtung geschaffen. Hierbei gilt es Fragen wie „Was zeichnet uns aus?", „Wer hat einen relevanten Einfluss auf unsere Arbeit?", „Welche Entwicklungen mit Bezug zu Familienzentren zeichnen sich ab?", zu beantworten. Dann wird ein Zukunftsbild entworfen, um daraus abgeleitet zu hinterfragen, „Was könnte uns an der Umsetzung hindern?" und letztendlich einen konkreten Aktionsplan zu formulieren.

Gerade auf die Leitungskräfte kommen in ihrer Führungsfunktion einige Herausforderungen zu, die für die Geschwindigkeit der Umstellung und den Erfolg des Wandels entscheidend sein können.

2.2 Zielführende Kommunikation

Für die neuen Aufgaben im Familienzentrum ist es wichtig, dass die Mitarbeiterinnen und Mitarbeiter klar und zielführend kommunizieren können. Diese Fähigkeit benötigen sie zum Beispiel für die Erfassung der Bedürfnisse von Eltern und Kindern, für das Knüpfen und die Aufrechterhaltung von Netzwerken und für Absprachen und Vereinbarungen im Team.

Was ist das Schwierige an menschlicher Kommunikation? Menschen funktionieren nicht wie Input-Output-Maschinen. Sie denken, fühlen, wünschen und haben Meinungen, Fähigkeiten und Bedürfnisse. Eine Vielzahl von Verständnisproblemen und Konflikten lassen sich auf Probleme der zwischenmenschlichen Kommunikation zurückführen. Folgt man Paul Watzlawick, einem bekannten Kommunikationsforscher, dann kommunizieren wir immer, in jeder Situation (z.B. Watzlawick 1969). Jede Art von Verhalten (ungeduldig auf die Uhr schauen oder das Auf-den-Boden-starren im Warteraum beim Arzt) ist demnach Kommunikation im weitesten Sinne: Es sind also nicht nur die ausgesprochenen Wörter, sondern genauso die Körperhaltung, Blickkontakt, Mimik oder Tonfall zu beachten. Insgesamt sehr kompliziert und mehrdeutig – Missverständnisse sind deshalb an der Tagesordnung.

In jeder Nachricht die wir senden oder erhalten sind vier unterschiedliche Botschaften enthalten. Schulz von Thun (1981) hat dies in einem Vier-Ebenen-Modell der Kommunikation zusammengefasst, die in jeder Kommunikation seitens Sender und Empfänger unterschiedlich stark ausgeprägt mitschwingen:

- *Sachinhalt* (Worüber ich informiere): dieser steht zumindest vermeintlich häufig im Vordergrund
- *Selbstoffenbarung* (Was ich von mir selbst kundtue): umfasst sowohl die gewollte Selbstdarstellung als auch die ungewollte Selbstenthüllung; gerade mit diesem Aspekt der Nachricht verbinden sich viele Probleme der zwischenmenschlichen Kommunikation: z.B. wenn jemand stets bemüht ist, sich von der besten Seite zu zeigen und keine Schwächen zugibt.
- *Beziehungsaspekt* (Was ich von Dir halte und wie wir zueinander stehen): Eine Nachricht zu senden, bedeutet immer auch, eine Art von Beziehung zum Empfänger auszudrücken. Der Sender drückt aus, wie er die Beziehung zwischen sich und dem Empfänger sieht.
- *Appellebene* (Wozu ich Dich veranlassen möchte): Jede Nachricht hat außerdem die Funktion, Einfluss auf den Empfänger zu nehmen. Der Sender hat ein Ziel, und die Nachricht dient dazu, den Empfänger dazu zu bewegen, ganz bestimmte Dinge zu tun, zu unterlassen, zu denken oder zu fühlen.

Neben der Komplexität der jeweils vier Botschaftsinhalte auf Seiten des Senders und des Empfängers, welche sich nur sehr schwer während eines Gespräches unterscheiden und reflektieren lassen, fällt es uns außerdem in der Regel sehr schwer, unseren Gesprächspartnern wirklich intensiv zuzuhören. Während der andere noch redet sind wir oftmals bereits mit der Formulierung einer Antwort oder Gegenfrage beschäftigt. Wir bewegen uns insgesamt sehr stark in unserer eigenen Denkwelt und lassen uns oft zu wenig auf die des anderen oder der anderen ein. Eine Möglichkeit dies intensiver zu gestalten ist die Methode bzw. Haltung des „Aktiven Zuhörens" (siehe z.B. Gordon 2002). Gordon hatte in Gruppen beobachtet, dass letztendlich mit recht geringer Aufmerksamkeit zugehört wurde oder sich Wortbeiträge nicht ernsthaft auf das vorher Gesagte bezogen.

Die hier überblicksartig beschriebene enorme Störanfälligkeit der menschlichen Kommunikation macht es unbedingt erforderlich, immer wieder über Gespräche zu reflektieren und Feedback darüber zu geben, wie das Gesagte empfangen, sprich wahrgenommen wurde. Und da jeder durch seine eigene Brille sieht, ist nicht nur das wahr, was andere sagen, sondern auch das, was man selbst gehört hat. Wer also den Gesprächspartner wirklich verstehen will, der sollte versuchen, möglichst aktiv zuzuhören. Aktives Zuhören setzt die Grundposition „ICH bin okay / DU bist okay" auf der Beziehungsebene voraus.

Einige Techniken des aktiven Zuhörens:

- Den Inhalt des Gehörten zusammenfassen („Wenn ich mal kurz zusammenfasse ...")
- Zurückfragen, ob man es richtig verstanden hat („Sie meinen, dass ...?")
- Vorsichtig die spürbaren Gefühle in Worte fassen und dabei eigene Wertungen zurückhalten („Das stimmt sie froh." Oder: „Sie fühlen sich herausgefordert.")
- Sich in den anderen hineinversetzen und dabei folgende Aspekte berücksichtigen: Wie ist seine Situation? Welche Rahmenbedingungen umgeben ihn? Was könnte ihn dazu veranlassen so zu denken?
- Verständnis signalisieren (Man muss nicht einer Meinung sein, um den anderen zu verstehen)
- Weiterführende Fragen stellen („Ich frage mich gerade, wie viel Ihnen daran liegt ...?" Oder: „Was ist Ihnen wichtig ...?")

Je mehr man aktiv zuhört, desto größer ist die Wahrscheinlichkeit, dass man den anderen versteht und ihm die Antworten/Hilfen geben kann, die ihn wirklich weiterbringen.

Eine weitere Möglichkeit, um Gespräche zielführender zu gestalten, besteht darin, eine psychologische Gesprächsvorbereitung durchzuführen (Steiger/ Lippmann 1999: 285). Hierbei stimmt man sich ein, indem das Gesprächsziel und der Weg dahin, die Einstellungen und Bedürfnisse der Gesprächspartner, das was man den anderen im Gespräch bietet (wie z.b. Informationen oder eine Problemlösung) und den möglichen Gesprächsverlauf vorab für sich durchgeht. Aufpassen sollte man dabei, dass diese Gesprächsvorbereitung einen nicht in ein zu enges Korsett schnürt.

Netzwerke leben von gelingender Kommunikation. Hier wurden einige grundsätzliche Problematiken menschlicher Kommunikation aufgezeigt. Um als Familienzentrum erfolgreich zu sein, braucht es Wissen darüber, wie Missverständnisse entstehen und durch eine reflektierte, zielführende Kommunikation vermieden werden können.

2.3 Organisationsfähigkeit und Selbstmanagement

Die vielen neuen Aufgaben, die eine Zertifizierung zum Familienzentrum erfordert, werden zum Teil auf die Mitarbeiterinnen und Mitarbeiter übertragen. Diese müssen sich damit auf neue Herausforderungen an ihre Organisationsfähigkeiten einstellen. Es werden gerade in der Umstellungs- bzw. Startphase sehr viele und umfangreiche Aufgaben zu bearbeiten und zu koordinieren sein. Dabei braucht es Organisationsfähigkeit und Selbstmanagement, also die Fähigkeit, Termine und Arbeitsabläufe so zu planen und zu ordnen, dass die eigene Arbeitskraft möglichst optimal genutzt wird.

Verschiedene typische Aspekte sind dabei zu beachten. Ein wichtiger Aspekt sind die so genannten „Zeitdiebe", also Ablenkungen und eigene Handlungen, die von der Erledigung der eigentlichen Arbeitsaufgabe abhalten. Forsyth (1997: 74ff.) benennt einige typische Zeitdiebe:

- Aufschieben von schwierigen Aufgaben – je länger man wartet, desto größer und schwieriger werden die meisten Probleme;
- Aufschieben von ungeliebten Dingen – Selbstdisziplin und bewusste Planung helfen bei der Überwindung;
- Verliebtsein in Lieblingsaufgaben – Reflexion der eigenen Vorlieben und deren zeitliche Begrenzung zur Eindämmung;
- Unterbrechungen durch andere – Erarbeitung von Möglichkeiten zur Steuerung von Unterbrechungen.

Um gerade in den ersten Monaten als Familienzentrum effektiv arbeitsfähig zu sein, müssen Prioritäten gesetzt werden (s.a. Forsyth 1997: 90 ff.; Schilling 2004: 40-57). Prioritäten zu setzen heißt im Grunde nichts anderes als Entscheidungen zu treffen. Hierbei haben sich verschiedene Methoden wie z.b. das Pareto-Prinzip, das Eisenhower-Prinzip oder die ABC-Analyse bewährt, welche hier nicht weiter beschrieben werden sollen. Außerdem gilt es darauf zu achten, dass vorgenommene Zeitschätzungen und Terminplanungen möglichst realistisch sind. Es sind die Arbeiten herauszufiltern, welche das Familienzentrum schnell und mit dem effektivsten Ressourceneinsatz nach vorne bringen. Hierbei ist es hilfreich, sich mit vier so genannten Entlastungsfragen zu beschäftigen (Schilling: 62f.):

- Muss diese Aufgabe überhaupt gemacht werden?
- Muss ich diese Aufgabe machen?
- Muss diese Aufgabe jetzt gemacht werden?
- Muss diese Aufgabe in dieser Form ausgeführt werden?

Eine dritte Herausforderung – sowohl an die Führungskraft als auch die MitarbeiterInnen – besteht also in der cleveren Art und Weise, ihre Arbeit zu organisieren. Sich nicht zu verzetteln oder in den vielen verschiedenen Arbeiten nicht unterzugehen erhält die Motivation und gibt den Netzwerkpartnern ein gutes Gefühl in der Zusammenarbeit.

2.4 Talente identifizieren und nutzen

Bringt man die Herausforderungen in der Arbeit mit den Fähigkeiten der einzelnen MitarbeiterInnen in Zusammenhang, dann können Stress, Langeweile oder Beunruhigung und im besten Fall ein FLOW-Erleben die Folge sein (s.a. Comelli/Rosenstiel: 149ff.). FLOW bedeutet dabei nach seinem „Erfinder" Csikszentmihalyi (2004) das Aufgehen in einer Tätigkeit. Die Arbeit macht sich sozusagen von alleine und verschafft Glücksgefühle. Ein solcher FLOW-Zustand kann immer nur dann entstehen, wenn Herausforderung und Fähigkeit optimal zusammenpassen. In den Familienzentren sollte deshalb auf diese Passung möglichst viel Wert gelegt werden.

Jeder im Team bringt spezielle Kompetenzen mit ein. Es geht in der Zusammenarbeit nicht darum, die „Kanten abzuschleifen" oder zu normieren, sondern im Gegenteil die sehr besonderen Talente jedes einzelnen bewusst zu machen und zu nutzen. Die anstehenden Aufgaben sollten deshalb so auf das Team verteilt werden, dass die persönlichen Kompetenzen jedes Einzelnen maximal „ausgeschöpft" werden.

Wie aber findet man die persönlichen Kompetenzen heraus? Das Team selbst kann die unterschiedlichen Talentprofile erarbeiten. Dabei werden die besonderen Eigenschaften und Kompetenzen der einzelnen Teammitglieder von den anderen benannt und gesammelt. Die Leitfragen lauten: Welchen Beitrag leistet die Person zum Teamerfolg? Was macht sie besonders? Kann sie zum Beispiel besonders offen auf andere zugehen, Themen in der Diskussion auf den Punkt bringen oder in schwierigen Situationen Mut machen, etc.?

Gemeinsam im Team werden alle Talentprofile herausgearbeitet. Dies bildet die Grundlage einer Arbeitsverteilung, in der die verschiedenen Kompetenzen optimal eingesetzt werden können. Im Sinne von FLOW zu arbeiten, hilft die notwendige Wertschätzung für die Beiträge aller Beteiligten zu aktivieren. Das setzt ungeahnte Energien frei, welche die Zusammenarbeit im Team und nach Außen beflügeln werden.

2.5 Teamentwicklung

Das Team in der Betreuungseinrichtung muss sich auf seine neuen Aufgaben einstellen. Dies passiert auf zwei Ebenen. Auf der organisatorischen Ebene ist die Frage zu klären „Wer ist wofür zuständig"? Darüber hinaus braucht es auf der Ebene der Teamentwicklung eine Antwort auf die Frage „Wie gehen wir damit um, wenn es mal nicht so gut läuft"? Diese zwei Ebenen gehen einher mit der Unterscheidung von so genannten weichen und harten Faktoren, die für den Teamerfolg wichtig sind

Teamerfolg	
Harte Faktoren	**Weiche Faktoren**
<ul><li>Eindeutige und geteilte Teamziele</li><li>Effektive Zeitplanung</li><li>Projektsteuerung</li><li>Gerechte Aufgabenverteilung</li><li>Entscheidungskompetenzen</li><li>Akzeptierte und geklärte Führung innerhalb des Teams</li></ul>	<ul><li>Geteilte „Vision" über das zu erarbeitende Ergebnis</li><li>Kommunikation und Interaktion</li><li>Offener Umgang</li><li>Gegenseitige Unterstützung</li><li>Konstruktive Konkurrenz</li><li>Übernahme von Verantwortung</li><li>Positives Teamklima</li></ul>

Teams durchlaufen verschiedene Entwicklungsphasen. Wir folgen hier der Unterscheidung in fünf Phasen wie sie von Sagebiel und Vanhoefer (2006: 31ff.) vorgenommen wird.

In der ersten Phase passiert das Kennen Lernen und sich im Team orientieren. Die beiden Autorinnen weisen explizit darauf hin, dass hier auch bei Teams, die bereits lange zusammenarbeiten sehr häufig Nachholbedarf besteht. Zu klären sind Fragen, die sich mit dem Platz und dem Commitment jedes Einzelnen im und zum Team beschäftigen und den daraus resultierenden Regeln für den Umgang, die Arbeitsaufteilung, sowie die Führungsrolle.

Die zweite Phase, welche nach einer Weile der Zusammenarbeit folgt, beschäftigt sich mit dem Finden passender Normen und Werte und hinterfragt bzw. reflektiert die bisherigen Rollenverteilungen. Sind diese Klärungen erfolgreich gewesen, dann entsteht in der dritten Teamphase eine Vertrautheit untereinander. Das Zusammenarbeiten ist dabei sehr effektiv. Dies bildet wiederum die Grundlage der vierten Phase, welche durch eine gewisse Ausdifferenzierung und Spezialisierung geprägt ist. In der letzten, fünften Teamphase, passiert dann eine größere personelle oder inhaltliche Veränderung.

Wichtig bei Teamentwicklungsprozessen ist zu beachten, dass gerade die ersten beiden Phasen sehr sorgfältig bearbeitet werden, da hier die Grundlagen effektiver Teamarbeit gelegt werden. Einen besonderen Sprengstoff in der Teamarbeit bilden Konflikte. Hier lassen sich Sachkonflikte und Beziehungskonflikte unterscheiden.

Teamkonflikte	
Sachkonflikte	**Beziehungskonflikte**
Zielkonflikt: Unterschiedliche Zielvorstellungen prallen aufeinander. In der Anfangsphase wird dies teilweise durch eine unklare Auftragsklärung verstärkt.	*Antipathie:* "Den kann ich nicht riechen."
Wegkonflikt: Es herrscht Uneinigkeit über die Art und Weise, wie das Ziel zu erreichen ist.	*Normen und Regeln:* "So haben wir das noch nie gemacht!"
Verteilungskonflikt: Unterschiedliche Interessen bei der Zuteilung von Mitteln, Kapazitäten, Geldern etc.	*Fehlende Anerkennung:* "Jetzt knie ich mich richtig rein, und wer dankt es mir?"

Damit das Team selber reflektieren kann, wo es gerade steht, braucht es eine Art Schema, um sich selbst betrachten zu können. Hierbei hilft die Sichtweise auf ein Team als soziales System. Dabei wird eine Teamanalyse auf sechs verschiedenen Ebenen vorgenommen.

Personen:	**Verhaltensmuster:**
- Wer ist im Team? - Was zeichnet denjenigen besonders aus? - Was sind seine Stärken und Entwicklungsbereiche?	- Was passiert immer wieder? - Wo gibt es festgefahrene Situationen? - Was nervt oder was nützt?
Subjektive Deutungen:	**Umfeld:**
- Was denken einzelne voneinander? - Welche Wünsche und Befürchtungen gibt es?	- Wer ist sonst noch wichtig fürs Team? - Wer übt einen Einfluss aus? - Wen gilt es zu beachten?
Regeln:	**Entwicklung:**
- Welche Regeln gibt es im Team? - Was ist erwünscht und was nicht?	- In welcher Teamphase befindet sich das Team? - Was hat das Team schon erreicht? - Was steht noch an?

Die besondere Dynamik welche in einem Team entsteht wird gerne unterschätzt. Dann bricht unter Belastung alles zusammen und alle wundern sich warum. Teamentwicklung setzt deshalb sehr umfassend ein, um an verschiedenen Stellschrauben die Weichen für ein effektives und beflügelndes Miteinander zu stellen.

3 Coaching als Veränderungsbegleitung

Um bei den beschriebenen Herausforderungen eine effektive Unterstützung zu bieten, empfiehlt sich eine abgewogene Mischung aus personen- bzw. teambezogener Beratung und Wissensvermittlung über speziell zugeschnittene Qualifikationen: Coaching des Familienzentrums im Veränderungsprozess.
Coaching steht für die professionelle Beratung, Begleitung und Unterstützung von Personen mit Führungsfunktionen und deren Teams. Dabei sollen individuelle und kollektive Lern- und Leistungsprozesse weiterentwickelt werden. Coaching ist somit eine ergebnis- und lösungsorientierte Beratungsform, die auf die individuellen Bedürfnisse abgestimmt ist. Beim Coaching wird eine Führungs-

Von der Betreuungseinrichtung zum Familienzentrum

kraft bzw. ein Team angeregt und unterstützt, eigene Lösungen zu entwickeln. Ein grundsätzliches Merkmal des professionellen Coachings ist die Förderung der Selbstreflexion und -wahrnehmung, sowie die selbstgesteuerte Erweiterung bzw. Verbesserung der Möglichkeiten einer Führungskraft bzw. eines Teams. In der folgenden Darstellung ist ein solcher Coachingprozess für ein Familienzentrum beispielhaft dargestellt.

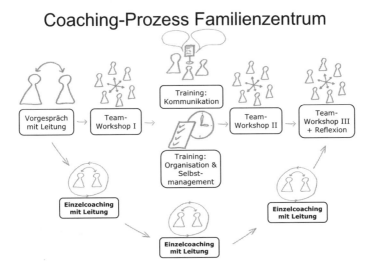

Im Coaching werden verschiedene Aspekte kombiniert, um in der Wandelsituation optimale Beratung bieten zu können. Angesetzt wird dabei auf den Ebenen der Leitungsperson und des gesamten Teams. In einem Vorgespräch wird zunächst festgestellt, mit welchen speziellen Anforderungen sich das neue Familienzentrum und seine Mitarbeiter konfrontiert sehen, welche speziellen Bedürfnisse der Standort hat und – darauf aufbauend – welche Inhalte während des folgenden Prozesses unbedingt beachtet werden müssen.

Auf der Teamebene werden dabei korrespondierend zu den beschriebenen Herausforderungen intensiv die Teamentwicklung mit integrierter Identifikation der Teamtalente und die Erarbeitung einer Vision und der daraus abgeleiteten Strategie bearbeitet. Diese Teamworkshops setzen dabei jeweils an der aktuellen Teamsituation an und sollen dem Team helfen seine Energien in die richtigen Bahnen zu lenken.

Um bei so wichtigen Themen wie einer zielführenden Kommunikation und dem Selbstmanagement eine solide Wissensgrundlage zu schaffen, werden hier-

zu entsprechende – selbstverständlich auf den Bedarf abgestimmte – Qualifizierungen durchgeführt. Hierin verständigt sich das gesamte Team auf einen gemeinsamen Wissenskanon.
Als dritter Baustein lässt sich das Einzelcoaching der Leitung nennen. Das persönliche Coaching unterstützt die Leitungsperson gezielt bei der Bewältigung der Führungsherausforderungen im Wandel. Außerdem hilft es, die Reflexion des Coachings zu vertiefen, um den Lernerfolg für das Team zu erhöhen. Spätere, vergleichbare Aufgaben können dann selbständig(er) angegangen werden. Dies passt wiederum zum beraterischen Selbstverständnis des gesamten Coachingprozesses, der von der Philosophie der Hilfe zur Selbsthilfe getragen wird. Die abschließende Teamreflexion bildet diesen zusätzlichen Punkt ab, indem gegebenenfalls weitere, selbstinitiierte Maßnahmen in Gang gesetzt werden. Wichtig ist, dass der Prozess nicht zusammen mit der professionellen Begleitung endet, sondern dass die Beteiligten dies als einen Anstoß zur eigeninitiativen Weiterentwicklung nutzen.

4 Fazit

In diesem Beitrag sollte aufgezeigt werden, dass auf dem Weg zum funktionierenden Familienzentrum eine ganze Reihe Aufgaben insbesondere nicht direkt fachlicher Art zu bewältigen sind. Hinter den hier eher überblicksartig dargestellten Zusammenhängen verbergen sich viele Möglichkeiten und Optionen, deren effektive Nutzung über Erfolg oder Misserfolg eines Familienzentrums entscheiden können. Dabei lassen sich die gesammelten Erfahrungen in der Begleitung von Wandel und Veränderung nutzen. Hier wurde ein Begleitungsprozess basierend auf Einzel- und Teamcoaching als ein möglicher Weg vorgestellt.

Literatur

Albs, N. (2005): Wie man Mitarbeiter motiviert. Berlin: Cornelsen Verlag.
Comelli, G./Rosenstiel, Lutz von (2003): Führung durch Motivation. Mitarbeiter für Organisationsziele gewinnen. München: Vahlen.
Csikszentmihalyi, M. (2004): Flow im Beruf – Das Geheimnis des Glücks am Arbeitsplatz. Stuttgart: Klett-Cotta.
Doppler, K./Lauterburg, C. (1994): Change Management. Den Unternehmenswandel gestalten. Frankfurt a.M.: Campus.
Forsyth, P. (1997): Erfolgreiches Zeitmanagement: effektiver arbeiten, mehr erreichen. Niedernhausen/Ts.: Falken.

Gordon, T. (2002): Die neue Beziehungskonferenz. Effektive Konfliktbewältigung in Familie und Beruf (3. Aufl.). München: Heyne.

Kraus, G./Becker-Kolle, C./Fischer, T. (2006): Handbuch Change Management. Berlin: Cornelsen Verlag.

Sagebiel, J./Vanhoefer, E. (2006): Es könnte auch anders sein. Systemische Variationen der Teamberatung. Heidelberg: Carl-Auer-Systeme.

Schilling, G. (2004): Zeitmanagement: Der Praxisleitfaden für Ihr persönliches Zeitmanagement. Berlin: Gert Schilling Verlag.

Schulz von Thun, F. (1981): Miteinander Reden. Störungen und Klärungen. Reinbek: Rowohlt.

Steiger, T.M./Lippmann, E.D. (1999): Handbuch angewandte Psychologie für Führungskräfte: Führungskompetenz und Führungswissen (Bde 1 u. 2). Berlin: Springer.

Watzlawick, P./Beavin, J.H./Jackson, D.D. (1969): Menschliche Kommunikation. Formen, Störungen, Paradoxien. Bern: Huber.

Netzwerkmanagement im Familienzentrum

Stefan Löchtefeld

Familienzentren stellen „Knotenpunkte in einem neuen Netzwerk [dar], das Familien umfassend berät und unterstützt. Eine Voraussetzung hierfür ist, dass die vorhandenen Angebote vor Ort stärker miteinander vernetzt und durch die Kindertageseinrichtung gebündelt werden. Um dies zu gewährleisten, kooperieren die Familienzentren mit Familienberatungsstellen, Familienbildungsstätten und anderen Einrichtungen wie z.b. den Familienverbänden und Selbsthilfeorganisationen." (MGFFI 2007)

Wie wird eine Kindertageseinrichtung zu einem Knotenpunkt eines familienunterstützenden Netzwerkes? Welche Ziele verfolgt es? Was sollte bei der Initiierung beachtet werden? Wie wird ein Netzwerk organisiert? Wann ist ein Netzwerk erfolgreich? Auf diese Fragen versucht dieser Artikel Antworten zu geben.

Doch was heißt Netzwerkmanagement? Management wird im Folgenden verstanden als wiederkehrender Prozess, in dem Ziele gesetzt, Ablauf und Aufbau geplant und umgesetzt und die Zielerreichung anschließend kontrolliert wird. Die Struktur des Artikels orientiert sich daher an dieser Struktur und betrachtet insbesondere die Initiierung eines Netzwerks und die Netzwerkkommunikation. Der Artikel stellt kein starres Konzept dar. Der Zweck ist vielmehr, Sie anhand von Fragestellungen und vorgestellten Methoden bei der Initiierung und Weiterentwicklung von Netzwerken zu unterstützen.

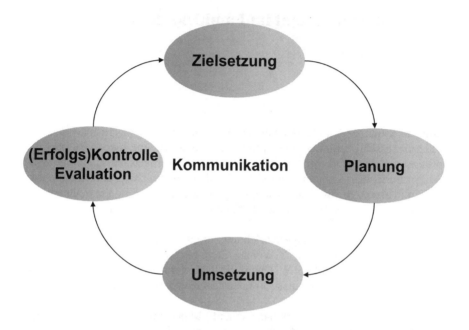

Abbildung 1: Managementkreislauf (eigene Darstellung nach Lechner et. al. 1999: 65; Graf-Götz 1999)

1 Wozu Netzwerke für Familienzentren? – Zielsetzung

Vielleicht mutet diese Frage seltsam an? Familienzentren sollen doch in NRW Knotenpunkt eines Netzwerkes sein (vgl. Abb. 2). In diesem Kapitel geht es darum, zu schauen, welche Netzwerk- und damit Kooperationsformen es gibt und für welche Zielsetzungen diese geeignet sind. Außerdem erfahren Sie, wie Ziele idealerweise formuliert werden.

Netzwerkmanagement im Familienzentrum 185

Abbildung 2: Netzwerk Familienzentren

1.1 Was kann ein Netzwerk leisten? Warum sollten Sie ein Netzwerk gründen?

„Netzwerke bieten den beteiligten Partnern ein flexibles Geflecht von Kooperationsbeziehungen, durch die es ermöglicht wird, die eigenen Organisationsziele mit Hilfe strategischer Allianzen erfolgreicher zu erarbeiten und neue Angebote und Lösungen auch außerhalb des eigenen Erfahrungsspektrums einzubeziehen. Netzwerke geben notwendige Innovationsimpulse, um auf dem Markt bestehen zu können." (Hoffmann/Strohm 2003 nach Neugebauer/Beywl 2006: 249)

Ein Netzwerk ermöglicht dabei Verbindung und gegenseitige Unterstützung wobei die einzelnen Akteure unabhängig[1] bleiben. Daher stößt ein Netzwerk im Unterschied zu stärker verbundenen Kooperationsformen schnell auf Akzeptanz (Neugebauer/Beywl 2006: 249f.). Ihr weiterer Nutzen gegenüber anderen Kooperationsformen:

- Herstellung schneller Arbeitsfähigkeit,
- keine bzw. geringe formale Anforderungen,
- informelle Informationswege,
- im Zweifelsfall schneller Ausstieg möglich.

Aber welches Netzwerk ist das richtige? Dazu mehr im nächsten Abschnitt.

---

[1] Ein Netzwerk kann langfristig zu vertraglich enger gebundenen Kooperationsformen führen. Dieses ist aber die Ausnahme und in der Regel nicht Ziel eines Netzwerks.

1.2 Welche Netzwerkformen gibt es?

Betrachten wir zunächst die inhaltliche Dimension. Womit beschäftigt sich das Netzwerk? Geht es um Informationsaustausch, gemeinsame Fallbearbeitungen oder Weiterbildungen, Absprachen untereinander, das gemeinsame Vorhalten von Ressourcen (Personal, Räume, Technik etc.) oder sollen gemeinsame Projekte durchgeführt werden? Je nach Ziel Ihres Projekts werden Sie unterschiedliche Netzwerke bilden, andere Kooperationspartner suchen und andere Anforderungen an das Netzwerk stellen. Weitere Fragestellungen können sein:

- Wollen Sie durch Ihre Kooperation Abläufe zusammenfassen oder optimieren (additives Netzwerk) oder durch die Kooperation was Neuartiges kreieren (synergetisches Netzwerk), das es ohne das Netzwerk nicht gäbe?
- Geht es um kurz-, mittel- oder langfristige Projekte (Dimension Zeithorizont) oder ist das Projekt gar dauerhaft angelegt (Dimension Zeitliche Begrenzung)?
- Wie stark wollen Sie die Kooperation formalisieren (Dimensionen Verfasstheit und Formalisierung)?
- Wollen Sie mit anderen Kindertageseinrichtungen (horizontale Kooperation), z.B. zu gemeinsamen Qualitätsstandards oder Fortbildungsprogrammen kooperieren? Oder im Rahmen einer vertikalen Kooperation mit anderen Bildungs- und Betreuungseinrichtungen (Tagesmütter/-väter, Vorschule, Grund- und weiterführenden Schulen) zusammenarbeiten?

Unter Umständen hat es auch Sinn, nicht alle Fragen abschließend beantwortet zu haben, bevor Sie mit den anderen Kooperationspartnern reden. Doch dazu mehr im Kapitel 2.1. Die Klärung der obigen Fragen hängt unmittelbar von Ihren Zielen ab. Warum Sie sich Ziele setzen sollten, ist Thema im nächsten Abschnitt.

1.3 Warum sich Ziele setzen?

„Wer den Hafen nicht kennt, in den er segeln will,
für den ist kein Wind günstig." (Seneca d. Jüngere)

Menschliches Handeln wird durch Ziele beeinflusst und geleitet. Ziele geben der Handlung eine Richtung, sie lenken die Aufmerksamkeit auf handlungsrelevante Informationen. Höhere Ziele führen zu mehr Anstrengung und Ausdauer. Sie wirken indirekt, indem sie zur Entwicklung von aufgabenspezifischen Strategien und Plänen beitragen.

Die Goal-Setting Theory[2] geht davon aus, dass Personen, die eine hohe Bindung an spezifisch formulierte und angemessen schwierige Ziele haben, mit höherer Wahrscheinlichkeit höhere Leistungen erbringen werden. Das ist der Grund, warum Sie sich mit Ihrem Netzwerk angemessen schwierige Ziele setzen sollten. Hinweise zur guten Zielformulierung finden sich im nächsten Abschnitt.

1.4 Wie sind gute Ziele formuliert?

„Ein Ziel zu haben, heißt, präzise, objektiv feststellbare Maßstäbe angeben zu können, wann das Ziel erreicht ist." (Schulz-Wimmer 2007: 125) Ziele sollen überprüfbar sein. Daher empfiehlt es sich, Ziele möglichst konkret zu formulieren. Also nicht: „Wir wollen was für die Gesundheit der Kinder tun.", sondern: „Wir fördern die Kinder unserer Einrichtung in Ihrer Motorik, Ausdauer und Beweglichkeit. Nach zwei Monaten beherrschen alle Kinder folgende motorische Fähigkeiten [Auflistung]. Einige Kinder können sogar [Auflistung]". Gute Ziele sollten SMART[3] formuliert werden:

S	speziell: formulieren Sie so konkret und eindeutig wie möglich
M	messbar: am Ende sollte für Externe überprüfbar sein, ob das Ziel erreicht wurde[4]
A	aktiv beeinflussbar: das Ziel soll erreichbar sein
R	realisierbar: ihr Ziel sollte ehrgeizig formuliert aber aus jetziger Perspektive umsetzbar sein
T	terminiert: nennen Sie einen Zeithorizont für das Ziel.

Wenn Sie die Ziele formuliert haben, können Sie deren SMARTheit anhand folgender Fragen überprüfen:

---

[2] Die Goal-Setting Theory ist eine der populärsten Theorien der Organisationspsychologie und wurde maßgeblich von Edwin A. Locke geprägt. (Locke/Latham 1990).
[3] nach Peter F. Drucker http://de.wikipedia.org/wiki/Management_by_objectives Abruf 25.08.2007
[4] Hier hat SMART für Netzwerke u.U. auch Grenzen. Ziele in Richtung kontinuierlicher Informationsaustausch bei dauerhaft angelegten Netzwerken sind nun mal zeitlich nicht begrenzt.

- Wenn ich XY [ein Kritiker] nach der Realisierbarkeit fragen würde, welchen Wert auf einer Skala von 0 (nicht realisierbar) bis 100 (auf jeden Fall realisierbar) würde er angeben?[5]
- Anhand welcher Indikatoren kann ich das Ziel messen? Wie ist der aktuelle Ist-Wert, wie der Soll-Wert?
- Ist das Ziel aktiv und positiv formuliert? Wirkt es motivierend?
- Wie sieht das Ergebnis aus? Was ist anders als vorher?[6]

Unterscheiden lassen sich Muss-, Soll- und Kannziele aber auch strategische und operative Ziele. Manchmal ist es ratsam, nicht nur die inhaltlichen, sachlichen Ziele zu formulieren sondern auch wirtschaftliche Ziele z.B. zum Ressourceneinsatz und soziale Ziele z.B. zur Zusammenarbeit. Vielleicht lohnt es auch, Lern- und Qualifikationsziele für sich als Person bzw. Organisation zu formulieren. Ihr Nutzen eindeutig und spezifisch formulierter Ziele ist, dass

- sich die Netzwerkmitglieder über die gemeinsamen Ziele verständigt haben,
- die Ziele allen klar und akzeptiert sind und
- weniger Missverständnisse bei der Umsetzung auftreten können.

2 Was hilft Ihnen bei der Initiierung eines Netzwerks? – Planung

In diesem Abschnitt geht es um die wesentlichen Schritte bei der Initiierung eines Netzwerks. Insbesondere die Fragen, mit welchen Organisationen Sie kooperieren können, wie der erste Kontakt und das erste Netzwerktreffen gestaltet werden kann, werden behandelt.

2.1 Mit wem kooperieren Sie als Kindertageseinrichtung?

Formulieren Sie Ziele für ein Netzwerk aus Ihrer Sicht. Für die Diskussion mit den Kooperationspartnern ist es wichtig, dass Sie wissen, was Sie erreichen wollen. Die Annahme dabei ist, dass gemeinsame Ziele und Interessen der Netzwerkakteure Grundvoraussetzung für ein funktionierendes Netzwerk sind. Und je spezifischer die gemeinsamen Ziele formuliert werden, desto größer der Nutzen und Erfolg des Netzwerks.

---

[5] Anmerkung des Autors: Im Sinne von ehrgeizigen Zielen sollte der Wert deutlich unter 100 liegen.
[6] In der Literatur (Widmer/Frey 2006: 293) wird bei den Ergebnissen unterschieden zwischen dem Output als Leistungen bzw. Produkten, dem Outcome als den direkten Wirkungen bei den Adressaten und dem Impact als den darüber hinausgehenden Wirkungen des Projekts.

Netzwerkmanagement im Familienzentrum

Dann suchen Sie abhängig von Ihren Netzwerkzielen und den Anforderungen an ein Netzwerk die entsprechenden Kopperationspartner aus. Bei der Auswahl stehen Sie vor dem Dilemma, wen Sie auswählen und wen nicht. Die Leitfragen für die Auswahl sollte sein „Wen brauchen Sie?", „Welcher Partner bringt neue Qualitäten ein?"

Genosko (1999: 33ff.) geht davon aus, dass – eine gelingende Kooperation vorausgesetzt – heterogene/vertikale Netzwerke eine wesentliche größere Gesamtleistungsfähigkeit aufweisen als homogene/horizontale Netzwerke. Allerdings sind sie aufgrund der unterschiedlichen Kulturen störanfällig.

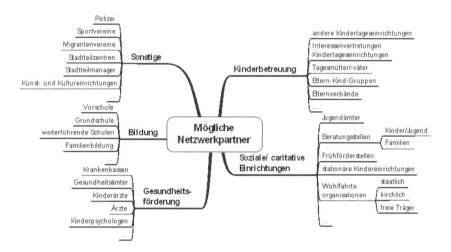

Abbildung 3: Mögliche Kooperationspartner

Eine Auswahl möglicher Kooperationspartner finden Sie in Abbildung 3. Diese sollten Sie mit spezifischen Akteuren Ihres Einzugsgebietes ergänzen. Die Anzahl der Kooperationspartner ist zwar abhängig von den Inhalten, sie sollten aber die Zahl möglichst klein halten. So groß wie nötig – so klein wie möglich. Der Koordinierungs- und Abstimmungsaufwand reduziert sich bei kleineren Netzwerken.

Manchmal fühlen Sie sich aus anderen Gründen wie z.B. persönliche Kontakte, Anfragen oder „politischem Druck" gezwungen, weitere Akteure in das Netzwerk einzubinden, die Ihrer Meinung nach aus verschiedensten Gründen die Netzwerkarbeit beeinträchtigen könnten. Neben der Mitarbeit im Netzwerk können Sie diese in anderen Rollen wie externer Berater oder Referent einbinden.

Es kann auch sein, dass Sie nicht nur ein Netzwerk gründen sondern als Kindertageseinrichtung mehrere Netzwerke gründen oder ihnen angehören. Oder Sie verfügen über ein Netzwerk mit vielen verschiedenen Akteuren und bilden je nach Absicht entsprechende Arbeits- oder Projektgruppen.

Alternativ können Sie auch ein sehr großes Netzwerk mit möglichst vielen Akteuren initiieren. Dann sollte sich dieses Netzwerk seltener treffen und lediglich dazu dienen, Informationen zu verbreiten und Projekte auf den Weg bringen, die von Teilgruppen des Netzwerks umgesetzt werden.

Der Nutzen einer guten Auswahl von Kooperationspartnern besteht darin, dass

- nicht notwendige Kooperationspartner auch nicht beteiligt werden und damit Mehrarbeit vermieden wird,
- die benötigten Qualitäten vorhanden sind,
- Redundanzen verringert werden und
- der Nutzen für alle Beteiligten groß ist.

2.2 Der erste Kontakt

Identifizieren Sie den Nutzen der Mitarbeit im Netzwerk für die Kooperationspartner

Wenn Sie erstmals Kontakt zu möglichen Kooperationspartner aufnehmen, erwarten Sie nicht zuviel. Die anderen haben vermutlich ebenfalls volle Terminkalender und genügend zu tun. Sie warten nicht auf weitere Arbeit, die durch ein Netzwerk anfällt. Wenn Sie den Kooperationspartner bereits kennen, erscheint es leichter, es bieten sich gemeinsame Themen als Anknüpfungspunkt an. Aber egal, ob Sie den Kooperationspartner bereits kennen oder nicht: Wenn der Akteur *seinen* Nutzen in der Netzwerkarbeit sieht, wird er über eine Mitarbeit nachdenken und sich vielleicht dafür entscheiden.

Der ‚persönliche' Nutzen kann sehr unterschiedlich aussehen. Im einfachsten Fall ist es der Inhalt des Projekts selber, wovon er einen Nutzen hat. Oder es sind die indirekten Wirkungen des Projekts z.B. geringere Unfallquote durch präventive Verkehrserziehung für den Akteur Polizei. Es kann aber auch die Steigerung des eigenen Images oder das der Organisation sein. Für Sie als Initiator ist es wichtig zu erkennen, wer welche Interessen bei dem Projekt verfolgt bzw. verfolgen könnte. Dazu sollten Sie eine Situations- und Interessenanalyse durchführen.

Gemeinsame Situationsanalyse

Idealerweise nimmt man vor der Zielbildung eine Situationsanalyse vor. Sie werden aufgrund Ihrer Erfahrungen und Kenntnisse eine Einschätzung der Situation, der Hintergründe und der möglichen Maßnahmen zur Verbesserung der Situation haben. Systemisch betrachtet wird jeder Akteur eine solche Einschätzung haben, diese müssen und werden sich in der Regel nicht decken. Unterschiedliche Blickwinkel und Erfahrungen der Akteure führen dazu, dass verschiedene Ursache-Wirkungsmuster existieren, die zu unterschiedlichen Lösungsansätzen führen.

Die Offenlegung Ihrer Situationsanalyse gegenüber den anderen Akteuren führt dann zu ersten Diskussionen. Das Wichtige bei dieser Diskussion ist, dass Sie den Standpunkt des anderen nicht verändern wollen, sondern eine größtmögliche Schnittmenge an gemeinsamen Zielen suchen.

Interessenanalyse

Die Interessenanalyse ist ein Instrument, um „die hinter den Positionen liegenden Interessen[7] zu ermitteln, Handlungsspielräume auszuloten, Vertrauen zu schaffen und Dialog- und Veränderungsbereitschaft zu wecken" (Kühr/Löchtefeld 2004: 23). Die Grundidee von Fisher und Ury (Fisher et al. 2004) ist, dass Positionen im Unterschied zu Interessen eher schlecht verhandelbar sind. Jeder Akteur hat mehrere Interessen, die dann eher ausgeglichen werden können.

Wie kommt man aber nun zu den Interessen? Von einer Position ausgehend wird nachgefragt, warum diese wichtig sei. Die neuen Aspekte werden wiederum auf ihre Wichtigkeit hinterfragt und nach mehrmaligen Fragen kommt man zu den grundsätzlichen Werten und Interessen des Akteurs.[8] Die beiden wichtigsten Fragen hierbei sind: „Warum ist Ihnen YX wichtig?/Warum lehnen Sie YX ab?" und „Wozu möchten Sie, das XZ (nicht) realisiert wird?". Erfragen Sie sowohl die inhaltlichen Interessen als auch die zur Zusammenarbeit im Netzwerk. Also: „Wie stellen Sie sich eine Netzwerkarbeit vor?", „Was ist Ihnen dabei wichtig?" etc.

Wenn Sie als Initiator die Interessen im Vorfeld eruieren, haben Sie einen großen Informationsvorsprung. Eine Möglichkeit dieses Informationsungleich-

---

[7] Bei Positionen handelt es sich in der Regel um Forderungen und Ansprüche, die der Akteur haben bzw. erreichen will. Das Interesse hingegen bezeichnet das was wir brauchen, im weitesten Sinn unser Motiv. Beispielposition: Kein Autobahnneubau. Die dahinter liegenden Interessen können sein: Ruhebedürfnis (Angst vor Lärm), Schutz der Natur, Preise für das Bauland hochtreiben (Eigentümer), Werterhaltung (Angst vor Wertverlust des Grundstücks), Befürchtung eigene Projekte werden dann nicht umgesetzt.
[8] Diese Methode nennt sich Laddering-Interview (Reynolds/Gutman 1988).

gewicht zu verringern, ist bei dem ersten Treffen eine Runde zu machen mit dem Thema: „Welches Interesse haben wir an dem Projekt?"
Eine gute Vorbereitung des Netzwerks bei der Kontaktaufnahme hilft dabei

- eine Vorstellung von den Motiven und Interessen der anderen Akteure zu erhalten,
- erste inhaltliche Diskussions- und Knackpunkte zu kennen,
- die Unterschiede und die gemeinsamen Interessen und Ziele zu identifizieren und
- Nutzen für die anderen Kooperationspartner benennen zu können.

Mit diesen Hintergrundinformationen können sie nun die Ziele und die Arbeitsweise des Netzwerks weiter planen.

2.3 Das erste Netzwerktreffen

„Für den ersten Eindruck gibt es keine zweite Chance!" Dieses geflügelte Wort[9] verdeutlicht die Bedeutung des ersten Netzwerktreffens. Die Teilnehmenden werden von dieser Veranstaltung auf die kommenden schließen. Sie stehen vor einer großen Herausforderung: Zum einen müssen inhaltliche und formale Fragen geklärt werden und zum anderen erwarten die Akteure einen ersten Nutzen. Mit dem ersten Netzwerktreffen

- werden die formalen Rahmenbedingungen des Netzwerks geklärt,
- bringen Sie alle Akteure zum ersten Mal an einen Tisch und
- setzen Sie die ersten inhaltlichen und atmosphärischen Akzente.

Vorschläge sind für die Klärung inhaltlicher und formaler Fragen hilfreich. Empfehlenswert sind schriftliche Vorschläge zu Zielen und inhaltlicher Arbeit des Netzwerks. Wenn möglich auch schon mit der Einladung versandt, dass die Teilnehmenden sich darauf vorbereiten können.

Je nachdem wie formalisiert Sie das Netzwerk planen, sollten Sie die Vorschläge mündlich (wenig formalisiert) oder schriftlich (stark formalisiert) vorbringen. Formale Fragen sind:

---

[9] In diesem Fall die Überschrift eines Artikels zum Telefonmarketing von Ilona Cosack in der Zeitschrift Die Kanzlei, 10/2001 S. 28-30. Das Sprichwort beschreibt den Halo-Effekt. Der Halo-Effekt oder auch Hof-Effekt ist ein Beurteilungsfehler bzw. Wahrnehmungseffekt und wurde von Edward Lee Thorndike eingeführt. Einzelne Eigenschaften einer Person beeinflussen den Gesamteindruck derart, dass andere Eigenschaften im positiven oder negativen Sinn überbewertet werden.

- Wie soll unsere Zusammenarbeit aussehen? (Information, Treffen: Dauer, Häufigkeit)
- Wie erfolgt unser Informationstransfer? (zentrale Stelle oder verschiedene Netzwerkknoten; siehe Abb. 4; schriftlich oder mündlich …)
- Welche personellen, materiellen und finanziellen Ressourcen stehen bereit? (Externe bzw. bei den einzelnen Netzwerkteilnehmern)
- Wer übernimmt zentrale Rollen im Netzwerk? (mögliche Rollen: Netzwerkkoordination, Sprecher, Ansprechpartner, Organisationszentrale, Informationszentrale etc.)

Auch hier hat es Sinn, diese Fragen für die eigene Organisation schon vor dem Treffen zu klären.

Netzwerkkommunikation

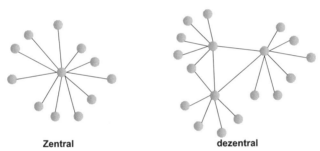

Abbildung 4: Netzwerkkommunikation (eigene Darstellung)

Inszenierung der Veranstaltung

Wichtig für den Erfolg der Veranstaltung ist auch die Inszenierung der Veranstaltung. Pausen haben den Vorteil, dass sich die Akteure ungezwungen kennen lernen und Themen weiterdiskutieren können. Dieses Potential lässt sich nutzen.

Nach einer Vorstellungsrunde sollten Sie mit dem wichtigsten beginnen: den Zielen des Netzwerks. Klären Sie dann erst Formales und bieten Sie gegen Ende noch einen Nutzen. Dies kann z.B. ein für die Akteure spannender Vortrag sein. Dadurch, dass der vorher angekündigte Nutzen am Ende kommt, erhöht sich die Chance, dass die Teilnehmenden bis zum Ende bleiben.

Wenn möglich sollte die Veranstaltung von einer Person moderiert werden, die idealerweise keine Aktien im Spiel hat. Wenn dies nicht geht, sollte die Moderation möglichst keine inhaltlichen Beiträge geben (Rollentrennung). Diese kann z.b. durch eine zweite Person aus Ihrer oder einer anderen Organisation durchgeführt werden.

Nach der Veranstaltung ist es wichtig, schnell die ersten Informationen fließen zu lassen. Dies zeigt, dass das Netzwerk anfängt zu leben und animiert andere ebenfalls aktiv zu werden.

3 Wie können Sie ein Netzwerk koordinieren? - Umsetzung

Welche Aufgaben hat ein Netzwerkknoten bzw. die Netzwerkkoordination? Welche Anforderungen stellen sich an die betreffenden Personen? Um die Aufgaben und Qualifikation der Netzwerkkoordination geht es in diesem Abschnitt.

3.1 Aufgaben der Netzwerkkoordination und -steuerung

Die zentrale Aufgabe der Netzwerkkoordination und –steuerung ist, dafür zu sorgen, dass das Netzwerk Nutzen für seine Mitglieder erzeugt. Dazu muss die inhaltliche Arbeit des Netzwerks initiiert, in Gang gebracht und am Laufen gehalten werden, bis die Ziele erreicht sind. Folgende Aufgaben fallen hierbei innerhalb eines Netzwerks an:

- (un)regelmäßig mit den anderen Akteuren Kontakt aufnehmen,
- den Informationstransfer gewährleisten: Informationen u.U. aufbereitet an die betreffenden Stellen weiterleiten,
- neue Aufgaben identifizieren und diese den zuständigen Akteuren zuordnen,
- die verabredete Aufgabenerledigung nachhalten,
- die gemeinsamen Treffen vorbereiten und
- regelmäßige Überprüfung, ob die bestehenden formellen und informellen Strukturen ausreichen, die Ziele des Netzwerks zu erreichen.

Gerade die (un)regelmäßige Kontaktaufnahme und der Informationstransfer spielen eine bedeutende Rolle im Rahmen der Netzwerkpflege. Hier wird leicht der Aufwand unterschätzt. Die Kontaktaufnahme ist in jedem Fall Aufgabe der Netzwerkkoordination.

Auch wenn formal häufig eine Organisation die Netzwerkkoordination übernimmt, ist de facto meistens eine Person aus dieser Organisation mit der Aufgabe betraut. Je nachdem wie zentralistisch Ihr Netzwerk gestaltet ist, fallen die oben genannten Aufgaben der Netzwerkkoordination zu. Selbst wenn diese nicht alles selber erledigen muss, muss sie dennoch dafür Sorge tragen, dass dies geschieht.

Die Vorteile der Übernahme vieler Aufgaben durch die Netzwerkkoordination sind die einfachere Kontrolle der Aufgabenerledigung, geringere Abstimmungsaufgaben und weniger Reibungsverluste. Der Vorteil der Delegation vieler Aufgaben an Netzwerkmitglieder liegt darin, die Ressourcen der Netzwerkkoordination nicht mit zu vielen operativen Tätigkeiten auszufüllen. Für beide Vorgehensweisen und natürlich entsprechenden Mittelwegen gilt es je nach Situation und Auslastung der Netzwerkkoordination zu entscheiden, welches Vorgehen das geeignete ist.

Hier steht und fällt viel mit der Person des Netzwerkmanagers. Je größer z.B. das Kontrollbedürfnis der Person der Netzwerkkoordination ist, desto mehr Aufgaben wird diese Person selber übernehmen wollen. Hier besteht die Gefahr der Überforderung und im schlimmsten Fall damit des Scheiterns. Diese Situation macht vielleicht deutlich, wie gut überlegt solche Entscheidungen sein sollten. Gerade vor dem Hintergrund, dass viele aufgrund der eigenen Auslastung froh sind, wenn sich andere bereit erklären, Arbeiten zu übernehmen. Über welche Eigenschaften ein „idealer Netzwerkmanager" verfügen sollte, ist Thema des nächsten Abschnitts.

3.2 Was zeichnet einen guten Netzwerkmanager aus?

Wenn Sie im Fußball keinen oder einen schlechten Spielmacher haben, bedarf es schon einer sehr guten Mannschaftsleistung, um ein ordentliches Spiel zu machen. Mit einem guten Spielmacher ist es viel einfacher ein gutes Spiel zu machen. Eine ähnliche zentrale Funktion kommt dem Manager eines Netzwerkes zu. In einer Befragung, an der 21 Netzwerkmanager der Kompetenznetzwerke Deutschland (Hoffmann et al. 2006: 14) teilnahmen, wurden folgende Qualitätskriterien für Netzwerkmanagement aus einer umfangreichen Liste als besonders bedeutsam bewertet:

- „Kooperationsfähigkeit
- Vertrauen
- Kommunikation
- Moderation der Akteure, um Road Maps zu entwickeln und deren Umsetzung voranzutreiben
- Soft Skills und persönliche Motivation des Managers
- gute Transparenz der Kompetenzen nach innen und nach außen

- Messbare Wertschöpfung in Unternehmen[10]
- Transparenz, gemeinsame Projektarbeit
- Die Frage: Inwiefern es gelingt, verschiedene Partner zum gegenseitigen Nutzen zusammenzubringen
- Wissenstransfer" (Hoffmann et al. 2006: 14)

Im Idealfall haben Sie also jemanden der je nach Situation sach- und personenbezogen die Akteure unterstützen oder fordern kann[11] und der noch über die oben genannten Qualitäten verfügt. Was heißen die Qualitätskriterien für Netzwerkmanager übertragen auf Netzwerke von Familienzentren? Zum einen muss geschaut werden, was die Inhalte für Kindertageseinrichtungen bedeuten. Also z.B. was heißt Wertschöpfung für Kindertageseinrichtungen? Dort geht es weniger um materielle Wertschöpfung sondern um immaterielle wie die Bedeutung der Vorschulbildung als Standortfaktor und Voraussetzung für die Wertschöpfungskette insgesamt.

Zum anderen leisten sich diese Netzwerke hauptberufliche Netzwerkmanager. Dazu werden Sie vermutlich keine ausreichenden Ressourcen haben. Es wird kein Mensch zum Netzwerkmanager geboren; sie werden es durch Erfahrung. Suchen Sie also jemanden als Netzwerkmanager aus, der einige dieser Kompetenzen bereits verkörpert. Weitere Kompetenzen kann er im Laufe der Zeit dazu gewinnen.

4 Wann ist Ihr Netzwerk erfolgreich? – Kontrolle und Evaluation

Das Netzwerk ist noch nicht gegründet und trotzdem ein Kapitel zur Kontrolle und Evaluation? Während regelmäßige Kontrollen dazu dienen einen Soll-Ist-Abgleich vorzunehmen und Abweichungen ggf. zu korrigieren ist das Ziel einer Evaluation zurückzublicken und Stärken und Schwächen zu reflektieren. Somit lassen sich aus Evaluationsergebnisse immer auch Erfolgs- und Misserfolgsfaktoren für eine gute Netzwerkarbeit ableiten. Und genau darum geht es im Folgenden.

---

[10] Anm. des Autors: es handelt sich um Forschungs- und Industrieorganisationen.
[11] Kurzweilig auf ca. 100 Seiten beschrieben finden Sie so ein Führungskonzept bei Blanchard, K.; Zigarmi, P.; Zigarmi, D. (2002): Führungsstile. Wirkungsvolleres Management durch situationsbezogene Menschenführung. Reinbeck: Rowohlt

4.1 Was soll im laufenden Prozess kontrolliert werden?

Im Laufe eines Projekts sollten Sie regelmäßig einen Soll-Ist-Abgleich von Aufgaben und Zielerreichung vornehmen. ‚Wo sollten Sie nach den Planungen zum jetzigen Zeitpunkt sein? Wo befinden Sie sich?' sind die Leitfragen dabei. Gegebenenfalls müssen Sie die Planungen, vielleicht sogar die Ziele verändern, um die Abweichungen zu korrigieren. Mit den Korrekturmaßnahmen werden Sie sich immer im Spannungsfeld zwischen Aufwand, Zeit und Qualität der Ergebnisse[12] bewegen.

Mittels der Überprüfung von Zielerreichung und Aufgabenerledigung haben Sie eine Chance, Fehlentwicklungen vorzubeugen bzw. mit geeigneten Maßnahmen die negativen Auswirkungen möglichst klein zu halten.

4.2 Was soll evaluiert werden?

Neben der summativen Evaluation der Ergebnisse und des Prozesses am Ende eines Projektes kann schon bereits während seiner Tätigkeit eine formative Evaluation des Prozesses erfolgen. Gerade bei längerfristigen Vorhaben sollte die gemeinsame Arbeit zwischendurch reflektiert werden.

Bei der summativen Evaluation steht häufig insbesondere die Frage nach dem Grad der Zielerreichung im Mittelpunkt. Aber auch Fragen nach der Zusammenarbeit usw. können bei Projektende evaluiert werden. Die Ergebnisse der summativen Evaluation haben u.U. Einfluss auf zukünftige Vorhaben. Demgegenüber haben die Ergebnisse der formativen Evaluation des Prozesses direkten Einfluss auf den weiteren Verlauf des Projekts.

Wichtig Fragen bei der formativen Evaluation des Prozesses sind: „Wie sieht unser Netzwerk und die gemeinsame Zusammenarbeit aus? Wie hätten wir es gern? Ist unsere Zusammenarbeit so gestaltet, dass wir die angestrebten Ziele erreichen können?"

---

[12] Im Projektmanagement spricht man vom Magischen Dreieck des Projektmanagements (z.B. Schulz-Wimmer 2007:19)

4.3 Wie kann die Struktur und Zusammenarbeit eines Netzwerks evaluiert werden?

Neugebauer und Beywl (Neugebauer/Beywl 2006: 250ff.) identifizieren auf Grundlage einer Literaturstudie sechs Merkmale eines Netzwerks[13] (siehe Abbildung 5). Diese Merkmale eignen sich, insbesondere die gewählte Struktur und die Zusammenarbeit zu überprüfen und mit dem gewünschten Zustand abzugleichen.

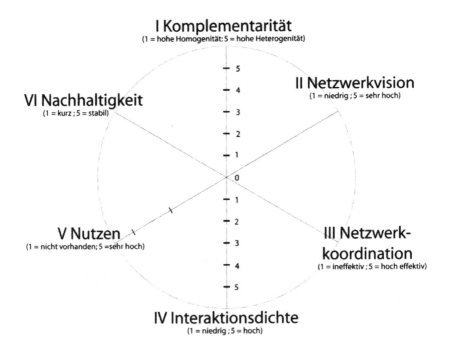

Abbildung 5: Merkmale eines Netzwerks (Neugebauer, Beywl 2006: 251)

---

[13] Im Artikel reflektieren Neugebauer und Beywl anhand von Praxisbeispielen verschiedene Evaluationsformen wie Peer-Feedback auf Basis von Selbstberichten, SWOT-Analyse, Focusgruppen und standardisierte quantifizierbare Abfrage.

Die Merkmale eines Netzwerks nach Neugebauer und Beywl sind:

- *Komplementarität:* Wie homogen bzw. wie inhomogen ist die Netzwerkzusammenstellung?[14]
- *Netzwerkvision:* Wie groß ist die gemeinsame Orientierung, die gesetzten Ziele zu erreichen? Weitet sich die gemeinsame Wertebasis aus oder wird sie eingeschränkt?
- *Netzwerkkoordination:* Wie viele Steuerungsebenen gibt es? Wie zentralistisch organisiert wird das Netzwerk erlebt? Wie sind die Arbeitsformen, die Sicherstellung des Erfahrungsaustausches und die Koordinierung des Ressourceneinsatzes?
- *Interaktionsdichte und -frequenz:* Quantitativ die Kommunikationsintensität und –häufigkeit. Wie offen ist das Netzwerk gegenüber weiteren Netzwerken?
- *Nutzen:* Wie groß ist der mit dem Netzwerk verbundene Nutzen für die Akteure?
- *Nachhaltigkeit:* Wie konstant sind die gebildeten Verknüpfungen der Akteure? Wie wird die Struktur weiterentwickelt? Werden die Innovationen weitergeführt und breiten sich über das Netzwerk hinaus aus? (nach Neugebauer/Beywl 2006: 252ff.)

Aus den Abweichungen zwischen erhobenem Ist-Zustand und gewünschtem Soll-Zustand lassen sich Handlungsbedarfe ableiten. Außerdem lassen sich daraus die für dieses Netzwerk von den Teilnehmenden vermuteten erfolgreichen und weniger erfolgreichen Vorgehensweisen ableiten.

4.4 Was sind Evaluationsfragen für Netzwerkkoordination und -steuerung?

Meyer (2006: 329ff.)[15] kommt in seinen Schlussfolgerungen dazu, für die Koordination und die Steuerungskompetenz unterschiedliche Evaluationsfragen zu stellen. Als Basisfragen für die Evaluierung der Koordination nennt er Fragen zur

---

[14] Zu den Vor- und Nachteilen inhomogener Netzwerke siehe Genosko 1999 in diesem Beitrag auf Seite 8.
[15] Da hier die Forschung aber noch am Anfang steht, so Meyer, müssten die Evaluationsfragen weiter ergänzt werden. Er sieht den von ihm vorgeschlagenen Katalog nur als Basis an.

- Produktion von Vertrauen,
- Dauerhaftigkeit des Netzwerks,
- Strategischen Abhängigkeit im Sinne gemeinsamer Zielsetzungen und
- Institutionalisierung von Netzwerkregeln.

Für die Evaluation der Steuerungskompetenz schlägt er folgende Fragekomplexe vor:

- Prozess der Entscheidungsfindung und zur
- rationalen Auswahl von Handlungsalternativen,
- Verbindung zwischen individuellen und gemeinsamen Interessen,
- praktische Umsetzung von Entscheidungen.

Indirekt benennt Meyer damit wesentliche Ziele von Netzwerkkoordination und Zusammenarbeit im Netzwerk.

Eine formative Evaluation des Vorgehens kann also dazu beitragen, dass die Strukturen, die Zusammenarbeit und die Koordination noch im Projektverlauf weiter optimiert werden. Sie ergänzt damit die summative Evaluation am Projektende.

5 Schlussbemerkung

Wenn Sie alle Hinweise und Methoden einsetzen wollen: Respekt! Sie haben sich ehrgeizige Ziele gesetzt. Unter Umständen gefallen Ihnen einige Methoden oder Hinweise. Eventuell sogar nur eine Methode bzw. ein Hinweis. Vielleicht sind die anderen Bausteine zu einem späteren Zeitpunkt nützlich. Sie können sich den Artikel ja auf Wiedervorlage legen. Möglicherweise kennen Sie ja auch noch ganz andere Methoden, die sich mit den vorgestellten kombinieren lassen. Auch gut. Nutzen Sie, was Sie für sinnvoll, hilfreich oder nützlich empfinden. Auf jeden Fall viel Erfolg mit Ihrem Netzwerk.

Literatur

Fisher R./Ury W./Patton B. (2004): Das Harvard-Konzept. (22. Aufl.) Frankfurt/New York: Campus.
Graf-Götz, F./Glatz, H. (1999): Organisation gestalten. Neue Wege und Konzepte für Organisationsentwicklung und Selbstmanagement (2. Aufl.). Weinheim: Beltz.
Genosko, J. (1999): Netzwerke in der Regionalpolitik. Reihe Strukturpolitik der Hans-Böckler-Stiftung. Marburg: Schüren Presseverlag.

Hoffmann, A./Strohm, E. (2003): Was die Kooperation in Netzwerken gelingen lässt. In: Weiterbildung 20, 14.

Hoffmann, C./Mieg, H.A./Arnold, F. (2006): Tagungsbeitrag Kompetenznetzwerke Deutschland- networking for innovation. Workshop 2 (10.11.2006). Ergebnisse der Befragung vom 09.11.2006 Internet: <www.kompetenznetze.de/Redaktion/Zentralredaktion/Nachrichten/2006/medien/workshop-2-auswertunghoffmann,property=pdf.pdf> (Abruf 25.08.2007).

Kühr, A.-K./Löchtefeld, S. (2004): iku-Interessenanalyse – das ganze System begreifen. In: Perspektive Mediation 01/2004 Seite 23 bis 25.

Lechner, K./Egger, A./Schauer, R. (1999): Einführung in die allgemeine Betriebswirtschaftslehre, 18. Auflage, Wien: Linde Verlag.

Locke, E.A./Latham, G. P. (1990): A theory of goal setting and task performance. Englewood Cliffs, New Jersey: Prentice Hall.

MGFFI – Ministerium für Generationen, Familie, Frauen und Integration des Landes NRW (2006): Familienzentrum NRW. Das Landesprojekt zur Weiterentwicklung von Tageseinrichtungen für Kinder zu Familienzentren. Düsseldorf.

MGFFI – Ministerium für Generationen, Familie, Frauen und Integration des Landes NRW (2007): Bericht des Ministeriums für Generationen, Familie, Frauen und Integration des Landes Nordrhein-Westfalen zur Weiterentwicklung der Kindertageseinrichtungen zu Familienzentren. Internet: <www.familienzentren.nrw.de/projekte/1/ueber_die_pilotphase/ziele_des_landesprojektsbr/ziele_des_landesprojektsbr.html> (Abruf am 25.08.2007)

Meyer, W. (2006): Evaluation von Netzwerksteuerung. In: Zeitschrift für Evaluation 2/2006, 317 – 332.

Neugebauer, U./Beywl W. (2006): Methoden zur Netzwerkanalyse. In: Zeitschrift für Evaluation 2/2006, 249 – 286.

Reynolds T.J./Gutman J. (1988): Laddering Theory. Method, Analysis and Interpretation. In: Journal of Advertising Research 28 (1), 11-31.

Schulz-Wimmer, H. (2007): Projekte managen. Werkzeuge für effizientes Organisieren, Durchführen und Nachhalten von Projekten. Freiburg: Haufe.

SMART Zielformulierung nach Peter F. Druckers Ansatz Management by objectives http://de.wikipedia.org/wiki/Management_by_objectives Abruf 25.08.2007.

Widmer, Th./Frey, K. (2006): Evaluation von Mehrebenen-Netzwerkstrategien. In: Zeitschrift für Evaluation 2/2006, 287-316.

Individuell Motivieren

Herausforderungen an Leitung und Fachkräfte im Familienzentrum

David Scheffer

1 Motivation von Mitarbeitern entsteht durch Person-Job-Passung

Die Motivation von Mitarbeitern ist in modernen Wissensgesellschaften das wichtigste Kapital von Unternehmen. Ohne Motivation keine Leistung und Zufriedenheit – auch bei den qualifiziertesten Mitarbeiten! Ganz besonders gilt dies in allen erzieherischen Berufen. Die Motivation ist hier für den Erfolg (wie auch immer man diesen definiert) entscheidend.

Mit der Bündelung von Betreuung, Bildung und Beratung von Kindern und Familien in Familienzentren verändert und erweitert sich das Aufgabenprofil von Leitungen und Fachkräften in Kindertageseinrichtungen. Die für Kindertageseinrichtungen zentrale Aufgabe der Kinderbetreuung wird ergänzt um neue, vielfältige Management- und Steuerungsaufgaben. Dabei spielt beispielsweise die konzeptorientierte Leitung von Teams und die Koordination eines interdisziplinären Netzwerkes eine zentrale Rolle. Leider lässt sich gerade in Erziehungsberufen häufig beobachten, dass die Motivation leicht zerstört werden kann, mit negativen Folgen für Kinder und die Gesellschaft im Ganzen. In diesem Beitrag möchte ich eine Vorgehensweise aufzeigen, mit der sich die Motivation von Mitarbeiterinnen und Mitarbeitern nachhaltig steigern lässt, ohne Seminare, in denen selbst ernannte Motivationsexperten einer staunenden Gemeinde Zauberwörter und Wunderstrategien anpreisen, die sich sehr rasch motivationssteigernd auswirken sollen. Ein wissenschaftlicherer Ansatz, Menschen dauerhaft zu motivieren bedeutet, sie in ein für sie optimal passendes Arbeitsumfeld zu führen. Oder anders ausgedrückt, eine *Person-Job-Passung* zu ermöglichen (Holland 1997; Scheffer/Kuhl 2006).

In der Persönlichkeits- und Motivationspsychologie sind in den letzten Jahren wichtige Erkenntnisse darüber entstanden, was diese *Person-Job-Passung* fördert. Für ein Familienzentrum lohnt sich die Berücksichtigung dieser Erkenntnisse, weil es an allen Stellen mit Menschen zusammenarbeitet, die von Passung profitieren: Kinder, Eltern, Fachkräfte und Kooperationspartner.

Bei einer guten Person-Job-Passung entsteht „Flow" – dem wohl wichtigsten Anreiz des Menschen zu arbeiten (Csikszentmihalyi 1976; v. Cube 1995; Rheinberg 2005). Werden Menschen optimal beansprucht, also weder über- noch unterfordert, dann geraten sie in einen Zustand des Glücks und der Leistungsfähigkeit. „Flow" kann als der Goldstandard der Motivationspsychologie in Organisationen gelten, denn nichts scheint Menschen nachhaltiger zu Arbeit zu bewegen: Diesen Zustand zumindest phasenweise zu erreichen ist eines der wichtigsten Ziele auf individueller wie auf Team-Ebene. Das „Flow"-Konzept integriert auf einzigartige Weise die idealistischen Visionen einer humanistischen Psychologie und das auf Profit ausgerichtete betriebswirtschaftliche Denken. Zwei Hauptmerkmale zeichnen Menschen aus, die sich im „Flow" befinden (siehe Abb. 1):

- Sie fühlen sich mit ihrer Arbeit eins und haben große Freude an ihr; sie glauben die Arbeit unter Kontrolle zu haben und fühlen sich durch sie gleichzeitig angeregt und sicher
- Unabhängig von der Berufsrolle scheinen Menschen im Zustand des „Flows" ihre Arbeit mit höchstem nachhaltigem Erfolg zu erledigen

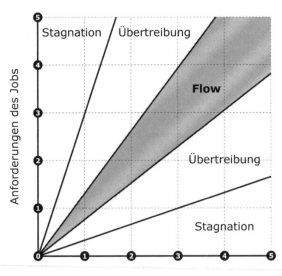

Abbildung 1: Das Modell der Person-Job-Passung

Bei guter Übereinstimmung zwischen den Merkmalen der Person und den Anforderungen des Jobs entsteht also „Flow". Und zwar umso stärker, je höher die Person-Job-Merkmale jeweils ausgeprägt sind. Haben Job- und Personenmerkmale beide eine starke Ausprägung (den Wert 4), dann entsteht also starker Flow. Haben beide dagegen nur eine schwache Ausprägung (bspw. den Wert 1), dann entsteht zwar auch Flow, jedoch nur ein eingegrenzter. Die ganze Bandbreite an Verhaltensweisen, die mit „Flow" einhergehen, kann man nur bei extremen Ausprägungen sowohl auf der Job- als auch auf der Personenachse erwarten. Die Skalierungen der Achsen von 0 bis 5 sind übrigens nur Beispiele. Man hätte genauso gut auch Werte von 0-100 nehmen können. Die Skalierungen variieren, je nachdem, welches Instrument man für die Messung der beiden Achsen verwendet.

Bei mangelnder Passung impliziert dieses Modell Übertreibungen und schließlich Stagnation. Übertreibungen sind „Übersprungshandlungen", also ein zu viel des Guten (in der Abbildung unterhalb vom „Flow"-Kanal) und ein zu wenig des Guten (in der Abbildung oberhalb vom „Flow"-Kanal). Wer aus diesen Übertreibungen nicht mehr „herauskommt", verfällt in Stagnation. Das bedeutet, dass diese Person in einen Teufelskreis geraten ist, aus dem sie sich von alleine nur noch schwer zurück zum „Flow"-Kanal zurückbewegen kann. Stagnation ist offensichtlich das Gegenteil von Motivation. Aber auch Übertreibungen sind keine Motivation. Warum, das wird in der folgenden Definition deutlich:

> **Eine allgemeine Definition von Motivation**
>
> Motivation ist die Abweichung des aktuellen Zustandes einer Person von „Flow", wenn diese Abweichung dem Verhalten Energie, Richtung und Ausdauer gibt, um wieder (phasenweise) in den Zustand des „Flow" zu geraten.

Aus Abbildung 1 lassen sich für die Motivation von Mitarbeitern zwei wichtige Konzepte ableiten:

- Motivation („Flow") braucht nicht durch wundersame Techniken mühsam induziert werden. Ganz im Gegenteil: Eher ist es so, dass Menschen von selbst motiviert sind „Flow" zu erleben, d.h. eine Person-Job-Passung herzustellen. Motivieren heißt daher, Mitarbeitern dabei zu helfen, für sich eine optimale Person-Job-Passung zu erarbeiten.

- Eine optimale Person-Job-Passung und damit „Flow" herzustellen, setzt notwendigerweise die *Diagnostik* der Person *und* des Jobs voraus. Motivierung bedeutet demnach zu aller erst, Motivationsdiagnostik zu betreiben, auf deren Basis dann Hilfestellungen gegeben werden können.

Für Diagnostik braucht man Tests, Methoden und Instrumente. Wer diese sicher anwendet, kann ein wirksamer Motivator werden. Zauberwörter und Wunderstrategien können gute Diagnostik natürlich signifikant unterstützen. So wie gute Ärzte, auf der Basis einer sicheren Diagnostik und der darauf aufbauenden Maßnahmen, Patienten durch das Herstellen von emotionalem Vertrauen in ihr Können und ihre menschliche Integrität zusätzlich helfen können.

Ohne Diagnostik besteht aber die Gefahr, dass zwischen den Merkmalen einer Person und ihrem Job eine Nicht-Passung entsteht. Ein strukturiert wahrnehmender Mitarbeiter wird bspw. in ein völlig unstrukturiertes Umfeld versetzt, in dem es keine klaren Arbeitsaufträge, kein eindeutiges Feedback und auch keine Zielvereinbarungen gibt. Auch wenn diese Person noch so gut für ihre Aufgabe qualifiziert ist, wird Demotivation die Folge sein. Ebenso wird es einer Person ergehen, die es gewohnt ist, objektiv und logisch zu entscheiden, von der aber im Job subjektive Gefühlsarbeit abverlangt wird. Es gibt im Alltag viele solcher Beispiele.

Tückisch an der Entstehung von Demotivation ist, dass ihre Bedingungen oft unbewusst sind. So mag es einer Person klar sein, dass sie in ihrem Arbeitsumfeld subjektive Gefühlsarbeit zu verrichten hat, und sie ist der Überzeugung, dass sie mit ihrer Persönlichkeit auch zu diesem Job passt. Leider kann dies jedoch ein Irrtum sein: es gibt heute klare Hinweise darauf, dass Menschen häufig dazu neigen, sich hinsichtlich bestimmter Persönlichkeitseigenschaften falsch einzuschätzen. Dies liegt letztlich daran, dass das bewusste Selbstkonzept eines Menschen nur ein System im „Universum" des menschlichen Geistes ist. Es gibt viele andere Systeme im Gehirn des Menschen, die nicht bewusst sind. Man nennt das heute implizit, in dem Sinne, dass diese Systeme nicht von einem selbst erklärt werden können. Hierzu gehören vor allem Motive, aber auch die Art und Weise wie wir Informationen wahrnehmen, beurteilen und Handlungen initiieren (McClelland 1985; McClelland et al. 1989; Brunstein et al. 1998; Scheffer 2005).

2 „Flow"

Wie wir wissen, ist es Menschen oft unmöglich, die *Ursachen* ihrer Demotivation zu benennen. Demotivation selber jedoch können wir bei uns und anderen ohne weiteres diagnostizieren. Wir wissen, wie es sich anfühlt, zu einem Job zu passen oder nicht. Die Alltagseinsicht hat Csikszentmihalyi (1976; 1990) untersucht. „Flow" bedeutet für ihn einen Zustand höchster Motivation, in dem einem die Arbeit zwar leicht und mit Freude, jedoch auch unter voller Anspannung und Konzentration „wie von selbst" von der Hand geht. Im Zustand des „Flow" haben wir unsere Tätigkeit voll unter Kontrolle, wir sind, bildlich gesprochen, *voll im Fluss*. Merkmale von „Flow" sind der Verlust des Zeitgefühls und die Ausblendung aller für die Tätigkeit unwichtigen Begleitumstände. „Flow" tritt auch bei einfachen Fließbandarbeitern wie bei hochkomplexen chirurgischen Tätigkeiten auf und entspricht dann einem optimalen Rhythmus bei der Arbeit, mit dem auch eine monotone Tätigkeit mit höchster Effizienz und Freude ausgeführt wird. „Flow" lässt sich mit Rheinberg (2005) einfach diagnostizieren. Zumindest die meisten der folgenden 10 Fragen sollten zumindest phasenweise von Mitarbeiterinnen und Mitarbeitern mit „Ja" beantwortet werden können:

1. Ich fühle mich optimal beansprucht.
2. Meine Gedanken bzw. Aktivitäten laufen flüssig und glatt.
3. Ich merke gar nicht, wie die Zeit vergeht.
4. Ich habe keine Mühe, mich zu konzentrieren.
5. Mein Kopf ist völlig klar.
6. Ich bin ganz vertieft in das, was ich gerade mache.
7. Die richtigen Gedanken/Bewegungen kommen wie von selbst.
8. Ich weiß bei jedem Schritt, was ich zu tun habe.
9. Ich habe das Gefühl, den Ablauf unter Kontrolle zu haben.
10. Ich bin völlig selbstvergessen (ganz auf die Tätigkeit fokussiert).

„Flow" ist also eine Aktivität, bei der Menschen durch optimale Beanspruchung in ein Flusserleben geraten, dass es ihnen ermöglicht, auch schwierige Aufgaben glatt und flüssig zu lösen. Angemerkt werden muss hierbei natürlich, dass „Flow" keinesfalls durchgängig bei der Arbeit auftreten kann (selbst in den herausforderndsten und spannendsten Jobs). Wo „Flow" jedoch gar nicht mehr auftritt, dort ist etwas mit der Motivation schief gelaufen.

Für die Personalverantwortlichen in Familienzentrum ist dies eine wichtige Einstellungsfrage bei der Motivation von Mitarbeitern: Wenn man davon ausgeht, dass Mitarbeiter „Flow" erleben können, selbst wenn sie im Grunde nur auf die Bezahlung aus sind, dann wird dies eine ganz andere Herangehensweise implizieren, als wenn man davon überzeugt ist, dass Mitarbeiter im Grunde ihres Herzens Arbeit verabscheuen. Diese beiden Menschenbildern („Theorien") hat McGregor bereits 1960 postuliert.

> **Menschenbilder der Motivation nach McGregor**
>
> *Theorie X* besagt, dass Menschen arbeitsscheu und faul sind. Wenn sie nicht ständig kontrolliert und angetrieben werden, strecken sie alle Viere von sich.
>
> *Theorie Y* besagt, dass Menschen im Grunde gerne arbeiten wollen, weil dies ihrem Leben Sinn und Struktur gibt. Solange sie nicht demotiviert werden, suchen Menschen daher nach neuen Herausforderungen.

Nach McGregors „Theorie Y" sind alle Menschen von Natur aus motiviert zu arbeiten, weil die Arbeit ihnen Bezogenheit, Struktur und Gemeinschaft gibt. Schon die Universalität des „Flow"-Phänomens scheint dieser Auffassung Recht zu geben. Dazu ist jedoch anzumerken, dass „Theorie Y" nur dann zutreffen kann, wenn Mitarbeiter das Glück haben, aufgrund einer guten Person-Job-Passung überhaupt auf die Voraussetzungen für „Flow" zu treffen. Auch wenn „Flow" selbstverständlich kein Dauerzustand sein kann und in der Erziehungsarbeit nicht selten auch unangenehme Dinge erledigt werden müssen, sollte „Flow" bei der Arbeit zumindest *zeitweise* möglich sein. Konkreter Tipp für Personalverantwortliche wäre aus dieser Sicht, tatsächlich „Flow"-Diagnostik zu betreiben. Z.B. in Form von einer Mitarbeiterbefragung. Für Mitarbeiter könnte das Wissen weiterhelfen, dass zumindest das phasenweise Erleben von „Flow" für die erfolgreiche Erziehungsarbeit wichtig ist. Wenn dies nicht gegeben ist, besteht auf Seiten der Personalleitung Handlungsbedarf. Und dies sollte dann auch entsprechend kommuniziert werden.

3   Job Charakteristika

Mitarbeiter sind dauerhaft motiviert, wenn ihre Jobs zu ihrer Persönlichkeit passen und so (immer wieder) das Erleben von „Flow" ermöglichen. Daraus folgt: Für die Motivierung von Mitarbeitern bedarf es einer (einfachen) Diagnostik der Job Charakteristika *und* der Personenmerkmale. Im folgenden Abschnitt werden kurz vier *Kerndimensionen* von Job Charakteristika beschrieben, an denen die Diagnostik ansetzen sollte. Natürlich wird man im Erziehungskontext auch viele andere Job Charakteristika definieren können. Es werden hier nur die vier wesentlichen, die einen unmittelbaren Bezug zu den in diesem Beitrag beschriebenen Personenmerkmalen haben, dargestellt.

Noch eine kurze Anmerkung: Es ist mir bewusst, dass der Begriff „Job" für manche ein wenig abwertend klingt, so als handele es sich dabei um eine unterbezahlte, temporäre Tätigkeit. Das ist so natürlich nicht gemeint. Ich bevorzuge den Begriff Job gegenüber anderen wie Berufsrolle, Tätigkeit, Position, Funktion etc. aus zwei Gründen. Zum einen ist der Begriff Job Charakteristika in der internationalen Forschung etabliert. Zum zweiten sind alle subsumierenden Begriffe bei genauerem Hinsehen eher noch Missverständlicher, da weniger weit gefasst. So kann eine Führungsposition ganz unterschiedliche Tätigkeiten und Verantwortungsbereiche enthalten. Da spreche ich lieber über den *Job* einer bestimmten Führungskraft. Und das ist selbstverständlich in keiner Weise abfällig gemeint.

Die vier Kerndimensionen von Job Charakteristika

Es lassen sich vier *Kerndimensionen* von Job Charakteristika identifizieren (vgl. Hackman/Oldham 1975; 1976; 1980; Scheffer 2003; Ulich 2005), die auch bei der Erziehungsarbeit eine Schlüsselrolle spielen.

1. *Dynamik:* Mitarbeiter verarbeiten viele unterschiedliche Informationen gleichzeitig und müssen auch ohne klare Richtlinien daraus ständig rasch Entscheidungen treffen.
2. *Strukturiertheit der Arbeit:* Mitarbeiter wissen exakt, was von ihnen erwartet wird; es werden konkrete, klare Ziele vereinbart.
3. *Subjektivität der Arbeit:* Mitarbeiter müssen auf die Gefühle und Bedürfnisse von „Kunden" direkt eingehen. Gefühlen/Emotionen spielen eine entscheidende Rolle in der alltäglichen Arbeit.
4. *Objektivität der Arbeit:* Mitarbeiter können unabhängige Entscheidungen treffen; es wird erwartet, dass sie diese logisch und auf der Grundlage von objektiven Fakten begründen können und gegenüber dem Controlling Verantwortung für ihre Entscheidungen übernehmen.

4 Das Entwicklungsquadrat

Über alle vier Kerndimensionen der Arbeit kann gesagt werden, dass hohe Ausprägungen im Grunde positiv sind, dass aber nicht alle Menschen sie brauchen, um „Flow" erleben zu können. Im Gegenteil, an mehreren Stellen wurde schon angedeutet, dass die Kerndimensionen für manchen offenbar auch übertrieben werden können, bspw. wenn ein Job zu dynamisch wird. Im Prinzip stellt zwar jede Kerndimension einen hohen Wert dar – wir alle brauchen dynamische, strukturierte, subjektive und gleichzeitig objektive Tätigkeiten, um „Flow" zu erleben. Es kommt aber offenbar auch auf die Dosis an. Während manche Menschen ohne exakte Zielvereinbarungen demotiviert werden, fühlen andere sich genau dadurch eingeengt. Es kommt ganz auf die Persönlichkeit an, für wen welche Dosis die richtige ist.

Bei genauerem Hinsehen ist evtl. schon aufgefallen, dass sich immer zwei der Dimensionen komplementär ergänzen. Diese in den vier Kerndimensionen angelegte Dialektik wird uns auf der Persönlichkeitsebene wieder begegnen. Wir brauchen daher ein Instrument, um damit konstruktiv umgehen zu können.

Ein hervorragendes Instrument für den Umgang mit Dialektik kann man in Friedemann Schulz von Thuns Buch „*Miteinander reden 2*" kennen lernen (Schulz von Thun 1989: 38ff.). Hieraus haben wir auch das „Ur-Entwicklungsquadrat" (von Helbig) übernommen:

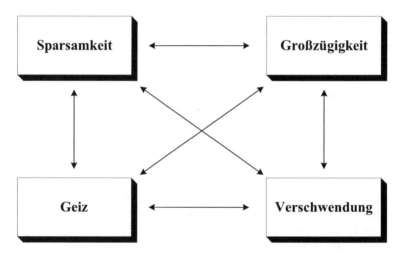

Abbildung 2: Das „Ur-Entwicklungsquadrat" (Schulz von Thun 1989: 39)

Zweifellos lassen sich *sowohl* Sparsamkeit *als auch* Großzügigkeit als Werte auffassen. Beide Werte verlieren jedoch ihre positiven Eigenschaften, sobald sie übertrieben werden und dann zu Geiz bzw. Verschwendung führen. Das gleiche Prinzip lässt sich auch auf die Kerndimensionen der Arbeit übertragen:

Dynamik und Strukturiertheit stehen ebenso in einem dialektischen Gegensatz zueinander wie Subjektivität und Objektivität. Übertriebene Dynamik („Chaos") ist das Gegenteil von Struktur. Und übertriebene Struktur („Redundanz") ist das Gegenteil von Dynamik. Übertriebene Subjektivität ist Distanzlosigkeit gegenüber der Umwelt und damit das Gegenteil von Objektivität. Und totale Objektivität wiederum bedeutet Isolation, die Subjektivität und persönliche Bezogenheit unmöglich macht. Die diagonalen Pfeile im Entwicklungsquadrat zeigen daher die *Entwicklungsrichtung* an. Je nachdem, ob eine Person zu der einen oder anderen Übertreibung tendiert, müsste sie sich in der Diagonalen nach oben entwickeln. Ansonsten, und das wurde bereits in Abbildung 1 angedeutet, stagniert die Person in ihrer Entwicklung. Symptome davon können bspw. die innere Kündigung, Stress und „Burnout" sein.

Das gleiche gilt im Prinzip für Jobs: Wenn ein Job zu chaotisch ist, dann sollte mehr Struktur eingeführt werden (bspw. durch MBO). Wenn es in einem Job zu viele Strukturen und Redundanzen gibt, so dass Routine zum Problem wird, dann sollte mehr Dynamik eingeführt werden (bspw. durch Job Rotation und Job Enlargement). Einem Job, bei dem Mitarbeiter isoliert sind, muss mehr subjektives Feedback durch Kunden, Mitarbeitern und Kollegen gegeben werden. Bei einem Job wiederum, bei dem die Gefühlsarbeit permanent ist und u.U. bereits zum „Burnout" geführt hat, ist mehr Objektivität die notwendige Entwicklungsrichtung.

Nun ist es nicht immer möglich, den Job an die Person anzupassen. Wenn es bspw. im Erziehungsbereich elementar ist, die Bedürfnisse von Kindern zu erkennen und sich darauf einzustellen, dann werden sehr auf Objektivität bezogene Personen auf längere Sicht wohl demotiviert. Es gibt einen Spruch, der das pointiert ausdrückt: Man kann einer Schildkröte das Klettern beibringen; aber es ist besser, man nimmt für diesen Job gleich ein Eichhörnchen. Durch die richtige Selektion von Mitarbeitern kann man unter Umständen mehr „Flow" erreichen als durch die nachträgliche Anpassung der Jobs an die Persönlichkeit der Mitarbeiter.

Personalverantwortliche in einem Familienzentrum können aufbauend auf einer geeigneten Personalauswahl auch dadurch positive Effekte auf die Mitarbeitermotivation erzielen, wenn sie Mitarbeiter von ihrer Persönlichkeit her richtig einschätzen und ihnen dann je nach Bedarf in eher strukturierte, subjektive und dynamische oder objektive Bereiche zuweisen. So gibt es ja auch in Erziehungsberufen Bereiche, die mehr oder weniger durch hohe Strukturiertheit und Objektivität gekennzeichnet sind. Hierfür müssen dann entsprechende Persönlichkeitstypen gefunden werden. Um Person-Job-Passung zu erreichen und Überforderung zu vermeiden, ist die Diagnostik von Job Charakteristika und Personenmerkmalen also gleichermaßen wichtig. Auch für die Diagnostik von Personenmerkmalen gilt, dass sie nicht übermäßig kompliziert zu sein braucht. Im nächsten Abschnitt wird daher ein einfaches Modell vorgestellt, das auch durch

„populäre" Literatur gut beschrieben worden ist. Dieses Modell dürfte auch für Familienzentren interessant sein.

Es gibt verschiedene Wege bei der Diagnostik der Persönlichkeit und profunde Menschenkenntnis ist davon sicher ein sehr wichtiger. Ein besonders wirkungsvoller Weg ist allerdings einer, der auf empirischer Forschung beruht und daher oft „wahrer" ist als andere, intuitivere Wege. Eine Schwäche der empirischen Psychologie ist jedoch, dass sie dazu neigt, zu wenig ganzheitlich an den Menschen heranzugehen, sich mitunter in der Vielzahl von Einzelbefunden zu verstricken.

Um Psychologie für die Diagnostik anwendbar zu machen, braucht man etwas, was inzwischen geradezu zu einem Schimpfwort verkommen ist – eine Theorie. Nur eine Theorie ist breit genug aufgebaut, um eine Vielzahl von Befunden zu integrieren und auf alle möglichen Situationen zu übertragen. Kurt Lewin, der Begründer der modernen Motivationspsychologie, hat schon früh vor einer voreiligen Dichotomisierung von Theorie und Praxis gewarnt: Als man ihn nach seiner Emigration nach Amerika dort immer wieder mit dem Argument konfrontierte, dass man in der Neuen Welt mehr Praxis als Theorie erwartet, war seine Antwort: „Es gibt nichts Praktischeres als eine gute Theorie".

Eine gute Theorie kann eine Vielfalt von Phänomenen auf einige wenige Grundprinzipien reduzieren und ist daher besonders unter hohem Arbeits- und Zeitdruck von eminent praktischem Wert. In diesem Abschnitt werde ich eine solche Theorie vorstellen, die es ermöglicht, die Persönlichkeit grob in vier Dimensionen zusammenzufassen. Natürlich wird damit dem Menschen in seiner unendlichen Komplexität nicht gerecht. Aber es geht mir darum, ein für die Praxis nützliches Werkzeug bereitzustellen, das sich auch unter hohem Arbeits- und Zeitdruck anwenden lässt.

Nützlich ist die von mir dargestellte Theorie nicht nur aufgrund ihrer Sparsamkeit sondern auch, weil die durch sie beschriebenen vier Persönlichkeitsdimensionen passgenau auf die oben vorgestellten Kerndimensionen der Arbeit zugeschnitten sind. Personalverantwortlichen, zum Beispiel einem Träger oder einer Leitung eines Familienzentrums, sollte es mit Hilfe dieser Theorie leichter fallen, Jobs und Personen optimal aufeinander abzustimmen und damit die Grundlage für eine dauerhaft hohe Motivation zu legen.

5 Verstand versus Gefühl

Die wohl tiefliegendste Erklärung für individuelle Unterschiede bei der Motivation ist schon recht alt und geht auf die fundamentale Unterscheidung von Verstand (= analytisch) und Gefühl (= ganzheitlich) in der antiken Philosophie zurück. Später wurden sie in der Erkenntnistheorie Kants entscheidend weiter entwickelt. In der Psychologie hat C.G. Jung (1986) diese Unterscheidung zur Grundlage seiner Typologie gemacht. Und diese Unterscheidung hat in jüngster Zeit in Form von Bahn brechenden Erkenntnissen der Neurowissenschaften eine unerwartete Renaissance erlebt. Ausgerechnet in der akademischen Psychologie jedoch sind die Unterschiede zwischen analytischer und ganzheitlicher Informationsverarbeitung stark vernachlässigt worden.

Die Unterscheidung von rationalem Verstand und intuitivem Gefühl ist heute in der Wissenschaft wieder hoffähig geworden. Nicht zuletzt durch die Entwicklung neuronaler Netzwerkmodelle ist das Verständnis ganzheitlich-intuitiver Informationsverarbeitung inzwischen auch in der experimentellen Kognitionspsychologie derart verbessert worden, dass seit einigen Jahren nun auch in dieser Disziplin intuitive Informationsverarbeitung als eigenständige Erkenntnisform akzeptiert und erforscht wird (Schacter 1987), was nicht ohne Auswirkungen auf die Persönlichkeitspsychologie geblieben ist (Epstein et al. 1996). Auch in der Wirtschaftswelt wurde unbewusste Intelligenz („Intuition" bzw. „tacit knowing", Polanyi 1969) wiederentdeckt. Psychologen wie Simon und kürzlich Kahnemann haben Nobelpreise für den Nachweis bekommen, dass der Mensch nicht ausschließlich „homo oeconomicus" ist, sondern sich in seinen Entscheidungen mindestens genau so stark von Gefühlen wie vom Verstand leiten lässt.

Ich führe diese Unterscheidung hier aber aus einem bestimmten Grund ein: Die experimentelle Psychologie konnte zeigen, dass die intuitive Informationsverarbeitung der analytischen im Umgang mit Komplexität bzw. Entropie überlegen ist (zusammenfassend Kuhl 2001; Klein et al. 2002). Bezogen auf die im letzten Abschnitt vorgestellten Kerndimensionen der Arbeit bedeutet das, dass Personen, die sich bei ihrer Informationsverarbeitung stärker auf das Gefühl verlassen, mehr Komplexität verarbeiten können und möchten. Analytische Personen benötigen dagegen eher Maßnahmen, die ihre empfundene Sicherheit durch erhöhte Strukturiertheit steigert.

Grundbausteine der Psyche

Unterschiede von Menschen wurden früher in der antiken Philosophie und heute in den modernen Neurowissenschaften auf die Unterscheidung zwischen logisch-analytischen und ganzheitlich-intuitiven Formen der Informationsverarbeitung zurückgeführt. Letztere ist wirkungsvoller im Umgang mit der Verarbeitung von Komplexität. Erstere mit der Verarbeitung von Struktur.

Bereits Jung hatte *zwei* verschiedene Formen von Intuition (ganzheitliches Fühlen und Intuieren) und zwei verschiedene Formen von analytischer Intelligenz unterschieden (analytisches Denken und an konkrete Wahrnehmungen gebundenes Empfinden). Persönlichkeitstypen unterscheiden sich nach Jung darin, dass eine dieser vier Erkenntnisformen dominiert. Leser, die mit dem MBTI (Myers-Briggs-Type-Indicator) vertraut sind, werden es hier daher leichter haben, sich in die Theorie einzuarbeiten. Eine besonders effektive Methode, um die vier Persönlichkeitssysteme zu erfassen, stellt der sog. *Visual Questionnaire* (ViQ) dar (Scheffer, Loerwald & Ribowski, XX). Hierbei handelt es sich um einen visuelles Verfahren, das objektiv misst, d.h. ohne „Umwege" über das Selbstkonzept. Der ViQ hat trotz seiner kurzen Dauer von nicht einmal 10 Minuten hervorragende psychometrische Kennwerte und eignet sich daher in hohem Maße für die Praxis.

6 Vier kognitive Systeme der Motivation

Wer mit der Typologie Jungs und mit dem darauf aufbauenden von Myers und Briggs entwickelten MBTI bzw. dem ViQ vertraut ist, dem werden viele Parallelen auffallen. Dass ich hier die Ausdrucksweise aus der PSI-Theorie übernehmen hat folgenden Grund: Natürlich hat sich seit Jung in unserem Verständnis psychologischer Funktionen sehr viel geändert, nicht zuletzt aufgrund der rasanten Fortschritte in der Neuropsychologie. Die Sprache der PSI-Theorie lehnt sich an die Begrifflichkeit der Neuropsychologie an. Das wird für viele zunächst ungewohnt sein. Dennoch lohnt sich aus meiner Sicht diese Übersetzung, da dadurch der *funktionsanalytische* Anspruch Jungs in moderner Sprache verdeutlicht wird. Der folgende Kasten stellt die in den verschiedenen Ansätzen verwendeten Bezeichnungen überblickartig dar.

Verwandte Begriffe		
Typologie von C.G. Jung	*ViQ*	*PSI-Theorie*
Analytisches Empfinden	Sensing (S)	Objekterkennungssystem
Ganzheitliches Intuieren	Intuition (N)	Intuitive Verhaltenssteuerung
Analytisches Denken	Thinking (T)	Absichtsgedächtnis
Ganzheitliches Fühlen	Feeling (F)	Extensionsgedächtnis

Individuell Motivieren

Vier kognitive Elemente der Motivation

Durch das *Objekterkennungssystem* (Jungs Empfinden bzw. Sensing) vollzieht sich die Wahrnehmung über die fünf Sinne und stellt fest, was konkrete, fassbare Wirklichkeit im Hier und Jetzt ist. Menschen, die dieses System oft benutzen, wollen klar strukturierte Aufgaben bearbeiten und dabei Fehler vermeiden. Situationen, die diese Menschen motivieren, müssen strukturiert sein und Aufgaben beinhalten, bei denen richtig und falsch eindeutig feststeht.

Durch die *Intuitive Verhaltenssteuerung* (Jungs Intuieren bzw. Intuition) vollzieht sich die Wahrnehmung als komplexes Beziehungsmuster oder plötzliche Erkenntnis, die eine sofortige Reaktion oder Handlung auslöst. Menschen, die dieses System oft benutzen, wollen rasche Veränderungen und Wechsel. Sie werden durch Situationen motiviert, in denen man ohne langes Nachdenken in einem dynamischen Kontext handeln kann.

Durch das *Absichtsgedächtnis* (Jungs Denken bzw. Thinking) wird das Urteilen logisch, objektiv, abstrakt und kritisch. Es erarbeitet Pläne und Ziele und verhindert, dass diese vorschnell umgesetzt werden. Menschen, die dieses System oft benutzen, wollen Dinge erst einmal autonom analysieren bevor sie handeln. Sie werden durch Situationen motiviert, in denen sie den Lauf der Dinge autonom planen und kontrollieren können. Sie setzen daher auf ihren objektiven Verstand und nicht auf subjektive Bedürfnisse oder Gefühle.

Durch das *Extensionsgedächtnis* (Jungs Fühlen bzw. Feeling) werden in den Urteilsprozess subjektive Gefühle und Erfahrungen eingebunden. Diese Gefühls- und Erfahrungslandschaften sind ganzheitlich und lassen sich daher nur schwer in Worte fassen. Menschen, die dieses System oft benutzen, wollen erleben, wie sie durch Erfahrungen innerlich wachsen und differenzierter werden. Sie wollen Dinge als Ganzes begreifen und ein Gefühl für Wahrheit und Bezogenheit entwickeln.

Die vier Aspekte der PSI-Theorie lassen sich unterteilen in zwei handlungssteuernde und zwei erlebnissteuernde Systeme. Von diesen wiederum ist je eins analytisch-rational und ganzheitlich-intuitiv: Die handlungssteuernden Systeme sind das *Absichtsgedächtnis* (beim MBTI *Thinking*), dessen Erkenntniskomponente mit dem *analytischen Denken* in Jungs Typologie vergleichbar ist (→ Verstand), und die *Intuitive Verhaltenssteuerung* (beim MBTI *Intuition*), die einige Ähnlichkeiten mit Jungs Funktion des *Intuierens* hat (→ Gefühl). Die erlebnissteuernden Systeme sind das *Objekterkennungssystem* (beim MBTI *Sensing*), die einige Gemeinsamkeiten mit Jungs *„Empfinden"* aufweist (→ Verstand), und das *Extensionsgedächtnis* (beim MBTI *Feeling*), das Gemeinsamkeiten mit Jungs ganzheitlichem *Fühlen* und der Selbstwahrnehmung hat (→ Gefühl). In der Übersicht werden diese vier Elemente kurz beschrieben.

Menschen benutzen diese psychischen Systeme unterschiedlich stark. Neuropsychologisch liegt das daran, dass der Zugang zu diesen Systemen durch Neurotransmitter vermittelt wird. Und die Konzentration dieser Neurotransmitter schwankt zwischen Menschen und auch innerhalb von Menschen je nach genetischen Dispositionen und Lebensumständen. Schon die sehr einfache Unterscheidung zwischen Verstand und Gefühl kann dabei helfen, eine bessere Person-Job-Passung zu erreichen. Jobs, in denen viele Entscheidungen „aus dem Bauch" heraus getroffen werden müssen, in denen viele Handlungsoptionen möglich, die Dynamik hoch ist, sollten durch Personen erledigt werden, die eine Präferenz für mindestens eines der auf dem Gefühl aufbauenden Systeme haben. Jobs, in denen es nur wenige Handlungsoptionen gibt, in denen richtig und falsch klar definiert ist, in denen Details beachtet werden und Fehler unbedingt vermieden werden müssen, sollten von Mitarbeitern bearbeitet werden, die sich mindestens einem der verstandesmäßigen Systeme bevorzugt bedienen.

Das Wissen über die Merkmale des Jobs und der Personen lässt sich aber noch weitergehender nutzen. Nach einer Analyse des Jobs bezüglich der vier Grunddimensionen der Arbeit können die in der PSI-Theorie beschriebenen Persönlichkeitsmerkmale eine Zuordnung erleichtern. Grundlage dieser Zuordnung ist die Annahme, dass sich die beiden wahrnehmungsseitigen jeweils mit einem der beiden handlungsseitigen Elemente kombinieren lassen, d.h. bei der Handlungssteuerung komplementär zusammenarbeiten. Wer mit dem ViQ oder MBTI vertraut ist, dem ist dieser Gedanke selbstverständlich. In einem bestimmten Moment nutzt man für seine Wahrnehmung entweder die Funktion des *Sensing* oder die der *Intuition*. Danach wird man sich der Funktion des *Thinking* oder der des *Feeling* bedienen, um durch die Verarbeitung des Wahrgenommenen zu einem Ergebnis zu kommen das handlungsleitend wird.

7   Persönlichkeit und Kompetenz

Wie gut eine Person die vier kognitiven Systeme verwenden kann, ist ein Aspekt ihrer Persönlichkeit. *Sensing*-Persönlichkeiten haben einen sicheren Zugriff auf das *Objekterkennungssystem* und benutzen dieses daher in vielen Situationen. *Intuitive* Persönlichkeiten haben entsprechend einen leichten Zugriff auf die

Intuitive Verhaltenssteuerung, Thinking-Persönlichkeiten auf das *Absichtsgedächtnis* und *Feeling*-Persönlichkeiten auf das *Extensionsgedächtnis*.

Erpenbeck und Rosenstiel (2005) haben nun zu Recht darauf hingewiesen, dass Persönlichkeitseigenschaften nicht gleichgesetzt werden können mit Kompetenzen. Diese Abgrenzung ist wichtig. Einerseits reden heute alle von „Kompetenzen", andererseits meinen sie aber oft sehr Verschiedenes damit. Traditionell verstand man unter Kompetenz schlicht *Zuständigkeit* oder *Berechtigung.* So hat die Bundeskanzlerin bspw. die Richtlinienkompetenz. Das heißt, sie ist im Zweifelsfall dazu berechtigt, auch gegen den Widerstand der Kabinettsmitglieder Entscheidungen zu treffen. Diese Definition betrifft ihren Job und ist daher unvollständig. Denn neben der Berechtigung muss die Kanzlerin natürlich auch die persönlichen Fähigkeiten und Qualifikationen haben, um sich im Ernstfall gegen die Kabinettsmitglieder durchsetzen zu können (die formale Befugnis aufgrund ihrer Berufsrolle reicht in der Praxis erfahrungsgemäß nicht aus). Diesen personalen Aspekt meint man heute meistens, wenn von Kompetenz die Rede ist. Aber auch diese Definition ist einseitig, vor allem wenn unter dem personalen Aspekt lediglich die Qualifikation verstanden wird.

Kompetenzen sind *Handlungsfähigkeiten*, die aus der komplexen Passung zwischen Person und Job entstehen (Erpenbeck/Rosenstiel, 2005). Insofern haben sie auch viel zu tun mit unserem „Flow"-Konzept. Hierauf hat übrigens schon White (1959) hingewiesen, der als erster diesen sehr weitreichenden Kompetenzbegriff geprägt hat. Für ihn waren Kompetenzen grundlegende Handlungsfähigkeiten, deren Ausführung schon Säuglinge mit Freude und Funktionslust ausführen.

Mit komplexer Passung ist bei Erpenbeck und Rosenstiel (2005) gemeint, dass eine Person selbstgesteuert in der Lage ist, Situationen mit verschiedenen psychischen Funktionen zu bewältigen. Dazu kann auch gehören, zwischen den komplementären Systemen (Verstand versus Gefühl) flexibel wechseln zu können, wenn die Situation das erfordert. Die Erfahrung lehrt, dass das nur wenige Menschen können. Man verarbeitet entweder eher „linkshemisphärisch" (mit dem Verstand) oder „rechtshemisphärisch" (mit dem Gefühl). Insofern zeigt die Zuordnung in Tabelle 1 Basiskompetenzen, die daraus entstehen, in der richtigen Situation die dazu passenden Wahrnehmungs- und Beurteilungsfunktionen einzusetzen. Die richtige Situation wiederum wird durch die Kerndimensionen der Arbeit definiert. Diese vier Kompetenzen haben eine gewisse Ähnlichkeit mit dem von Erpenbeck und Rosenstiel entwickelten Kompetenzatlas. Scheffer und Kuhl (2006) haben aber etwas andere Begriffe gewählt, die auf der Definition von Ghorpade (1988) beruhen. Hier werden wir diese beiden Bezeichnungssysteme kombinieren (die personale Kompetenz subsumieren wir unter der kommunikativen Kompetenz und separieren stattdessen die Problemlösekompetenz von der Fach- und Methodenkompetenz):

	Person-Job-Passung zwischen Objekterkennungssystem (S) und Anforderung an exakter Informationsverarbeitung	Person-Job-Passung zwischen Intuition (N) und Anforderung an dynamische Informationsverarbeitung
Person-Job-Passung zwischen Absichtsgedächtnis (T) und Anforderung an objektive Beurteilung	1. Genaue Fach- und Methodenkompetenz (ST- Kompetenz) Strukturierte Dinge autonom ... - aufbauen - präzisieren - kontrollieren	2. Effektive Umsetzungskompetenz (NT-Kompetenz) Komplexe Produkte autonom ... - entwickeln - vermarkten - managen
Person-Job-Passung zwischen Extensionsgedächtnis (F) und Anforderung an subjektive Beurteilung	3. Kreative Problemlösekompetenz (SF-Kompetenz) Strukturierte Daten in Übereinstimmung mit anderen ... - dokumentieren - analysieren - synthetisieren	4. Sozial-integrative Kommunikationskompetenz (NF-Kompetenz) Komplexe Menschen und Gruppen in Übereinstimmung... - binden - begeistern - führen

Tabelle 1: Person-Job-Passungen und daraus entstehende Kompetenzen

8 Zusammenfassung

Ein gutes Umfeld für hohe Motivation („Flow") zu schaffen, ist im Grunde einfach, setzt aber von Leitung und Fachkräften eines Familienzentrums eine gewisse Disziplin voraus. Wie in heilenden Berufen, bedarf es auch in erzieherischen Berufen einer zwar in der Praxis handhabbaren, aber doch präzisen Diagnostik von Job- und Personenmerkmalen. Die Leitung muss darauf achten, dass diese Jobmerkmale (Anforderungen) und die Personenmerkmale der Mitarbeiterinnen (deren kognitiven Systeme) möglichst gut zusammenpassen. Es gibt einfach erlernbare Instrumente, um diese Passung und damit „Flow" immer wieder zu optimieren. Wichtiger noch als die Instrumente ist aber die Einstellung, dass Motivieren immer möglichst individuell erfolgen muss. Dabei zumindest vier unterschiedliche „Motivations-Typen" zu beachten, wäre aus meiner Sicht ein bedeutender Schritt für Mitarbeiterführung in Kindertageseinrichtung und Familienzentrum. Und es wäre ein hervorragendes Beispiel für die pädagogische Arbeit als eigentlicher Kernaufgabe der Fachkräfte. Denn auch dort gilt selbstverständlich, dass Kinder ihrer individuellen Persönlichkeit gemäß motiviert werden müssen. Nirgendwo sonst erscheint mir daher eine Kultur des individualisierten Führens, Motivierens und Lernens angemessener als im Familienzentrum.

Literatur

Brunstein, J.C./Schultheiss, O.C./Grässmann, R. (1998): Personal goals and emotional well-being: The moderating role of motive dipositions. In:: Journal of Personality and Social Psychology 75, 494-508.
Csikszentmihalyi, M. (1997): Dem Sinn des Lebens eine Zukunft geben. Stuttgart: Klett-Cotta.
Cube v., F. (2003): Lust auf Leistung. München: Piper.
Erpenbeck, J./Rosenstiel, L. von (2005): Kompetenz: Modische Worthülse oder innovatives Konzept? In: Wirtschaftspsychologie aktuell, 12 (3), 39-42.
Epstein, S./Pacini, R./Denes-Raj, V./Heier, H. (1996): Individual differences in intuitive-experiential and analytical-rational thinking styles. In: Journal of Personality and Social Psychology 71, 390-405.
Ghorpade, J. (1988): Job Analysis. A handbook for the human resource manager. Englewood Cliffs, NJ: Prentice Hall.
Hackman, J.R./Oldham, G.R. (1975): Development of the Job Diagnostic Survey. In: Journal of Applied Psychology 60, 159-170.
Hackman, J.R./Oldham, G.R. (1976): Motivation through the design of work: Test of a theory. In: Organizational Behavior and Human Performance, 16, 250-279.
Hackman, J.R./Oldham, G.R. (1980): Work redesign. Reading, MA: Addison Wesley.
Holland, J.L. (1997): Making vocational choices: A theory of vocational personalities and work environments. Englewood Cliffs, NJ: Prentice-Hall.
Jung C.G. (1986): Psychologische Typen. Olten: Walter.
Klein, S. B./Cosmides, L./Tooby, J./Chance, S. (2002): Decisions and the Evolution of Memory: Multiple Systems, Multiple Functions. In: Psychological Review (2) 109, 306-329.
Kuhl, J. (2001): Motivation und Persönlichkeit: Interaktion psychischer Systeme. Göttingen: Hogrefe.
McCelland, D.C. (1985): Human Motivation. Glenview, Ill.: Scott, Foresman u. Co.
McClelland, D.C./Koestner, R./Weinberger, J (1989): How do self-atrributed and implicit motives differ? In: Psychological Review 96, 690-702.
McGregor, D. (1960): The human side of enterprise (dt. Ausgabe 1986). New York: McGraw-Hill

Polanyi, M. (1969): Tacit knowing. In: M. Grene (Ed.): Knowing and being. Chicago: University of Chicago Press.

Rheinberg, F. (2006): Intrinsische Motivation und Flow-Erleben. In: J. Heckhausen/H. Heckhausen (Hrsg.): Motivation und Handeln. Berlin: Springer.

Scheffer, D. (2003): Job Characteristics. In: R. Fernandez-Ballesteros (Ed.): Encyclopedia of Psychological Assessment. London: Sage, pp. 515-522.

Scheffer, D./Loerwald, D./Ribowski, A. (2004): ViQ. Visual Questionnaie. In: W. Sarges/H. Wottawa (Hrsg.): Handbuch wirtschaftspsychologischer Testverfahren (2. überarb. und erweiterte Auflage), Band I, S. 807-813. Lengerich: Pabst.

Scheffer, D. (2005): Implizite Motive. Göttingen: Hogrefe.

Scheffer, D./Kuhl, J. (2006). Erfolgreich motivieren. Göttingen: Hogrefe.

Ulich, E. (2005): Arbeitspsychologie (6. überarb. u. erw. Ausgabe. Zürich: vdf.

Schulz von Thun, F. (1989). Miteinander reden 2: Stile, Werte und Persönlichkeitsentwicklung – Differentielle Psychologie der Kommunikation. Reinbek: Rowohlt.

White, R.W. (1959): Motivation reconsidered: The concept of competence. In: Psychological Review 66, 297-333.

III Praxis, Modelle und professionelle Entwicklung

Entwicklungsnetzwerk – Ein Baustein auf dem Weg zum Familienzentrum

Martin Hillenbrand, Stephan Rietmann

1 Entwicklungsbeobachtung als wichtige Aufgabe eines Familienzentrums

Die Begleitung der kindlichen Entwicklung und die Förderung derselben in einem ganzheitlichen Sinne war schon immer eine zentrale Aufgabe in der Kindergartenarbeit. Dabei geht es in Vorbereitung auf die Einschulung und auf den weiteren Lebensweg nicht um eine rein funktionelle Förderung einzelner Fertigkeiten, sondern um den umfassenden Aufbau von Personalität durch Bildung, Erziehung und Betreuung in Gruppen unter Berücksichtigung der Individualität der Kinder. In den letzten Jahren sind die Anforderungen an die Beobachtung der kindlichen Entwicklung und an die Dokumentation derselben aus verschiedenen Gründen deutlich gestiegen. Für Nordrhein-Westfalen wird dies unter anderem in der Bildungsvereinbarung NRW (MSJK NRW 2003) deutlich. Dort heißt es, dass „Kinder in der Entwicklung ihrer Persönlichkeit zu unterstützen" sind, wobei Bildung nicht nur „die Aneignung von Wissen und Fertigkeiten" umfasse (ebd.: 6). Zugleich wird die Forderung aufgestellt, den umfassenden Bildungsprozess des einzelnen Kindes zu dokumentieren (Bildungsdokumentation), wodurch die Aufgabe der Entwicklungsbeobachtung einen noch verbindlicheren Charakter bekommen hat.

Mit der Zielsetzung, auf Dauer ein Drittel der Kindergärten in NRW zu Familienzentren weiterzuentwickeln (MGFFI NRW 2006), hat diese Beobachtungsaufgabe einen noch höheren Stellenwert erhalten. Denn unter anderem sollen Familienzentren zur Verbesserung der Qualität der frühen kindlichen Entwicklung beitragen und Eltern in der Wahrnehmung ihrer Erziehungsaufgabe unterstützen. Dazu sollen Angebote früher Beratung, Information und Hilfe für Familien erschlossen werden. Familienzentren sollen zu Knotenpunkten eines familienunterstützenden Netzwerks werden, Voraussetzung hierfür ist eine gute Vernetzung der vor Ort vorhandenen Angebote (vgl. ebd.).

Für die Kindertagesstätten kommt es somit darauf an, bei ihren Beobachtungen

- das Ausmaß von Auffälligkeiten und daraus gegebenenfalls folgenden Handlungsbedarf treffend einzuschätzen,
- mit Eltern über die Beobachtungen im Kindergarten in eine konstruktive Kommunikation zu treten, die allen Beteiligten Erkenntniszuwachs bringt,
- sowie Anlässe und Gründe für die Inanspruchnahme weiterer, externer Hilfen möglichst passgenau zu erkennen und dies dann auch den Eltern im Gespräch vermitteln zu können.

Es stellt sich die Frage, wie die Fachkräfte im Kindergarten den geforderten Qualitätssprung bei der Entwicklungsbeobachtung fachlich und ressourcenmäßig bewältigen können. Auf der einen Seite ist eine Versprachlichung des vorhandenen fachlichen Alltagswissens und der Beobachtungen mit Hilfe einer präzisen Begrifflichkeit gefordert, die auch zur Kommunikation mit kindergartenexternen Fachleuten anderer Richtungen geeignet ist. Auf der anderen Seite besteht mit der Anwendung von Beobachtungskategorien die Gefahr, dass ein Kind zu eingeengt gesehen wird, beispielsweise durch – bewusste oder unbewusste – Hervorhebung funktionaler Einzelaspekte wie Sprache oder Kognition. Hier weisen die Leitungen der Kindertagesstätten zurecht darauf hin, dass die ganzheitliche Betrachtung und Begleitung eines Kindes nicht durch Überbetonung einseitiger Aspekte verloren gehen darf, denn schließlich haben die Kindergärten einen ganzheitlichen Bildungsauftrag, der die Persönlichkeit umfassend aufbauen und fördern soll. Auch Fachleute außerhalb der Kindergärten warnen vor dieser Gefahr. So weist z.B. Zimmer (2003) darauf hin, dass die PISA-Studie sich mit geistigen Fähigkeiten und Leistungen befasste und die Wichtigkeit von Bewegungserfahrungen für die kindliche Entwicklung völlig außer Acht ließ.

Zu beachten ist auch, dass ein Ausbau personeller Ressourcen der Kindertagesstätten trotz der anerkannten Wichtigkeit dieser Thematik nicht in Aussicht ist. Dies bedeutet, dass die Kindergärten Beobachtungssysteme brauchen, die möglichst nahtlos und zeitökonomisch auf das vorhandene Fach- und Erfahrungswissen aufbauen, damit diese Aufgabe bewältigt werden kann, ohne an anderer Stelle dafür fachliche Standards zu senken.

2 Beratungsstellen als Partner von Familienzentren bei Beobachtung und Vernetzung

In Erziehungsberatungsstellen gibt es ein hohes Maß an entwicklungspsychologischem und diagnostischem Fachwissen. Genau dies wird für Kindergärten immer wichtiger, umso mehr wenn sie sich zu einem Familienzentrum weiterentwickeln. Eine sinnvolle Vernetzung beider Institutionen kann entstehen, wenn Beratungsstellen dieses Fachwissen für Kindergärten so aufbereiten, dass es dort bei der Beobachtung der Kinder direkt angewendet werden kann.

Da Beratungsstellen in ihrer praktischen Arbeit vielfältig in Netzwerken denken und handeln, können sie auch dieses Erfahrungswissen für die Kindergärten nutzbar machen. Aus der Einzelfallarbeit als fachlicher Basis der institutionellen Erziehungsberatung entsteht strukturelles Wissen, das sich auch für projektorientiertes Arbeiten nutzen lässt.

3 Das BEN-Projekt in Borken

Aus derartigen Überlegungen entstand in der Erziehungsberatungsstelle Borken bereits im Jahre 2003, also deutlich vor der Gründung der ersten Familienzentren, die Idee, ein Netzwerk zur Entwicklungsthematik bei Kindergartenkindern aufzubauen. Dieses erhielt den Namen BEN, was für Borkener Entwicklungsnetzwerk steht. Hauptansprechpartner hierfür sollten die Kindergärten im Stadtgebiet Borken sein, aber auch spezifische Fachstellen, die mit der Entwicklungsthematik bei dieser Altersgruppe zu tun haben, wie Kinderärzte, Ergotherapeuten, Logopäden, Gesundheitsamt, Fachkräfte der Jugendhilfe und das Jugendamt. Die Durchführung des Projekts erfolgte in Zusammenarbeit mit dem Jugendamt der Stadt Borken und wurde ermöglicht durch eine besondere Förderung im Rahmen einer Präventionsinitiative, für die das Jugendamt Sponsorengelder eingeworben hatte (www.young-borken.de).

In der Analyse der Ausgangslage wurde deutlich, dass Kindergärten eine lang andauernde Alltagserfahrung mit dem Kind und meist auch gute Kontakte mit der Familie haben (praktisches Längsschnittwissen). Auf der anderen Seite verfügen spezialisierte Fachstellen über ein hohes, spezifisches Fachwissen und/oder spezielle Therapieangebote zu Störungen im Entwicklungsverlauf (spezielles Querschnittwissen). Diese Fachstellen begegnen den Kindern nur in kurzen Zeitabschnitten, die für die Kinder in der Regel Sondersituationen darstellen. Daraus ergaben sich als Erfordernisse für ein Entwicklungsnetzwerk:

- Es soll auf dem in Kindergärten vorhandenen Kenntnisstand aufgebaut werden.
- Zusätzliches Wissen soll praktisch und alltagsnah eingebracht werden, der Nutzeffekt muss leicht erkennbar und erreichbar sein.
- Für die Kindergärten darf kein zu großer Zusatzaufwand entstehen, der als abschreckende Hürde wirken könnte.

- Ein Informationstransfer zu speziellen Fachkräften soll ermöglicht bzw. erleichtert werden. Dabei ist der Einbezug der Eltern wichtig.

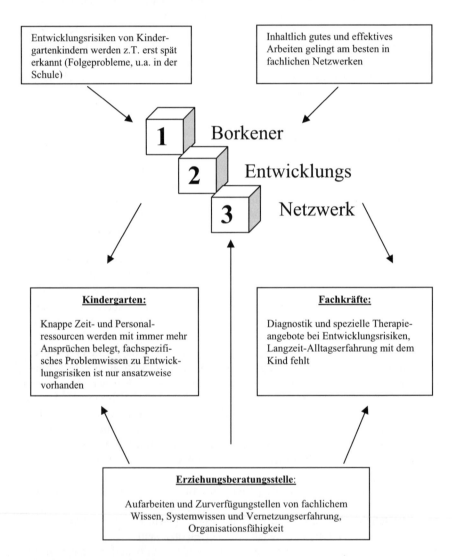

Abbildung 1: Ausgangslage

Für die Beratungsstelle wurde in der Analyse der eigenen Fähigkeiten und Möglichkeiten deutlich, dass gerade sie in besonderer Weise in der Lage ist, die Entwicklung eines solchen fachlichen Netzwerkes voranzubringen:

- In der Erziehungsberatungsstelle besteht wissenschaftlich fundiertes Fachwissen, das laufend aktualisiert wird.
- Die aktuelle gesellschaftliche Diskussion wird rezipiert und reflektiert.
- Durch die Beratungsarbeit gibt es den praktischen Bezug zum Alltag von Familien und Institutionen vor Ort.
- Die Beratungsstelle verfügt über Vernetzungserfahrung mit den unterschiedlichsten Akteuren im Sozialraum (und darüber hinaus), verbunden mit Informationen zu deren verschiedenen Systembedingungen.
- Die Beratungsstelle hat die Fähigkeit, Seminare und andere Veranstaltungen zu organisieren, zu moderieren und auch inhaltlich zu gestalten.

Es ergab sich das Fazit, dass die Beratungsstelle in einem solchen Vernetzungsprojekt ihr fachliches Wissen und ihre Erfahrung aus der Einzelfallarbeit für das praktische Alltagshandeln anderer Fachkräfte nutzbar machen kann, zumal sie als Akteur im Sozialraum bekannt und anerkannt ist.

3.1 Das BEN-Beobachtungsmaterial

Die Beratungsstelle Borken hat auf der Basis ihres entwicklungspsychologischen und diagnostischen Fachwissens Beobachtungsmaterialien für Kindergarten-Fachkräfte erstellt, die dazu dienen, genauere Beobachtungsdaten zu gewinnen, die zunächst den fachlichen Blick im Kindergarten schärfen (was kann in der Einrichtung zur Förderung getan werden?). Darüber hinaus sind diese für das Gespräch mit den Eltern und eventuell mit speziellen Fachkräften hilfreich. Dabei konzentriert sich das Beobachtungsmaterial auf die 4- und 5-jährigen Kindergartenkinder, um einerseits rechtzeitig vor der Einschulung wirksam zu werden und andererseits die Eingewöhnungszeit bei jüngeren Kindern außen vor zu lassen. Es kann aber im Kernstück (Beobachtungsbogen) auch für jüngere oder ältere Kinder verwendet werden.

Die Entwicklungsthematik wird in sechs Bereiche mit mehreren Unterkategorien eingeteilt, angelehnt an gängige Entwicklungssystematiken (z.B. Kiphard 1977; Melchers/Preuß 1994; Lockowandt 1997; Mayr 1998, 2000, 2001; Petermann/Stein 2000; Barth 2003). Die körperliche Entwicklung wird ausgeklammert, weil wesentliche Beobachtungen hierzu bereits vor dem Kindergartenalter anliegen und erfolgen sollten.

Wichtig ist ein ganzheitliches Entwicklungsverständnis: Einzelheiten sind in den Blick zu nehmen bei gleichzeitiger Beachtung des Gesamtbildes aller internen und externen Faktoren.

3.2 Entwicklungsbereiche und Kategorien

I Motorische Entwicklung
1. Grobmotorik
2. Feinmotorik
3. Muskeltonus

II Wahrnehmung
1. Optische Wahrnehmung
2. Akustische Wahrnehmung
3. Taktile Wahrnehmung
4. Gleichgewichtssinn

III Sprachliche Entwicklung
1. Sprachverständnis
2. Sprachausdruck

IV Kognitive Entwicklung
1. Akustisches Gedächtnis
2. Visuelles Gedächtnis
3. Kategorienbildung
4. Logisches Handeln
5. Aufmerksamkeit
6. Körperbewusstsein

V Emotionale Entwicklung
1. Unabhängigkeit
2. Nähe – Distanz
3. Selbstbehauptung

VI Soziale Entwicklung
1. Kontakt zu Erwachsenen
2. Kontakt zu Gleichaltrigen
3. Gruppenverhalten

Bewusst wird eine Beschränkung auf funktional-kognive Bereiche (I-IV) vermieden. Soziale und emotionale Aspekte (V, VI) sind oft schwerer zu fassen, dennoch sehr bedeutsam, manchmal auch als gute Gesamtindikatoren für die Lage eines Kindes.

3.2.1 Die Arbeit mit dem Beobachtungsmaterial

Entsprechend der Zielsetzung guter praktischer Handhabbarkeit wurde ein Vorgehensmodell gewählt, das einerseits den Zusatzaufwand für die Fachkräfte im Kindergarten gering hält, andererseits aber die Gefahr, dass Wichtiges übersehen wird, minimiert. Dazu gibt es drei Stufen:

1. Stufe:	Grobeinschätzung aller Kinder einer Kindergartengruppe, um auch „unauffällige" Problematiken nicht zu übersehen (Vorschlag: vierteljährlich).
2. Stufe:	Vertiefte Beobachtung bei Bedarf, der sich aus der Grobeinschätzung oder auch aus davon unabhängigen Hinweisen ergeben kann. Hiervon sind nur noch einige Kinder pro Gruppe betroffen. Zwei Beobachtungsinstrumente können – einander ergänzend – auf dieser Stufe eingesetzt werden. • Der *Beobachtungsbogen* dient einer differenzierten Gesamteinschätzung zum einzelnen Kind. • Der *Entwicklungsbaukasten* bietet einfache Handlungsproben[1], bei denen zu einem Einzelausschnitt einer Entwicklungskategorie i.d.R. ein *kritischer Wert* angegeben ist: Wenn ein Kind den für seine Altersgruppe angegebenen Mindestwert *nicht* erfüllt, liegt eine Auffälligkeit vor, die zumindest weiter beobachtet werden sollte[2].

---

[1] Diese Einzelproben wurden aus verschiedenen standardisierten Testverfahren abgeleitet (soweit ein kritischer Wert angegeben ist); Modifikationen wurden so gestaltet, dass der Charakter der Aufgabe sich im Kern nicht verändert hat.
[2] Der Mindestwert ist so gewählt, dass das Kind darüber noch im breiten Durchschnitt liegt, darunter liegen 16% der Altersgruppe. Bei Verfehlung dieses Mindestwertes wird bewusst nicht mehr unterschieden zwischen sehr schwachen Ergebnissen und solchen, die nahe der kritischen Grenze liegen, weil es hier ja nicht um eine genaue Diagnostik geht, sondern lediglich um die Identifizierung von Auffälligkeiten.

3. Stufe: Diagnostik durch spezielle Fachleute, wenn die Fördermöglichkeiten des Kindergartens und des Elternhauses nicht ausreichen. Bei der Informationsweitergabe durch den Kindergarten ist die gesetzliche Schweigepflicht zu beachten. Diese dritte Stufe wird nur für einen Teil der Kinder aus der zweiten Stufe zum Zuge kommen.

Der gesamte Beobachtungsprozess sollte im Kindergartenteam laufend reflektiert und je nach Bedarf mit den Eltern besprochen werden. Zur Anwendung dieser Beobachtungsmaterialien ist für die Kindergärten eine Schulung und Begleitung durch eine Fachstelle wichtig, die eine Qualifikation in Entwicklungsfragen und in der Testtheorie und Testdurchführung aufweist. Beim BEN-Projekt in Borken wurde dies durch einen Diplom-Psychologen der Beratungsstelle geleistet.

Um den Transfer in den Kindergartenalltag zu gewährleisten, bietet der Projektleiter darüber hinaus Entwicklungsfachgespräche mit dem Kindergartenteam oder einzelnen Fachkräften an, die in Form anonymisierter Fallbesprechungen durchgeführt werden. Diese dienen der Verankerung der Beobachtungsmethoden im Kindergartenalltag. Entwicklungsfachgespräche beziehen fachwissenschaftliche Erkenntnisse zur integrativen Entwicklungsberatung ein und sollen die Kindergärten in ihrer Kompetenz stärken, Entwicklungsrisiken beim einzelnen Kind zu erkennen, angemessen einzuschätzen und den richtigen Umgang damit zu finden. Dies gilt sowohl einrichtungsintern als auch in Zusammenarbeit mit den Eltern und gegebenenfalls mit anderen Fachkräften außerhalb des Kindergartens. Dabei geht es in jedem Fall um die Integration bedeutsamer entwicklungspsychologischer Einzelaspekte mit einer systemorientierten Gesamtbetrachtung des Kindes und seines persönlichen Umfeldes. Die fachliche Begleitung durch eine einrichtungsexterne Person ermöglicht es zugleich, bei diesen Gesprächen Beziehungsaspekte zu thematisieren und für diesbezügliche Konflikte Lösungsansätze zu entwickeln.

3.3 Praxis und Ablauf des BEN-Projekts in Borken

Im Jahre 2003 wurden Vorgespräche mit verschiedenen relevanten Fachstellen geführt (Jugendamt, Gesundheitsamt, Kindergarten-Fachreferentin, und exemplarisch mit einem Kinderarzt, einer Ergotherapeutin, einem Grundschulleiter u.a.), um die Einfügung des geplanten Projekts in die bestehende fachliche und institutionelle Landschaft zu sondieren. Anfang 2004 erfolgte die Erarbeitung des BEN-Beobachtungsmaterials. Im Januar 2004 wurde das Projekt Vertretern der Borkener Kindergärten vorgestellt. Wegen der Bedeutung des Projektes für die Organisationsentwicklung der teilnehmenden Einrichtungen waren dazu auch Trägervertreter eingeladen. Im Frühjahr 2004 fanden Einführungsseminare zu den BEN-Materialien („Arbeitskreis Entwicklungsbeobachtung") für jeweils 2-3 Fachkräfte je Kindergarten statt. Im Juli 2004 ging es in einer zweiten Seminarrunde um die Vorstellung einer Netzwerkkarte zur entwicklungsbezogenen Hilfelandschaft im Sozialraum Borken. Ziel war, die Systembedingungen anderer Institutionen möglichst gut zu verstehen, damit die Kooperation mit ihnen besser gelingen kann.

In den Knotenpunkten dieser Hilfelandschaft finden sich die Institutionen, die für die Kinder und ihre Eltern, aber auch für die Kindergärten die wichtigsten Erstansprechpartner mit direkter Zugangsmöglichkeit (d. h. ohne Überweisung durch Dritte) darstellen. Oft haben diese Stellen Bündelungsfunktion für weitere Hilfemaßnahmen. Als solche Knotenpunkte wurden identifiziert: der Zugang ins Gesundheitswesen (Arztpraxen und Gesundheitsamt) und der Zugang in die Jugendhilfe (Jugendamt und Beratungsstelle). Fachleute aus diesen Knotenpunkten haben auf zwei Veranstaltungen im November ihre Arbeit dargestellt. Am Ende des Jahres 2004 zeigte die Bilanz, dass 21 von 22 Borkener Kindergärten oder 1430 der 1500 Kindergartenplätze bei dem Projekt dabei waren, was eine Teilnahmequote von 95% bedeutet.

Im Jahr 2005 boten Fachkräfte der Beratungsstelle den Erzieherinnen Schulungen zur Führung von Elterngesprächen an, an denen 75 Fachkräfte aus 21 Kindergärten teilnahmen. Neben einführenden Methoden zu lösungsorientierten Gesprächstechniken und zur Gestaltung motivierender Gesprächssituationen wurden auch Möglichkeiten der Konfliktprävention und Techniken der Verhandlungsführung vorgestellt. Im zweiten Teil der Veranstaltung wurden diese Methoden dann anhand eigener Beispiele aus der Praxis der Teilnehmer in Rollenspielen vertiefend erprobt.

In den Jahren 2005 und 2006 konnte jedes Kindergartenteam die oben beschriebenen Entwicklungsfachgespräche für anonyme Fallbesprechungen mit dem Diplom-Psychologen der Beratungsstelle nutzen. Es nahmen insgesamt mehr als 160 verschiedene Fachkräfte aus 21 Kindergärten teil. In 66 Gesprächen wurden 101 Kinder besprochen. Der Gesamtzeitaufwand für das BEN-Projekt betrug in 2005 und 2006 etwa 350 Fachleistungsstunden, so dass ca. 3,5 Stunden pro Fall aufgewendet wurden. Die Fortsetzung dieser Gespräche ist mit dem zuständigen öffentlichen Jugendhilfeträger für 2007 vereinbart und für die Zeit danach in Aussicht gestellt, so dass eine nachhaltige Weiterführung der inzwischen bewährten Arbeitsformen gesichert erscheint.

3.4 Nutzen und Bedeutung des BEN-Projekts

Das BEN-Beobachtungsmaterial hat sich in den Kindergärten als praxistauglich und gut einsetzbar erwiesen. Es lässt sich in die Entwicklungsbeobachtung, wie sie in Kindergärten üblich ist, nahtlos und arbeitsökonomisch einfügen. Das Beobachtungsrepertoire wird ohne allzu großen Mehraufwand sinnvoll erweitert. Neben der individuellen Prävention für das einzelne Kind durch die Einführung spezieller Beobachtungsinstrumente und die verbesserte Zusammenarbeit der mit dem Kind befassten Fachkräfte innerhalb des Sozialraums ergeben sich weitere Nutzeffekte für die Jugendhilfelandschaft insgesamt:

- Fallbezogene Stärkung der Kompetenz in Kindertagesstätten, mit Entwicklungsrisiken umzugehen. Das Projekt ist damit auch ein Beitrag zur beruflichen Fortbildung von Erziehungsfachkräften.
- Verbesserung des Informationsstandes zu fallbezogenen und fallübergreifenden Kooperationsmöglichkeiten bei Themen, die über Entwicklungsfragen hinausgehen.
- Der bewusste Ansatz bei den Fachkräften im Kindergarten sorgt dafür, dass es in erster Linie nicht um das „Herausziehen von Fällen" aus dem Handlungsfeld Kindergarten geht, sondern vorrangig um verbesserte Handlungsmöglichkeiten in diesem vertrauten Alltagsraum der Kinder und ihrer Familien (Fachkraftansatz im Handlungsfeld). So werden sinnvolle Synergieeffekte sowohl in den Fällen erzielt, die keine spezielle Fachbehandlung erfordern, als auch in der Begleitung von notwendigen Zusatzbehandlungen: Kind und Familie können auf dem bestehenden Vertrauensverhältnis aufbauen, bei gleichzeitiger fachlicher Unterstützung „im Hintergrund" für diese vertrauten fachlichen Bezugspersonen. Kinder bekommen damit auch nicht zu jeder Fragestellung mit neuen Bezugspersonen zu tun.
- Die Zusammenarbeit der Beratungsstelle mit den Kindertagesstätten hat sich durch die positiven Erfahrungen im Entwicklungsnetzwerk auch in anderen Bereichen weiter qualifiziert. Dies zeigt sich in der einzelfallbezogenen Kooperation wie auch in fallübergreifenden Arbeitsansätzen, etwa bei der Durchführung von Elternwerkstätten.
- Das BEN-Projekt weist die Qualität eines sozialen Frühwarnsystems auf: es gibt verbindliche Absprachen der Zusammenarbeit, Früherkennung wird gefördert und der Zugang zu frühen Hilfen verbessert.

Eine systematische Evaluation des BEN-Projekts ist bisher nicht erfolgt. Dies liegt vor allem daran, dass es sich hier um ein aus der Praxis entwickeltes Projekt handelt, dem die Ressourcen zur Wirksamkeitsprüfung fehlen. Die Breitenwirkung und die beeindruckende Teilnahmequote dürfen allerdings als positive Gesamtrückmeldung gewertet werden. Daneben gibt es viele positive Einzelrückmeldungen zu den Entwicklungsfachgesprächen und gute bis sehr gute Auswertungen zu den durchgeführten Gruppenveranstaltungen. Überdies wird das BEN-Konzept inzwischen von anderen Erziehungsberatungsstellen an anderen Standorten übernommen. Eine wissenschaftliche Qualifizierungsarbeit befasst sich derzeit mit der Evaluation der Effekte des Entwicklungsnetzwerkes.

Gerade im Hinblick auf die in Nordrhein-Westfalen begonnene Entwicklung von Kindertagesstätten zu Familienzentren lässt sich feststellen, dass fachliche Netzwerke wie das hier beschriebene BEN-Projekt Bedeutung erlangen als inhaltlich passender Baustein zur Erreichung der angestrebten Ziele.

4 Entwicklungsnetzwerk und das Landesprojekt Familienzentren

Einem Entwicklungsnetzwerk und einem Familienzentrum ist gemeinsam, dass beide Organisationsformen auf kompatible Strategien zur Unterstützung von Kindern und ihren Familien zielen (siehe Tab. 1).

Perspektive	Entwicklungsnetzwerk	Familienzentrum
Art der Zusammenarbeit	Verbindlich geregelte Zusammenarbeit in entwicklungspsychologischen Fachfragen	Verbindlich geregelte Zusammenarbeit in den Bereichen Betreuung, Bildung und Beratung
Konzeptioneller Ansatz	kindorientierter systemischer Ansatz: Kooperation folgt zu entwicklungsspezifischen Fragestellungen	familienorientierter systemischer Ansatz: Kooperation erfolgt zum spezifischen Hilfebedarf der Familien und verfolgt einen thematisch breiten Fokus
Zeithorizont	Projekt zur Implementierung des Netzwerkes und Fortsetzung von Fallberatungen als Regelleistung	Projekt zur Implementierung des Familienzentrums und Fortsetzung als Regelleistung
Projektmanager	Projektleiter der Psychologischen Beratungsstelle	Leitung oder Projektleitung der Kindertageseinrichtung
Kontextsteuerung	Amt für Jugend und Familie/ Jugendamt vor Ort	MGFFI des Landes NRW
Nutzen für Kinder und Familien	Integrierte Dienstleistung/ Kompetenznetzwerk mit frühen Hilfen für Kinder	Integrierte Dienstleistung/ Kompetenznetzwerk mit frühen Hilfen für Familien

Tabelle 1: Vergleich und Perspektive – BEN und Familienzentrum NRW

Netzwerkorientiertes Zusammenwirken koordiniert Aufgaben, Ziele und Handlungsregeln der beteiligten fachlichen Institutionen. Dies gewährleistet die Verhinderung unproduktiver Delegationsketten und ein optimiertes Schnittstellenmanagement zugunsten der Kinder. Es entsteht in den Organisationsmodellen eines Familienzentrums und eines Entwicklungsnetzwerkes für die beteiligten Fachleute, die Eltern und ihre Kinder ein Zusatznutzen:

- Die sinnvolle Verbindung der hohen Kompetenz der Kindertagesstätten in der längsschnittlichen Erziehung und Einschätzung der Kinder mit dem spezifisch entwicklungspsychologischen und entwicklungspsychopathologischen Spezialwissen der Psychologischen Beratungsstelle erzeugt neues Handlungswissen und ermöglicht gemeinsame und kompatible Handlungsstrategien.
- Die gemeinsame Fallberatung stärkt und sichert eine fachlich fundierte und frühzeitige Problemerkennung, sie liefert Argumentationen zur Motivation von Eltern und erscheint geeignet, Frühintervention zu ermöglichen. Dies ist wünschenswert im Sinne der Entwicklung der Kinder und schont als wünschenswerter Nebeneffekt zudem personelle und wirtschaftliche Ressourcen in den beteiligten Einrichtungen.
- Die Wirksamkeit der fachlichen Arbeit der Beratungsstelle kann sich erhöhen, wenn in der Kindertagesstätte passende Hilfestrategien unterstützt werden. Ebenso erhöht sich für die Kindertagesstätte die Chance zeitnaher und wirkungsvoller Diagnostik und Intervention, wenn funktionierende Vernetzung frühzeitig Spezialkompetenz herbeibringt, sei dies pädagogische, psychologische, medizinische oder logopädische bzw. ergotherapeutische Fachlichkeit. Es ist in diesem Zusammenhang für die Modelle Familienzentrum und Entwicklungsnetzwerk zu erwarten, dass sich die Wirkung von Hilfen und – damit einhergehend - die Arbeitszufriedenheit von Fachkräften in Familienzentren und Beratungsstellen erhöhen durch verbesserte Effekte der eigenen Arbeit und erhöhtes Erleben fachlicher Selbstwirksamkeit.

Literatur

Barth,. K.-H. (2003): Münsteraner Entwicklungs- Beobachtungsbogen für Kinder von 5 Jahren bis zur ersten Klasse. Kevelaer. (aktuelle Fassung im Internet unter: www.avwf-bei-kindern.de, Stichwort „Frühdiagnosen").
Kiphard, E.J. (1977): Wie weit ist ein Kind entwickelt? Dortmund: Verlag Modernes Lernen.

Lockowandt, O. (1979): Frostigs Entwicklungstest der visuellen Wahrnehmung. Weinheim: Beltz.
Mayr, T. (1998): BEK: Beobachtungsbogen zur Erfassung von Entwicklungsrückständen und Verhaltensauffälligkeiten bei Kindergartenkindern. München: Staatsinstitut für Frühpädagogik.
Mayr, T. (2000): Frühförderung und Kindergarten – Qualitätskriterien für die Kooperation. In: T. Horstmann/C. Leyendecker (Hrsg.): Große Pläne für kleine Leute. Grundlagen, Konzepte und Praxis der Frühförderung. München: Ernst Reinhardt Verlag.
Mayr, T. (2001): Vernetzung von Kindertageseinrichtungen mit psychosozialen Diensten. KiTa spezial 1/2001, 42-46.
Melchers, P./Preuß, U. (1994): Kaufman–ABC: Deutschsprachige Fassung. Frankfurt: Swets & Zeitlinger.
MGFFI NRW – Ministerium für Generationen, Familie, Frauen und Integration des Landes Nordrhein-Westfalen (2006): Weiterentwicklung von Tageseinrichtungen für Kinder zu Familienzentren. Einstieg in die Pilotphase. Düsseldorf.
MSJK NRW – Ministerium für Schule, Jugend und Kinder des Landes Nordrhein-Westfalen (Hrsg.) (2003): Bildungsvereinbarung NRW. Fundament stärken und erfolgreich starten. Düsseldorf.
Petermann, F./Stein, I. (2000): Entwicklungsdiagnostik mit dem ET 6-6. Lisse (NL).
Zimmer, R. (2003): Es kommt das ganze Kind – nicht nur der Kopf. Kindergarten heute 3/2003, 26ff.

Early Excellence: Modell einer Integration von Praxis-Forschung-Ausbildung

Sabine Hebenstreit-Müller

Der PISA-Schock hat viel Bewegung in die deutsche Bildungsdebatte gebracht. Erfreulicherweise profitiert davon auch der Elementarbereich, nachdem nun endlich ins öffentliche Bewusstsein drang, was bereits der Deutsche Bildungsrat im Strukturplan für das deutsche Bildungswesen 1970 konstatierte: dass nämlich der Kindergarten das Fundament des Bildungssystems ist. Leider hatte dies damals kaum Konsequenzen.

Das scheint heute anders zu sein. Der gesamte Bereich gerät in Bewegung. Was noch vor Jahren fast undenkbar schien, ist heute scheinbar selbstverständlich geworden:

- In allen Ländern liegen nunmehr Bildungspläne und -empfehlungen vor;
- Aus der Nationalen Qualitätsinitiative heraus wurden Kriterien für die Qualität von Einrichtungen entwickelt und vielerorts erprobt;
- In den Fachschulen für Erzieher/innen werden neue Ausbildungsordnungen auf der Grundlage der KMK-Rahmenvereinbarung von 2000 umgesetzt;
- Immer neue Bachelor Studiengänge für Erzieherinnen werden an Fachhochschulen eingerichtet;
- Daneben werden eine Vielzahl von Projekten und Programmen durchgeführt, die auf die Förderung von Sprache, Naturwissenschaften oder Kunst gerichtet sind.

Das ist alles sehr erfreulich. Der Fortschritt scheint jedoch in getrennten Formationen zu marschieren. So gibt es Fortschritte in der Ausbildung- aber die Fragen der Fort- und Weiterbildung, der pädagogischen Qualitätsentwicklung von Einrichtungen, der Zusammenarbeit mit Eltern, oder Fragen zur familienfreundlichen lokalen Infrastruktur werden auf jeweils anderen Planeten verhandelt.

Ich bin jedoch der Überzeugung, dass eine Entwicklung, wenn sie nachhaltig sein will, gerade die wechselseitigen Bezüge zwischen diesen Bereichen in den Blick nehmen muss. Unsere Erfahrung ist: Entweder es kommt in der Wechselwirkung dieser Bereiche eine Dynamik in Gang, die das Ganze nach vorne bringt, oder die Gefahr ist sehr groß, dass die Einzelbemühungen versanden.

Ich möchte hierzu einen Beitrag machen aus der Perspektive der Praxis, d.h. einer Modellentwicklung im Pestalozzi-Fröbel-Haus (PFH), von der ich denke, dass davon gerade auch Impulse ausgehen können für ein ganzheitliches Herangehen an Entwicklung.

1 Zum Konzept der Early Excellence Centres

Vor etwa sieben Jahren wurde in Kooperation mit dem Pen Green Centre in Corby, England ein erstes Early Excellence Centre in Deutschland in einer Kindertagesstätte des Pestalozzi-Fröbel-Hauses aufgebaut. Es war die Heinz und Heide Dürr-Stiftung, die sich vorgenommen hatte, ein ähnliches Zentrum in Kooperation mit dem englischen Modell in Deutschland zu entwickeln, dafür eine Institution zu suchen und die finanziellen Mittel für die Umsetzung bereitzustellen. Das Pestalozzi-Fröbel-Haus schien dafür besonders geeignet, weil es unter einem Dach Kitas, ein Familien- und Nachbarschaftszentrum sowie Ausbildungsstätten für Erzieher/innen vereint und sich damit Anstöße für alle diese Bereiche ergeben können, die ein Early Excellence Centre (EEC) ausmachen (vgl. Hebenstreit-Müller/Kühnel 2004; 2005; Hebenstreit-Müller/Lepenies 2007). Das Projekt ist auf breite Resonanz gestoßen und hat auch landesweit eine stärkere Auseinandersetzung mit dem englischen Early Excellence Centre Programm angeregt. Offenbar ist die Zeit reif, solche Anregungen aus anderen europäischen Ländern aufzugreifen, um die Qualität von Kindertagesstätten nachhaltig zu verbessern. Für die Weiterentwicklung der Frühpädagogik in Deutschland können sich daraus deshalb wichtige Impulse ergeben, weil dies Modell eine praktische Antwort auf drei Fragen bietet, die in der aktuellen Debatte eine zentrale Rolle spielen:

- Wie kann eine hohe Qualität der Bildung, Erziehung und Betreuung in Kindertagesstätten gewährleistet werden, die gerade auch Kinder aus benachteiligten Familien erreicht?
- Wie kann die Erziehungskompetenz der Eltern gestärkt werden?
- Welchen Beitrag kann eine Kindertagesstätte leisten für den Aufbau einer familienfreundlichen Infrastruktur im Sozialraum?

Hinsichtlich der Bedeutung elementarer Bildung herrscht heute ja offenbar Konsens. Ob Kinder Freude haben am Lernen, aktiv ihre Welt erforschen und dann auch in der Schule erfolgreich sind, hängt wesentlich davon ab, welche Erfahrungen sie in der frühen Kindheit und in der Kindertagesstätte gemacht haben. Wenn wir die Bedeutung dieser ersten Bildungsstufe ernst nehmen, dann kann dies nur heißen: das Beste ist für die Kinder gerade gut genug. In Großbritannien wie auch in den meisten anderen europäischen Ländern haben solche Einsichten schon vor etwa einem Jahrzehnt dazu geführt, in großem Maßstab die Frühpädagogik auszubauen. In England beispielsweise wurden im Zuge einer enormen Investition in den Elementarbereich seit 1997 mehr als 100 Early Excellence Centres als neue Form der Arbeit mit Kindern und Familien eingerichtet.

Anders als der Name Early Excellence suggerieren könnte, handelt es sich nicht um elitäre Leistungszentren für hoch begabte Kinder mit privilegierten Lebensumständen. Das Zentrum in Corby z.b. entstand in einem Umfeld mit zusammenbrechender Industrie und extrem hoher Arbeitslosigkeit. Die Erwartung, exzellent zu sein, richtet sich nicht an die Kinder, sondern formuliert einen Anspruch an die Qualität ihrer Förderung. Early Excellence Zentren verstehen sich dem entsprechend als Gemeinschaft forschend Lernender, zu der die Kinder und ihre Familien ebenso gehören wie das pädagogische Fachpersonal. Im Kern geht es dabei um die Qualität von Beobachtung und individueller Förderung von Kindern sowie die Stärkung von Eltern und ihre Einbeziehung in die Bildungsprozesse ihrer Kinder. Der Grundgedanke ist: alle Kinder haben ein Recht auf Bildung, ob schnelle oder langsame Lerner, ob Junge oder Mädchen und unabhängig davon, welchen Beruf die Eltern ausüben oder aus welchem Land sie zugereist sind. Jedes Kind wird individuell gefördert, das heißt entsprechend seiner Ausgangsvoraussetzungen und Möglichkeiten.

Dies macht es notwendig, über den Rahmen der jeweiligen Einrichtung hinaus zu denken: Der Erkenntnis folgend, dass kleine Kinder in ihrer Entwicklung die Zusammenarbeit beider Seiten brauchen, nämlich die Eltern und die Erzieher/innen, zielen EECs zugleich auf eine Stärkung der Erziehungskompetenz der Eltern. Starke Kinder brauchen starke Eltern. Eltern jedoch, die sozial isoliert sind, die keine Arbeit haben, die in einer Familie mit vielen Kindern überlastet sind, brauchen mehr als Erziehungsratgeber. Sie brauchen Wertschätzung, Anerkennung, Entlastung und Unterstützung im Alltag, Angebote zur Fort- und Weiterbildung. Leitgedanke der Unterstützung ist deshalb die Integration ganz unterschiedlicher Angebote für Kinder und ihre Familien:

- Angebote frühkindlicher Bildung und Betreuung mit hohem Qualitätsstandard
- Einbeziehung der Eltern in die Bildungsprozesse ihrer Kinder
- familienunterstützende Angebote
- erwachsenenbildungs- und arbeitsmarktbezogene Angebote
- Fort- und Weiterbildung und Forschung
- lokale Gesundheitsdienste

Dies bedeutet nicht, dass jedes Zentrum diese Angebote selbst aufbauen muss. Wo es bereits existierende Angebote gibt, werden Kooperationen entwickelt und diese miteinander vernetzt. Auf diese Weise betätigt sich jedes EEC zugleich als Katalysator für den Aufbau einer familienfreundlichen Infrastruktur. Es handelt sich aber nicht um ein standardisiertes Modell, sondern um die prozessorientierte Anwendung solcher Prinzipien auf jeweils gegebene Ausgangsbedingungen, die sowohl national wie auch international sehr verschieden sein können (siehe dazu auch: Projektgruppe INT2 2004).

Bertram und Pascal (vgl. Bertram et al. 2002) unterscheiden vier Typen von Integration, die ich hier anführe, da sie deutlich machen, dass es sehr unterschiedliche Modelle der praktischen Umsetzung gibt.

- *Integriertes Modell:* Das Zentrum arbeitet an einem Standort und bietet Kinderbetreuung, familiäre Unterstützung, Erwachsenenbildung und Gesundheitsfürsorge unter einer gemeinsamen Managementstruktur an;
- *Koordiniertes Modell:* Unterschiedliche Einrichtungen arbeiten in enger Abstimmung unter einem Dach. Das Management-Team setzt sich aus den Leitungen der einzelnen Einrichtungen zusammen.
- *Koalitionsmodell:* Es gibt ein Bündnis verschiedener Einrichtungen, die zwar unabhängig voneinander arbeiten, sich aber in wesentlichen Fragen abstimmen.
- *Misch-Modell:* Das Modell ist eine Mischung der vorherigen Modelle.

Es hängt von den jeweiligen Bedingungen und Möglichkeiten vor Ort ab, welches Modell sich als realisierbar und sinnvoll erweist. Deutlich wird aber, dass es nicht darum geht, nun an einem neuen Standort eine völlig neue Einrichtung zu schaffen. Im Mittelpunkt stehen vielmehr veränderte Formen der Kooperation und insbesondere die Entwicklung einer gemeinsamen Philosophie von Integration („shared philosophy").

Der empirische Nachweis der besseren Erfolge integrierter Einrichtungen wie den Early Excellence Centres war schließlich mit ein Grund für die englische Regierung, das EEC-Programm in noch größerem Maßstab unter der Bezeichnung „Children`s Centres" weiter zu führen mit dem Ziel eines flächendeckenden Ausbaus. Darüber hinaus stellt die Projektgruppe INT2 weltweit eine Entwicklung fest hin zum Aufbau von Zentren, die Bildung, Erziehung und Betreuung und die Zusammenarbeit mit Eltern integrieren.

2 Wirkungsforschung

EECs sind nicht nur fachlich gut begründete pädagogische Konzepte. Sie können ihre Wirkung auch empirisch beweisen. Den Nachweis dafür liefern nicht nur die Evaluationsberichte zum EEC-Programm[1], sondern auch die Ergebnisse des *EPPE-Projekts* (EPPE= Effective Provision of Pre-School Education) an den Universitäten London und Oxford. *EPPE* ist europaweit die erste Longitudinal Studie zur intellektuellen und sozialen Entwicklung mit einem Sample von 3000 Kindern ab dem Alter von 3 bis 4 Jahren. Untersucht wurde der Einfluss unterschiedlicher Betreuungssettings auf die Entwicklung der Kinder im Unterschied zu Kindern ohne außerhäusliche Betreuung. Die insgesamt 142 untersuchten Einrichtungen gehörten unterschiedlichen Trägern an: staatliche Einrichtungen, integrierte Zentren wie die EEC, Spielgruppen, private Tageseinrichtungen oder Vorschulen (siehe dazu: Siraj-Blatchford et al. 2005). Von 1997 bis 2003 war das Projekt auf den Elementarbereich konzentriert. Inzwischen ist die Längsschnittuntersuchung im mittleren Schulalter angelangt, so dass sich auch die Auswirkungen auf den Schulerfolg nachweisen lassen. Für unseren Zusammenhang sind vor allem folgende Ergebnisse interessant:

- Die Qualität der vorschulischen Bildung und Betreuung hat unmittelbar Einfluss auf eine bessere kognitive und soziale Entwicklung der Kinder;
- Je besser die Erzieherinnen qualifiziert sind, umso höher ist die Qualität der Einrichtung - mit den entsprechenden Wirkungen für die Entwicklung der Kinder;
- Die besten Erfolge erzielen Einrichtungen, die Bildung, Erziehung und Betreuung auf hohem Niveau integrieren, d.h. Einrichtungen, die sich um das körperliche und emotional Wohlbefinden der Kinder ebenso kümmern wie um deren kognitive Entwicklung und die die Familien der Kinder aktiv einbeziehen;
- Eine bessere soziale und kognitive Entwicklung zeigt sich bei den Kindern, die von ihren Eltern in ihren Lernprozessen unterstützt werden. Dabei ist die soziale Schichtzugehörigkeit weniger wichtig als das, was die Eltern im Umgang mit ihren Kindern tatsächlich tun;
- Sozial benachteiligte Kinder können besonders stark von qualitativ guten Vorschulerfahrungen profitieren, und zwar in besonderem Maße von Einrichtungen, die von Kindern verschiedener sozialer Herkunft besucht werden.

---

[1] Die Evaluationsberichte sind zu beziehen über: www.dfes.gov.uk/research

- Ein wesentlicher Faktor, der die kindliche Entwicklung beeinflusst, ist „diversity", d.h. die Anerkennung des Kindes unabhängig von seinem Geschlecht, möglichen Handicaps, sozialer oder kultureller Zugehörigkeit.

Aus diesen Ergebnissen lassen sich einige wichtige Schlussfolgerungen auch für unsere Situation ziehen: Zunächst einmal betrifft dies Forschungen dieser Art als solche, mit der wir in Deutschland so bislang nicht aufwarten können. Es ist eine unhaltbare Situation, dass es bei uns bislang nur Evaluationen von Einzelkonzepten oder Qualitätsstandards, aber keine groß angelegten Forschungen gibt, die die Zusammenhänge aufzeigen zwischen der Qualität von Einrichtungen und ihrem „outcome", den Entwicklungsfortschritten von Kindern. Hätten wir solche Forschung, dann ergäbe sich daraus auch eine ganz andere Grundlage für zielgerichtetes politisches Handeln.

Zum Beispiel kann erwartet werden, dass Kinder, die von ihren Eltern unterstützt werden, bessere Entwicklungschancen haben. Brisant ist jedoch das Ergebnis von *EPPE*, dass dabei die Schichtzugehörigkeit eine weitaus geringere Rolle spielt als wir bislang annehmen. Weit wichtiger als diese ist es, wie die Eltern im Alltag mit ihren Kindern umgehen, ob sie ihnen Geschichten erzählen, sie zum Einkaufen mitnehmen, mit Ihnen zusammen kochen oder spielen. Wenn dies so ist, dann muss auch von dieser Warte aus betrachtet die Zusammenarbeit mit Eltern eine erheblich größere Bedeutung erhalten als bisher. Auch viele andere Ergebnisse des *EPPE-Projektes* sind als solche nicht überraschend. Es macht jedoch einen großen Unterschied, ob nur behauptet wird, dass qualitativ hochwertige Einrichtungen bessere Ergebnisse bei den Kindern erzielen und dass dabei die Qualifikation des Personals eine wesentliche Rolle spielt, oder ob man dies fundiert empirisch nachweisen kann. Und wenn es so ist, dass gerade Kinder aus benachteiligten Familien in besonderem Maße von „gemischten" Gruppen profitieren, dann sollte dies auch für uns Anlass sein, weniger auf Sonderprogramme zu setzen und stattdessen die Qualität für alle zu verbessern.

3 Integration von Praxisentwicklung, Ausbildung und Forschung

Politik wie Praxisentwicklung brauchen Forschung. Es ist insofern nur konsequent, dass das Pen Green Centre in Corby sich nicht nur als Praxiseinrichtung versteht, sondern ein komplettes Forschungszentrum angegliedert ist mitsamt eigenen Ausbildungsgängen auf Bachelor- und Masterebene, die mit Universitäten vernetzt sind. Denn ebenso wie die Entwicklung der praktischen Arbeit, so baut auch die Ausbildung auf intensiver Beobachtung von Tätigkeiten der Kinder auf; beides ist ohne Forschung nicht denkbar. Die pragmatische angelsächsische Tradition, die Forschung immer auch unter dem Gesichtspunkt ihrer Wirkungen betrachtet, erleichtert dies sicher. Es aber nicht zu rechtfertigen, dass in Deutschland die Wechselwirkungen zwischen Einrichtungen einer „best practice" – die es auch hier gibt – und praxisnaher Forschung sowie forschungsnaher Ausbildung von Fachkräften noch kaum beachtet werden. Stattdessen ist die Zahl der Forscher/innen mit frühpädagogischem Schwerpunkt, auch wegen fehlender akademischer Ausbildungsgänge, noch minimal; und die Akademisierung der Ausbildungsgänge wird meist ohne Forschungsgrundlage vorangetrieben, während die Qualitätsinitiativen für die Einrichtungen oder die Elternbildung mit beidem nichts zu tun haben. Diese Zersplitterung ist fatal und droht, die Anstrengungen auf all diesen Ebenen ins Stocken geraten zu lassen.

Unter diesem Aspekt ist das englische Programm der Early Excellence Centres mehr als ein nachweislich erfolgreiches Modell guter Frühförderung von Kindern. Es ist eine andere Art, diese Aufgabe zu denken. Sie geht von den Kindern und der genauen Wahrnehmung ihrer Aktivitäten aus. Sie setzt ganzheitlich an den Lebenszusammenhängen der Kinder und Eltern an. Sie versteht Kitas als lernende und forschende Organisationen. Sie nutzt Wissenschaft nicht nur zur Legitimation, sondern als Entwicklungsressource. Sie ist in ihrer Wirksamkeit überprüft. Sie könnte die öffentliche Elementarerziehung in Deutschland nachhaltig verbessern.

Zugleich muss von hier ausgehend auch die Ausbildungsqualität neu bestimmt werden. Early Excellence ist ein Qualitätsentwicklungs-Konzept und international anerkannter Rahmen für fachliche Standards von Erziehungs-Einrichtungen. Es besteht darin, die gesamten Erziehungs- und Bildungsaufgaben in der Art einer lernenden Organisation zu gestalten, die ihre Qualitätsentwicklung auf drei Linien voranzutreiben sucht:

- Erforschung der Bedingungen des Wohlbefindens und der aktiven Entfaltung der einzelnen Kinder und Jugendlichen,
- Einbeziehung der Eltern und ihres Lebensumfeldes als aktive Partner im Entwicklungsprozess,
- Systematische Rückkopplungen zwischen forschungsorientierter Praxis und praxisorientierter Ausbildung.

Für die Ausbildung bedeutet dies Konzept, dass im Unterricht vermittelbares Fachwissen nicht genügt, wenn es nicht systematisch in der Praxis der Beobachtung, ihrer Dokumentation und der Arbeit mit Kindern und ihren Eltern erprobt wird. Vor allem die zentralen Fähigkeiten der Sammlung und Interpretation relevanter Daten, der Formulierung und Entwicklung eigener Lösungen und die selbstkritische Beobachtung und Reflexion eigenen Handelns sind als zentrale

Ziele der Ausbildung nur zu verwirklichen, wenn für die Studierenden selbst der Zusammenhang von theoretischer und praktischer Ausbildung als sinnhaft erfahrbar wird. Der Verknüpfung von theoretischer und praktischer Ausbildung kommt insofern eine wesentliche Bedeutung zu.

4 Transfer auf alle Einrichtungen des PFH

Im PFH haben wir vor zwei Jahren mit dem Transfer des EEC-Projektes auf alle Einrichtungen begonnen. Dabei war es uns wichtig, deutlich zu machen, dass es sich nicht um ein fertiges Modell handelt, das nun in jeder Einrichtung implementiert werden soll, sondern dass es um Anregungen für eine Weiterentwicklung unter den jeweils spezifischen Bedingungen der Einrichtungen geht. Wesentlich dabei ist: ein EEC ist kein neuer kita-pädagogischer „Ansatz" oder gar ein Franchise Modell, das vorsieht, dass alle das Gleiche machen. EEC ist vielmehr ein Vorschlag, Qualitätsentwicklung auf allen Ebenen zu koordinieren und zu integrieren.

4.1 Beobachtungen

Der inhaltliche Einstieg erfolgte durch eine Dokumentation, die den Ist-Zustand der Einrichtungen festhielt und nach Zielen für die Weiterentwicklung fragte. Diese Dokumentation wird überprüft und fortgeschrieben. Darauf aufbauend beginnen die Fortbildungen jeweils mit dem Schwerpunkt Beobachtungen. Und dies aus mehreren Gründen:

- Beobachtungen sind die wichtigste Grundlage, um die Kinder darauf aufbauend individuell fördern zu können,
- Die Erarbeitung eines Beobachtungssystems vermittelt das Handwerkszeug, mit dem die Erzieherin kompetent arbeiten kann,
- Und vor allem: über die Beobachtungen, die auf die Wahrnehmung von Kompetenzen und Stärken gerichtet sind, vermittelt sich am ehesten die „Philosophie" des Projektes: nämlich einerseits die Abkehr von einem auf Defizite gerichteten Blicks hin zu einer Wahrnehmung des Kindes als stark, kompetent und aktiv. Und andererseits ist kaum ein anderes Instrument wie die Beobachtungen so gut in der Lage, die Erzieherinnen selbst in eine Forscherrolle zu bringen, indem sie nichts anderes tun als Forscher auch, nämlich zu beobachten und zu dokumentieren.

Entscheidendes Qualitätskriterium für das Beobachtungssystem ist, ob dieses ressourcenorientiert ist. Dies gilt für das auf Schemas basierende Beobachtungssystem, das wir aus Corby übernommen haben. Ähnliche Erfahrungen machen wir aber auch z.b. mit den Bildungs- und Lerngeschichten. Die Frage, die in diesem Zusammenhang oft gestellt wird, ist, ob denn mit einem solchen auf Stärken orientierten Blick nicht womöglich die Kinder mit tatsächlichen Einschränkungen oder Behinderungen hinten runterfallen, diese ausgeblendet werden und damit eben kein Ansatzpunkt für gezielte Förderung und Hilfestellung da ist. Dies ist ein ausgesprochen ernst zu nehmendes Problem, denn der positive Blick darf nicht zu einem naiven Blick werden, der die Wirklichkeit schönt. Hier ist zweierlei zu sagen. Zum einen: gerade bei Kindern, die ansonsten einseitig bezogen auf ihre Sprach-, Hör-, Bewegungs- emotionalen oder kognitiven Beeinträchtigungen wahrgenommen werden, ist es äußerst hilfreich zu entdecken, wo sie denn ihre Stärken haben und die hat jeder Mensch. Zum anderen bedarf es einer klaren Unterscheidung der Instrumente. Die Beobachtungen erweitern die Wahrnehmung. Sie können aber diagnostische Instrumente im Einzelfall nicht ersetzen. Dies unterscheiden zu können gehört zum professionellen Know How.

Um Kinder wahrnehmen zu können, reicht es aber nicht aus, nur hinzusehen, hinzuhören bzw. mitzufühlen. Voraussetzung ist vielmehr die Suche nach den individuellen Wahrnehmungen und Verarbeitungsmustern der Kinder. Es geht darum, die besonderen Interessen und Neigungen der Kinder herauszufinden und darauf bezogen eine ganzheitliche Förderung zu entwickeln. Dies kann nur gelingen im ständigen Dialog und Austausch mit anderen Erzieher/innen und auch Eltern. Die Erzieher/innen befinden sich dabei in einem fortwährenden Prozess, dessen sie sich immer wieder neu bewusst werden müssen. Prägendes Kennzeichen dieses fortlaufenden Spiralprozesses ist die Eröffnung immer wieder neuer Fragen und neuer Erfahrungen sowie umgekehrt neue Erfahrungen auch zu neuen Fragen führen.

Ich möchte hier zwei wichtige Ergebnisse nennen, die zeigen, wie sich die Beobachtungen auf eine Haltungsänderung der Erzieherin und auf das Spielverhalten der Kinder auswirkt. Die Haltungsänderung, die ich meine, deutet ein Auszug aus einem Interview mit einer Erzieherin an: „Nach jeder Beobachtung wird das Ergebnis an alle sechs Teammitglieder weiter gegeben und wir sprechen darüber. Als Resultat hat das Team eine viel breiter angelegte Perspektive, wie ein Kind sich innerhalb des Zentrums verhält. Die Mitarbeiter sind der Ansicht, dass sie ein Kind zu neuen Formen des Lernens und neuen Techniken ermutigen können und neue Möglichkeiten der Förderung schaffen können" (vgl. Projektgruppe INT2: 75). Durch die an den Stärken und Ressourcen ansetzenden Beobachtungen werden die Kinder „*positiver, ernsthafter, wohlwollender*" wahrgenommen (vgl. Hebenstreit-Müller/Kühnel 2004).

Die Kinder wiederum reagieren ausgesprochen positiv darauf, beobachtet zu werden. Wir haben festgestellt, dass Kinder, die beobachtet werden, deutlich länger und intensiver mit einer Sache befasst sind. Die Kinder fühlen sich stärker beachtet und in dem, was sie tun, ernst genommen. Wir sprechen deshalb von dem Recht jedes Kindes, beobachtet zu werden

4.2 Zusammenarbeit mit Eltern

Kitas zu Bildungseinrichtungen zu entwickeln kann nur gelingen, wenn dabei die Eltern aktiv einbezogen werden. Niemand kennt die Kinder so gut wie die eigenen Eltern. Eine individuelle Förderung der Kinder muss anknüpfen an das Wissen, die Kenntnisse und Erfahrungen der Eltern. Zu einer guten Erziehungspartnerschaft von Eltern und Erzieherinnen gehört deshalb eine wechselseitige Anerkennung der Kompetenzen und Stärken, die beide Seiten einbringen können – das Wissen um das eigene Kind auf der einen und das Wissen um kindliche Entwicklungsprozesse und ihre Anregung und Unterstützung auf der anderen Seite. Diese andere Haltung ist auch Grundlage für die Zusammenarbeit mit Eltern. Die Abkehr von der Bezeichnung „Elternarbeit" ist für uns dabei nicht nur eine Floskel. Eltern sind für uns Partner, mit denen wir das gemeinsame Interesse an einer intensiven Förderung ihrer Kinder teilen und mit denen wir in diesem Sinne kooperieren.

Unsere Erfahrung ist: Alle Eltern interessieren sich für die Entwicklung und die Lernfortschritte ihrer Kinder. Diese lassen sich aber nicht einfach nur sprachlich vermitteln. Eine ganz andere Grundlage für den Dialog mit Eltern ergibt sich durch unterschiedliche Medien und Materialien wie Fotos, Beobachtungsbögen, Entwicklungsbücher oder Videos, die Lern- und Entwicklungsfortschritte visualisieren und anschaulich machen. Eltern können ihrerseits angehalten werden, ihr Kind zu Hause zu beobachten und diese Beobachtungen der Erzieherin mitzuteilen.

Hier schließt sich der Kreis, der von unseren Kooperationspartnern im englischen „Pen Green" Centre in Corby „Pen Green Loop" genannt wird, nämlich die kontinuierlich hergestellte Rückkoppelungsschleife zwischen Eltern und Erzieher/innen. Dabei hat sich gezeigt, dass solche Visualisierungsformen von großer Bedeutung sind, wenn es darum geht, Eltern einzubeziehen in die Bildungsprozesse ihrer Kinder. Dies insbesondere im Hinblick darauf, dass sie eine Grundlage schaffen, auch mit nicht deutschsprachigen Eltern in einen unmittelbaren Kontakt und Austausch zu kommen.

Early Excellence

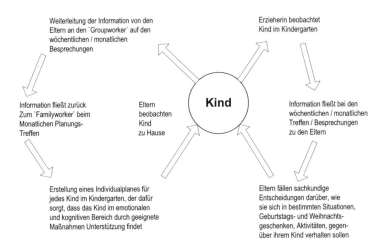

Abbildung 1: Der „Pen Green Loop"

Die gesamte Zusammenarbeit mit Eltern orientiert sich im Grundsatz an solchen Rückkoppelungsschleifen wechselseitiger Information und dialogischer Reflexion. Wie sehr Eltern bereit sind, sich in die Kita einzubringen und ein Vertrauensverhältnis zu den Erzieher/innen aufzubauen, hängt auch davon ab, ob sie sich dort wohl und willkommen fühlen. Dazu trägt die Entwicklung eines für alle Eltern offenen Familienzentrumsbereiches wesentlich bei, der von den Eltern nicht nur genutzt, sondern mit gestaltet werden kann.

4.3 Öffnung der Kita für junge Familien im Stadtteil

Beim Aufbau einer unterstützenden Infrastruktur für Familien kooperiert das Zentrum mit einer Vielzahl anderer Einrichtungen und Träger, deren Angebote teilweise im Zentrum selbst stattfinden. Grundgedanke dabei ist, dass es nur in enger Kooperation und Abstimmung – und nicht in Konkurrenz miteinander – gelingen kann, ein für Familien hilfreiches Netzwerk aufzubauen. Dazu gehört die Zusammenarbeit mit anderen Kitas, Schulen, Jugendämtern, Familienbildungsstätten, Volkshochschulen oder Hebammen. Dabei zeigt sich: Je enger die Zusammenarbeit ist, umso klarer muss jede/r wissen, wofür er/sie zuständig ist und was seine/ihre Aufgabe ist und muss dies auch gegenüber der jeweils anderen Profession vermitteln.

4.4 Fortbildung

„Motor" des Prozesses ist die *Fortbildung als Element von Qualitätsentwicklung*, das natürlich auch eine permanente Evaluation der jeweils erreichten Ergebnisse umgreift. In die Fortbildungen werden verbindlich alle pädagogischen Fachkräfte des Trägers einbezogen und es werden hierfür nahezu alle zur Verfügung stehenden Fortbildungstage verwendet. Einbezogen sind immer ganze Teams, die die Ergebnisse auch gemeinsam umsetzen. Die Fortbildungen enden jeweils mit verbindlichen Absprachen über nächsten Schritte, deren Erreichen in regelmäßigen Abständen in den Einrichtungen selbst durch Befragungen von Eltern, Auswertungsgespräche Besucherstatistiken o.Ä. überprüft wird. Im Dialog miteinander und unter Einbeziehung der Eltern entstehen Qualitätsstandards für das pädagogische Handeln und die Zusammenarbeit mit Eltern. Die Einrichtungen können mit dem weiteren Umsetzungsprozess nicht allein gelassen werden. Sie brauchen vielmehr eine kontinuierliche Begleitung und Beratung durch die Fachberaterin aber auch durch die Leitung innerhalb des Trägers. Hier liegt zugleich eine wichtige Voraussetzung für ein Gelingen: Nur mit Verbindlichkeit auf allen Ebenen kann ein erfolgreicher Prozess hergestellt werden. Für eine einzelne Kita ist dies äußerst schwierig zu erreichen, weil über pädagogische Fragestellungen hinaus es auch um veränderte Abläufe und Strukturen geht, die die Arbeitsweise eines Trägers als Ganzen betreffen. Kitas, die ohne diesen Rückhalt die eigene Konzeption entwickeln, können deren Umsetzung meist nicht kontinuierlich pflegen und durchsetzen. Qualitätskriterien, die ein Träger mitverantwortet, haben ein anderes Gewicht und Fundament, das einen Diskurs über gemeinsame fachliche Grundlagen und ihre Ausgestaltung ebenso ermöglicht wie ein Mehr an Klarheit und Verbindlichkeit.

4.5 Ausbildung

Weil das PFH *Ausbildung und Praxis* unter einem Dach vereint, bieten sich hier in besonderer Weise Möglichkeiten, die voneinander getrennten Stränge einer Ausbildungs- und Kita-Reform aufeinander zu beziehen. Dabei muss es heute wie schon zu den Gründerzeiten der Ausbildung von Erzieher/innen darum gehen, eine gute Ausbildung zu gewährleisten durch eine Kooperation mit einer innovativen Praxis.

Von dem Modellprojekt gehen dabei eine Vielzahl von Impulsen aus, insbesondere bezogen auf die Gestaltung und Ausformulierung des Curriculums der Fachschule sowie die Erarbeitung eines veränderten Verständnisses des Verhältnisses von praktischer und schulischer Ausbildung, d.h. Praxis als Lern- und Forschungsfeld zu begreifen, das rückbezogen sein muss auf theoretische Unterrichtsinhalte.

Die Herausforderung für die Dozent/innen ist, dass sie sich selbst als Lehrende und Forschende begreifen, für die die Auseinandersetzung mit der Praxis selbst ein Lernfeld ist, dem sie mit offenen Fragen begegnen. Und auch die Qualitätsentwicklung der Ausbildung ist nicht möglich, wenn die Praxiseinrichtungen sich nicht selbst auch als Orte einer forschungsorientierten Praxisentwicklung begreifen – ein Weg, der mit Early Excellence längst eingeschlagen wurde. Umgekehrt bedeutet dies, dass die Studierenden nicht nur Arbeit machen, sondern eine wichtige Ressource für die Qualitätsentwicklung der Einrichtungen sind, sofern das Praktikum als Chance begriffen wird, Praxisforschung in Form von kleinen Beobachtungs- und Reflexionsprojekten zu realisieren.

5 Die Frage der fach-politischen Umsetzung

Dem bisweilen vorgebrachten Einwand, ein Early Excellence Centre sei unter den gegebenen *Bedingungen* normaler Kitas nicht realisierbar, können wir angesichts unserer Erfahrungen nur sehr bedingt folgen. Natürlich wäre das Pilotprojekt ohne die zusätzlichen Fördermittel der Heinz und Heide Dürr Stiftung so nicht möglich geworden. Den Transfer organisieren wir jedoch bezogen auf Kitas unter Regelbedingungen ohne zusätzliche Mittel, wobei es uns dabei auch um die Beantwortung der Frage geht, was unter solchen Voraussetzungen überhaupt möglich ist. Allein der Blick auf die andere Relation von einer Erzieherin und fünf Kindern in Corby im Vergleich zu einer Relation von 1 zu 15 bei uns, macht deutlich, dass uns an vielen Stellen enge Grenzen gesetzt sind, was z.B. die Häufigkeit der Gespräche mit Eltern ebenso angeht wie die Zeiten, die für Beobachtungen aufgewendet werden können. Ich bin jedoch davon überzeugt: wenn die Frage, was wir unter den jetzigen Bedingungen überhaupt leisten können, gar nicht erst gestellt wird, dann können wir noch so viele Ressourcen bereitstellen, es wird sich nichts ändern.

Es versteht sich, dass eine Umsetzung auf breiter Ebene den politischen Willen voraussetzt, dafür alle Kräfte auf kommunaler, Landes- und Bundesebene zu bündeln und die – vorhandenen und zusätzlichen - Ressourcen intelligent einzusetzen. Dafür mag es gerade in Deutschland noch viele Hindernisse geben. Aber der Druck und die Einsicht wachsen, dass sich gerade im Elementarbereich

Entscheidendes ändern muss. Das Early Excellence Konzept kann dabei den Blick dafür schärfen, dass es dabei keineswegs nur um mehr finanzielle Ressourcen geht und auch nicht nur darum, viele als notwendig erkannte Innovationen in einzelnen Bereichen zu fördern. Das Konzept zeigt vielmehr, wie es möglich ist, im Kleinen und unter jeweils gegebenen Bedingungen einen Veränderungsprozess in Gang zu setzen, der das Ganze erfasst. Die Frage der praktischen Umsetzung ist hier nicht: Welche Bedingungen müssen gegeben sein, damit der erwünschte Zustand einer guten Elementarerziehung für alle erreicht werden kann? Die Frage ist vielmehr: Wie kommt eine Dynamik in Gang, die solche Bedingungen nach und nach schafft.

Literatur

Bertram, T./Pascal, C./Bokhari, S./Gasper, M./Holtermann, S. (2002): Early Excellence Centre Pilot Programm: Second Annual Evaluation Report, 2000-2001. London: DfES.
Hebenstreit-Müller, S./Kühnel, B. (Hrsg.) (2004): Kinderbeobachtung in Kitas. Erfahrungen und Methoden im ersten Early Excellence Centre in Berlin. Berlin: Dohrmann Verlag.
Hebenstreit-Müller, S./Kühnel, B. (Hrsg.) (2005): Integrative Familienarbeit in Kitas. Individuelle Förderung von Kindern und Zusammenarbeit mit Eltern. Berlin: Dohrmann Verlag.
Hebenstreit-Müller, S./Lepenies, A. (Hrsg.) (2007): Early Excellence: Der positive Blick auf Kinder, Eltern und Erzieherinnen. Berlin: Dohrmann Verlag.
Projektgruppe INT2 (Bertram, T./Pascal, C./Cranston, A./Whalley, M./Gammage, P./ Tayler, C./Hebenstreit-Müller, S./Rabe-Kleberg, U./Frangos, C./Krassa, P./Formosinho, Joao/ Formosinho, Julia) (2004): Integrierte Dienste im Elementarbereich. Erfahrungen und Vorschläge für internationale Standards. Berlin. British Council.
Siraj-Blatchford, I./Sylva, K./Taggart, B./Melhuish, E./Sammons, P. (2005): Das Projekt "The Effective Provision of Pre-School Education". Wirksame Bildungsangebote im Vorschulbereich – EPPE. In: E. Hammes-Di Bernardo/S. Hebenstreit-Müller (Hrsg.): Innovationsprojekt Frühpädagogik. Professionalität im Verbund von Praxis, Forschung, Aus- und Weiterbildung. Hohengehren: Schneider Verlag.

Transforming early years provision in England
The ambition of a better start for all[1]

Axel Heitmueller, Chris Cuthbert

Introduction

In the past decade, the landscape of early-years services has undergone fundamental and far-reaching change. In 1999, the Government pledged to eradicate child poverty in the UK within a generation. This commitment reflected a wider ambition to ensure that every child has the best start in life and an equal opportunity to fulfil their potential. At about the same time, economic evidence from the US that early-years programmes could make a long-term difference to children's lives was becoming highly influential and there was growing recognition of the need to rebalance service provision away from remedial support dealing with the symptoms of social exclusion towards greater investment in prevention. This was a major paradigm shift that resulted in substantial new investments and a radical transformation of provision for the pre-school age group.

The new spotlight on outcomes and life chances for children was underpinned by a dual strategy of 'more money' (through tax-benefit reform and work promotion) and 'better services' (including expanded nursery school provision; Sure Start local programmes for under 4s and their families; and investment in high quality childcare). In this paper, we confine ourselves to examining the latter element, focussing on the transformation that has taken place in early-years services.

The paper looks firstly at what was described as the 'double dividend' of investing in childcare: helping to bring down child poverty rates by enabling more parents to work, while at the same time improving child development outcomes (Stewart 2005). It then goes on to discuss children's services, and in particular the Government's flagship prevention programme Sure Start and how early learning is being used to extend the reach of this ambitious initiative and to improve the chances of achieving positive outcomes for the most disadvantaged children in society.

---

[1] We emphasize that this paper has been written in a private capacity and that the views expressed do not necessarily reflect those of the Departments for whom we work.

Choice for parents: the childcare market

Since 1997, the Labour government has embraced the childcare agenda as none before it (Stanley et al. 2006). Then, the challenge was to carve out a new area of legitimate government action, and to support rapid expansion from a very low base. Now, the challenge is to establish childcare and early years as an enduring and unquestioned part of the modern welfare state.

The table below provides context on key developments in policy and practice since 1997 as a backdrop to our discussion on the current state of the childcare market.

	Key developments in policy and practice since 1997
1998	**The National Childcare Strategy** identified 4 key weaknesses in the childcare market: variable quality; high costs; lack of availability and poor information. The strategy proposed: • Over 500 Sure Start Local Programmes, offering integrated early education, childcare, parenting support, employment advice and health services • 25 Early Excellence Centres, piloting innovative approaches to integrating early education and care (followed by the Neighbourhood Nurseries Initiative, launched in 2000, with the aim of creating 45,000 childcare places in the 20% most deprived areas). • Plans to guarantee a free part-time early education place for all four year olds • More out of school childcare places, particularly in disadvantaged areas • A national helpline providing childcare information and children's information service in every Local Authority area • Workforce development and targeted recruitment • Financial assistance towards the costs of childcare through the Working Families Tax Credit (later replaced by the Working Tax Credit)
2003	**The Every Child Matters** consultation paper set out the case for radical reform of all children's services in England from birth to age 19 (HMSO 2003). A key tenet of the system-wide reforms was that services should be built around the needs of the child, with greater support for parents and carers, wider provision of preventive and early intervention services and better integration of both universal and targeted services.
2004	**The 10 Year Strategy for Childcare** highlighted a series of significant remaining challenges in the UK system (HM Treasury 2004). Central among these challenges were:

- **choice and flexibility:** rigidities and failures in the childcare market and other services for families were found to be constraining choice for parents about the balance they strike between work and family life;

- **availability:** many families were still struggling to find the childcare that best suited their circumstances;

- **affordability:** the high cost of childcare was restricting parents' potential capacity to work and as a result, the long term private and public benefits of labour market attachment were being lost.

- **quality of provision:** good quality early years provision can help redress the impact of growing up in poverty and disadvantage, but education levels, pay and career opportunities for childcare staff were generally low.

The strategy reaffirmed the government's objectives of supporting parents to work and helping them balance this with their family lives, while advancing the development of their children. The strategy proposed:

- 3,500 Children's Centres – one for every community – by 2010, extending the Sure Start approach from a targeted to a universal programme

- Free part time early education places for 3 and 4 year olds extended to 15 hours per week for 38 weeks a year from 2010.

- An out of school childcare place for all children aged 3-14, from 8am to 6pm every weekday for 48 weeks of the year

- Plans for a new duty on Local Authorities to ensure sufficient childcare to meet the needs of working parents

- Reform of the regulation and inspection regime

- £250m Transformation Fund to support Local Authorities in developing high-quality, affordable and sustainable childcare

- All full-day care settings to be professionally led by 2015

- Increases in the maximum level of support towards childcare costs through the Working Tax Credit

- An increase in the proportion of childcare costs eligible for support through tax credits from 70-80%.

2005	**The Childcare Bill** placed Local Authorities firmly in the lead in developing local childcare markets. The bill introduced new duties: to improve outcomes for all children under 5 and to close the gap between those with the poorest outcomes and the rest; to secure sufficient childcare to enable parents to work or undertake training as a means to work; and to ensure the provision of information, advice and guidance to parents and providers.

Clearly, the lens of recent history shows a marked contrast between today's level and configuration of childcare services and the picture of services only a decade ago. We now go on to examine recent trends and key characteristics of the contemporary UK childcare market[2] – drawing on a recent report commissioned by the Department for Children, Schools and Family (DCSF 2006) – and find that there are significant differences from the German system.

The UK childcare market is highly fragmented with the top 40 national providers having a cumulative market share of only 10% (Laing & Buisson 2006). Private providers have by far the largest share (with just over half a million places) followed by the voluntary and community sector (around a quarter of a million places) and local authority providers (around 140,000 places). The private sector also has a higher average number of places per unit.

Since the early 1990s demand for day care has by far outstripped the supply of care places. This has led to both a strong growth in provision but also in childcare fees indicating that the growth in new places has not been sufficient, particularly in urban areas. For example, the weekly fee for a nursery place in inner London increased from just under €200 to €260 per week between 2001 and 2006.

The drivers behind the changes in demand are numerous. An ageing population, lower fertility rates and longer maternity and paternity leave are likely to have reduced the demand for childcare. However, an increasing number of lone parents, higher employment rates among women and lone parents as well as the general economic growth over the last decade or so – the childcare market is broadly pro-cyclical – have all added to pressures on care places. However, there are differences in the types of childcare with full day care being the largest and most rapidly growing care sub-type, with out of school care following second and childminding and seasonal day care at third place.

Results from the Effective Provision of Pre-School Education (EPPE) research study showed that not only does nursery attendance among 3 and 4 year olds make a big difference to school readiness, with disadvantaged children benefiting most, but quality is hugely important (Sylva et al 2003). Staff qualification levels make the biggest difference to cognitive and non-cognitive outcomes and state nursery schools and classes, as well as 'integrated centres' (those that fully combine education with care) are found to provide the best quality with playgroups and day nurseries doing less well.

---

[2] In the following we will look at the formal childcare market only i.e. care services purchased by parents or other responsible adults provided by local authority nurseries, schools and the private, voluntary and independent sector.

On the supply side, the key drivers for the recent increase in childcare places have been increased local and central government funding, government programmes, higher tax benefits, the Dedicated Schools Grant, significant market consolidation as well as changes to the market entry and exit barriers such as regulations, capital requirements and staff costs. However, these changes have had different implications for the different types of providers and will most likely lead to further consolidation. The most prominent of the changes was the introduction of Sure Start Children Centres which are increasing the availability of childcare through the context of integrated education, health, family and care support. Further changes in the childcare market are likely over the next few years following the Ten-year Childcare strategy 2004. Maternity leave has already been extended from six to nine months in April 2007. In addition, the Government also offers free childcare places for up to 50,000 workless parents undertaking training, to enable more parents to move back into work quicker (HMT Budget 2007). By 2008 at least half of all primary schools and a third of all secondary schools in England are expected to be offering extended services. Extended schools will provide integrated education and care from 8am to 6pm on weekdays all year round, not just during term time (DWP 2007).

Currently, there are several routes of funding in the childcare market and only the most important ones are summarised in the following:

- *Nursery Education Grant Funding* is available for all three and four year olds attending an eligible childcare provider (day nurseries, pre-schools or independent schools in the private, voluntary and maintained sector) in the borough;
- *Child Tax Credit* can be claimed by individuals who are responsible for one child (or young person) or more and is independent of the employment status.
- *Working Tax Credit* is a payment to top up the earnings of working people on low incomes. This offers parents support with up to 80 per cent of costs, up to a limit of £300 per week (£175 for one child). In some cases, employers support childcare by giving employees benefits in the form of childcare vouchers.
- Those under 20 who are learning or are in training can receive help with childcare and travel costs through the *Care to Learn* scheme. In total, the Government spends around £4bn on childcare every year compared to only £2.1bn in 1997.

Evidence shows that the poorest households have benefited most from the support provided by the tax benefit system over the last decade or so (Sefton/

Sutherland 2004). However, while the rising trend in income inequality of the 1980s and 1990s has been brought to a hold, it has not fallen. Hence, key challenges remain in particular around child poverty to move towards greater life chances for all in the years to come.

Sure Start Local Programmes – a community-based approach

England's best-known early childhood initiative – Sure Start – was originally established as 250 local programmes in some of England's poorest areas to deliver integrated family support, early learning and play experiences for children under 4. Each Sure Start area was relatively small, targeting around 800 children. In 2002, the size of the programme was doubled to 500 programmes.

While the Sure Start model was very enthusiastically received and the services proved popular with parents, early evaluation results were mixed and critics of the New Labour Government were quick to condemn the programme with headlines such as: 'Labour's flagship programme failing to help children (Daily Mail, 2006). Others have taken a more balanced view and recognised that it will take time for the fruits of such an ambitious preventative programme to come through.

The evaluation of SSLPs employed a quasi-experimental cross sectional design comprising interviews with mothers of 12,575 children aged 9 months and 3,927 children aged 36 months across 150 randomly selected SSLP areas. Results were compared against control groups of 1,509 mothers of children aged 9 months and 1,101 mothers of children aged 36 months drawn from 50 comparison communities (Belsky et al. 2006). It is important to note that because local programmes considered *all* children aged 0-3 years and their families in a prescribed area to be 'targets' of intervention, so the impact evaluation used an intention to treat design measuring outcomes at the broad community level, rather than isolating out actual SSLP service users.

What the first phase of impact evaluation found was that most families in socially deprived SSLP and comparison areas were disadvantaged and that the small and limited effects of SSLPs varied with the degree of social deprivation. Children from relatively less socially deprived families (non-teenage mothers) benefited from living in SSLP communities, probably because of the beneficial effects of SSLPs on parenting. In contrast, children from relatively more socially deprived families (teenage mothers, lone parents, workless households) were adversely affected by living in SSLP areas (Belsky et al. 2006). Belsky and colleagues hypothesise that socially deprived families with greater personal resources may have been better able to take advantage of SSLP services and resources, which may have left those with fewer personal resources (such as young mothers and lone parents) with less access to services than would otherwise have been the case.

The important role of Health and the Third Sector

The evaluators also found that health-led SSLPs were more effective than other SSLPs, suggesting that better access to birth records and better integration of health visitors as part of a ready made system of home visiting may facilitate the success of SSLPs.

It is still too early to say whether Sure Start will ultimately prove to be an effective model in improving the life chances and long-term outcomes of disadvantaged children and their families. However, changes to the programme are already being undertaken on the basis of the early evaluation findings. For example, one of the features which distinguished SSLPs from other evidence-based early interventions was the high degree of local autonomy and absence of a centrally prescribed 'model'. New Sure Start Children's Centres (SSCCs) are being based on a more disciplined, prescriptive model based on what is known about effective practice.[3]

There are currently over 1,600 Children's Centres and the Government has set an ambitious target of establishing 3,500 children centres by 2010 – one for every community. Roll out of the Sure Start Children's Centres programme underlines the scale of the ambition, but it also poses risks that the focus on improving services for the most disadvantaged families may be lost; and that the number of skilled and qualified early years staff may not grow fast enough to meet the needs of the expanding sector.

The Government is already beginning to respond to these challenges in a number of different ways. For example, recent Sure Start Children's Centre guidance acknowledges the challenges of reaching the most excluded families and stresses the importance of outreach services. The Government has also launched Early Learning Partnership pilots in 19 areas of the country which will target parents of children aged 12 months to 3 years who are at risk of learning delay. These pilots are testing out different approaches to engaging parents and encouraging them to become more involved in their child's early learning, through effective partnerships with practitioners, using home visiting where

---

[3] Sure Start Children's Centres are required to provide core services of outreach or home visiting; family support; support for good quality play, learning and childcare experiences; primary and community health care; advice about child and family health and development; and support for people with special needs, including help in accessing specialised services

necessary. The project is being led by voluntary and community sector organisations, drawing on their strengths and experience in reaching out to the most excluded families.

Health-led parenting

The Government has also taken steps to build stronger links between Sure Start Children's Centres and Health and to find innovative ways of reaching out to families experiencing exclusion. Against a backdrop of improved outcomes for many families in the UK, *Reaching Out: An Action Plan on Social Exclusion (2006)* identified that a small minority of families had complex multi-dimensional needs and were failing to benefit from social policies. Intervention and prevention at an early age was recommended to prevent social exclusion in later life. Data in this report mirrored the Sure Start findings – while outcomes for many disadvantaged families were improving, for a small very disadvantaged group with multiple problems they were not.

An international review of early intervention programmes with replicated trials identified a programme that showed significant and sustained benefits for at risk children with robust economic returns. The Nurse Family Partnership (NFP) is a licensed programme that has been developed, researched and refined over 25 years in the USA. It is a strengths based programme that provides structured home visits by nurses to first time disadvantaged mothers from pregnancy until the child is aged 2. Three large scale trials showed consistent and significant outcomes including fewer subsequent pregnancies, reductions in child abuse, improved antenatal and child health, increased economic self-sufficiency, and better school readiness. The economic return was $5 for every $1 invested. The Family Nurse Partnership was set up in 10 sites in England within the context of existing universal services to test whether this home visiting programme will help to achieve positive outcomes amongst some of the most excluded and vulnerable families.

Early identification of at risk groups

The above programmes are based on the principle of prevention. There is now a well established evidence base that early identification and support for the most disadvantaged is greatly beneficial not only from a social justice perspective for the individual concerned (Bamfield but also from a wider cost-benefit point of view.[4] We know that the first few months of a persons' life are crucial for their life chances and in many countries – including the UK[5] – the policy focus has shifted away from remedial services towards more prevention to provide equal opportunities for all and reduce the costs of social exclusion to society.[6]

But identifying those with the greatest need early also bears risks both for the individual from potential stigmatisation and the state from deadweight costs as a result of poor targeting of these services. Hence, a key challenge for the prevention agenda is the availability of robust identification tools and processes. Evidence has shown that individuals from the most disadvantaged backgrounds are at a greatly increased risk of the most acute combinations of problems. Longitudinal evidence from New Zealand (Fergusson et al. 1994) has demonstrated that, for children born to the most advantaged 50 per cent of the population, only around 2 in 1,000 will end up with multiple problems at 15. Yet for children born to the 5 per cent most disadvantaged families, more than 216 in 1,000 will end up with multiple problems at 15 – an increased risk of more than 100-fold.

We have recently conducted similar research for the UK (Feinstein and Sabates 2006). The aim of this research has been to assess how well one can identify those at risk of adverse outcomes later in life from information gathered from different sources (e.g., teachers, parents and the children themselves through different methods) at different ages, and in relation to risks from different contexts (family, school, neighbourhoods etc.). The research is encouraging and seems to confirm results from other countries. Again, it shows that the 5 per cent most at risk in early childhood have a much higher probability of having multiple negative outcomes at age 30 compared to the 50 per cent most advantaged individuals at childhood. Moreover, it also suggests that we can – in principle – extend the approach from identifying those at greatest general risk to identifying risks associated with specific outcomes such as teenage pregnancy. This means it is possible to more accurately target supportive interventions at high-risk groups. However, it is important to stress the trade-off between speci-

---

[4] For an overview see for example Heckman et al. (2006) The Effect of Cognitive and Non-cognitive Abilities in Labour Market Outcomes and Social Behaviour WP 12006, National Bureau of Economic Research; Heckman and Masterov (2005) Skill Policies for Scotland. NBER Working Paper 11032; Jo Blanden 2006 http://www.dwp.gov.uk/asd/asd5/WP31.pdf. Also see Perry (2002) Childhood experience and the expression of genetic potential: what childhood neglect tells us about nature and nurture. Brain and Mind 3: 79–100; Hildyard and Wolfe (2002) Child neglect: developmental issues and outcomes, Child Abuse and Neglect 26.
[5] This section draws on the Social Exclusion Action Plan 2006, <http://www.cabinetoffice.gov.uk/social_exclusion_task_force/documents/reaching_out/reaching_out_full.pdf>
[6] For example see Hosking and Walsh (2005) The Wave Report 2005. Violence and What to Do about It for a summary of how early intervention can reduce crime rates.

ficity and accuracy – the more specific the outcome we want to predict, the lower is the predictive power of the identification.

Identification hinges crucially on information. Information and data are essential for predictions about later life outcomes. The above research suggests that identification can be made on the basis of a relatively small number of simple pieces of information, many of which can be easily captured or collated by those on the front line and in contact with vulnerable individuals. The research also shows that comparing information from different areas, such as education, family background and health, can provide more accurate assessments of risk than having more detailed information from just one domain. Often this information is already known to service providers and the key challenge is to piece the information together to understand the wider risks and needs of the individual or family. Some of the most powerful predictors are themselves professional judgements. For example, one of the best single predictors of educational attainment at age 16 – which is itself a key predictor of adult outcomes – is teacher ratings of parental interest at age ten.

While early identification is possible, UK research has also shown that there are substantial flows into – and out of – the 'at risk' population throughout the course of childhood (Feinstein 2007). This underlines the importance not only of effective identification from the earliest years, but also of ensuring sufficient flexibility and resources to respond to new information and signals of risk throughout childhood and adolescence.

Remaining challenges

Opportunity and life chances for all have been at the heart of a decade of reform. The integration of children's services has played a central role in this transformation based on the belief that a good start in life will help prevent negative outcomes later on. Indeed, there is now good evidence that early identification and intervention are beneficial for both the individual and the public purse. But while there has been significant progress there is still some way to go to reach all parts of society and spread local and sometimes small scale innovation across wider areas and groups. The remaining challenges are therefore at least fivefold. The government will have to ensure:

- practical identification tools and processes are developed and used routinely to identify and support those facing the greatest risk of negative outcomes early, while minimising the risks of stigma;

- markets for personalised services are grown and maintained, stimulating innovation particularly in the voluntary sector;
- interventions are evidence-based and cost effective;
- contracting is outcome-based and commissioning skills are enhanced across all (not only children's) services; and finally,
- the 'contract' between provider and client will need to be carefully crafted as programmes will only ever deliver if people trust and access them.

These challenges are not to be underestimated and require the consolidated effort of all parts of government both centrally and locally. The UK's public service model may be a helpful backdrop for further reform recognising the competing forces between individuals, government and providers (HM Government 2006).

References

Bamfield, L. (2007): Born Unequal. Why we need a progressive pre-birth agenda. Fabian Society Policy Report, 61.
Belsky, J./Melhuish, E./Barnes, J./Leyland, A./Romaniuk H. (2006): Effects of Sure Start local programmes on children and families: early findings from a quasi-experimental cross sectional study. BMJ 332:1476 (24 June).
Blanden, J. (2006): Bucking the trend: What enables those who are disadvantaged in childhood to succeed later in life? <http://www.dwp.gov.uk/asd/asd5/WP31.pdf>.
Cabinet Office (2006): Social Exclusion Action Plan 2006.
Daily Mail (2006), June 16th 2006.
DCSF (2006): DfES Children's Services, The Childcare Market.
DWP (2007): Welfare Reform Green Paper 2007, <http://www.dwp.gov.uk/welfare-reform/in-work-better-off/in-work-better-off.pdf.>
Feinstein, L. (2007): Predicting adult life outcomes from earlier signals: modelling pathways through childhood, <http://www.hm-treasury.gov.uk/media/B/B/cyp_policy review090107.pdf>.
Feinstein, L./Sabates, R. (2006): Predicting adult life outcomes for earlier signals: identifying those at risk. Working paper available at <http://www.number-10.gov.uk/ files /pdf/PMSU-report.pdf>.
Fergusson, D./Horwood, L.J./Lynskey, M. (1994): The childhoods of multiple problem adolescents: a 15-year longitudinal study. Journal of Child Psychology and Psychiatry Vol 35 No 6, pp. 1125–1140.
Heckman, J./Masterov, D. (2005): Skill Policies for Scotland. NBER Working Paper 11032.
Heckman, J./Stixrud, J./Urzua, S. (2006): The Effect of Cognitive and Non-cognitive Abilities in Labour Market Outcomes and Social Behaviour. NBER Working Paper 12006.

Hildyard, K./Wolfe, D. (2002): Child neglect: developmental issues and outcomes. Child Abuse and Neglect, 26.
HM Government (2006): The UK Government's Approach to Public Service Reform, <http://www.cabinetoffice.gov.uk/strategy/work_areas/public_service_reform/index.asp>.
HM Treasury (2004): Choice for parents, the best start for children: a ten year strategy for childcare.
HM Treasury (2007): Budget 2007, <http://www.hm-treasury.gov.uk/media/3/4/bud07_completereport_1757.pdf>.
HMSO (2003): Every Child Matters, HM Government.
Hosking, G./Walsh, I. (2005): The Wave Report 2005. Violence and What to Do about It.
Laing & Buisson (2006): Childcare Database.
Perry, B. (2002): Childhood experience and the expression of genetic potential: what childhood neglect tells us about nature and nurture. Brain and Mind 3: 79–100.
Perry, B. (2002): Childhood experience and the expression of genetic potential: what childhood neglect tells us about nature and nurture. Brain and Mind 3: 79–100.
Sefton, T./Sutherland, H. (2004): Inequality and poverty under New Labour' in 'A more equal society? by Hills, J./Stewart K. (eds.): The Policy Press London.
Stanley, K./Bellamy, K./Cooke, G. (2006): Equal Access? Appropriate and affordable childcare for every child.
Stewart, K. (2005): Towards an equal start? Addressing childhood poverty and deprivation. In Hills, J and Stewart, K. 'A More Equal Society?: new labour, poverty, inequality and exclusion'.
Sylva, K./Melhuish, E./Sammons, P./Siraj-Blatchford, I./Taggart, B./Elliot, K. (2003): The Effective Provision of Pre-School Education (EPPE) Project: Findings from the Pre-School Period.

Mensch im Zentrum

Die Niederlande als Vorbild für Kompetenzlernen und persönliche Entwicklung von Erziehern und Pädagogen in Deutschland?

Gerda Anna Ribbert

> „Die Dinge, die wir lernen müssen, um sie zu tun,
> lernen wir, indem wir sie tun." (Aristoteles)

Der geforderte Wandel der Tagesbetreuung in Deutschland schlägt sich in diversen familienpolitischen Maßnahmen nieder: steigende Zahl der Familienzentren in Nordrhein Westfalen, ganztägige, zuverlässige Schule, eine größere Vielfalt im Angebot an Ganztagsschulen, Horten, Ganztagskindergärten, Tagesmütter etc. Diese Angebote schaffen einen verbesserten Rahmen. Die Qualität und Nachhaltigkeit dieses Angebotes wird dabei durch die beteiligten Menschen bestimmt, die sich hier begegnen. Um eine verbesserte Qualität der Betreuung zu gewährleisten, sollte die Schaffung von Rahmenbedingungen auch die Qualifikation der pädagogisch tätigen Menschen beinhalten. Es ist vor allem eine verbesserte Ausbildung der Erzieher und Pädagogen nötig, denn Betreuung, Bildung und Beratung in einem Familienzentrum sind in erster Linie personenbezogene Dienstleistungen. Hierzu werden in Deutschland zwar Reformpläne diskutiert, ihre Umsetzung allerdings lässt in zu vielen Teilen auf sich warten. In diesem Beitrag wird das niederländische Ausbildungsmodell für Kompetenzlernen vorgestellt, dessen Ansatz auch für Familienzentren interessant sein könnte.

1 Der Blick in die Gegenwart

Aristoteles Satz lässt sich nicht nur auf eine zentrale Qualität des Kompetenzlernens unserer niederländischen Nachbarn, sondern auch auf die neueste deutsche Familienpolitik übertragen: Mit der Erweiterung des Angebotes von Tagesbetreuung, z.B. durch die Gründung von Familienzentren gestaltet Nordrhein Westfalen einen Politikbereich, der für die Zukunft der Gesellschaft und der in ihr lebenden Menschen von zentraler Bedeutung ist. Junge Menschen, die „menschliche" Fähigkeiten nicht in ausreichendem Maß entwickeln, können nur eine ebenfalls schlecht gerüstete nachfolgende Generation erziehen. Deshalb ist gelingende Sozialisation Keimzelle und Kernbereich für zukünftiges Zusammenleben. Umfassende familien- und bildungspolitische Maßnahmen sollen das Heranwachsen einer neuen, *wissenden* und *eigenverantwortlich handelnden* Generation möglich machen. Dies beinhaltet auch die Erfordernis einer erhöhten gesellschaftlichen Wertschätzung erzieherischer und ausbildender Tätigkeiten.

Eine angemessene gesellschaftliche Neubewertung pädagogischer Tätigkeit könnte für die Berufsgruppe der Erzieher und Pädagogen bereits zu Beginn der beruflichen Laufbahn in einer neu zu gestaltenden Ausbildung bestehen. Neben modernen Arbeitstechniken sollten dabei ganz besonders *persönliche Stärken und Schwächen in den Fokus gestellt werden*. Pädagogische Qualifikation, so die These dieses Beitrages, beruht im Kern auf der Entwicklung des Menschen, der pädagogisch handelt.

Einen möglichen und für die aktuelle Diskussion um Familienzentren interessanten Weg in diese Richtung haben unsere Nachbarn bereits beschritten, so dass wir auch hierzulande von ihren Erfahrungen einer vereinheitlichten und modernen Ausbildungsqualifikation profitieren können. Die in der öffentlichen Diskussion vielfach geforderte Akademisierung der Elementarerzieher in Deutschland könnte von den Erfahrungen des gut funktionierenden Modells in den Niederlanden profitieren. Den Studenten werden Kompetenzen vermittelt, die ihnen neue Wege eröffnen, sich selbst und die Menschen mit denen sie arbeiten als „menschliche Profis bzw. Profis fürs Menschsein" zu begegnen. Entwicklung, Erziehung und insbesondere Kommunikationsmöglichkeiten und -fähigkeiten werden sozusagen am „eigenen Leib erfahren". Die persönliche Entwicklung der Sozialpädagogen wird ebenso wichtig bewertet, wie der Kenntniserwerb in den verschiedensten Unterrichtsfächern.

2 Der Blick in die Niederlande

Das Zitat von Aristoteles könnte auch die Basis gewesen sein, als Ende 1997 im Auftrag des Landelijk Opleidingsoverleg Sociall Pedagogoische Hulpverlening (Nationaler Ausbildungsbeirat Sozialpädagogik) der Projektplan einer gemeinsamen, modernen, niederländischen Ausbildungsqualifikation vorgestellt wurde. Die Niederlande wollten ein einheitliches praxisnahes Ausbildungsprofil für sämtliche Bereiche der Sozialpädagogik und -arbeit entwickeln. Bis dahin gab es in den Niederlanden 20 heterogene Studiengänge der Sozialpädagogik. Die Vereinheitlichung der Lehrwege dieser Studiengänge empfahl ein veröffentlichtes Visitationsgutachten. Bereits im September 1999 wurde mit der Umsetzung des reformierten Ausbildungsprofils begonnen.

Aufgrund des gemeinsamen niederländischen Ausbildungsprofils ist es möglich, die modernisierte Ausbildungsqualifikation für die Sozialpädagogik am Beispiel der Saxion Hogeschool Enschede vorzustellen. Und da Ausbildung hier nicht allein als Wissensvermittlung betrachtet wird, ist zur Beschreibung der Besonderheiten und Unterschiede in Bezug auf die deutsche akademische Ausbildung immer wieder auch ein Blick auf ‚weiche' Faktoren notwendig, die auf den ersten Blick nichts mit dem konkreten Ausbildungsplan zu tun zu haben scheinen.

Deutsche Studenten als Kunden bzw. Nutzer der niederländischen Akademie beantworten die Frage, warum sie sich für ein Studium im Nachbarland entschieden haben durchweg damit, dass sie sich respektvoll durch die Dozenten begleitet fühlen. Der Unterricht wird als äußerst praxisnah erlebt. Ein weiterer Grund ist die Vielfältigkeit des Unterrichts und der im Curriculum fest verankerte Anteil von Reflexion und Evaluation. Dies gilt gleichermaßen für Studenten und Dozenten. Bewusstes Agieren und Reagieren wird so nachweisbar geschult. Studierende setzen sich mit ihrer eigenen Persönlichkeit im hohen Maß auseinander und gewinnen darüber ein weites Feld an Erkenntnissen über sich selbst. Daraus ergibt sich ein Kreislauf von Erkennen und Entwickeln, der sich als sehr bedeutsamer Baustein der Professionalisierung hervorhebt. Gemeinsamer Tenor vieler Absolventen ist der Satz: Es hat mich menschlich sehr viel weiter gebracht!

Den Studiengang Sozialpädagogik gibt es in deutscher Sprache seit ungefähr zwölf Jahren an der Academie Mens & Maatschappij an der Saxion Hogeschool Enschede. Die aktuelle Zahl der Studierenden liegt bei ca. 600 Immatrikulierten. Grundlage des Studiums ist ein Curriculum, das in deutscher Sprache von niederländischen und deutschen Dozierenden vermittelt wird. In Deutschland wird das niederländische Diplom derzeitig als dem deutschen Fachhochschuldiplom gleichwertig anerkannt.

Was als erstes auffällt, wenn man diese Schule betritt, ist die Atmosphäre des Gebäudes: Für die meisten deutschen Schulen eher untypisch, wird hier die Lust einzutreten geweckt. Eine gemütliche, farbenfrohe Ausstattung, ein Empfangsbereich mit einem freundlich besetzten Servicebüro, ein Bankschalter und ein Bücherladen zeigen, dass dieses Gebäude im besten Sinne des Wortes alltagstauglich ist. Hier findet offensichtlich Leben statt. Im Gebäude riecht es nach frischen Brötchen, auf allen Ebenen stehen, sitzen, gehen Menschen und vervollkommnen so den lebendigen Gesamteindruck.

Was ist neben diesen ‚äußerlichen' und ‚weichen' Rahmenbedingungen nun das Besondere am Studiengang Sozialpädagogik in den Niederlanden und weshalb soll es sich für Deutschland lohnen, hiervon zu lernen und den Kern dieser Art der Ausbildung in das deutsche Bildungssystem zu integrieren?

Ich lade sie ein, mit mir einen kleinen, verkürzten Gang durch den Aufbau und den Inhalt des Studiums der Sozialpädagogik in unserem Nachbarland Niederlande zu unternehmen, um Antworten auf diese Fragen zu finden.

2.1 Studium der Sozialpädagogik in den Niederlande

Die nationale niederländische Bildungskonferenz beschreibt das Bildungsprofil und die Qualifikationsziele im Bereich Sozialpolitik folgendermaßen: Das Bildungsprofil im Bereich Sozialpädagogik hat den Titel „De creatieve professional" (fachsprachlich ins Deutsche übernommen als „der kreative Professional", verstanden als „kreativer Experte, der sich professionell mit seiner gesamten Persönlichkeit in die Arbeit einbringt"). Bereits hier zeigt sich, dass die Hauptkompetenz des Sozialpädagogen aus folgenden Elementen besteht: Einfallsreichtum, Vorstellungsgabe und die Fähigkeit, neue Probleme und Situationen auch auf eine unorthodoxe Art und Weise in Angriff zu nehmen. Diese Kompetenz wird in der Sozialarbeit an den Menschen angewandt, die sich aufgrund jeweiliger Umstände, Behinderungen und Hindernisse im Alltagsleben alleine nicht ihren Platz in der Gesellschaft finden oder behaupten können.

Die in 2.2 dargestellten beruflichen Qualifikationen gelten als Bindeglied zwischen allen pädagogischen und sozialarbeiterischen Studiengängen. Ebenfalls sind sie Richtung weisend für die Gestaltung des Curriculums. Jeder soziale Studiengang hat in diesem Rahmen Möglichkeiten, eigene Ausbildungsschwerpunkte zu setzen. Dabei ist zu berücksichtigen, dass 85% der Ausbildungszeit auf die Vermittlung der vereinbarten gemeinsamen Kompetenzen und Qualifikationen zu verwenden ist. Allein die Festschreibung der Qualifikationsziele und die Anerkennung durch den Praxisbereich machen diese Reform bereits zu einem quasi historischen Augenblick in der Professionalisierungsgeschichte der sozialen und sozialpädagogischen Arbeit.

2.2 Das Ausbildungsprofil der niederländischen Sozialpädagogik

Die Basis der niederländischen, studiengangsübergreifenden Hochschulausbildung sind die auf europäischem Niveau entwickelten allgemeinen Hochschulkompetenzen. Für den Bereich des Sozialwesens sind dies:

- analytisches Vermögen (z.B. Informationen sammeln, ordnen, verknüpfen; logisch-systematisches Denken, zielgerichtete Argumentation, Verbindung von Theorie und Praxis),

- problemlösendes Vermögen, (z.B. Entscheidungen treffen, kreativ sein, klientenorientiert arbeiten, Planung, Gesamtübersicht, Evaluation),
- kooperatives Vermögen, (z.b. zusammenarbeiten, verhandeln, motivieren, Empathie zeigen, Feedback geben, konsequent sein),
- kommunikatives Vermögen (mündlich und schriftlich, z.b. zuhören, sprechen, Anwendung von Versammlungstechniken, fehlerfreie Schriftsprache, gutes Ausdrucksvermögen),
- Organisation der eigenen berufsbezogenen Entwicklung, (z.b. Reflexionsvermögen, Zielgerichtetheit, Feedbacks geben und nehmen, Führungsqualitäten, initiativ werden).

Diese Qualifikationen werden in Teilqualifikationen übersetzt, die das konkrete sozialpädagogische Handeln beschreiben. Das konkrete Ausbildungsprofil „De creative professional" entstand in enger Zusammenarbeit mit Menschen und Organisationen aus den betreffenden Berufsfeldern und enthält die Ausbildungsqualifikationen für alle Berufsanfänger im Bereich der Sozialpädagogik („Sociaal pedagogische Hulpverlening", SPH). Für das Studium der sozialen Arbeit ist das Ausbildungsprofil seit 2000 zusätzlich im so genannten „Opleidingsprofiel Maatschappelijk Werk en Dienstverlening" beschrieben. Die Ausbildung von Sozialarbeitern („Maatschappelijk Werk en Dienstverlening", MWD) und Sozialpädagogen nähert sich auch in den Niederlanden immer mehr an. In beiden Bereichen werden die beruflichen Aufgaben in drei Segmente unterteilt:

1. Arbeit mit Klienten,
2. Arbeit im Rahmen einer Arbeitsorganisation,
3. Arbeit in der Professionalität und Professionalisierung.

Diesen drei Segmenten werden folgende Kompetenzen und Teilqualifikationen zugeordnet:

Segment 1: Arbeiten mit Klienten und Klientensystemen

Berufsanfänger zeigen sich zu Folgendem imstande:

1. Selbständig und gemeinsam mit Klienten, anderen Fachkräften bzw. anderen direkt beteiligten Personen die Wohn- und Lebensverhältnisse zu erkunden und zu analysieren; gemeinsam mit ihnen Fragestellungen zu formulieren oder neu zu formulieren, Ziele für die Hilfe zu setzen, ein Hilfeangebot zu entwerfen und Hilfepläne zu gestalten.

2. Für die Hilfe- und Dienstleistung in Situationen, die sich durch eine komplexe Problematik und komplexe Fragestellung auszeichnen, Unterstützungsprogramme zu entwerfen, die auf Bedürfnisse und Möglichkeiten des Klienten zugeschnitten sind.
3. Mit dem einzelnen Klienten und gemeinsam mit dem Klientensystem an der Entwicklung und Aufrechterhaltung von Kompetenzen zu arbeiten.
4. Sozialpädagogische und musisch-agogische Methoden, Techniken und Mittel einzusetzen.
5. Soziale Unterstützung für den Klienten zu organisieren;
6. Die Interessen der Klienten und des Klientensystems zu vertreten und ihnen dabei zu helfen, gemeinsam mit dem Klienten oder stellvertretend für diese in der Einrichtung oder der Gesellschaft auftritt.
7. Über den Verlauf der Hilfe Bericht zu erstatten; Hilfepläne auszuwerten und anzupassen
8. Entscheidungen bezüglich der Methodenwahl theoretisch, ethisch und rechtlich vertreten zu können.

Segment 2: Arbeiten im Rahmen einer Organisation

9. Klienten bzw. deren Vertreter, der eigenen Organisation bzw. anderen Auftraggebern bzw. der Gesellschaft gegenüber Rechenschaft über das eigene professionelle Handeln abzulegen.
10. Sich als Sozialpädagogen in einer Organisation oder Arbeitsgemeinschaft zu profilieren und den professionellen Beitrag zu definieren und zu legitimieren.
11. Im Rahmen der Entwicklung und Durchführung von Hilfeplänen mit Kollegen und Vertretern anderer Berufsgruppen zusammenzuarbeiten.
12. In der Organisation Bedingungen zu schaffen, die eine adäquate Ausführung der Hilfe- und Dienstleistungen ermöglichen.
13. Im Rahmen der Hilfe Klienten, Kollegen, Vertretern anderer Berufsgruppen ehrenamtliche Mitarbeiter und pflegende Angehörige anzuleiten und zu begleiten.
14. Zielgruppen aufzudecken, die sich in schwierigen Lebensverhältnissen befinden, und gesellschaftliche Bedingungen zu erkennen, die in den Wohn- und Lebensverhältnissen von Zielgruppen ggf. Probleme auslösen könnten; zuständige Personen und Behörden auf diese Zielgruppen und Faktoren aufmerksam machen.
15. Auf die Notwendigkeit präventiver Arbeit für bestimmte Klienten(Gruppen) hinzuweisen und diese zu gestalten.
16. Zur Entwicklung und Erneuerung der Einrichtungsmethodik beizutragen.

17. Zur Ausführung und Evaluation des Qualitätssystems in der Organisation beizutragen.
18. Als Vertreter der eigenen Einrichtung/Organisation mit Personen und Behörden außerhalb dieser Organisation zusammenzuarbeiten.

Segment 3: Arbeiten an der eigenen Professionalität und der Professionalisierung des Berufs(Standes)

19. Kritisch das eigene berufliche Handeln, die eigene Haltung und Motivation auf theoretisch-ethisch-normativer Ebene zu reflektieren.
20. In der Interaktion mit Klienten, Kollegen, Führungskräften und Vertretern gesellschaftlicher Institutionen eine professionelle Grundhaltung einzunehmen.
21. Die persönliche, berufliche Weiterentwicklung aktiv zu gestalten (Fort- und Weiterbildungen)
22. Zur Entwicklung des professionellen Handelns beizutragen, z.B. Forschung mit Praxisbezug, praxisbezogene Handlungstheorien entwickeln und neue Fragen und Entwicklungen auf ihre Konsequenzen in Bezug auf die Institution und die Methodik durchdenken.
23. Zur gesellschaftlichen Profilierung und Legitimierung des sozialpädagogischen Berufsstandes beizutragen, z.B. durch Teilnahme an der gesellschaftlichen Diskussion zu Inhalten und Zielen der Sozialen Arbeit.

Unterschiedliche Akzente für Sozialpädagogen und Sozialarbeiter werden gesetzt hinsichtlich der drei Kriterien Situationsauswahl; Situationskontext, -planung und Ausführung; Auswahl der Methoden bei Planung und Ausführung.

Diese Inhalte werden über vier Studienjahre aufbauend auf orientierendem Niveau, reproduzierendem Niveau und produzierendem Niveau vertieft. Das Studium umfasst dementsprechend vier Phasen:

- Phase 1: (Grundstudium) – Berufsorientierung
- Phase 2: (Hauptstudium) – Berufsvorbereitung
- Phase 3: (Hauptstudium) – Berufsgestaltung
- Phase 4: (Abschlussphase) – Berufsvertiefung

Während der vier Phasen sollen sich die angehenden Sozialpädagogen 23 Kompetenzen beziehungsweise Qualifikationen aneignen, die den Kern des Berufs beschreiben, und sie zur Ausübung ihres Berufs befähigen. Der kreative, professionelle Sozialpädagoge soll die verschiedenen Kompetenzen flexibel, situations- und kontextorientiert, selbständig und selbstbewusst einsetzen können. Das ‚Kompetenzdenken' legt den Schwerpunkt der Ausbildung auf den Ausübenden und sein Handeln in der beruflichen Praxis. Diese Denkweise betont den Zusammenhang und die Integration von Kompetenz und professioneller Persönlichkeit in dynamischer, zukunftsorientierter Weise.

2.3 Die Organisation des Unterrichts

Das gesamte Studium wird in den Niederlanden so organisiert, dass der aktiv lernende Studierende im Zentrum des Unterrichts steht. Er plant und lenkt seinen Studienverlauf selbständig und wird hierin intensiv unterstützt. Die wesentlichen Aspekte der Organisation sind:

Individuelle Studienlaufbahnbegleitung

Vom ersten Moment an wird der Fokus auf die berufliche Praxis gelegt, das heißt, die beruflichen Qualifikationen stehen im Zentrum. Durch entsprechende Arbeits- und Prüfungsmethoden ist der Studierende angehalten, aktives Lernverhalten zu zeigen. Gelernt wird auf einem persönlichen Lernpfad, der in einem persönlichen Entwicklungsplan dokumentiert wird. Jeder Studierende wird zu Beginn einem Studienlaufbahnbegleiter zugeteilt, der ihn über das gesamte Studium betreut. In Begegnungen mit dem coachenden Dozenten wird die persönliche Entwicklung besprochen. Der Studierende führt ein Portfolio, in dem er seine individuelle Entwicklung darstellt und zeigt, welche aus dem persönlichen Entwicklungsplan (PEP) abgeleiteten künftigen Aktivitäten er unternehmen wird, um seine Entwicklung voranzutreiben. Hieraus ergibt sich der persönliche Aktivitätenplan (PAP).

Selbststeuerung und Selbstverantwortlichkeit des Lernprozesses

Bereits in der Orientierungsphase setzt sich der Studierende mit den Kompetenzen, dem Arbeitsfeld und den eigenen Stärken und Schwächen auseinander. Daraus entwickelt er seine individuellen Lernziele. Diese Lernziele unterteilt er in Grob- und Feinziele und kann sie im Arbeitsfeld oder im Unterricht anhand des verfassten persönlichen Entwicklungsplans verfolgen. Im persönlichen Aktivitätenplan realisiert der Studierende die im Entwicklungsplan festgelegten Lernziele.

Mensch im Zentrum 271

Gruppendynamik

Studiert wird in kleinen Lerngruppen mit besonderem Augenmerk auf gruppendynamische Prozesse. Im Rahmen der eigenen Lerngruppe werden über vier Jahre Gruppenprozesse nicht nur theoretisch sondern auch praktisch thematisiert. Die Gruppe dient als Reflexions- und Trainingsfeld für persönliche und systemische Verhaltensweisen und Erfahrungen.

Prozess- und gruppenorientiertes Lernen

In kleinen Gruppen werden nach den Prinzipien des problem- und projektorientierten Lernens Gesprächs- und Beratungssituationen trainiert. Der Lernprozess steht im Mittelpunkt, Studierende lernen zu lernen.

Prüfungen

Neben Produktprüfungen (Hausarbeiten und Präsentationen) und Wissensprüfungen in Form von Klausuren werden Prüfungen auch in Assessments durchgeführt, d. h. in echten oder nachgestellten Praxissituationen. Die Studierenden erhalten so Feedback von den Dozenten, den Mitstudierenden und den Anleitern aus der eigenen beruflichen Praxis.

Arbeiten mit Videounterstützung

Der Einsatz der Videokamera im Unterricht spielt im Ausbildungsprofil „De creative professional" eine große Rolle. Studierende sollen ihr eigenes verbales und nonverbales Kommunikationsverhalten kennen lernen, da sie selbst wichtigstes Instrument und wichtigste Methode ihrer Arbeit sind. Sich selbst wahrzunehmen, zu reflektieren und zu beurteilen, ist für jeden Sozialpädagogen mehr als wichtig.

Arbeiten mit Supervision und Intervision

Die Selbstreflexion spielt wie beschrieben in diesem Studium eine große Rolle und wird durch die Unterrichtsmodule Supervision und Intervision motiviert und vertieft. Handeln und Haltung in konkreten Arbeitssituationen werden reflektiert; erweiterte Handlungs- und Haltungsoptionen werden erarbeitet.

Die Rolle des Dozierenden

Dozierende zeichnen sich durch eine begleitende und unterstützende Grundhaltung aus, der Studienlaufbahnbegleiter in besonderem Maße. Er betreut den Prozess der Lerngruppe und der einzelnen Studierenden, unterstützt, motiviert und steuert die gemeinsame Lernentwicklung und die Aneignung der Kompetenzen. Seine Aufgabe ist es, die Studierenden anzuregen, zu hinterfragen und durch konstruktive Rückmeldungen zu fördern. Der Dozent wirft Fragen auf und animiert gleichzeitig die Studierenden, selbst Fragen, Antworten und Lösungen zu finden. Fachdozierende sind Prozessbegleiter nach denselben Prinzipien, vermitteln zusätzlich als Experte in ihrem Fach den Studierenden ihr Wissen, indem sie ihnen kompetente Hilfestellung bei der Er- und Bearbeitung der entsprechenden Themen geben.

Studienorganisation

Durch die Teilbereiche Präsenzstudium, Selbststudium und Berufs-/Praxistätigkeit wird die Struktur des Studiums bestimmt. Schon zur Aufnahme des Studiums ist der Nachweis einer Berufs-/Praxistätigkeit von mindestens 20 Wochenstunden zu erbringen. Die Prüfungsleistungen orientieren sich an dem internationalen Leistungspunktsystem (European Credit Transfer System, ECTS).

2.4 Perspektiven

Die Academie Mens & Maatschapij an der Saxion Hogeschool Enschede plant ab dem Studienjahr 2008/2009 die Einführung des Projekts EMMA ("even mooi maar anders", "genauso schön aber anders"). Ansätze, die bereits heute praktiziert werden, sollen in Zukunft als konsequentes Lehr- und Lernmodell praktiziert werden. So gibt es in der niederländischen Sprache für Lernen und Lehren nur ein gemeinsames Wort: Leren. Diesem Verständnis soll Rechnung getragen werden, indem die Studierenden ihren an Kompetenzen orientierten Lernprozess noch stärker selbst steuern. In welchem Kontext sie die sozialpädagogischen Kompetenzen erwerben wollen, ob an der Hochschule, am Arbeits- oder Praktikumsplatz, in ehrenamtlicher Tätigkeit etc., entscheiden sie selbst. Im Portfolio werden die Nachweise darüber dokumentiert, in Assessments demonstriert. Die Entwicklungen zu diesem nächsten Schritt sind in vollem Gang.

3 Der Blick auf das Nachahmenswerte

Das Besondere an der niederländischen Form der Ausbildung von Sozialarbeitern und Sozialpädagogen ist die vom Studierenden erwartete hohe Eigenverantwortlichkeit für den Studienverlauf. Dies ist, neben der eigenen persönlichen Entwicklung, auch für viele Studierende die größte Herausforderung. Die Begleitung durch Dozenten, die mit ihnen auf gleicher Augenhöhe arbeiten, wirkt motivierend und fördert diesen Prozess. Studierende und Dozenten duzen sich (ohne Autoritätsverlust der Dozenten), der Umgang hat kollegialen Charakter, weil Dozenten sich immer auch als Lernende empfinden. Insbesondere Studierenden, die keine Berufserfahrung haben, fällt die Umstellung auf diese selbständige Art des Kompetenzlernens zunächst schwer. Die nahe Unterstützung durch die Studienlaufbahnbegleiter ist hier dringend notwendig. Gerade Menschen, die es gewohnt waren, frontalen Unterricht zu konsumieren, verweilen häufig passiv, statt aktiv mit zu gestalten. Wenn diese Hürden überwunden sind, treten oft sehr lebendige und kreative Persönlichkeitsanteile zu Tage, die sich auf das gesamte Leben der Studierenden positiv auswirken. Durch die Reflektionen und Feedbacks, die während des gesamten Studiums eine große Rolle spielen, schlagen sich diese Entwicklungen in den Prüfungen nieder und werden sehr bewusst erlebt.

Die Entwicklung der beruflichen und persönlichen Kompetenzen findet hier institutionell in einem Rahmen statt, wie er sonst in Ansätzen eher von themenspezifischen Weiter- und Fortbildungen bekannt ist. Dadurch ist dieses Studium mit seiner ganz besonderen Gestaltung eine persönliche Herausforderung, sein Leben selbstkritisch in die Hand zu nehmen. Die individuelle Entwicklung hat einen sehr hohen Stellenwert und fließt gezielt in den jeweiligen Unterricht mit ein. Studierende erkennen sich selbst, sie lernen ihre Stärken einzusetzen um ihre Schwächen zu verringern und möglichst wertfrei damit umzugehen. Diese an sich selbst erlebten Erfahrungen ermöglichen es ihnen, auch mit anderen Menschen so umzugehen, dass diese von ihnen wirklich lernen können.

Der ‚Unterricht', verstanden als wechselseitige Verbindung von Lehren und Lernen, soll er wirklich gut gelingen und möglichst alle Studenten erreichen, erfordert Dozenten, die über die Kompetenzen, die sie vermitteln sollen, zunächst selbst verfügen. Da auch die Dozenten sich auf die Erneuerungen erst einstellen müssen, findet hier ein steter Entwicklungsprozess statt. Viele niederländische und deutsche Kollegen an der Saxion Hogeschool Enschede verfügen deshalb bereits über unterschiedlichste Zusatzausbildungen, die sie in besonderer Weise befähigen, nach niederländischer Art und Weise zu lehren und zu lernen. Diese Unterrichtsmethode erlebe ich nicht nur als pädagogisch höchst wertvoll und der Zeit, in der wir leben, sehr angemessen. Gerade der essentielle und basisstiftende Bereich der Kommunikation nimmt vernünftigerweise viel Raum ein. Der Inhalt des Curriculums kann und soll in Teilbereichen optimiert werden. Gesellschaftspolitische Aspekte und theoretische Grundlagen beispielsweise werden in Zukunft einen größeren Stellenwert haben.

Auch die Ausbildung der Erzieher für den Elementarbereich orientiert sich in den Niederlanden am Kompetenzlernen. Natürlich gibt es hier inhaltlich unterschiedliche Schwerpunkte, die sich aus dem jeweiligen beruflichen Aufgabengebiet ergeben. Das Herzstück der Vermittlung von beruflich relevanten Kompetenzen und persönlicher Entwicklung findet sich jedoch auch hier wieder, wie in allen anderen pädagogischen Ausbildungen.

Das Beispiel des berufsbegleitenden Studiums der Sozialpädagogik in den Niederlanden verdeutlicht moderne, praxisnahe Kerninhalte des Unterrichts. Diese Art des Studiums überzeugt nicht nur mich, auch wenn es in den Niederlanden noch einiges zu verbessern gilt. So hat der intensive Blick auf den Unterrichtsinhalt zur Folge, dass der organisatorische Bereich an einigen Stellen hinterherhinkt. Dieser Umstand wurde bewusst in Kauf genommen und wird jetzt angeglichen, stellt jedoch für Dozenten und Studenten eine weitere Herausforderung dar. Eigenverantwortung und Kreativität sind hier gefragte Eigenschaften.

An der Saxion Hogeschool in Enschede wird sehr kreativ und unkonventionell mit dem, was ist und was werden soll, umgegangen: Lernen durch Versuch und Irrtum ist gewünscht; besser man macht Fehler, als dass man erstarrt und nichts sich bewegt. Für mich als deutsche Dozentin und für viele deutsche Studenten, mit denen ich im Kontakt bin, ist neben dem Curriculum diese gelassene, natürlich-kreative Lebensweise ein guter Grund, an einer niederländischen Hochschule zu sein.

4 Der Blick in die Zukunft

Der Erziehungswissenschaftler Josef Derbolav (1987) beschreibt in seinem „praxeologischen Modell" den Menschen als Mängelwesen. Aber der Mensch ist auch ein wunderbares Wesen, der sich vom Guten locken und einladen lässt und eben weil er ein Mängelwesen ist, auf Entwicklung ausgerichtet ist. Aus meiner eigenen therapeutischen Praxis kann ich bestätigen, dass die meisten Menschen ein gutes Gefühl dafür haben, was ihnen gut tut und was sie brauchen. Es kann kein Zufall sein, dass über die Hälfte der jungen Mädchen, die von mir im Rahmen von Jugendhilfe begleitet wurden, den Wunsch hatten Erzieherin zu werden. Nach dem Grund gefragt, gab es sehr oft die Antwort: „Ich will, dass es anderen Kindern besser geht als mir, und ich will lernen, wie man das macht". Meine These hierzu ist: Wahrscheinlich trifft eine Vielzahl der im pädagogischen Elementarbereich oder in der sozialen Arbeit tätigen Menschen ihre Berufswahl aufgrund eigener, oftmals schlechter Erfahrungen. – Was bedeutet das für die Ausbildung in diesen Berufen? Können wir es uns leisten, diesen Aspekt zu vernachlässigen? Wie viel persönliche Entwicklung ist nötig, damit diese alten, wichtigen Erfahrungen möglichst nur bewusst in die professionelle, erzieherische Arbeit einfließen?

Pädagogisch und sozial arbeitende Menschen sollten so ausgebildet sein, dass sie ihre eigene Persönlichkeit und ihre Werte, nach denen sie leben, so gut als möglich kennen lernen und akzeptieren. Sie sollen sich der eigenen Motivation, diesen Beruf zu ergreifen bewusst sein und über eine Vielfalt von Methoden verfügen, wie sie ihr Wissen an Kinder, Jugendliche und Erwachsene weitergeben können. Die ‚neuen Pädagogen' wissen, wie man Menschen erreicht, sie können motivieren und gehen respektvoll mit den Menschen um, die sie belehren und erziehen wollen. Erst unter solchen Bedingungen entfaltet der Rahmen eines Familienzentrums sein wahres Potenzial!

Familienzentren brauchen, wie alle anderen pädagogischen Einrichtungen auch, Mitarbeiter, die den heutigen Anforderungen an menschlicher und professioneller Entwicklung gewachsen sind. Die Frage nach der pädagogischen Qualifikation des Personals in Kindertageseinrichtungen bzw. Familienzentren stellt sich umso mehr, je stärker der Aspekt der frühkindlichen Bildung in den Fokus der Aufgabenbeschreibung der Kindestageseinrichtungen rückt.

Zur Qualitätsverbesserung wird immer wieder die Überführung der heutigen Ausbildungsgänge für Erzieher auf Fachhochschulniveau diskutiert. Ein erster wichtiger Effekt einer Realisierung: Der Status dieser Berufsgruppe würde endlich ihrer gesellschaftlichen Bedeutung angepasst. Das reformierte niederländische System zeigt uns inhaltliche Wege auf, die wir in unserer Bildungsreform nicht unbeachtet lassen sollten. Der Kern dieser Unterrichtsform aus Kompetenzlernen und persönlicher Entwicklung kann meines Erachtens leicht auf Deutschland übertragen und mit den Inhalten gefüllt werden, die eine Weiterbildung für Erzieher in diesem Land dringend benötigt. Die Erfahrungen in den Niederlanden zeigen, dass es leicht gehen kann Veränderungen durchzuführen, und wie man berufliche und persönliche Entwicklung zum Wohle der in Ausbildung befindlichen Menschen und derjenigen, die diesen Menschen dann anvertraut werden, verknüpfen kann. Die beste Methode kann immer nur so gut sei, wie der Mensch, der sie vermittelt.

Die Erklärung für den Erfolg des niederländischen Modells ist auch darin zu finden, dass die hinsichtlich des Studiums gestellten Anforderungen eine Art Metaperspektive auf die tatsächlichen Anforderungen eines Berufslebens im psychosozialen Bereich liefern.

Für berufstätige Menschen in deutschen Familienzentren wäre das niederländische Studium ideal um eine berufsbegleitende Akademisierung zu starten. Das hier beschriebene Ausbildungssystem entspricht den veränderten, gewachsenen gesellschaftlichen Anforderungen an Pädagogik auf hohem Niveau.

Literatur

Clauß, A. (2006): Sozialpädagogik studieren „even mooi maar anders". In: Forum Sozial 2/2006.
Derbolav, J. (1987): Grundriss einer Gesamtpädagogik (hrsg. von Bruno H. Reifenrath). Frankfurt a.M.: Diesterweg.
Donzelot, J. (1979); Die Ordnung der Familie. Frankfurt a.M.: Suhrkamp.
Ludewig, K. (2007): Familienpolitik – wie und für wen? In: Familiendynamik (2), 32.
Saxion Hogeschool Enschede (2006/2007): Reader: Der kreative Professional. Enschede.
Saxion Hogeschool Enschede (2006): Studienführer 2006-2007.

Familienzentren in Nordrhein-Westfalen
Ein Überblick über die Pilotphase

Eva J. Lindner, Karin Sprenger, Stephan Rietmann

1 Einleitung

Mit dem 1. August 2006 hat die ISA Planung und Entwicklung GmbH im Auftrag des Ministeriums für Generationen, Familie, Frauen und Integration des Landes Nordrhein-Westfalen (MGFFI) das Projektmanagement für die Pilotphase des Landesprojektes „Familienzentrum NRW" übernommen.

Hierbei handelt es sich um ein durchaus ehrgeizig angelegtes Projekt. Im Gegensatz zu vielen anderen Bundesländern, die die Ausweitung des Leistungsangebotes sowie die Vernetzung von Kindertageseinrichtungen in kleineren Modellprojekten erproben und untersuchen, wurden in ganz Nordrhein-Westfalen bereits in der auf ein Jahr angelegten Pilotphase 257 Einrichtungen am Projekt beteiligt. Daraus ergab sich eine hohe Aufmerksamkeit in der Öffentlichkeit ebenso wie in der Fachszene, die trotz grundsätzlicher Zustimmung zum geplanten Vernetzungskonzept auch von kritischen Tönen nicht frei war. Dabei sind die Erwartungen und Hoffnungen, die sich an Familienzentren (und vergleichbaren Konzepten in anderen Bundesländern) richten, durchweg hoch, auch wenn die Blickrichtung der verschiedenen Akteure oft zu unterschiedlichen Akzentuierungen führt.

Aus den Diskussionen über Ziele und Inhalte von Familienzentren, die im Rahmen des Landesprojekts „Familienzentrum NRW" ebenso geführt wurden und werden wie auch in der bundesweiten Fachdiskussion, kristallisieren sich jedoch einige zentrale Bezugspunkte heraus:

- Familienzentren sollen dazu beitragen, auch in unserer zunehmend individualisierten Gesellschaft allen Kindern die bestmöglichen Bedingungen des Aufwachsens zu garantieren. Dabei verstehen sich Familienzentren nicht als Konkurrenz zu familialen Erziehungs- und Bildungsleistungen, sondern als konstruktive Ergänzung und Unterstützung familialer Sozialisationsleistungen.
- Der effektivste Weg, positive Bedingungen für Kinder schaffen und zu sichern, führt über eine partnerschaftliche Zusammenarbeit mit den Eltern

und den weiteren Bezugspersonen der Kinder. Um diese zu ermöglichen, öffnen sich Familienzentren dem Gemeinwesen und stellen niedrigschwellige Angebote zur Verfügung. Diese werden unter aktiver Beteiligung der Adressaten so konzipiert, dass sie Familien mit verschiedenen kulturellen, sozialen und religiösen Hintergründen gleichermaßen ansprechen.

- Um diese Angebotsvielfalt zu gewährleisten, bilden Familienzentren Kooperationen mit den unterschiedlichen Trägern des Sozialraumes. Dabei stimmen sie die Angebote so aufeinander ab, dass Familien unbürokratisch alle für sie relevanten Leistungen in Anspruch nehmen können.
- Familienzentren arbeiten präventiv. Dazu gehört neben der generellen Förderung familialer Erziehung auch, Familien in belastenden Situationen frühzeitig Hilfe anzubieten. Dazu gehören zum Schutz der Kinder aber auch Handlungskonzepte, die dann greifen, wenn Hilfsangebote nicht ausreichen oder scheitern.

In die Umsetzung dieser Ziele in Nordrhein-Westfalen und die sich aus der einjährigen Pilotphase ergebenden zentralen Erkenntnisse möchten wir hier einen kurzen Einblick geben. Auch der Transfer des Landesprojekts in die Regelphase wird durch das Projektmanagement des ISA begleitet. Bereits im August 2007 haben sich landesweit weitere rund 750 Familienzentren auf den Weg gemacht. Bis zum Jahre 2012 soll diese Zahl kontinuierlich auf etwa 3.000 Einrichtungen in NRW steigen, womit dann das Ziel erreicht ist, jeder dritten Tageseinrichtung für Kinder die Weiterentwicklung zum Familienzentrum zu ermöglichen.

2   Das Landesprojekt „Familienzentrum NRW"

Nordrhein-Westfalen soll nach dem Willen der Landesregierung zum kinder- und familienfreundlichsten Land in Deutschland werden. Um dieses Ziel zu erreichen, will die Landesregierung unter anderem die Tagesbetreuungseinrichtungen für Kinder zu Familienzentren weiter entwickeln. Im Blickpunkt stehen hier die Tageseinrichtungen für Kinder, da keine andere pädagogische Einrichtung – neben der Schule – derzeit flächendeckend eine derart große Zahl von Familien mit ihren Kindern erreicht. In Nordrhein-Westfalen kann praktisch von einer quantitativen „Vollversorgung" im Bereich der Infrastruktur der 3- bis 6-Jährigen gesprochen werden (Versorgungsquote 99,6%). Tageseinrichtungen sind die ersten und somit bedeutendsten Sozialisationsinstanzen für Kinder außerhalb des Elternhauses. (vgl. MSJK 2005). Kernziel des Landesprojektes „Familienzentrum NRW" ist die Zusammenführung von Erziehung, Bildung und Betreuung als Aufgabe der Kindertageseinrichtungen mit Angeboten der Beratung und Hilfe für Familien. Die Förderung von Kindern und die Unterstützung der Familien sollen Hand in Hand entwickelt und gestaltet werden. Kindertageseinrichtungen werden damit zu Knotenpunkten eines familienunterstützenden Netzwerkes in den Kommunen. Sie verfügen über die notwendige Nähe zu Kindern und Familien und können in die Lage versetzt werden, Risikosituationen, Störungen der Entwicklung und Unterstützungsbedarfe frühzeitig wahrzunehmen und darauf angemessen zu reagieren.

In der Praxis hat sich gezeigt, dass familiäre Unterstützungs- und Beratungsangebote dann besonders hilfreich sind, wenn sie „aus einer Hand" angeboten werden, wohnortnah und niederschwellig organisiert sind. Als Ausgangspunkt zur Vernetzung derartiger Angebote bieten sich Kindertageseinrichtungen besonders an. Sie stellen die erste Bildungs- und Erziehungsinstitution im Leben eines Menschen dar. Hier werden kontinuierliche, lang anhaltende Beziehungen zu Kindern und Familien aufgebaut, die einen großen Gestaltungsbereich für Unterstützungsangebote darstellen und eine Orientierung an den Lebenslagen und dem Sozialraum der Familien zulassen. Durch die besondere Verbindung der unterschiedlichen Angebote in den Familienzentren soll/en

- Sprachdefizite früher festgestellt und durch eine individuelle Förderung systematisch abgebaut,
- Stärken und Schwächen der Kinder früher erkannt und Eltern in Fragen der Erziehung, Bildung, Gesundheit etc. gezielter und bereits sehr früh Beratung angeboten,
- Kindertageseinrichtungen zu einem Bildungs- und Erfahrungsort für Kinder und ihre Eltern weiterentwickelt und damit auch Eltern in ihrer Erziehungskompetenz gestärkt,
- Eltern bei der Überwindung von Alltagskonflikten dadurch, dass ihnen Hilfen unmittelbarer und ohne Hemmschwelle zugänglich gemacht, geholfen
- Zuwandererfamilien und Familien aus bildungsfernen Schichten besser angesprochen,
- insgesamt die Vereinbarkeit von Familie und Beruf verbessert,
- durch eine Öffnung der Angebotsstruktur – unter Einbeziehung der Familien – mehr Variabilität in den Betreuungszeiten geschaffen,
- das Angebot an Tagesmüttern und Tagesvätern ausgeweitet und qualitativ weiterentwickelt werden.

Die konzeptionelle Weiterentwicklung und Öffnung der Tageseinrichtungen für Kinder wird schon seit langem gefordert. Besonders in den letzten Jahren sind Entwicklungen in Deutschland zu beobachten, die neben der Erziehung, Bildung und Betreuung von Kindern in Kindertageseinrichtungen auch die Vernetzung und das Zusammenwirken von Kindertageseinrichtungen mit anderen kind- und familienbezogenen Diensten, Einrichtungen, Personen, Institutionen und Organisationen im Sozialraum hervorheben (vgl. DJI 2004). Auch die Kinder- und Jugendberichte der Bundesregierung haben mehrfach darauf hingewiesen, dass Kindertageseinrichtungen über wichtige institutionelle Potentiale und Ressourcen verfügen, die bisher oft zu wenig für die Unterstützung von Familien genutzt werden. Darüber hinaus unterstreicht der 12. Kinder- und Jugendbericht von 2005 die Dringlichkeit eines abgestimmten Systems von Erziehung, Bildung und Betreuung, das beiden Zielen entspricht: Familien für das Aufwachsen ihrer Kinder ein ebenso verlässliches wie qualifiziertes und zugleich für die Heranwachsenden ein umfassendes, altersgerechtes Erziehungs-, Bildungs- und Betreuungsangebot bereitzustellen (BMFSFJ 2005).

Und so kommt es auch nicht von ungefähr, dass in den letzten Reformen des Kinder- und Jugendhilfegesetzes (SGB VIII - TAG - KICK) die Träger von Tageseinrichtungen darauf verpflichtet werden, die Fachkräfte in den Einrichtungen zur Zusammenarbeit „mit anderen kinder- und familienbezogenen Institutionen und Initiativen im Gemeinwesen, insbesondere solchen der Familienbildung und –beratung" (vgl. § 22a Abs. 2 SGB VIII) anzuhalten.

2.1 Organisationsformen von Familienzentren

Das Landesprojekt „Familienzentrum NRW" will den sich entwickelnden Familienzentren in Nordrhein-Westfalen keinen bestimmten Organisationstyp verbindlich vorgeben, sondern hier lokalen Eigenheiten, Traditionen und Entwicklungssträngen Rechnung tragen und Raum geben. In der Ankündigung des Landesprojektes durch das MGFFI wurden beispielhaft unterschiedliche Organisationsmodelle unter den Arbeitstiteln „Unter einem Dach", „Lotse" und „Galerie" skizziert.

„Unter einem Dach"

Bei diesem Angebotstyp werden alle gewünschten „Zusatzleistungen", die ein Familienzentrum ausmachen, von einem Träger, an einem Ort und unter einer umfassenden Leitung realisiert. Vorbilder sind hier die aus der Gemeinwesenarbeit entstandenen stadtteilbezogenen „Sozialzentren", die sich vor allem in sozial benachteiligten Regionen (Stadtteilen) finden und hier einen umfassenden Unterstützungsansatz für Familien in schwierigen Lebenssituationen, die durch klassische Angebote und Dienste (Erziehungsberatung, Familienbildung) nur schwer oder kaum zu erreichen sind, niedrigschwellig und zielgruppenorientiert anbieten. Bei diesem Organisationskonzept findet sich das komplette Angebot in den Räumlichkeiten der Kindertageseinrichtung. Familienberatung, Familienbildung sowie Erziehungsberatung findet regelmäßig in den Kindertageseinrichtungen statt. Diese Angebote werden in der Regel von der Leiterin/dem Leiter der Einrichtung koordiniert und schwerpunktmäßig von eigenem Personal begleitet bzw. durchgeführt.

Modell „Lotse"

Eine weitere Organisationsvariante des Familienzentrums kann darin bestehen, dass familienorientierte Angebote zwar entweder in den Räumen der Kindertageseinrichtung oder in deren unmittelbarer Nähe angeboten werden, verantwortlich hierfür jedoch Mitarbeiterinnen und Mitarbeiter anderer Dienste (Erziehungsberatung, Familienbildung etc.) sind und hier dann auch andere Träger Zuständigkeiten und „Organisationshoheiten" besitzen. Bei dem Modell „Lotse" handelt es sich also um einen Verbund von Diensten. Diese Dienste arbeiten jeweils eigenständig, kooperieren jedoch untereinander. Die Kindertageseinrichtung nimmt dabei eine Koordinierungsfunktion wahr. Sie ist erste Anlaufstelle für Familien mit ihren Anliegen und Problemen und leitet diese kompetent an die zuständigen Stellen z.B. der Familienhilfe weiter.

In Gesprächen und mit Hilfe z.B. von einem Verzeichnis über Beratungs- und Therapiemöglichkeiten in der Umgebung (Erziehungs-/Familienberatung, Frühförderung, Heilpädagogik, Psychotherapie, Ergotherapie, Logopädie, Beratungsstellen für spezielle Fragen wie bspw. Hochbegabung, Selbsthilfegruppen usw.) werden Eltern frühzeitig über die Art der möglichen Unterstützung, Zugangsmöglichkeiten und Kontaktangaben informiert.

Im Unterschied zu dem vorgenannten Organisationsprofil („Unter einem Dach") ist hier die enge trägerbezogene bzw. räumliche Vernetzung der Leistungen der Kindertageseinrichtungen mit den ergänzenden Leistungen eines Familienzentrums nicht gegeben. Allerdings ist und bleibt die Kindertageseinrichtung hier im Zentrum eines Netzwerkes und stellt sicher, dass die notwendigen Angebote von den Kooperationspartnern – dann aber in eigener Verantwortlichkeit und Zuständigkeit – erbracht werden. Voraussetzung ist auch hier eine abgestimmte Bedarfsanalyse und Planung der Angebote, enge Rückkoppelungen, dichte Informationen und eine aktive und gestaltende Rolle der Kindertageseinrichtung in diesem Netzwerk.

Gelegentlich werden bei diesem Konzept die Angebote auch nicht zentral von der Kindertageseinrichtung (der Leiterin bzw. dem Leiter dieser Einrichtung) koordiniert, sondern von den beteiligten Diensten und Einrichtungen gemeinsam, z.T. auch durch Koordinationsstellen, die im Rahmen der Netzwerkbildung eingerichtet wurden.

Modell „Galerie"

Das Modell „Galerie" bezeichnet ein Familienzentrum, das konkrete Hilfe- und Beratungsangebote unter dem Dach der Kindertageseinrichtung, aber in verschiedener Trägerschaft, vorhält. Die Zusammenstellung dieser Angebote ist hier von Einrichtung zu Einrichtung unterschiedlich. Durch diese arbeitsfeldbezogene Herangehensweise kann den unterschiedlichen Rahmenbedingungen und Voraussetzungen in den Kindertageseinrichtungen sowie den lokalen Trägerstrukturen Rechnung getragen werden. Die Zusammenstellung der Angebote richtet sich nach örtlichen Gegebenheiten sowie den räumlichen Möglichkeiten der Einrichtung. Daneben kann es auch ergänzende Angebote durch Kooperationspartner im unmittelbaren Umfeld geben.

Organisationsprofile in Nordrhein-Westfalen

Die Erfahrungen und Auswertungen im Rahmen der Pilotphase haben gezeigt, dass – erwartungsgemäß – das Modell „Unter einem Dach" unter den zertifizierten Piloteinrichtungen eher selten zu finden ist. Dies ist insofern nicht verwunderlich, da dieses umfassende trägereigene und differenzierte Angebot räumliche, personelle, strukturelle und organisatorische Voraussetzungen hat, die im Regelfall von Kindertageseinrichtungen aufgrund der bisher gegebenen gesetzlichen und inhaltlichen Bestimmungen nicht zu erwarten waren. Am ehesten findet sich diese Angebotsform in Regionen mit sozial benachteiligter Bevölkerung, wo Traditionen der integrierten und umfassenden Gemeinwesenarbeit sich erhalten und in Organisationsformen niedergeschlagen haben.

Auch das Galeriemodell ist weniger häufig vertreten, da auch dieser Arbeitsansatz schon tradierte und gewachsene Angebotskonzepte von Trägern voraussetzt, die weiter über die klassischen Zielbestimmungen von Kindertageseinrichtungen hinausweisen. Die überwiegende Zahl der an der Pilotphase teilnehmenden Einrichtungen lässt sich mit Bezug auf das Lotsenmodell charakterisieren. Die Kindertageseinrichtung ist Zentrum und Motor einer vernetzten am Sozialraum ausgerichteten Angebotsstruktur. Leistungen anderer Einrichtungen und Partner werden über Kooperationsvereinbarungen verlässlich sichergestellt. Die Einrichtung selbst ist erste Anlaufstelle, vermittelt die erforderlichen Informationen und begleitet ggf. die Familien auf ihrem Weg zu den ergänzenden Angeboten und Leistungen.

Im Verlauf der Projektphase hat sich darüber hinaus gezeigt, dass es sinnvoll sein kann, dass nicht eine Kindertageseinrichtung allein das Vernetzungszentrum bildet, sondern dass sich hier zwei oder mehrere Tageseinrichtungen in einem Sozialraum zu einem Verbund zusammenschließen. Diese Verbundeinrichtungen selbst kooperieren dann weiter mit anderen Partnern (Kooperationspartner), die selbst aber nicht das „Kerngeschäft" der Kindertageseinrichtung betreiben. Das Zertifizierungsverfahren zum „Gütesiegel Familienzentrum NRW" trägt dieser Entwicklung dahingehend Rechnung, dass nicht nur einzelne Kindertageseinrichtungen – die entweder alle Leistungen selbst erbringen bzw. über entsprechende Kooperationspartner verfügen – das Gütesiegel erwerben können, sondern auch Einrichtungen einer Kindertagesbetreuung, die sich zu einem „Verbund – Familienzentrum" zusammengeschlossen haben (siehe auch Stöbe-Blossey in diesem Band). Merkmale eines Verbundes sind:

- Es sind im Regelfall maximal fünf Tageseinrichtungen an einem Verbund beteiligt.
- Die Einrichtungen liegen in räumlicher Nähe (max. 3 km) zueinander und machen ein gemeinsames Angebot für ihr Umfeld.
- Die Angebote der Kooperationspartner müssen für die Familien gut erreichbar sein (Entfernung von max. 1,5 km von den einzelnen Einrichtungen aus).
- Über den Verbund liegt eine schriftliche Vereinbarung vor, die die beteiligten Tageseinrichtungen und Träger auflistet, die Institution benennt, die die Fördermittel verwaltet, darstellt, wie die Kooperation der beteiligten Einrichtungen organisiert ist und eine Übersicht gibt über die Leistungen, die das Familienzentrum in den einzelnen Einrichtungen und als Verbund anbietet.

Wichtig ist dabei allerdings, dass es bestimmte Grundleistungen gibt, die alle Einrichtungen im Verbund vorhalten müssen, damit die erforderlichen Kernfunktionen für Familien in jeder Verbundeinrichtung verfügbar sind.

2.2 Umsetzung des Landesprogramms

Das in der Regierungserklärung vom 13. Juli 2005 gesetzte Ziel der Landesregierung war es, in einer ersten Phase mindestens ein Familienzentrum in allen 178 Jugendamtsbezirken in Nordrhein-Westfalen aufzubauen. Ausgangspunkt für diesen Umsetzungsprozess war ein landesweiter Wettbewerb, der Anfang 2006 durch einen Aufruf des Ministeriums für Generationen, Familie, Frauen und Integration gestartet wurde. Bis zum 31. März 2006 hatten sich rund 1.000 Einrichtungen und Träger um die Teilnahme an der Pilotphase beworben.

Mitte Mai 2006 erfolgte die Auswahl der Einrichtungen, die an der Pilotphase teilnehmen, durch das Ministerium für Generationen, Familie, Frauen und Integration. Grundlage für die Auswahl der Piloteinrichtungen waren folgende Kriterien:

- Sicherstellung der regulären Bildungs-, Erziehungs- und Betreuungsangebote, also der Kernaufgaben von Kindertageseinrichtungen,
- Unterstützung bei der Vermittlung von Tagesmüttern und -vätern,
- Angebote zur vorschulischen Sprachförderung und
- Kooperation mit den örtlichen Familienberatungsstellen, den Familienbildungsstätten sowie anderen Einrichtungen der Familienhilfe.

Darüber hinaus wurde bei der Auswahl Wert gelegt auf die Pluralität hinsichtlich der Träger-, Stadtteil- und Sozialraumorientierung. Einbezogen wurden schließlich 251 Einrichtungen und sechs Best-Practice-Einrichtungen.

Als Best-Practice-Einrichtungen wurden Einrichtungen ausgewiesen, die in ihrem Entwicklungsprozess zum Familienzentrum schon so weit fortgeschritten waren, dass sie für andere Einrichtungen als Vorbild und Impulsgeber dienen können. Diese Einrichtungen sind teilweise bereits wissenschaftlich untersucht worden und überregional bekannt. Ziel war es, sie als Referenzmodelle für die an der Pilotphase beteiligten Einrichtungen zu betrachten und den Piloteinrichtungen ihre Erfahrungen zugänglich zu machen.

Kurzskizzen zu den Best-Practice-Einrichtungen findet sich auf der Projekthomepage www.familienzentrum.nrw.de. Die ausgewählten Piloteinrichtungen wurden bei dem Entwicklungsprozess zum Familienzentrum unterstützt durch den Einsatz von vier regionalen Kompetenzteams, eine Prozessbegleitung und -steuerung durch ein externes Projektmanagement (ISA Münster), durch Berater/innen (Coaches) und Fortbildungsangebote. Neben dem Projektmanagement wurde eine wissenschaftliche Begleitung (Evaluation) installiert (PädQUIS Berlin), die neben der Aufgabe der wissenschaftlichen Begleitung ausgewählter

Piloteinrichtungen fachliche Standards und ein Gütesiegel für das Gesamtvorhaben entwickelte. Als Best-Practice-Einrichtungen wurden gewählt:

Dormagen	Caritas-Kindertagesstätte im Haus der Familie
Essen	Kinderhaus Blauer Elefant Katernberg, DKSB Ortsverband
Monheim	Familienzentrum im Berliner Viertel (Moki)
Bergisch Gladbach	Zentrum für Aktion und Kultur - ZAK ein Haus für Kinder, Familien / Bürger im Stadtteil
Köln	Familien-Zentrum Köln-Kalk in Zusammenarbeit mit „Kalker Netzwerk für Familien"
Dortmund	AWO-Kindergarten Am Bruchheck

2.3 Das Gütesiegel „Familienzentrum NRW"

Mit dem Landesprojekt „Familienzentrum NRW" war von Anfang an die Absicht verbunden, vergleichbare Standards für die inhaltliche Arbeit der Familienzentren zu erarbeiten und im Rahmen eines Zertifizierungsprozesses einrichtungsbezogen zu dokumentieren.

Hierzu sollten Kriterien für ein Gütesiegel „Familienzentrum NRW" entwickelt werden (siehe Stöbe-Blossey in diesem Band). Mit der Vergabe des Gütesiegels soll dokumentiert werden, dass die jeweilige Tageseinrichtung die Aufgaben eines Familienzentrums erfüllt und dabei bestimmte fachliche Standards einhält. Ein Gütesiegel für Familienzentren lässt sich somit als ein „konzeptgebundenes Verfahren" des Qualitätsmanagements bezeichnen (vgl. Esch et al. 2006). Das heißt zum einen, dass es bei diesem Verfahren in erster Linie darum geht, die Umsetzung eines bestimmten Konzepts – hier: des Konzepts der Integration von familienbezogenen Dienstleistungen – zu sichern, dafür fachliche Standards zu formulieren und Finanzzuweisungen daran zu knüpfen. Zum anderen geht es bei dieser Form des Qualitätsmanagements nicht vorrangig um einen Prozess der Organisationsentwicklung und Selbstevaluation in den Einrichtungen, sondern – vor allem angesichts der Verbindung mit Finanzierungsregelungen - um die politisch-administrative Steuerung und um die Zertifizierung der einzelnen Einrichtung. Im Zusammenhang mit der Entwicklung des Gütesiegels war u.a. zu klären, welche Aufgaben ein Familienzentrum (mindestens) wahrnehmen muss, um das Gütesiegel zu erhalten und welche Qualitätsstandards für die Erfüllung dieser Aufgaben gelten sollen. Das Gütesiegel wurde mit den Beteiligten der Pilotphase entwickelt. Sowohl die „Orientierungspunkte für die

Entwicklung von Familienzentren" vom August 2006 (zu finden auf der Internetseite „www.familienzentrum.nrw.de") als auch das erste Arbeitspapier zum Gütesiegel (Anfang 2007) wurden engagiert diskutiert. Der jetzt vorliegende umfangreiche und anspruchsvolle Kriterienkatalog für das Gütesiegel (siehe www.familienzentrum.nrw.de) erfasst vor allem Leistungen und Strukturen, die für die Förderung und Unterstützung von Kindern und Familien wesentlich sind, die gewährleisten, dass es sich um ein niedrigschwelliges Angebot handelt, und die in der Praxis nicht zum allgemeinen Standard von Tageseinrichtungen gehören. Es geht dabei zum einen um die Inhalte dessen, was in den Familienzentren angeboten wird. Zum anderen geht es um die Frage, ob es gelingt, die Angebote so zu gestalten, dass sie zu den örtlichen Gegebenheiten passen. Denn das Gütesiegel soll keine Pauschallösungen für alle Standorte vorgeben, sondern passgenaue Lösungen für die jeweilige Situation vor Ort ermöglichen.

A Leistungsbereiche

1. Beratung und Unterstützung von Kindern und Familien

2. Familienbildung und Erziehungspartnerschaft

3. Kindertagespflege

4. Vereinbarkeit von Beruf und Familie

B Strukturbereiche

5. Sozialraumbezug

6. Kooperation und Organisation

7. Kommunikation

8. Leistungsentwicklung und Selbstevaluation

Das Gütesiegel gliedert sich in vier Leistungsbereiche und in vier Strukturbereiche. Bei den Leistungsbereichen geht es um die Inhalte der Angebote eines Familienzentrums. Bei den Strukturbereichen handelt es sich um die Frage, wie das Familienzentrum die Voraussetzungen für ein Angebot schafft, das zu den örtlichen Bedingungen passt, dort bekannt ist und kontinuierlich weiter entwickelt wird.

Jeder der insgesamt vier Leistungsbereiche und der vier Strukturbereiche eines Familienzentrums besteht aus Basis- und Aufbauleistungen, für die jeweils Punkte vergeben werden. Um das Gütesiegel zu erhalten, muss eine Einrichtung (bzw. ein Einrichtungsverbund) in jedem Leistungs- und Strukturbereich eine im

Gütesiegel festgeschriebene Mindestanzahl von Punkten erreichen. Dies wird durch ein Bepunktungsschema geregelt (vgl. dazu MGFFI 2007). Das Gütesiegel wurde am Ende der Pilotphase (am 4. Juni 2007) allen erfolgreich arbeitenden Einrichtungen der Pilotphase verliehen. Die Zertifizierung der Einrichtungen dient der Qualitätsprüfung der Familienzentren. Damit dieser Prozess unabhängig stattfindet, erfolgt die Prüfung durch eine externe Institution (in der Pilotphase durch PädQUIS – FU Berlin). Das Gütesiegel wird zunächst für eine Zeit von vier Jahren verliehen. Dann wird die Einrichtung aufgefordert, sich erneut zertifizieren zu lassen. Das Gütesiegel "Familienzentrum NRW" sichert jeder Einrichtung, die es verliehen bekommt, eine finanzielle Förderung aus Mitteln des Landes Nordrhein-Westfalen in Höhe von 12.000 Euro jährlich – zusätzlich zur regulären Förderung für die Kindertagesstätten.

3 Aufgaben des Projektmanagements während der Pilotphase

Dem Projektmanagement kam eine zentrale Bedeutung bei der Steuerung und Organisation des Gesamtvorhabens in der Pilotphase zu, hier vor allem in der Vernetzung der beteiligten Akteure (Pilot- und Best-Practice-Einrichtungen, Kompetenzteams, Coaches, wissenschaftliche Begleitung, Mitglieder der Jury Innovationspreis und Ministerium).

Die Erarbeitung und Konkretisierung zentraler Eckpunkte der Umsetzungsstrategie und wichtiger Meilensteine, die Kommunikation von Zwischenergebnissen, spezifische Qualifizierungsangebote etc. waren Teil dieser Gesamtkonzeption. Das Projektmanagement arbeitete zur Erreichung dieser strategischen Ziele eng mit den lokalen Akteuren, den Kompetenzteams, dem Ministerium und dem Träger der Evaluation und der wissenschaftlichen Begleitung zusammen.

Ziel war es, gemeinsam mit den Mitarbeiterinnen und Mitarbeitern in den Piloteinrichtungen, den Expertinnen und Experten bei den kommunalen und freien Trägern, den Beraterinnen und Beratern (Coaches) und den Kolleginnen und Kollegen der wissenschaftlichen Begleitung praktikable Handlungsansätze und Umsetzungsstrategien zu erarbeiten und für einen breiteren Einsatz nutzbar zu machen.

Das Projektmanagement hatte aber auch wichtige Funktionen in der Vermittlung des Landesprojektes „Familienzentrum NRW" in den weiteren fachlichen, politischen und öffentlichen Kontext. Hierzu gehörten neben den kommunalen Spitzenverbänden und den Dachorganisationen der Angebotsträger und der Fachverbände auch die öffentlichkeitsrelevanten Medien (Presse, Funk und Fernsehen). Für diese Adressatengruppen initiierte und organisierte das Projektmanagement – in enger Abstimmung mit dem Ministerium, der wissenschaftlichen Beleitung und den lokalen Akteuren - Veranstaltungen, Informationsmaterialien, weitere mediale Präsentationen (z.B. ein Filmprojekt), den kontinuierlichen Austausch von Informationen und Meinungen sowie den fachlichen Diskurs.

4 Coaching der Piloteinrichtungen

Für die Coachingprozesse standen während der Projektlaufzeit für jede Piloteinrichtung vier Sitzungen zu jeweils drei Stunden zur Verfügung. Das Projektmanagement wählte dazu Beraterinnen und Berater mit einschlägiger Berufs- und Leitungserfahrung in Aufgabenfeldern der Kinder-, Jugend- und Familienhilfe aus. Sie verfügten zudem über Kompetenzen beispielsweise in den Bereichen Supervision, Organisationsberatung, Systemische Beratung oder Gruppendynamik. Die Beratungsprozesse fanden in einem Dreieckskontrakt statt, die Piloteinrichtungen waren ebenso Auftraggeber für das Coaching wie das Projektmanagement.

Das Hauptziel der Coachingprozesse bestand darin, die Piloteinrichtungen zur Erlangung des Gütesiegels in den vier Leistungs- und den vier Strukturbereichen zu unterstützen. Aufgabe des Coachings war es dabei, einrichtungsspezifische Fachberatung und Prozessbegleitung zu leisten. Es wurden daher sozialraumspezifische Charakteristika, konkrete Bedingungen der Veränderungsprozesse vor Ort und individuelle Entwicklungsziele und -strategien der Piloteinrichtungen beraten. Der Fokus der Coachingprozesse bestand unter Nutzung von Methoden aus Coaching, Supervision und Moderation in folgenden Bereichen:

- Ressourcen und Problemlösungskompetenzen der Einrichtungen identifizieren und für den Veränderungsprozess nutzbar machen,
- Schwachstellen und Veränderungsbarrieren identifizieren und Möglichkeiten zum Umgang herausarbeiten,
- das einrichtungsspezifische Kooperationsmanagement unterstützen, fortentwickeln und geeignete Formen der Zusammenarbeit mit den verschiedenen Partnern schaffen,
- Beratung in Strukturfragen und Klärung von Aufgaben, Rollen und Verantwortlichkeiten der verschiedenen Beteiligten (z.B. Leitung, Team, Träger, Partner) und verbindliche Vereinbarungen unterstützen,
- Konzeptberatung und Strategieentwicklung der Piloteinrichtungen unter Betrachtung aktueller Stärken und Schwächen und zukünftig zu erwartender positiver und negativer Tendenzen. Es sollte die Profilbildung angeregt werden.

- Spezifika vor Ort (z.b. Verbundprozesse, ortstypische Probleme) im Beratungsprozess angemessen berücksichtigen und
- Schwierigkeiten und Krisen im Projektverlauf frühzeitig erkennen und ggf. bewältigen.

Diesen möglichen Schwerpunkten der Beratung und den einrichtungsspezifisch unterschiedlichen Veränderungsprozessen entsprechend gestalteten sich die Beratungsprozesse und der Teilnehmerkreis sehr individuell. Übliche Settings waren beispielsweise:

- Individuelle Beratung der Leitungen oder des Steuerungsteams (z.B. Leitungscoaching, Beratung mit Träger und Leitungsteam)
- Beratung des Teams der Einrichtung (Leitung und Mitarbeiterinnen und Mitarbeiter)
- Beratung unter Teilnahme von Einrichtungsvertretung und Kooperationspartnern
- Beratung mit Elternrat und Team der Einrichtung

In den Piloteinrichtungen zeigten sich im Verlaufe der Coachingprozesse deutliche konzeptionelle Veränderungen, vielfach auch – wie es die Leitung einer mit dem Innovationspreis ausgezeichneten Einrichtung formuliert hat - ein regelrechter „Qualitätssprung". Die Vielzahl zusätzlicher Aufgaben verlangte den bereits vor der Pilotphase gut geführten und konzeptionell fortgeschrittenen Kindertageseinrichtungen zusätzliches Engagement und erhebliche Kraftanstrengungen ab. Auf der Ergebnisebene entwickelte sich eine den ortstypischen Bedarfen entsprechend vielfältige Vernetzung von Betreuung, Bildung und Beratung, wie sie das Gütesiegel fordert. Interne Strukturen mussten dazu fortentwickelt werden, so dass Träger, Leitungen und Teams zur Aushandlung geeigneter Rollen und Verantwortlichkeiten aufgefordert waren. Zumeist erweiterten sich die Verantwortlichkeiten durch anspruchvolle neue Aufgaben. Auf methodischer Ebene wurden veränderte Steuerungs- und Managementmethoden erforderlich, beispielsweise Projektmanagement, Arbeits- und Planungstechniken.

5 Ausblick

Nachdem im Rahmen der Abschlussveranstaltung der Pilotphase am 4. Juni 2007 248 Einrichtungen mit dem Gütesiegel „Familienzentrum NRW" ausgezeichnet worden sind (mittlerweile zusätzlich weitere 13 Einrichtungen), gibt es seit dem 1. August 2007 ca. 750 neue Kindertageseinrichtungen, die sich innerhalb der nächsten zwölf Monate zertifizieren lassen möchten. So gibt es inzwischen etwa 1.000 Familienzentren in NRW.

Dies ist ein weiterer Schritt in Richtung auf den Ausbau der Infrastruktur für Familien. Ab dem Kindergartenjahr 2007/2008 erhalten auch die neuen Familienzentren – neben den Einrichtungen aus der Pilotphase und den Best-Practice-Einrichtungen - die Landesförderung von 12.000 Euro pro Jahr. Damit werden die Familienzentren bereits während ihres Aufbaus (ohne dass bereits eine Gütesiegel-Prüfung erfolgt ist) gefördert. Wenn die Familienzentren flächendeckend eingerichtet sein werden (2012), wird das Land Nordrhein-Westfalen jährlich rund 36 Millionen Euro hierfür aufbringen.

Die Auswahl der in diesem Jahr neuen und aller weiteren Familienzentren erfolgte bzw. wird weiterhin durch die Kommunen erfolgen. Damit folgt die Landesregierung dem Subsidiaritätsgedanken: Denn die Gestaltung der örtlichen Infrastruktur liegt in den Händen der kommunalen Jugendhilfeplanung. Die Jugendämter kennen die sozialen Begebenheiten vor Ort, und dieses Wissen ist für den weiteren Ausbau der Familienzentren in der Fläche unverzichtbar.

Schon zu Beginn der Pilotphase war seitens der Landesregierung (des MGFFI) beabsichtigt, die Aufgabenstellungen und die Landesförderung der Familienzentren auf Dauer und verlässlich gesetzlich abzusichern. Dieses Ziel ist aufgenommen worden in das „Gesetz zur frühen Bildung und Förderung von Kindern (Kinderbildungsgesetz – KiBiz)", das am 01. August 2008 in Kraft treten soll. Wie sich die im KiBiz vorgesehenen Änderungen, insbesondere in Bezug auf die Finanzierungsstruktur von Kindertagesbetreuung, auf die weitere Entwicklung von Familienzentren auswirken, bleibt abzuwarten. Der zügige Ausbau in der Fläche wird den Mitarbeiterinnen und Mitarbeitern in den Einrichtungen einiges abverlangen, zumal die Unterstützung und Betreuung der zukünftigen Familienzentren deutlich weniger intensiv sein wird, als dies in der Pilotphase der Fall war. Eine Weiterqualifizierung zumindest des Leitungspersonals, welches in Zukunft vermehrt auch Managementaufgaben übernehmen muss, scheint nicht nur vor diesem Hintergrund dringend erforderlich.

Darüber hinaus ist eine weitere auch kritische fachliche Begleitung wünschenswert, die dazu beiträgt, dass nicht lediglich bestehende Konzepte umetikettiert werden, sondern die vielmehr substanzielle konzeptionelle Veränderungen im Bereich der frühkindlichen Bildung und Erziehung fördert und deren Umsetzung fachlich begleitet.

Literatur

Bundesministerium für Familie, Senioren, Frauen und Jugend (2005): Zwölfter Kinder- und Jugendbericht. Bericht über die Lebenssituation junger Menschen und die Leistungen der Kinder- und Jugendhilfe in Deutschland. Berlin
Deutsches Jugendinstitut (Hrsg.) (2004): Peucker, Ch.; Riedel, B.: Häuser für Kinder und Familien. Recherchebericht. München
Esch, K./Klaudy, E.K./Micheel,B./Stöbe-Blossey, S. (2006): Qualitätskonzepte in der Kindertagesbetreuung. Wiesbaden: VS Verlag für Sozialwissenschaften.
Ministerium für Schule, Jugend und Kinder NRW (Hrsg.) (2005). Kinder und Jugendliche fördern. Bildung und Erziehung als Aufgabe der Kinder- und Jugendhilfe. 8. Kinder- und Jugendbericht der Landesregierung NRW. Düsseldorf
Ministerium für Generationen, Frauen, Familie und Integration NRW (2007): Das Gütesiegel Familienzentrum NRW. Zertifizierung der Piloteinrichtungen. Düsseldorf

Zu den Autorinnen und Autoren

Böllert, Karin, Jg. 1958, Prof.'in Dr. phil., Professorin für Erziehungswissenschaft mit dem Schwerpunkt Sozialpädagogik an der Westfälischen Wilhelms-Universität Münster. Mitglied des Vorstandes der Arbeitsgemeinschaft für Kinder- und Jugendhilfe (AGJ), Vorsitzende des Fachausschusses der AGJ für Qualifizierung, Forschung, Fachkräfte in der Kinder- und Jugendhilfe. Mitglied des wissenschaftlichen Beirates und des Kuratoriums des Deutschen Jugendinstituts (DJI). Arbeitsschwerpunkte: Theorieentwicklung der Sozialpädagogik im Kontext gesellschaftlicher Modernisierungsprozesse; Kinder- und Jugendhilfe, Jugendforschung.

Chasiotis, Athanasios, Jg. 1964, Studium der Psychologie und Biologie an der Universität Osnabrück, Promotion (Dr. rer. nat.) 1998, Habilitation 2006. Von 2000 bis 2006 Leiter der Forschernachwuchsgruppe Kulturinformierte Entwicklungspsychologie der Lebensspanne an der Universität Osnabrück. Seit 2007 Associate Professor für Kulturvergleichende Psychologie an der Universität Tilburg in den Niederlanden. Die Forschungsinteressen liegen an der Schnittstelle evolutionärer und kulturvergleichender Entwicklungspsychologie. Forschungsprojekte außerhalb Europas in China und Hong Kong, Costa Rica und Kamerun.

Cuthbert, Chris, Jg. 1974, ist stellvertretender Direktor der Social Exclusion Task Force im Cabinet Office und Leiter des grenzüberschreitenden Berichts „Families at Risk Review". Arbeitsschwerpunkte: Prävention und Frühe Hilfen. In der Vergangenheit hat er auch in der Prime Minister's Strategy Unit und dem Department for Children, Schools and Families gearbeitet.

Hebenstreit-Müller, Sabine, Dr. phil., Dipl.-Päd., ist seit 1999 Direktorin des Pestalozzi-Fröbel-Hauses in Berlin. Sie war zuvor tätig als Leiterin des Amtes für Soziale Dienste Ost und Jugendamtsleiterin in Bremen. Von 1983 bis 1991 war sie Leiterin des Bereichs Familie im Forschungsinstitut Frau und Gesellschaft in Hannover. Davor liegen praktische und wissenschaftliche Tätigkeiten als wissenschaftliche Assistentin am Lehrstuhl für vergleichende Erziehungswissenschaften an der Universität Dortmund und als Lehrerin mit dem Schwerpunkt Kunsterziehung.

Heitmueller, Axel, Jg. 1974, Dr., Prime Minister's Strategy Unit, Cabinet Office, Politik und Wirtschaftsberater. Axel Heitmüller arbeitet als Politikberater zu vielen Bereichen der Innenpolitik, z.b. Soziale Ausgrenzung, Sozialreformen, Einwanderungs- und Wohnungsbaupolitik. Er ist seit dem Jahr 2006 in der Prime Minister's Strategy Unit tätig und war bis vor kurzem mit Forschungstätigkeiten an der London Business School wissenschaftlich angebunden, an der er an Eastern European labour markets and immigration (Osteuropäische Arbeitsmärkte und Einwanderung) gearbeitet hat.

Hensen, Gregor, Jg. 1972, Dipl.-Päd., ist wissenschaftlicher Mitarbeiter am Fachbereich Sozialwesen der Fachhochschule Münster. Arbeitsschwerpunkte: Frühe Kindheit und Familie, Jugend- und Familienpolitik, Chronische Erkrankungen und Gesundheitsförderung.

Hillenbrand, Martin, Jg. 1957, arbeitet als Diplom-Psychologe in der Psychologischen Beratungsstelle für Kinder, Jugendliche und Eltern des Caritasverbandes Borken, Arbeitsschwerpunkte: Projektleitung des „Borkener Entwicklungsnetzwerkes", Einzelfallarbeit mit Kindern, Jugendlichen, jungen Erwachsenen und Familien, Entwicklungspsychologische Zusammenarbeit mit Kindergärten, Diagnostik bei Kindern und Jugendlichen, Projektarbeiten.

Lindner, Eva Jordana, Jg. 1973, Dr. phil., Dipl.-Päd., ist wissenschaftliche Mitarbeiterin am Institut für soziale Arbeit e.V. (ISA), Arbeitsschwerpunkte: Frühe Kindheit und Familie: Familienzentrum, Soziale Frühwarnsysteme.

Lorenz, Waltraud, Jg. 1957, Dr. phil., ist Diplomsozialpädagogin und Diplompädagogin. Dozentin an der Fachakademie für Sozialpädagogik Regensburg, Mediatorin und seit Jahren in der Familienberatung und Krisenbewältigung bei PTBS bei der Deutschen Bundeswehr tätig, langjährige Mitarbeit in Beratungsstellen sowie in der Fortbildung für pädagogisches Fachpersonal.

Löchtefeld, Stefan, Jg. 1967, Studium der Sonderpädagogik und Organisationspsychologie, seit 1998 arbeitet er als Berater für Kommunikations- und Beteiligungsprozesse bei der iku GmbH in Dortmund. Lehrbeauftragter für pädagogische Psychologie an der Universität Dortmund. Arbeitsschwerpunkt neben der externen Begleitung von Organisationsveränderungen ist die Durchführung von gesellschaftlichen Dialogen unter Beteiligung der wesentlichen Akteure.

Zu den Autorinnen und Autoren

Maykus, Stephan, Jg. 1971, Dr. phil., ist wissenschaftlicher Angestellter am Institut für soziale Arbeit e.v. (ISA), Bereichsleitung Geschäftsstelle Friesenring 32/34, 48147 Münster; Arbeitsschwerpunkte: Kooperation von Jugendhilfe und Schule, kommunale Jugendhilfe- und Bildungsplanung, Hilfen zur Erziehung, Qualitätsmanagement.

Meinsen, Stefan, Jg. 1965, Dr. phil., Dipl.-Psych., Geschäftsführender Gesellschafter Meinsen & Steinhübel Organisationsberatung, Osnabrück (Internet: www.msup.de), Beratung und Coaching in Veränderungsprozessen, Teamentwicklung, FLOW-Animator.

Renić, Marijan, Jg. 1967, Dipl.-Päd., seit 1996 im Fachdienst für Integration und Migration als Berater tätig; zunächst beim Caritasverband für die Diözese Münster bis 2002, anschließend beim Caritasverband für das Dekanat Borken, seit 1992 tätig beim Ministerium für Bundes- und Europaangelegenheiten des Landes Niedersachsen in der Beratung und Betreuung bosnischer Kontingentflüchtlinge in Osnabrück; Arbeitsschwerpunkte: Projektentwicklung- und Leitung im Bereich Interkultureller Öffnung, Aufbau der örtlichen Integrationsagentur seit Anfang 2007, Mitarbeit in verschiedenen verbandsinternen Gremien auf regionaler und überregionaler Ebene.

Ribbert, Gerda Anna, Jg. 1955, Dipl.-Soz.Päd., ist Dozentin an der Saxion Hogeschool Enschede (Niederlande) und Mitglied der Projektgruppe für die Entwicklung von EMMA. Langjährige freiberufliche Tätigkeit in therapeutischer Psychosynthese (Ausbildung: Institut Reinhard, Köln) Schwerpunkt: Arbeit mit Einzelnen, Paaren u. Frauengruppen zur persönlichen Entwicklung) sowie systemischer Familien- und Paartherapie und Supervision (Ausbildung: IFS Essen u. IFW Weinheim), Schwerpunkt: Arbeit mit Familien in der Jugendhilfe, Mitarbeit in verschiedenen Projekten der Jugendhilfe.

Rietmann, Stephan, Jg. 1963, Dr. phil., Dipl.-Psych., seit 1999 Leiter der Psychologischen Beratungsstelle und Fachbereichsleiter der Beratungsdienste des Caritasverbandes Borken. Davor Tätigkeit für ein Beratungsunternehmen als wissenschaftlicher Mitarbeiter und Moderator in bundesweiten Dialog- und Mediationsverfahren. Lehraufträge an der Universität Münster und der Fachhochschule für Wirtschaft Berlin. Im Pilotprojekt „Familienzentrum NRW" Tätigkeit als Coach von sieben Piloteinrichtungen.

Scheffer, David, Jg. 1970, Dr. rer. nat., geboren in Richmond, VA. Aufgewachsen in den USA, Äthiopien und Deutschland. Studium der Psychologie an der Universität Osnabrück. Nach dem Diplom 1996 dort wissenschaftlicher Mitarbeiter bei Prof. Heidi Keller in einem von der Deutschen Forschungsgemeinschaft geförderten Projekt zur Überprüfung der evolutionären Sozialisationstheorie und bei Prof. Julius Kuhl im Bereich der experimentellen und neuropsychologischen Persönlichkeitsforschung. Seit 1998 Wissenschaftlicher Assistent im Fachgebiet Personal- und Organisationspsychologie bei Prof. Ansfried Weinert an der Helmut-Schmidt-Universität in Hamburg. Zahlreiche Forschungs- und Beratungsprojekte insbesondere im Bereich der Motivation und Auswahl von Mitarbeitern.

Sprenger, Karin, Jg. 1977, Diplom-Sozialarbeiterin, ist wissenschaftliche Mitarbeiterin im Institut für soziale Arbeit e.V. (ISA). Arbeitsschwerpunkte: Frühe Hilfen für Familien, Entwicklung von Familienzentren.

Stöbe-Blossey, Sybille, Jg. 1962, Dr. phil., Leiterin der Forschungsabteilung „Bildung und Erziehung im Strukturwandel" am Institut Arbeit und Qualifikation an der Universität Duisburg-Essen, Arbeitsschwerpunkt: Dienstleistungen für Kinder und Familien.

Textor, Martin R., Jg. 1954, Dr. phil., Mitbegründer des Instituts für Pädagogik und Zukunftsforschung (IPZF) in Würzburg. Tätigkeitsschwerpunkte: Pädagogik der frühen Kindheit, Familienbildung, Herausgeber und Redaktion der Websites: www.kindergartenpaedagogik.de, www.kindertagesbetreuung.de, www.SGBVIII.de.